普通高等教育"十二五"规划教材（高职高专教育）

商务谈判与推销技巧

U0657865

主　编　陈文汉

副主编　陈彦章

编　写　刘东玲　付永昌

主　审　席清才

中国电力出版社

CHINA ELECTRIC POWER PRESS

内 容 提 要

本书为普通高等教育"十二五"规划教材（高职高专教育）。

本书共有 11 个项目，包括认识商务谈判、准备商务谈判、开局商务谈判、中场商务谈判、结束商务谈判、认识推销、准备推销、客户开发、推销接近与洽谈、处理顾客异议与促成成交、商务谈判的实战演练等。教师可根据各校的具体情况进行取舍，各章均附有技能实训、能力迁移等内容，便于学生对所学知识的巩固与运用。本书系统、务实、简明，理论基础扎实，可操作性强。

本书可作为高职高专院校市场营销、国际商务、工商管理等专业的教材，也可作为广大财经商贸人员、谈判与推销爱好者学习和教学改革试点的参考用书。

图书在版编目(CIP)数据

商务谈判与推销技巧/陈文汉主编. —北京：中国电力出版社，2014.1（2020.7 重印）

普通高等教育"十二五"规划教材. 高职高专教育

ISBN 978-7-5123-5196-7

Ⅰ.①商… Ⅱ.①陈… Ⅲ.①商务谈判-高等职业教育-教材②推销-高等职业教育-教材 Ⅳ.①F715.4②F713.3

中国版本图书馆 CIP 数据核字(2013)第 272924 号

中国电力出版社出版、发行

（北京市东城区北京站西街 19 号 100005 http://www.cepp.sgcc.com.cn）

北京雁林吉兆印刷有限公司印刷

各地新华书店经售

*

2014 年 1 月第一版 2020 年 7 月北京第七次印刷

787 毫米×1092 毫米 16 开本 16 印张 375 千字

定价 30.00 元

前　言

随着现代市场经济的发展，商务谈判和推销已经成为企业走向成功的利器之一，学习和研究商务谈判和推销理论，掌握商务谈判和推销规律，灵活运用其方法、策略与技巧，成为商务工作者的商战中的必杀技。

本书系统地阐述了现代商务谈判和推销的理论、方法、策略和技巧，内容简洁，语言平实，案例丰富，理论和实践相结合，吸收了最新的理论研究成果。本书的总体设计思路是将商务谈判和推销工作过程细分为 11 个项目，每个项目所涉及的内容又细分成若干个任务，针对每个任务对学生进行专项训练。在设计各个任务时，既注重贯彻先进的高等职业教育"理论必需、够用"的理念，又注重教材的理论性和完整性，以使学生在商务谈判领域具备较强的可持续发展能力。在采用"基于工作过程导向—工作过程系统化课程"、"项目教学"、"任务驱动"等模式的同时，将已被事实证明教学效果良好的案例教学法与上述方法综合应用。本书的主要特点如下。

1. 以商务谈判和推销工作为流程，编写教材体例

本书按实际商务谈判和推销工作的需要，分为 11 个学习项目，其中项目 11 为实战演练，每个学习项目根据所从事工作的具体要求分解为不同的学习任务，并以通俗的商务谈判推销故事引导学习。

2. 以任务引领为导向，突出技能培养

每个项目都以商务谈判与推销岗位的工作任务为导向，适当配以与学习内容结合的情景案例，让学习者寓教于乐，妙趣横生，能有针对性地把理论运用到实际岗位工作中。

3. 任务演练，强化技能

每个学习情景结束后，都设置了动静结合的技能训练和能力迁移，"动"指的就是需要学习者通过行动演练才能完成的训练试题，"静"则是指传统的通过书面形式回答即可完成的试题。还特别提供了《商务谈判与推销技巧实训报告》、《商务谈判与推销技巧案例分析报告》两个模板，有助于学习者巩固知识和提高技能。

本书由陈文汉担任主编，陈彦章担任副主编。陈文汉编写了项目一、三、六、十一；陈彦章编写了项目二、四、八；刘东玲编写了项目五、七；付永昌编写了项目九、十。郑丽佳、梁国莹参与资料的收集和整理。

本书由安徽财贸职业学院席清才教授担任主审，对本书提出了许多宝贵意见，使本书具有更好的实用性，更清晰地反映当前推销人员的实际工作流程。同时，本书在编写过程中引用、借鉴了相关专家的教材、著作。在此对这些作者表示衷心的感谢，如有遗漏，谨向作者致歉。

由于编者水平有限，书中难免存在不足和疏漏之处，敬请读者批评指正，编者的交流邮箱为 cwhan2008@163.com。

编　者

2013 年 8 月

目 录

项目一　认识商务谈判

项目目标

(1) 谈判的基本内涵、构成要素。
(2) 商务谈判的概念与特征。
(3) 商务谈判的内容。
(4) 不同地点谈判和不同地位谈判的特点。
(5) 商务谈判的原则与评判标准。
(6) 商务谈判的双赢谈判模式。
(7) 商务谈判的合作谈判模式。

情景案例

利率折中，好吗？

　　某化肥公司准备建新产品线而向银行融资，双方代表已接触过几次，这次是在化肥公司的会议室进行最后洽谈。公司代表说："为了引进设备，我们以公司大厦作为抵押，要求以5%的利息贷款1亿元，3年后一次性清偿本息。"

　　"根据我方估价，这个大楼不足以抵押贷款1亿元。"银行代表提出。

　　"我公司是你们的老客户，一向信誉好，前几次贷款不都是如期归还了吗？"公司代表解释说，"这一次是因为要引进设备，资金不足，还请你能给予照顾。"

　　银行代表不再坚持地说："只是这次贷款利率太低、时间太长，是否每年还一次，分3次还清，利率按7%计算。"

　　公司代表说："就按3次偿还，但是利率折中，按6%计算，好吗？"

　　又经过了一番讨论，双方终于达成了协议。

（资料来源：陈文汉. 商务谈判实务. 3版. 北京：电子工业出版社，2013.）

　　启示： 化肥公司需要的是资金，银行需要的是资金安全和收益的大小，双方通过协商解决了问题，满足了各方的需要。

任务一　掌握商务谈判的概念与特征

　　谈判无论是从渊源上说，还是作为一项社会活动来看，都是我们研究商务谈判的基础和前提。因此，对谈判概念的把握，是本课程研究的起点。

一、谈判的概念

当然，谈判活动有着自己独特的运行规律和技巧。随着我国市场经济改革和对外开放的深化以及加入世界贸易组织，各种经贸与商务谈判活动大量增加。为了确保谈判的成功，必须系统地掌握有关谈判的理论、策略和方法。在这里，首要的问题是弄清楚什么是谈判，如何来认识谈判。

1. 谈判的定义

"谈判"一词是由拉丁词 negotiar（意为"做生意或贸易"）引申而来。该动词本身又来源于另一个意为"拒绝"的动词和一个意为"休闲"的名词。因此，古罗马商人有交易达成之前是"不会闲下来去享受闲暇的"之说。那么什么是谈判呢？我们认为：谈判是双方或多方为实现各自的目的所进行的沟通、说服，而争取达成意见一致的行为过程。

从以上定义中可以看出，谈判这一概念应包括以下内涵。

（1）谈判要有明确的目的性。谈判是一种目的性很强的活动，人们参与谈判通常都是为了实现某种目的或满足某种需要。

（2）谈判产生的前提，是谈判双方在观点、利益和行为方式等方面，既相互联系又发生冲突或差别。双方都期望从对方获得某种需要的满足，这就构成了它们之间的相互联系。但是，双方又都希望能在对己方最有利的条件下实现自身的需要，这就必定发生冲突或差别，从而使谈判成为必要。

（3）谈判是一种交流、沟通和说服的过程。谈判是一个双方或多方互动的过程。这个过程，既是一个信息交换与信息共享的过程，也是一个说服与被说服的过程。谈判的基本手段就是说服。谈判的核心任务，就是企图说服对方理解、允许或接受己方所提出的观点、所维护的基本利益以及所采取的行为方式。

（4）谈判的结果，是使谈判者部分或全部需要得到实现，或取得实现的基础。其具体表现是达成双方都能接受的协议。谈判的过程，实际上就是磋商和签订协议的过程。

（5）谈判双方是平等互惠的，但利益常常是不均等的。谈判双方在具体谈判进程中的主体地位是平等的，利益是互惠的。如果一方只想达到自己的目的，而不考虑对方的利益，那么就不可能达成一致。谈判就是要实现双赢。但是，由于谈判各方拥有的地位、实力的悬殊和运用策略、技巧的差异，谈判的结果必然是不对等的，各方取得的利益、好处也绝对不会一样多，需要满足的程度也绝对不会一样。

谈判的定义：双方或多方为实现各自的目的所进行的沟通和说服的过程。

💬**【观点对照】**

谈判是有关方面对有待解决的重大问题进行会谈。

——现代汉语词典

谈判的定义最简单，涉及的范围却最广泛复杂，只要人们为了改变相互关系而交换观点，为了取得一致而进行磋商协议，他们就是在进行谈判。

——美国杰勒德·尼尔伯伦《谈判的艺术》

所谓谈判是指有关各方为了自身的目的，在一项涉及各方利益的事务中进行磋商，并通过调整各自提出的条件，最终达成意向各方较为满意的协议这样一个不断协调的过程。

——英国 Ｐ·Ｄ·Ｖ·马什《合同谈判手册》

谈判是使两个或数个角色处于面对面位置上的一项活动。各角色因持有分歧而相互对立，但他们彼此又互为依存。他们选择谋求达成协议的实际态度，以便终止分歧，并在他们之间（即使是暂时性的）创造、维持、发展某种关系。

——法国克里斯托夫·杜邦. 谈判的行为、理论与应用

谈判，包含"谈"和"判"两个环节。谈，即说话或讨论，就是当事人明确阐述自己的意愿和所要追求的目标，充分发表关于各方应当承担和享有的责、权、利等看法；判，即分辨和评定，就是当事各方努力寻求关于各项权利和义务的共同一致的意见，以期通过相应的协议正式予以确认。因此，谈是判的前提和基础，判是谈的结果和目的。

2. 谈判的构成要素

一场完整的谈判，作为一个整体，其构成要素包括谈判主体、谈判客体、谈判目的、谈判时间、谈判地点，以及其他物质条件等多方面。其中，最基本的构成要素是谈判主体、谈判客体和谈判目的的三项。

（1）谈判主体。所谓谈判主体，是指参与谈判的双方（或多方）当事人。谈判主体是构成谈判的基本要素，具体又分为两种：一种是关系主体，指能以自己的名义参加谈判，又能够独立承担谈判后果的法人或自然人；另一种是行为主体，指有权参与谈判并且能通过自己的行为完成谈判任务的谈判代表。例如：甲乙原为夫妻，因情感不和准备离婚，双方就财产分割进行谈判，相互之间矛盾较大，不愿直接面对，因此，乙委托丙与甲进行谈判。但无论谈判的情况如何，最终结果都要由甲和乙来承担，丙只是以乙的名义参与谈判，并不承担谈判的结果。在这里，甲和乙为关系主体，而甲和丙则为行为主体，甲同时兼有关系主体和行为主体的双重身份。

在谈判中，主体资格问题十分重要，如果谈判的一方或双方不具备合法有效的主体资格，谈判的结果是无效的。如果谈判对方为一组织，则要注意审查对方是否具有独立的法人资格，派出的谈判代表是否得到了充分的授权。只有主体资格合法，谈判的结果才会受到法律的保护。

【案例 1.1】 小疏忽，大损失

某人参制品厂与该市一家公司签订了代理出口人参系列产品至澳大利亚的合同，由于谈判活动进行之前，人参制品厂没有审查对方能否按照合同的内容承担履行的义务，结果大批产品被海关扣押，使双方遭受经济损失，而且造成澳大利亚商人前来索赔的恶果。

分析：该案例说明，为了避免因谈判主体不合格而导致谈判失败和遭受损失，在谈判之前应当通过直接或间接的途径，审查对方的主体资格。代理出口的一方，如不具有代为出口的谈判主体资格，就无法承担谈判规定的义务。因此，谈判从一开始就要求对方主动提供所必须具备的证件和材料，如自然人方面的证件、法人资格方面的证件、资信方面的证件等。另外，也可以委托其他一些部门进行考察，例如，涉外商务谈判中，可以委托中国国际信托投资公司进行了解。

（2）谈判客体。谈判客体是指谈判的议题，即谈判的标的。谈判的议题是谈判各方共同

关心并希望解决的问题。它往往与当事人的利益有切身的利害关系，如商品的品质、数量、价格、装运、保证条款和仲裁方式等。议题是谈判的核心。在商务谈判中，可谈判的议题几乎没有界限，凡是可以买卖、转让的有形和无形产品或权利都可以成为谈判的议题。议题是谈判双方权利和义务的指向，一般通过合同或协议的形式表现出来。

（3）谈判目的。所谓谈判目的，是指参与谈判的各方都须通过与对方打交道或真实洽谈，促使对方采取某种行动或做出某种承诺来达到自己的目的。应该指出，一场谈判如果只有谈判的主体和客体，而没有谈判的目的，那么这个谈判是没有意义的。

二、商务谈判的定义与特征

谈判是一种普遍的行为，广泛存在于政治活动、经济活动、社会活动及国际关系中。随着社会经济的发展，随着人们之间的经济交往日趋频繁，为实现一定的交易行为或实现一定的商务活动目的而进行的商务谈判活动迅速发展起来，成为现代社会中谈判的重要形式之一。

1. 商务谈判的定义

商务谈判，是指有关商务活动双方或多方为了达到各自的目的，就一项涉及双方利益的标的物的交易条件，通过沟通和协商，最后达成各方都能接受的协议的过程。

商务谈判作为一种主要的谈判类型，既具有一般谈判的质的规定性，又具有商务活动的本质特性。理解商务谈判这一特殊的谈判活动，应着重把握以下内涵。

（1）商务谈判的主体是相互独立的利益主体。商务活动中谈判的主体必须是独立的利益主体或其代表。只有在谈判主体的利益相互独立的条件下，他们才会为了自己的利益而进行磋商。利益的独立性是商务谈判发生的基础。

（2）谈判的目的是为了获得经济利益。双方谈判的目的就是为了满足自身的某种经济利益，而做出的让步也通常是经济利益方面的让步。经济利益是谈判双方的核心利益与谈判目的之所在。

（3）谈判的核心议题是价格。以经济利益为核心必然决定了谈判的中心议题是价格问题。因为价格的高低直接关系到实际所能获得的经济利益的大小。除价格之外的其他交易条件，如产品的质量、数量、交货方式与支付方式等与价格条件存在着密不可分的关系，其他条件都可以通过价格的变化表现出来，这也使得价格成为商务谈判的核心条件和核心议题。

（4）商务谈判的主要评价指标是经济利益。商务谈判与其他类型的谈判相比，更为重视谈判的经济利益，因为商务谈判本身就是一种经济活动。在谈判过程中，谈判者不仅要考虑从谈判中得到什么、得到多少，还要考虑付出什么、付出多少，明确所得和所花费的关系，讲求经济利益。当然，这并不仅仅局限于短期的经济利益，还要从长远的角度看问题。

2. 商务谈判的特征

由于商务活动的特殊性和复杂性，使商务谈判活动表现出以下一些个性特征。

（1）谈判对象的广泛性和不确定性。商品流通不受时空的限制。从逻辑上看，作为卖者，其商品可以卖给任何一个人，其销售范围十分广泛；同理，作为买者，他可以随意选购任何卖主的商品，其选择范围也具有广泛性。无论是买还是卖，在交易中谈判对象就有可能遍布全国甚至全世界。此外，为了使交易更有利，也需要广泛接触交易对象。另一方面，交易者总是同具体的交易对象成交，不可能同广泛的对象成交，而具体的交易对象在各种竞争存在的情况下是不确定的。这不仅是交易对象方面的要求和变化，也是由自身方面的要求和变化所决定的。

交易对象的广泛性和不确定性，要求谈判者不仅要充分了解市场行情，及时掌握价值规律和供求关系变化状况，而且要用不同的方式方法对待新、老客户。

（2）谈判环境的多样性和复杂性。商务谈判中，能够对谈判产生影响的一切外部因素构成谈判环境。谈判环境是谈判不可缺少的组成部分，是影响谈判结果和成败的重要因素。谈判环境主要包括政治环境（政治法律因素）、经济环境（经济与市场状况）、人际关系环境（谈判双方的人际关系）、时间环境（谈判的时间选择与时间安排）和空间环境（谈判的地点选择与场所布置）等。这些环境因素是复杂、多样和不断变化的，要求商务谈判人员广泛地收集各种环境信息，与企业外部保持良好的协作关系，灵活调整谈判中的交易条件，针对性地采取有利的谈判策略和技巧。

（3）谈判条件的原则性与可伸缩性。商务谈判的目的在于谈判各方都要实现自己的目标和利益，这些谈判目标或利益是企业确定的，并具体体现在各种交易条件上。这些交易条件虽然是可以谈判的，有一定的伸缩性，但其"底线"往往是谈判人员必须坚守的。

这一特点，要求商务谈判人员既要坚持原则性，善于追求高目标；又能从实际出发，随机应变，掌握好谈判条件的伸缩性，采取灵活多变的对策来实现谈判的基本目标。

（4）内外各方关系的平衡性。一次商务谈判的成功是双方努力的结果，也是各方面关系平衡的表现。首先，要使买卖双方满意成交，这是双方关系的平衡。第二，要处理好与业务主管部门、工商、金融、税务、保险、交通、邮电等社会有关方面的关系，因为一次商品交易的实现需要这些部门的支持和服务，事先如果不同这些部门建立良好的业务关系，就不能顺利地同对方洽谈有关的交易条件。可见处理与外界有关方面的关系，是谈判成功的前提。第三，要处理好与本企业及所属部门的关系。因为商务谈判者作为法人代表或其代理人，虽然拥有一定的权利，可以灵活地或创造性地处理谈判事宜，但又必须考虑到自己做出的决定能否在企业各部门得到落实。因此，必须与企业及其职能部门保持良好的关系。平衡各方面的关系，才能顺利达成和履行一项商品交易。

这一特点，要求商务谈判人员应具有综合分析能力、系统运筹能力和公关能力。

（5）合同条款的严密性与准确性。商务谈判的结果是由双方协商一致的协议或合同来体现的。合同条款实质上反映了各方的权利和义务，合同条款的严密性与准确性是保障谈判获得各种利益的重要前提。即使谈判者已经获得了谈判的胜利，但如果在拟订合同条款时，掉以轻心，不注意合同条款的完整、严密、准确、合理、合法，结果也会被谈判对手在条款措辞或表述方法上引入陷阱，这不仅会把到手的利益丧失殆尽，而且还要为此付出惨重的代价。因此，在商务谈判中，谈判者不仅要重视口头上的承诺，更要重视合同条款的准确和严密。

任务二　了解商务谈判的类型与内容

一、商务谈判的类型

依据不同的划分标准，商务谈判表现为多种多样的谈判类型。就商务谈判的外在表现而言，有一对一谈判、小组谈判和大型谈判；口头谈判和书面谈判、网络谈判；公开谈判、秘密谈判和半公开谈判；双方谈判和多方谈判；国内商务谈判和国际商务谈判等。就谈判的内在结构而言，有价格谈判和成本谈判；横向谈判和纵向谈判；让步型谈判、立场型谈判和原则型谈判；签约前谈判和签约后谈判等。就商务谈判地点而言，有主场谈判、客场谈判、主客场轮流谈判和中立地点谈判；就商务谈判实力而言，有主动地位谈判、被动地位谈判和平等地位谈判。

1. 按谈判的人数规模划分

(1) 一对一谈判。一对一谈判是指在一个卖主与一个买主之间的商务谈判。交易额小的商务谈判，往往是一对一的。

一对一谈判的主要特点，在于它往往是一种最困难的谈判类型。因为双方谈判者各自为战，得不到助手的及时帮助。因此，这类谈判一定要选择有主见，决断力、判断力较强，善于单兵作战的人员参加，并要做好充分的准备。而性格脆弱、优柔寡断的人是不能胜任的。

规模大、人员多的谈判，有时根据需要，也可在首席代表之间一对一地进行，以便仔细地磋商某些关键问题或微妙敏感的问题。

(2) 小组谈判。小组谈判是指买卖双方各有几人参加的商务谈判。这是最常见的一种商务谈判类型，一般适用于项目较大或内容比较复杂的谈判。小组谈判的重要前提是正确选配小组成员，并有一位主要发言人或主谈者，除特殊情况外，他是最终决策者。

小组谈判的主要特点，在于各方有几个人同时参加谈判，分工合作，取长补短，各尽所能，这样可以缩短谈判时间，取得较好的谈判效果。

(3) 大型谈判。大型谈判是指项目重大、各方谈判人员多、级别高的商务谈判。国家级、省（市）级或重大项目的谈判，都必须采用这种类型。

大型谈判的主要特点：一是谈判班子阵营强大，拥有由各种高级专家组成的顾问团；二是这种谈判的程序严密，时间较长，有时还要把整个谈判分成若干个层次和阶段。

2. 按谈判双方接触的方式划分

(1) 口头谈判。一般来说，商务活动要求各方进行直接的接触，彼此相互了解，反复磋商，因而绝大多数商务谈判均需要进行口头谈判。口头谈判主要是指参与交易的各方，面对面直接进行的洽谈。

口头谈判有利于各方直接接触，增进各方的了解和友谊，开拓和发展商务活动；有利于各方详尽地陈述自己的观点，提出各项具体的交易的条件；便于通过反复磋商，达成一致意见；有利于各方察言观色，了解对方的心理活动及反应的程度，并根据谈判的现场气氛和进展情况，运用谈判策略和技巧。但是，口头谈判一般要在一定的谈判时间内做出成交与否的决策，并要根据谈判的具体情况随机应变，因此要求谈判人员具有良好的业务素质、较高的决策水平以及敏锐的应变能力。另外，由于口头谈判一般需要支付谈判人员的往返差旅费、礼节性的招待费、业务费，既费时又费力，这就要求谈判各方需要慎重地选择正式的谈判对象，做好各项准备工作，以便尽可能提高谈判效率与效益。基于以上特点，口头谈判更适用于首次商务谈判、大宗交易谈判、技术性较强的谈判及贵重商品的谈判。

(2) 书面谈判。书面谈判是指交易各方利用信函、电报、电传等通信工具和载体所进行的谈判。随着通信手段的迅速进步，书面谈判在国内外贸易谈判中具有越来越重要的作用。

　　书面谈判有利于要约方进行充分的调查和准备，慎重地提出交易条件；更有利于对方在规定答复的有效期限内，进行充分的考虑、分析和研究，认真答复；还有利于谈判各方克服因谈判人员的身份、级别、资历、心理素质等各方面造成的不良影响，使谈判在更为客观、公正的条件下进行。另外，书面谈判只需花费较少的通信费用，比口头谈判的费用大为减少。但是，书面谈判要求文字的表达符合商业习惯，措辞严谨，含义确切，内容完整，以防止文不达意、诓骗等所引起的不必要的纠纷。由于书面谈判缺乏灵活性，难以运用各种说服技巧，往往会使磋商过程不易变通，进而增加谈判次数与时间，影响谈判效果。另外，书面谈判所使用的信函、电报、资料受控于邮电、交通部门的传递送达，一旦延误和遗失，就会影响各方的联系，甚至丧失交易时机。基于以上特点，书面谈判主要适用于有固定交易的老客户之间的谈判，相距较远的跨地区、跨国界的谈判，可作为口头谈判的辅助形式。

　　需要指出的是，口头谈判与书面谈判的利弊是相对的，它要求谈判人员根据商务活动的需要，进行正确选择。在实际谈判工作中，无须把它们截然分开，可以根据需要交替使用，相互结合。

　　（3）网络谈判。网络谈判，是指借助于 Internet 进行协商、对话的一种谈判活动。随着电子商务的出现和迅猛发展，网络谈判方式逐渐被企业、个人所重视。

　　从本质上看，网络谈判属于书面谈判方式，与函电谈判一样，其谈判程序也包含着询盘、发盘、还盘、接受和签订合同 5 个步骤。这种借助于 Internet 的新的商务谈判方式，关键不在于更好地提供信息，而在于建立起与客户、合作伙伴之间的新的关系和沟通方式。

　　网络谈判有利于加强信息交流，通过 Internet，几分钟甚至几秒钟就能收到，并且准确无误。而且，网络谈判兼具电话谈判快速、联系广泛，又有函电内容全面丰富、可以备查之特点，可使企业、客户掌握他们需要的最新信息。网络谈判有利于慎重决策，以书面形式提供议事日程和谈判内容，又能几秒钟抵达，使得谈判双方既能仔细考虑本企业所提出的要点，特别是那些谈判双方可能不清楚的条件能以书面传递，事先说明，又能使谈判双方有时间同自己的助手或企业领导及决策机构进行充分的讨论和分析，甚至可以在必要时向那些不参加谈判的专家请教，有利于慎重地决策。网络谈判还有利于降低谈判成本。采用网络谈判方式，谈判者无需外出，就可向国内外许多企业发出 E-mail，分析比较不同客户的回函，从中选出自己最有利的协议条件，从而令企业大大降低了人员开销、差旅费、招待费以及管理费等，甚至比一般通信费用还要省得多，降低了谈判成本。网络谈判有利于改善与客户的关系。降低谈判成本还不是商务谈判的主要目的和收获，改善与客户的关系才是最大的收获，这样才能获取丰厚的回报。网络谈判所提供的是一年 365 天，每天 24 小时的全天候沟通方式。网络谈判有利于增强企业的竞争力。任何企业，无论大小，在网站上都是一个页面，面对相同的市场，都处于平等的竞争条件。Internet 有助于消除中小企业较之大企业在信息化程度方面的弱势，从而提高中小企业的竞争力。

【案例 1.2】　网上谈判的运用

　　2003 年，受"非典"影响，我国三大航空公司取消了 14 774 个航班，餐饮业刮起了"关店风"，旅游业损失 2 100 亿元人民币……网络业却"因祸得福"，发挥了重要作用。

　　2003 年，为了控制"非典"传播，沃尔玛公司重新考虑了与中国厂商洽谈生意的方法。

由于无法派遣员工去中国采购，沃尔玛公司采取应急措施，在一定程度上借助于互联网技术，代替每年平均 500 人次的旅行。公司通过电子邮件，确定从衬衫的裁剪到鞋子的宽度等产品规格；通过视频会议使公司可以与供应商进行洽谈，为次年春季的销售下足订单。

分析：由于"非典"的影响，沃尔玛公司无法派遣员工去中国直接采购，这会影响其货品的供应。但沃尔玛公司后来采用了网上洽谈的方式，从而按期完成了从中国采购商品的任务。随着科学技术的不断发展和通信手段的不断优化，商务谈判方式和手段也在不断地发展和变化。人们可以在网上聊天、交友、谈判、做生意等。正是因为高新技术的发展，使得现代商务谈判方式越来越丰富。

3. 按谈判内容的透明度划分

(1) 公开谈判。对谈判本身不保密，可以将其时间、地点甚至过程、结果公布于世。在谈判时也不需要完全排除他人在场。这种商务谈判往往是主方数人而客方是来自不同单位的一群人，因而可以节约谈判的人力、物力、财力，提高谈判的效率。一般规模较小的国内贸易的谈判常属此种类型。

(2) 秘密谈判。开展秘密谈判可能由多种原因引起。谈判不宜公开，可能是为了避免涉及其他方面，而引起矛盾表面化、复杂化等；也可能是谈判公开化的时机未到，避免对谈判的期望过高，减少影响。一般国家间的政治谈判和较大规模的国内贸易谈判、对外贸易谈判等常属此种类型。

(3) 半公开谈判。半公开谈判，是指有关谈判的时间、地点、内容甚至过程，部分地对外进行披露的谈判类型。显然，对外披露的内容完全是根据自己的需要来选择的。诸如公布一部分谈判信息，借以提高企业形象等。

4. 按谈判利益主体的数量划分

(1) 双方谈判。双方谈判是指两个谈判利益主体参加的商务谈判。很显然，双方谈判的利益关系比较明确具体，也比较简单，因而容易达成一致的意见。

(2) 多方谈判。多方谈判是指两个以上的谈判利益主体参加的商务谈判。相比之下，多方谈判的利益则要复杂得多，难以协调一致。例如，在建立中外合资企业的谈判中，如果中方是一家企业，外方也是一家企业，两家企业之间的意见就比较容易协调。如果中方有几家企业，外方也有几家企业，谈判将困难得多。这是因为中方几家企业之间存在着利益上的不一致，需要进行协商谈判；同样，外商几家企业之间也存在着利益上的不一致，需要进行协商谈判。这样，矛盾的点和面就大大增加了，关系也更为复杂。

5. 按谈判主体的地域范围划分

(1) 国内商务谈判。国内商务谈判是指国内企业、单位、个人之间有关商品、劳务和技术的谈判。由于国内商务谈判具有国籍同一、法律同一、语言相同、文化习俗基本相似，并处于同一经济体制之中等特点，其谈判的基本观念、程序、策略、技巧都具有一定的相通性和可控性。

(2) 国际商务谈判。国际商务谈判是指不同国家或地区的企业、单位、个人之间有关商品、技术和劳务的谈判。就我国来说，国际商务谈判就是对外贸易谈判。

国际商务谈判与国内商务谈判相比，既有基本相同的一面，又有不同的特征。

首先，国际商务谈判涉及面广，更具复杂性。国际商务谈判中的谈判议题要比国内谈判广泛，合同的履行也比国内困难。国际商务谈判要涉及谈判人员的出入境，谈判的时间和费用都比国内谈判复杂，谈判中的所有议题都要求高效率地达成共识。因此，没有充分的准备，就会使谈判难上加难。

其次，国际商务谈判的交易各方在社会、经济和法律上具有差异性。由于不同的国家之间在法律、贸易政策、商业习惯以及度量衡制度等方面存在着差异，因此，在谈判之前，谈判人员必须了解对方国家有关的法律和贸易政策，并熟悉国际上通行的有关的法律和惯例，在谈判中要准确理解其提出的问题及其态度，这样才能减少谈判障碍。

再次，国际商务谈判的风险因素较多。在国际商务谈判中，除了要考虑运输风险、价格风险、商业信用风险以外，还要考虑政治风险和外汇风险等。因此，在对外谈判的准备和谈判过程中，都要注意摸清对方的资信情况和经营能力，密切注意有关市场变化情况、外汇市场的走势以及国际风云的变幻，并综合考虑到对方国家对我国的政治态度和两国政府之间的经贸关系，以便在谈判过程中正确决策，避免失误。

最后，国际商务谈判涉及不同的社会经济制度和社会文化背景，使交易各方在谈判过程中的合作与交流更为困难。因此，在谈判之前，就应当努力了解和熟悉对方的习惯和办事方法，克服偏见，尊重对方，注重礼节，尤其要重视语言在对外谈判中的特殊作用。目前，国际通行的商业语言是英语，但德语、法语、西班牙语在一些国家和地区（如东欧、北欧、中西非、中南美洲）还比较盛行。而我国目前国家政策允许进行直接对外贸易的大多数工商企业中，中高级管理人员和业务人员精通外语的为数并不多，在国际商务谈判中必须借助翻译人员来完成双方的信息交流。因此，翻译的水平和语言表达能力的高低对谈判的结果有着重要的影响。

6. 按谈判的核心议题划分

（1）价格谈判。价格谈判是谈判各方都把达成一项各方都能接受的价格协议作为整个谈判的核心问题。谈判总是围绕着"公平合理"的价格来展开的，各方都把价格作为是否达成交易的唯一因素，一切直接影响价格的因素都是价格谈判中各方冲突的焦点，如总价、折扣、交易的各项直接费用（包括包装材料费、装卸费、运费、保险费和其他各种费用等），而质量要求、成交的数量、交货时间、支付时间和方式等，都被作为谈判中的因素。因此交易各方都会不遗余力、绞尽脑汁地想出种种方案，寻找"公平合理"的价格。只要价格问题解决了，谈判就算大功告成。一般来说，多数商品交易谈判都属于价格谈判。

价格谈判的基本目标对谈判各方来说是不同的。对卖方来说，基本目标是保本价格，即有关成本、各项费用和预期最低利润之和，而从交易成立到合同履行期间的利息贴水、市场价格潜在的不利变化趋势以及货币风险等，都是在保本价格基础上派生的目标。对买方来说，基本目标是在过去的经验和搜集到的有关市场信息基础上，建立一套价格目标中的底价以外的任何价格。底价是买方愿意支付的最高价格，只要谈判各方对于市场有比较全面和准确的信息，通常情况下买方的底价总是要高于卖方的保本价格，故在价格谈判中双方的互融性比较大，谈判各方易于达成都能接受的协议。但是，在价格谈判中，买卖双方的利害关系都集中在价格问题上，如果在某项交易的谈判中，保本价格与底价比较接近，谈判的过程就会是各方激烈的讨价还价过程，谈判失败的危险性很大。

（2）成本谈判。成本谈判，是交易各方都以卖方的成本作为交易品的基本价格。在谈判中，双方必须考虑构成卖方成本的各种要素、各种要素的价格如何计算以及怎样确定各种必需的费用等。劳务交易、成套设备交易和工程合同都是采用成本谈判。

成本谈判中买主支付给卖主的价格构成因素通常包括材料费、折旧、人工费、间接费、行政管理费和该行业的平均利润。双方容易产生分歧的往往是价格构成中的主要因素，特别是材料和人工的耗费往往是双方争论的焦点。不同的卖主由于其技术力量、采用的工艺以及管理制度上的差异，其材料和人工的耗费往往有比较大的差别，而买主在这方面获得的信息是不全面的。因此，在工程、设备安装以及各种劳务合同的谈判中，买主通常要采用招标的方式，使潜在的卖主之间先进行技术、工艺和成本竞争，在各种投标方案中选择比较适宜的卖主，然后在投标的方案基础上进行谈判，这样可以缩短谈判过程，节省谈判费用，使复杂的谈判变得简单一些，尤其对买方特别有利。

7. 按谈判议题展开的方向划分

(1) 横向谈判。横向谈判是指把拟谈判的议题全部横向铺开，也就是几个议题同时讨论，同时取得进展，然后再同时向前推进，直到所有问题谈妥为止。例如，谈一笔进出口贸易，双方先确定这样一些议题或条款，即品质、价格、数量、支付、装运、保险和索赔等。然后，先开始谈其中一项条款，待稍有进展后就去谈第二条，等到这几项条款都轮流谈到后，再回过头来进一步谈第一条款、第二条款……依次类推，如有必要可再进行第三轮以至更多轮的磋商。

横向谈判方式的基本特点，就在于按议题横向展开，一轮一轮地洽谈，每轮谈及各个问题。

横向谈判方式比较适合于对并列式复合问题的洽谈。所谓复合问题，是指那些自身还能分解出若干小问题的问题。并列式的复合问题是指复合问题中包含的若干小问题，它们各自独立存在，相互之间没有隶属关系。正是由于它们是相互并列的，可以分别进行讨论。

(2) 纵向谈判。纵向谈判是指在确定议题之后，逐个把条款谈完，一项条款不彻底解决就不谈第二个。例如，同样是上面那笔交易，在纵向谈判方式下，双方首先会把商品品质确定下来，品质问题解决不了，达不成一致意见，双方就不谈价格条款。

纵向谈判方式的基本特点，就在于按议题纵向展开，每次只谈一个问题，谈透为止。

纵向谈判方式比较适合于对链条式复合问题的洽谈。所谓链条式复合问题，就是指复合问题中分解出的若干小问题，并不处在同一个层次上，而是像链条一样，一环扣一环，逐步展开。这时，适宜用纵向谈判方式，把要谈的若干议题，按它们之间的内在逻辑联系，整理成一个系列，依顺序逐个地进行谈判。

8. 按谈判双方的态度倾向划分

(1) 让步型谈判。让步型谈判，也称软式谈判。让步型谈判者希望避免冲突，随时准备为达成协议而让步，希望通过谈判签订一个皆大欢喜的协议。采取这种谈判方式的人，把对方不是当做敌人，而是当做朋友。谈判的目的是要达成协议而不是获取胜利。因此，在一场让步型的谈判中，一般的做法是：提议、让步、信任对方、保持友善，以及为了避免冲突对抗而屈服于对方。

如果谈判双方都能以宽大及让步的心态进行谈判，那么达成协议的可能性、达成协议的速度以及谈判的成本与效率都会比较理想，并且双方的关系也会得到进一步的加强。然而，由于利益的驱使，加上价值观及个性方面的差异，并非人人在谈判中都会采用这种谈判的方法。而且，这种方法并不一定是明智的、合适的，在遇到强硬的谈判者时，极易受到伤害。因而在商务谈判实践中，采取让步型谈判的人是极少的，一般只限于双方有长期的业务往来，并且合作关系非常友好的条件下。

（2）立场型谈判。立场型谈判，也称硬式谈判。立场型谈判者将谈判看成是一场意志力的竞争和搏斗，认为立场越强硬者，最后的收获也越多。谈判者往往在谈判开始时提出一个极端的立场，进而固执地加以坚持。只有在谈判难以为继、迫不得已的情况下，才会做出极小的松动和让步。在双方都采取这种态度和方针的情况下，必然导致双方的关系紧张，增加谈判的时间和成本，降低谈判的效率。即使某一方屈服于对方的意志而被迫让步、签订协议，其内心的不满也是显然的。因为在这场谈判中，他的需要没能得到应有的满足。这会导致他在以后协议的履行过程中的消极行为，甚至是想方设法阻碍和破坏协议的履行。从这个角度来讲，立场型谈判没有真正的胜利者。

总之，立场型谈判使双方陷入立场性争执的泥潭而难以自拔，因不注意尊重对方的需要和寻求双方利益的共同点，所以很难达成协议。

（3）原则型谈判。原则型谈判，也称价值型谈判。原则型谈判要求谈判双方首先将对方作为与自己并肩合作的同事对待，而不是作为敌人来对待。也就是说，要首先注意与对方的人际关系。但是，原则型谈判并不像让步型谈判那样只强调双方的关系而忽视利益的获取。它要求谈判的双方都尊重对方的基本需要，寻求双方利益上的共同点，设想各种使双方都有所获的方案。当双方的利益发生冲突时则坚持根据公平的标准来做决定，而不是通过双方意志力的比赛一决胜负。

与立场型谈判相比，原则型谈判注意调和双方的利益而不是改变对方的立场。这样做常常可以找到既符合自己利益，又符合对方利益的替代性立场。

原则型谈判者认为，在谈判双方对立立场的背后，存在着某种共同性利益和冲突性利益。我们常常因为对方的立场与我们的立场相对而认为对方的全部利益与我方的利益都是冲突的，但事实上在许多谈判中，深入地分析对方的立场背后所隐含的或代表的利益，就会发现双方共同性的利益要多于冲突性利益。如果双方能认识到并看重共同性利益的话，调和冲突性利益也就比较容易了。

原则型谈判强调通过谈判所取得的价值。这个价值既包括经济上的价值，也包括人际关系的价值，因而是一种既理性又富有人情味的谈判，为世界各国的谈判研究人员和谈判实践人员所推崇。

上述三种方法是比较理论化的划分，现实中的谈判往往与上述三种方法有所差别，或者是三种方法的综合。

9. 按商务谈判的进程划分

（1）签约前的谈判。签约前的谈判是指为了签订合同而进行的一系列谈判。它包括一般性会见、技术性交流、意向书或协议书的谈判以及正式合同的谈判。一般性会见旨在确定商务谈判的可能性与方向性，一般来说，注重气氛的友好和谐；技术性交流（如技术性的讨论会、演示、鉴定等）是交易的前奏，它具有广泛的宣传性与技术内容的保密性等双重特点，其目的是既要扩大知名度，吸引客户，又要使客户有一定的"神秘感"，并确定己方技术利益不受侵害；意向书或协议书谈判是在交易各方表达交易愿望进行广泛接触的基础上，为了保证前期谈判成果以及以后谈判的连续性，而签订意向书或协议书的谈判。意向书或协议书因其很难全面地对各项交易条件做出明确的承诺，一般只起总结与期望的作用，无法律约束力。因此，该类型谈判往往具有阶段性与保留性的特点。如果谈判各方以达成协议为目标进行谈判，则协议书便具有契约性的法律效力。正式合同谈判是指就各种交易条件进行磋商，并最终签订合同的谈判。它是任何富有成效的商务谈判的基本形式。一旦签订合同，对各方均具有法律约束力。因此，它要求各项条款全面、具体、明确、严谨，注重法律依据，追求各项交易条件的平衡，符合合同文本的要求。

（2）签约后的谈判。签约后的谈判是指合同生效后，合同义务不能或未能完全履行而产生的违约谈判、索赔谈判、重审合同义务的谈判以及清算合同最终债务的谈判等。签约后的谈判就谈判内容而言较签约前的谈判简单。因为此类谈判仅限于违约条款、索赔事项及债务清算，谈判的回旋余地不大，如选择谈判对象的权力已丧失，合同条文的修改也不大可能，失误和疏忽亦不能作为谅解的理由。

这里需要指出的是，签约后的谈判中的原有合同的重新谈判的问题。所谓合同重新谈判，是指在长期合同中，由于市场风云多变，买卖双方在合同中规定，在合同截止期前重新谈判的条款或条件。在初始合同中必须设定重新谈判之前必须具备的条件，只有在出现了重新谈判条款中所规定的客观条件时，买卖双方的一方才可以提请双方对初始合同中允许变动的条款进行谈判，而另一方则有义务接受重新谈判的建议。这样可以避免双方陷入"为重新谈判"而进行"谈判"。对于订有"重新谈判"条款的合同，一般都是合同执行期限比较长，如工程合同，从勘探设计到建成验收一般需要几年时间。在此期间内，不仅卖主因材料和人工价格上涨需要提出合同总价变动及变动幅度，而且买主在卖主施工过程中也许会因为事先难以预料的情况提出变更部分工程设计的要求，这就需要双方讨论工程变更所应当增加的施工费用。但是对长期合同中重新谈判的范围必须慎重地确定，应当在原合同中规定允许双方提出重新谈判的特定条件和特定内容。通常，重新谈判的条款一般涉及价格、规格、数量等内容。

10. 按商务谈判的地点来划分

谈判地点的选择以及具体谈判场所的选择与布置是影响商务谈判的一个重要因素。依据谈判双方进行谈判的地域或地点来划分，商务谈判表现为以下几种类型。

（1）主场谈判。主场谈判是在己方所在地进行的谈判。主场包括自己所居住的国家、城市或办公所在地。总之，主场谈判是在自己熟悉的工作、生活环境下，由自己做主人的情况下进行的商务谈判。

主场谈判会给己方带来很多便利和优势，具体表现在以下方面。

1）谈判者在自己熟悉的环境中没有心理障碍，容易在心理上形成一种安全感和优越感。

2）在通信、联络、信息等方面占据优势，谈判人员可以随时与企业或上级领导联络，可以方便地获取各种资料，能够在谈判中保持极大的灵活性。

3）由东道主身份所带来的谈判空间环境的主动权，会使谈判者在处理各种谈判事物时比较主动，便于主动掌握谈判进程。

当然，作为东道主，必须懂得礼貌待客，包括邀请、迎送、接待、洽谈组织等。礼貌的程度可以主动把握。礼貌可以换来信赖,它是主场谈判中的一张有力的牌,它会使客场谈判者积极思考主场谈判者的各种要求。

(2)客场谈判。客场谈判是在谈判对手所在地组织的商务谈判。广义地讲,只要不是在自己所在地的谈判,均可视为客场谈判。

客场谈判的好处是,当谈判者在谈判中处于逆境或准备不足时,在对方所在地谈判可能更为主动,主要原因是退出方便。选择对方所在地点也是谈判者自信心强的表现。如果谈判者能够保持自信并不断发起进攻,就能取得初步的胜利。选择对方所在地进行谈判,更有利于谈判人员在企业和领导授权的范围内,发挥主观能动性。

当然,客场谈判对客方来说需要克服不少困难。参加客场谈判时必须注意以下几点。

1)入境问俗,入国问禁。要了解各地、各国不同的风俗和国情,以免做出会伤害对方感情的事情,而这种情形通常是稍加注意即可防止的。

2)审时度势,争取主动。客居他乡的谈判人员,受各种条件的限制,如客居时间、上级授予的权限、通信的困难等,面对顽强的谈判对象可以施展的手段有限,要么让步,要么坚持到底。客场谈判者在这种处境中,要审时度势、灵活反应、争取主动,既要分析市场,又要分析对方的真实要求、心理变化等,有希望则坚持,无希望则速决。对方有诚意,就灵活调整自己的目标;若无诚意,则不必随便降低己方的条件。

3)配备好自己的翻译、代理人,不能随便接受对方推荐的人员,以防泄露机密。

(3)主客场轮流谈判。主客场轮流谈判是一种在商务交易中互相交换谈判地点的谈判。谈判可能开始在卖方,继续谈判在买方,结束谈判又在卖方等。主客场轮流谈判情况的出现,说明交易是不寻常的,它可能是大宗商品买卖,也可能是成套项目的交易。这些复杂的谈判拖的时间比较长,应注意以下两个方面的问题。

1)确定阶段利益目标,争取不同阶段最佳谈判效益。主客场轮流谈判说明交易复杂,每次换场谈判必定有新的理由和目标。谈判者在利用有利条件或寻找、创造有利条件时,应围绕阶段利益目标实现的可能性来考虑。犹如下棋,要看几步。在"让与争"中,在成功与失败中掌握分寸、时机。阶段利益目标的实现应以"循序渐进、磋商解决"的方式为基础。

2)坚持主谈人的连贯性,换场不换帅。在谈判中换人尤其是换主谈人是不利于谈判的,但实践中这种情况仍经常发生。由于公司的调整、人事的变迁等客观原因,或是出于谈判策略的考虑,如主谈人的上级认为其谈判结果不好、表现不够出色,为了下阶段的利益目标而易帅。无论属于哪种情况,易帅都会在主客场轮流谈判中带来不利影响,使对方产生不快。而且谈判已经展开,原先的基础条件已定,过去的许多言论已有记载,对方不会因你易帅而改变立场,易帅不一定能争取到比以前更好的结果。避免主帅更换的最好方法,是在主客场轮流谈判中配好主帅和副帅。有两个主谈人就可以应付各种可能,以确保谈判的连贯性。

(4)中立地谈判。中立地谈判是指谈判地点设在第三地的商务谈判。第三地作为谈判地点表现为其不存在倾向性,双方均无东道主地域优势,策略运用的条件相当,双方谈判地域环境较为公平。但是,在第三地谈判会造成谈判成本的增加。而且,双方首先要为谈判地点的选择和确定而谈判,地点确定本身就比较复杂。中立地谈判通常为相互关系不融洽、信任程度不高的谈判双方所选用。

11. 按商务谈判中双方实力的不同来划分

商务谈判实力是指谈判主体的经济实力，以及谈判主体的经济实力和谈判者的知识水平、谈判能力以及客观竞争环境等复杂因素综合作用的结果。谈判主动权的争夺则是反映了谈判一方为实现己方的谈判意图，通过积极谋求谈判资讯、时间和权利优势以左右和控制谈判进程，而另一方也力图进行反控制以求变被动为主动的较量的过程。

【案例 1.3】　角色扮演

在英国某机场的咖啡屋里，麦克与一位重要的客户在会谈合作事宜，客户的手机响了，他出去接电话，就在此时，麦克发现比尔·盖茨也在这间咖啡屋里。麦克走到比尔·盖茨的桌旁，对他说："比尔·盖茨先生，很抱歉打扰您，您能帮我个忙吗？我叫麦克，正与一位重要的客户会谈，一会儿他进来，您和我打个招呼，就像老朋友那样，行吗？"比尔·盖茨答应了。那位客户回来后就与麦克继续交谈，比尔·盖茨起身走到他们的桌旁，拍着麦克的肩膀说："嗨！麦克，很高兴在这里见到你。"麦克说："比尔，我正忙着呢，别打扰我！"

结果，麦克很顺利地与客户达成了协议。

（资料来源：盛安之. 谈判的 60 个博弈策略. 北京：企业管理出版社，2008.）

分析：麦克很顺利地与客户达成协议的原因是什么？是利用比尔·盖茨提升了自己的谈判砝码，让客户高看自己，从而麦克很顺利地与客户达成了协议。

根据谈判双方在谈判中的地位的差异和实力的对比，商务谈判表现为以下三种类型。

（1）主动地位的谈判。当谈判对手实力弱小，己方实力强大时，谈判者一般处于主动谈判地位。处于主动地位的谈判者，可以利用己方的强大的谈判实力，给对方造成压力，迫使对方做出让步，尽可能使己方谋取最大限度的谈判利益。谈判者可以摆出强硬的谈判姿态，充分运用"最后通牒"、"先苦后甜"等谈判策略，最终实现己方的谈判目的。通常，主动地位的谈判还表现为谈判者利用己方掌握的谈判资讯、时间和权利优势，采取先发制人的谈判方式，主动选择和邀请谈判对手，设定谈判议题，引导谈判进程和发展方向，制造特定的有利于己方的谈判氛围，努力扩大己方的谈判影响力，最终达成有利于己方的谈判协议。

（2）被动地位的谈判。当谈判对手强大而己方实力弱小时，谈判者一般处于被动谈判地位。被动地位下的谈判，表现为对手实力强大、准备充分、充满自信、姿态强硬。因此，正面对抗显然占不到什么便宜。但是，这并不意味着己方就一定会在谈判中败北，而被对手所绝对控制。被动地位的谈判者应善于保持克制、忍耐，避其锋芒，针对性地化解对方的谈判优势，运用"各个击破"、"迂回进攻"等谈判策略，设法削弱对方的谈判力量，保护己方的谈判利益，实现己方的谈判意图。通常，被动地位的谈判还表现为谈判者尽可能地利用己方的谈判资源条件，通过运用各种谈判策略和手段，采取后发制人的谈判方式，反客为主，变被动为主动，在谈判的议题范围内掌握谈判的主动权和控制权，甚至变更谈判议题，改变谈判氛围，左右谈判进程，引导整个谈判朝有利于己方的谈判方向发展，从而实现己方的谈判利益。

（3）平等地位的谈判。当谈判双方实力相当，任何一方都不占据谈判优势时，谈判者一般处于平等的谈判地位。平等地位下的谈判的基本原则是平等互利、求同存异。基于这一原则，谈判者应致力于建立一种和谐的谈判氛围，双方通力合作，从而实现双方都满意的谈判结果。应当注意的是，双方整体实力相当、地位对等并不等于谈判双方在任何一个方面都条件相同。谈判双方总是各有所长、各有所短。谈判者应采取"扬长避短"的谈判策略，努力将对方控制在自己的谈判优势范围内，用自己的长处制约对方的短处，迫使对方让步，尽可能从谈判中获取更大的谈判利益。

二、商务谈判的内容

商务谈判的内容非常广泛，既包括商品、技术、劳务的贸易谈判，也包括工程项目、投资和经贸合作谈判。作为最基本和普遍的商务谈判活动，这里具体介绍商品贸易谈判的一般内容。

商品贸易谈判是谈判各方就与商品贸易有关的各项交易条件所进行的洽谈。就商务谈判合同基本条款而言，它一般包括以下基本内容。

1. 商品品质

商品品质是指商品的内在质量和外观形态。它们由商品的自然属性决定，具体表现为商品的化学成分、物理性能和造型、结构、色泽、味觉等特征。进行商品品质谈判的关键是要掌握商品品质构成的有关内容以及品质表示方法的通用做法。不同种类的商品，有不同的品质表示方法。常用的表示方法有规格、等级、标准、样品、牌名或商标以及说明书等。这些方法可以结合使用，也可以单独使用，谈判中应根据具体的交易情况来进行选择。

2. 商品数量

商品的数量是指商品贸易双方对具体商品的交易实物数量，主要由数字和计量单位构成。

商品的计量单位一般可采用重量、长度、体积、容积、面积和个数等单位表示。商品的性质不同，采用的计量单位也不同。例如：粮食、矿石、钢材、茶叶等通常使用重量单位；机器设备、服装、家电等通常采用个数单位；棉布通常使用长度单位；木材通常使用体积单位等。

商品的重量分毛重和净重两种。毛重是商品本身重量加包装物重量之和；净重是商品本身的重量。采取毛重还是净重，谈判中应当予以明确。例如：玉米，采用麻袋包装，在实际交货时，带包装测量会更容易一些，但如果规定是净重，则需要在毛重中扣除麻袋的重量。皮重（即包装物的重量）有多种计算方法，可以按实际皮重计算，也可以按约定皮重或抽检皮重计算，或者以毛作净，无论采用何种方法，谈判中均应明确做出规定。

根据惯例，应该规定"溢短装条款"，对有关商品的数量规定合理的机动幅度，以防止日后产生纠纷。

3. 商品包装

除少数商品因其本身特点无须包装外，大多数商品都需要有符合其特点的包装。按商品是否需要包装，可以分为三类，即散装货、裸装货和包装货。包装分为运输包装和销售包装两种。商品是否需要包装以及采用何种包装，主要取决于商品的特点和买方的要求。

在国际贸易中，要了解国内外对包装装潢的要求及图案和色彩等方面的习俗和禁忌，注意满足其特殊要求。世界各国（地区）通常对一些商品的标签、贴头、印记、文字、图案、色彩都有不同的规定。例如，加拿大规定：凡进口到加拿大的食品必须以英文和法文标明品名，并标明商品的重量、用法、保质期以及外国生产者或加拿大进口商的名称与地址，否则，不准进口。中国香港对食品的包装要求：包装需准确反映商品形象，构图要层次分明，突出重点以及有恰当的色彩和文字说明等。可见，商品的包装装潢必须符合商品输入国和地区的喜好，避开禁忌，以消除不必要的麻烦、纠纷或索赔事件。

4. 商品价格

价格是谈判中的核心问题。买方希望为买进商品所支出的货币越少越好，而卖方则希望价格在补偿成本的基础上越高越好。在许多交易中，价格的高低是影响双方利益分配的重要因素。有关价格的谈判往往是整个谈判进程中最为重要、最为敏感，也是最为艰巨的一环。

价格的确定与其他交易条件有密切联系，双方在确定最终价格时必须考虑这些因素，如商品品质、交易数量、交货期限、支付条件、运输方式、交货地点等。

价格由单价和总值构成。单价即单位商品的价格，包括计量单位、计价货币、单位金额和价格术语四个部分。

价格作为谈判中的核心内容，直接关系到谈判双方的经济利益，对此应给予高度重视。

5. 支付方式

在商品交易中，付款的方式也很重要。从表面上看，不论以什么方式付款，用什么支付工具付款，买方的付出和卖方的收入都是合同中规定的总额。但实际上，在不同的支付条件下，尽管支付的价格总额不变，但买卖双方实际的支付和收入水平可能会有很大差异。

（1）预付款和最终付款。预付款是指买方在订货时预先付给对方的款项；当产品制造完成并经买方检验合乎合同确定的标准时，买方可最终付款。双方协商的内容包括预付款的比例，最终付款的期限、方式，延期支付的赔偿，提前支付的折扣，产品在制造加工期间的其他付款等。

（2）支付金额和支付货币。支付金额一般是指合同规定的总金额。但在有些情况下，支付金额与合同金额会不一致。例如，分批交货、分批付款；采用滑动价格；品质优劣浮动价格或数量溢短装规定；谈判时一些附加费用暂难确定等。

支付货币在国内贸易中统一规定使用人民币。在国际贸易中情况就比较复杂，可能会涉及汇率风险的问题，一般应选择兑换比较方便、币值相对稳定的货币作为支付货币。

（3）支付方式。支付方式包括支付时间、支付地点和支付方式。国内贸易中货款的结算通常有现金结算和转账结算两大类，其中又包括多种具体方式；国际贸易一般多采用信用证结算。在支付方式中较为关键的是支付时间，时间不同，对双方利益会有较大影响，谈判中应予以重视。

6. 装运与交付

在合同中，对商品的装运和交接问题做出明确的规定，可以维护双方的利益。

（1）运输方式。商品的交接必须借助于空间的转移来实现，运输方式不同，运费差别很大。双方应在明确由谁支付运费的基础上，规定运输方式及应负的责任。运输方式包括：海洋运输、铁路运输、公路运输、航空运输、管道运输和联合运输等。双方应根据时间的要求和运输成本，来选择合适的运输方式。

（2）交货时间。在经济活动中，许多合同纠纷起因于装运和交接货物的时间规定比较模糊。为尽可能避免纠纷，谈判人员应在切实可行的基础上，力求把装运和交接货物的时间定得明确合理。通常情况下，卖方谈判人员应在充分考虑货源情况、运输条件、市场供应情况及商品本身状况等因素的基础上决定装运时间或交货时间。双方在确定交货日期后，应明确卖方延期交货或买方不能按期接货所应负的责任，以及由此给对方带来损失的赔偿。

（3）交货地点。交货地点的选择关系到运费和结算价格的高低，同时也与交接双方所承担的责任有关。地点规定必须明确具体，谨防因过于笼统或重名问题引起合同履行中的麻烦。

7. 运输保险

商品运输保险是被保险人或投保人在货物装运以前，估计一定的投保金额（即保险金额），向保险人或承保人（即保险公司）投保货物运输险。被保险货物若在运输过程中遭受自然灾害或意外事故造成经济损失，则保险人负责对保险险别责任范围内的损失，按保险金额及损失程度赔偿保险利益人。

在国内贸易谈判中，谈判人员应当根据实际情况，把保险条件与交货地点联系起来考虑，即如果在卖方所在地交货，可由买方办理商品运输保险；如果在买方所在地交货，可由卖方办理商品运输保险。无论是何方办理保险，都应将保险费用计入经营成本。

在对外贸易谈判中，商品运输保险较为复杂，应在了解中国人民保险公司有关保险条款、对方国家的有关保险条款及国际的通用做法的基础上，根据商品的性质、金额、包装情况、装载条件及赔偿及时与否，合理确定保险金额、险别以及按何种保险条款办理保险等事宜。

8. 商品检验

商品检验是指对商品的品质、数量和包装所进行的检验，以确定其是否符合合同规定以及违约的责任归属。商品检验的洽谈应注意以下几个方面的问题。

（1）商品检验的内容和方法。检验的内容一般涉及商品的品质、数量等。检验的方法有视觉、味觉、嗅觉、触觉及科学仪器的检验。谈判中还应明确规定是抽样检验，还是全部检验。

（2）商品检验的时间和地点。商品检验的时间和地点可根据商品的性质和港口、车站、码头的情况来争取对己方有利的时间和地点。

（3）商品检验的机构、检验标准和检验证明。应根据我国及国际上的有关规定以及检验机构的权限、信誉、检验设施等确定合法、合格的检验机构，要结合各方所商定的检验标准、方法、时间、地点等条件，向有关检验部门提出申请，并从指定的检验机构取得检验证明，作为办理商品交接、结算、计费、处理争议的依据。我国对外贸易的商品检验，均由国家质量监督检验检疫总局和其委托的检验部门、检验机构进行。

9. 索赔、仲裁与不可抗力

索赔是一方认为对方未能全部或部分履行合同规定的责任时，向对方提出索取赔偿的要求。双方在谈判时，一般就索赔问题事先进行约定，避免日后产生纠纷。有关索赔问题的谈判，通常涉及以下问题。

（1）索赔依据。在什么情况下可以提出索赔要求。

（2）索赔期限。要求赔偿的一方应在什么时间内提出索赔要求才为有效。双方对此应事先做出约定，过期可不予受理。

（3）索赔金额。要求赔偿的数额，包括违约金和赔偿金。违约金具有惩罚性质，只要确认是违约，违约方就需向对方支付。赔偿金具有补偿性，如违约金不足以弥补对方的损失，还应进一步赔偿。赔偿金的计算一般以给对方造成的直接损失为限。

仲裁是指双方当事人在谈判中商定，在双方发生争议时，如果通过协商不能解决，自愿将有关争议提交给双方所同意的第三者进行解决。有关仲裁问题的谈判主要包括仲裁地点、仲裁机构、仲裁程序和仲裁效力等问题。

不可抗力是指在合同签订后，发生了当事人不能预见、不能避免、不能克服的客观事件，以至于影响到合同的顺利履行，甚至导致合同完全不能履行。不可抗力事件的发生，一种是由自然力量引起的，如地震、水灾、火灾等，另一种是由社会力量引起的，如战争、政策禁令等。

任务三　掌握商务谈判的原则与评判标准

一、商务谈判的原则

所谓商务谈判的原则，是指在谈判过程中谈判双方必须遵守的基本准则或规范。谈判的原则作为谈判内在的、固有的规范，所有谈判者在谈判中都必须遵守。充分了解谈判原则，有助于掌握和运用谈判的策略和技巧，保护谈判当事人的权力与利益。遵循必要的谈判原则，是谈判获得成功的基本保证。商务谈判的原则要达到预定的谈判目标必须遵循以下几个基本原则。

1. 信用的原则

【案例 1.4】　60 元价格卖风衣

一天，陈女士携女友到一家刚开业不久的百货大楼购物。在一排做工精致、用料考究的女式风衣前，陈女士发现一件成衣的标签上赫然印着 60 元的标价。这是一起明显的标价错误，因为这排风衣的统一标价是 160 元。售货员小姐非常友好地向陈女士致歉，并告之标签上的价格是因为计算机输入时的差错，"60"元前面的"1"字没有标清楚。但陈女士认为，既然标签上印着"60 元"，这就意味着商家对顾客的一种承诺，因此，她坚持要以"60 元"的价格买走该风衣。售货员小姐不敢做主，她让陈女士留下联系地址，告之次日将给她一个满意的答复。百货大楼的负责人连夜经过紧急磋商，最后决定以"60 元"的售价将该风衣卖给陈女士。这起商业纠纷引起了新闻媒体的关注，一时，当地各大报刊纷纷报道了这则消息，并展开了一场讨论：陈女士该不该以 60 元的价格买走这件风衣？大部分读者都支持百货大楼，纷纷谴责陈女士的行为是出于一种"占便宜"的动机。而这家刚开业不久的百货大楼由于严守信用、言出必行而赢得了非常好的口碑，从而提高了知名度，一时，该百货大楼门庭若市、生意火爆。

分析： 从这家百货大楼用 100 元钱苦心买回一个"信誉"可以看出，言必信，行必果，对一个人，一家企业的形象具有何等重要的塑造力量，真可谓黄金有价，信誉无价。

诚实可信、言而有信、信誉至上是谈判中非常重要的原则，"人无信难立，买卖无信难存"。在谈判桌上，我们推崇一个"信"字，强调的也是谈判者应言而有信、行必有果。从人际关系的角度讲，人与人之间的交往态度多半是游离于纯粹的信任和极度的猜疑这两极之间的。在这种利益冲突非常明显的谈判活动中，这一关系表现得更为强烈。在曲折复杂的谈判过程中，作为一个参与者，必须恪守说话前后一致、严守信用的准则。良好的信用将给谈判对手以信任感，消除疑虑和分歧，尽快地达成一致。如果没有信用，彼此之间相互猜疑，无疑将破坏谈判中的合作气氛，使谈判陷入困境，最终可能导致谈判破裂。

当然，谈判者有时也可能改变自己的立场，但这是有条件的。修改自己的意见必须寻找充分的理由，要么是初始意见的条件发生了变化，要么是对方做出了让步，或者对方的论点比自己的更有说服力。

为了在谈判中贯彻这一原则，谈判者应当：守信用，即遵守自己在谈判中的承诺，这是取信于对方的关键；信任对方，只有信任对方，才能获得对方的信任，这是取信于人的方法；不要轻易承诺，这是取信于人的重要保障，如果轻诺寡信，必将失信于人；以诚待人，这是取信于人的积极态度。

2. 求同存异的原则

【案例 1.5】 富兰克林的故事

让我们来看美国政治家和科学家富兰克林的一个故事：那年，富兰克林在费城的选举中获胜，担任了公职。但在竞选过程中与一位著名人士结下了难解之怨。在某些问题上他们观点相异，而富兰克林又非常需要那位先生的支持。

经过了解，富兰克林得知那位先生酷爱藏书，常引以为荣，他特别珍藏了一套书籍，其中有一册是非常珍贵的善本。于是富兰克林写了一封信给那位先生，请求他帮忙，将那册善本借给自己。那位先生接信后，几乎马上就派人把书送了过来。一星期以后，富兰克林将书送还，并附了一封热情洋溢的感谢信，向他深表谢意。结果，下一次二人碰面时，那位先生第一次主动与富兰克林交谈，殷勤地表示愿意竭尽全力与富兰克林合作，支持富兰克林。富兰克林运用求同存异的原则赢得了那位先生的友谊。

分析： 求同存异，是我们处理很多问题的原则。

谈判既然是作为谋求一致而进行的协商，它本身必然蕴涵各方在利益上的"同"与"异"。为了实现成功的谈判，谈判者就应当遵循求大同存小异的原则。求大同是指谈判各方在总体上、原则上必须一致，摒弃细枝末节的分歧和不同的意见，从而使参与谈判的各方都感到满意，这是谈判成功的基础。没有这一基础，谈判必然归于失败。存小异，就是谈判各方必须做出适当的让步，容许与自己的利益要求不一致的"小异"存在于谈判协议之中。

3. 精确数字的原则

【案例 1.6】 只贷款 91 万元

日本一家药店老板向太阳银行申请贷款 91 万元。银行经理立刻注意到 1 万元的尾数，就问："为什么不借 100 万元整数，而只借 91 万元"老板说："经过计算，目前只需要 91 万元，90 万不够，100 万多了点，多借了也用不着，银行不会不方便吧？"银行经理相信这位老板是个盘算精细、经营有道的人，批准了这笔贷款。

分析： 数字，是事物量变到质变的尺码，数字反映的是事实。从上面的案例可以看出，在商务谈判中，只要有实实在在的数字作为支撑，就像有了稳固的基石而不可动摇。精确数字的力量是很神奇的，有了精确的数字，在谈判中就能掌握主动权，从而赢得谈判。

这就要求我们在商务谈判中，对每一个流程、支撑、动作、支持，都需要量化。在谈判过程中对时间、价格、质量、数量都要做到精确化、细节化、具体化，只有这样，才能不被对手找到破绽，在谈判中赢得主动权，同时赢得对手的尊重。否则，整个谈判就显得很空洞，不切实际，既没有什么指导纲领可以依循，也找不到对付对手的方法和依据。

4. 运用事实的原则

【案例1.7】　××经理您熟悉吗?

在一次出口产品交易会上，某国的一位商人想向我国的某拖拉机厂订购一批农用拖拉机，但他不太相信该拖拉机厂的产品质量和销路。拖拉机厂的代表并没有单纯地用一些枯燥的技术指标来说服他，而是拉家常式地问道："贵国的××经理您熟悉吗?"客商说："熟悉，当然熟悉。我们都是做农用机械生意的，还合作过呢。"拖拉机厂代表说："噢，那你为什么不向他了解一下情况呢? 去年他从我们厂买了一大批拖拉机，可是大赚了一笔啊。"客商回到住处后，立即通过国际长途电话验证了某些情况，第二天就高兴地与拖拉机厂签订了订购合同。

分析：一旦你所说的经验被证明是真实可信的，对方对你的信任也就油然而生。这也同时要求你在运用事实显示己方实力时一定要遵守规则，做到实事求是，绝不能言过其实。

事实是不以人的意志为转移而客观存在的，它具有客观性、直观性，有时候能比数据、资料等更具说服力。在谈判过程中，当你向对方介绍关于你的实力的某件事实后，对方一定会以最快的速度去验证。在谈判中口气小一点，多留些余地，反倒会使你陈述的事实更具说服力。

有些谈判者就不注意这点，只空洞地说："我们公司的产品远销美国、东南亚。""我们的产品是最好的，人见人爱。"不但会让人觉得是"王婆卖瓜——自卖自夸"，而且会对你的诚实表示怀疑。这种方式是不会让对手相信你的实力的。俗话说，"事实胜于雄辩"，当你的介绍真实可信时，就会事半功倍。

5. 人事有别的原则

【案例1.8】　对事不对人

在一家由美国人投资经营的日本工厂中，因为劳资纠纷，工人举行了罢工。据美方经理介绍：工人早在六周前就向投资方提出了警告，举行罢工的当天，双方经过协商达成了一致的意见，罢工结束之后，工人们主动打扫了示威场地，清理了满地的烟头、咖啡杯，恢复了原来清洁的面貌。第二天，工人们又自发地加班，完成了因罢工而拖欠的生产任务。美方经理对此种做法非常不解，就询问其中的一位罢工工人，这位工人是这样回答他的："我们对投资方有些意见，要想让您知道我们对此事是极其严肃的，唯一的办法就是举行罢工。但这也是我们的公司，我们不愿让您认为我们对公司是不忠诚的。"这位工人的回答给我们的谈判问题拓展了一条新的思路，那就是：在谈判中基于我们对对方提出的某一条款有意见，我们不得不言辞犀利，那是因为我们希望对手知道我们对此事的重视程度和严肃性，我们并不想搞僵双方的关系，我们进行谈判的目的在于谋求一种互利、共赢的结局。

分析：从上面的案例可以知道，谈判是一项合作的事业，人事两分是合作的前提和基础，也是谈判者素质修养的体现。

在谈判中谈判的主体是人，谈判的进程必然要受到谈判者个人的感情、要求、价值观、性格等方面的影响。一方面，谈判过程中会产生相互都满意的心理，随着时间的推移，双方建立起一种相互信赖、理解、尊重和友好的关系，使谈判进行得更顺利、更有效。因为在心情愉快、感觉良好的心理状态下，人们会更乐于助人，乐于关心他人利益，乐于做出让步。另一方面，在谈判中也会出现相反的情况，谈判双方意气用事，互相指责、抱怨，甚至尖酸刻薄，充满敌意。好像谈判中双方争执的每个问题，都是谈判者个人的问题。他们习惯于从个人利益和成见出发来理解对方的提议，这样，就无法对解决问题的办法做出合理的探讨。造成这种情况的主要原因，就是谈判者不能很好地区分谈判中的人与谈判中的问题，混淆了人与事的相互关系，要么对人、对事都采取软的态度，要么对人、对事都采取硬的态度。由对谈判中问题的不满意，导致发泄到谈判者个人的头上，对某些情况的气愤会转向与此相联系的人的身上。

作为一个具有战略眼光的谈判家，他不仅应该具有一种兼容并蓄的胸怀，更应该具备一种高屋建瓴的睿智。他永远着眼于长远，着眼于未来，而不仅仅把目光局限在"一锤子买卖"上。他所追求的是一种长期的合作关系，一种共同承担风险的气度。为此在谈判中都非常注重建立和维护双方的友好关系，把争论和冲突的焦点集中在"事"上，所攻击的是"问题"的本身，而不是"人"本身。

在谈判中应坚持人事分开，具体做法如下。

首先，在谈判中提出方案和建议时，也要从对方的立场出发考虑提议的可能性，理解或谅解对方的观点、看法。当然理解并不等于同意，对别人思想、行动的理解会使自己全面、正确地分析整个谈判形势，从而缩小冲突范围，缓和谈判气氛，有利于谈判顺利进行。

其次，尽量多阐述客观情况，避免责备对方。谈判中经常出现的情况，是双方互相指责、抱怨，而不是互相谅解、合作。其原因就是混淆了人与事的区别。当对谈判中的某些问题不满意时，就会归罪于某一方或某个人，从而出现了把问题搁在一边，对对方或某人进行指责、攻击，甚至谩骂。这种做法虽然维护了个人的立场，但却产生了相反的效果。对方在你的攻击下，会采取防卫措施来反对你所说的一切。他们或是拒绝听你的话，或是反唇相讥，这就完全把人与事纠缠在一起。明智的做法是抨击问题而不责难人，以开诚布公的态度将双方的分歧点摆出，在提出你的见解的同时，尊重对方的意见，心平气和、彬彬有礼。这样你就争取到了主动，消除了双方分歧，再次使双方都参与提议与协商。谈判出现矛盾分歧，有时双方甚至争得面红耳赤，在多数情况下是由于双方各自从自己的立场出发，拿出一个旨在让对方难以接受的提议或方案，这样即使是对谈判有利的协议，对方也因为怀疑而拒不接纳。如果提出的一方一味坚持，另一方也很可能态度强硬，结果常常会导致僵局。但如果改变方式，就可以避免出现上述情况。改变的方式很简单，这就是让双方都参与方案的起草、协商。一个能容纳双方主要内容、包含双方主要利益的建议会使双方都认为是自己的。如果他们切切实实地感到他们是提议的主要参与者、制订者，那么达成协议就会变得比较容易。当各方对解决的办法逐步统一和确认时，整个谈判过程就变得更加有秩序、有效率。

最后，是保全面子，勿伤感情。谈判人员有时固执地坚持己见，并不是因为谈判桌上的建议无法接受，而只是因为他们在感情上过不去，即使是出于无奈而让步，也往往会耿耿于怀。

在谈判中顾及对方面子，不伤及对方感情十分重要。伤害对方感情的可能仅仅是几句话，但带来的后果却是严重的。对方的感情一旦被伤害，会激起他的愤怒而导致反击，也可能引起他的恐慌而导致自卫，甚至采取对抗性、报复性的行动，这只能破坏双方的关系，使谈判陷于僵局。正确的做法：我们要认识、理解自己和对方的感情；要善于忍耐、倾听；当谈判对方或己方的某人处于非常窘困的境地时，我方应尽量想办法减少对方的敌意，注意交流。

二、商务谈判的评判标准

1.谈判既定目标的实现程度

谈判目标包括最佳目标和起码目标，为了追求最佳目标把对方逼得无利可图甚至谈判破裂，达不成协议实际上是既没有实现最佳目标，也没能守住起码目标，总之是没有实现谈判目标。成功的谈判应当是既达成了协议又尽可能接近本方预先制订的最佳目标，也尽可能接近对方预先制订的最佳目标。即最好的谈判结局是"皆大欢喜"，而且是在利益均沾基础上的"皆大欢喜"。

2.谈判效率的高低

经济领域里的任何经济活动都是讲投入与产出的，商务谈判是经济活动的一部分，也讲究成本与效率。那么，谈判成本由三部分组成：做出的让步之和的数值等于该次谈判的预期收益与实际收益之差，即最佳目标与协议所确保的利益之间的差额；所费各种资源之和的数值等于所付出的人力、物力、财力和时间等各项成本之和；机会成本的数值可用企业在正常生产经营情况下这部分资源所创造的价值来衡量，也可用因这些资源的被占用而损失某些获利机会所造成的损失来计算。对这三项成本，人们往往比较关注第一项，而忽视另两项（特别是第三项），其中最典型的表现形式就是无休止地"玩谈判"，这是非常不对的。谈判效率，就是指谈判实际收益与上述三项成本总和的比率。如果成本很高而收益甚小，则谈判是不经济的、低效率的；如果成本很低而收益甚大，谈判就是经济的、高效率的。

3.谈判后的人际关系

如何评价一场谈判的成功与否，不仅要看谈判各方的市场份额的划分、出价高低，资本及风险的分摊、利润的分配等经济指标，还要看谈判后双方的关系是否"友好"，是否得以维持谈判结果或者是促进和加强了双方的互惠合作关系。精明的谈判者往往具有战略眼光，他们不过分计较某场谈判的获益多少，而是着眼于长远与未来，因为融洽的关系是企业的一笔可持续发展的资源。因此，互惠合作关系的维护程度也是衡量谈判成功的重要标准。

综合以上三条评价标准，一场成功的谈判应该是谈判双方的需求都得到了满足，双方的互惠合作关系得以稳固并进一步发展。从每一方的角度来讲，谈判实际获益都远远大于谈判的成本，显然谈判是高效率的。

任务四　学会商务谈判模式

一、商务谈判的 APRAM 模式

商务谈判是一个连续不断的过程，一般每次谈判都要经过评估、计划、关系、协议和维持五个环节，谈判不仅涉及本次所要解决的问题，而且致力于使本次交易的成功成为今后交易的基础。这就是当前国际上流行的 APRAM（Appraisal，Plan，Relationship，Agreement，Maintenance）模式，它由五个环节组成。

1．进行科学的项目评估（Appraisal）

商务谈判是否取得成功，取决于各项准备工作，准备工作主要是指正式谈判之前的项目评估工作。也就是说，一项商务谈判要想取得成功，首先要在正式谈判之前对这项商务活动做出科学评估。如果没有进行科学评估，或者草率评估，盲目上阵，不能达到企业的经济效益和社会效益、不能使谈判双方的资源得到充分利用，那么谈判就会失败或者有欠缺。"没有进行科学评估就不要上谈判桌"，这应该成为谈判者的一条戒律。虽然科学地评估，可能有的完整一些、复杂一些，有的简单一些，但都是必需的。

2．制定正确的谈判计划（Plan）

任何谈判都应有一个完整的谈判计划。一个正确的谈判计划首先要明确自己的谈判目标是什么，对方的谈判目标是什么，并把双方的目标进行比较，找出双方利益的共同点与不同点。对于双方利益一致的地方，应该仔细地列出来，并准备在以后正式谈判中摆在桌面上，由双方加以确认，以便提高和保持双方对谈判的兴趣和争取成功的信心。同时，又为以后解决利益不一致的问题打下基础。对于双方利益不一致的地方，则要发挥创造性思维，根据"成功的谈判应该使双方的利益和需要都得到满足"的原则，积极寻找使双方都满意的方法来加以解决。

3．建立谈判双方的信任关系（Relationship）

在一切正式的商务谈判中，建立谈判双方的信任关系是至关重要的。在一般情况下，人们是不愿意向自己不了解、不信任的人敞开心扉、签订合同的。如果谈判双方建立了相互信任的关系，在谈判中就会顺利许多，谈判的难度就会降低，而成功的机会就会增加。所以说，谈判双方的相互信赖是谈判成功的基础。

4．达成使双方都能接受的协议（Agreement）

一旦谈判双方建立了充分的信任关系，就可以进入实质性的商务谈判。在谈判中，要弄清对方的谈判目标，然后对彼此意见一致的问题加以确认，而对意见不一致的方面通过充分交换意见、共同寻找使双方都能接受的方案来解决。需要强调的是：达成令双方满意的协议并不是协商谈判的最终目标。谈判的最终目标应该是协议的内容得到圆满地贯彻执行，完成合作的事业，使双方的利益得到实现。

5．协议的履行与关系的维持（Maintenance）

谈判仅仅达成协议是不够的，重要的是把协议的内容付诸实施。实践告诉我们，协议书不论规定得多么严格，也不能保障它执行。因此必须遵循"人＋约定＝实行"的准则，在达成协议之后，就必须有对方执行的条款的约定。

人和人之间再好的关系，如果不对其进行维持的话，长期不再进行沟通、联络，就会渐渐淡薄，甚至双方的关系不能继续下去。因此，谈判双方要进行长期交易，最好的办法就是保持、巩固和发展以往的关系。

二、商务谈判的双赢谈判模式

【案例 1.9】 分橙子

有一位妈妈把一个橙子送给了邻居的两个孩子。这两个孩子便讨论起来如何分这个橙子。两个人吵来吵去，最终达成了一致意见，由一个孩子负责切橙子，而另一个孩子选橙子。结果，这两个孩子按照商定的办法各自取得了一半橙子，高高兴兴地拿回家去了。

第一个孩子把半个橙子拿到家，把皮剥掉扔进了垃圾桶，把果肉放到果汁机上打果汁喝。另一个孩子回到家把果肉挖掉扔进了垃圾桶，把橙子皮留下来磨碎了，混在面粉里烤蛋糕吃。

分析：从上面的情形，我们可以看出，虽然两个孩子各自拿到了看似公平的一半，然而，他们各自得到的东西却未物尽其用。这说明，他们在事先并未做好沟通，没有能够达到"双赢"的结果，也就是两个孩子并没有申明各自利益所在。没有事先申明价值导致了双方盲目追求形式上和立场上的公平，结果，双方各自的利益并未在谈判中达到最大化。

试想，如果两个孩子充分交流各自所需，或许会有多个方案和情况出现。可能的一种情况，就是遵循上述情形，两个孩子想办法将皮和果肉分开，一个拿到果肉去喝汁，另一个拿皮去做烤蛋糕。然而，也可能经过沟通后是另外的情况，恰恰有一个孩子既想要皮做蛋糕，又想喝橙子汁。

这时，如何能创造价值就非常重要了。其实，想要整个橙子的孩子提议可以将其他的问题拿出来一块谈。他说："如果把这个橙子全给我，你上次欠我的棒棒糖就不用还了。"其实，他的牙齿被蛀得一塌糊涂，父母上星期就不让他吃糖了。

另一个孩子想了一想，很快就答应了。他刚刚从父母那儿要了五块钱，准备买糖还债。这次他可以用这五块钱去打游戏，才不在乎橙子汁呢。

两个孩子的谈判思考过程实际上就是不断沟通，创造价值的过程。双方都在寻求对自己最大利益的方案的同时，也满足对方的最大利益的需要。实际上，这就是谈判双方达成"双赢"的过程。

1. "双赢"商务谈判模式的概念

"双赢"商务谈判是指把谈判当作一个合作的过程，能和对手像伙伴一样，共同去找到满足双方需要的方案，使费用更合理，风险更小。

"双赢"商务谈判强调的是，通过谈判，不仅是要找到最好的方法去满足双方的需要，而且要解决责任和任务的分配，如成本、风险和利润的分配。"双赢"谈判的结果是：你赢了，但我也没有输。

2. 实施"双赢"谈判的障碍

从倡导和趋势的角度说，"双赢"谈判无疑是有巨大的发展空间的。但是，在实际工作中，推广"双赢"商务谈判却有着诸多的障碍。

谈判中双赢目标的实现具有主观和客观的障碍。理论上的"双赢"与现实商务谈判中的"双赢"，往往具有一条难以逾越的鸿沟——各自利益的最大化。谈判双方之间也存在商务立场、商业利益等的冲突。双方在谈判焦点问题上看法的不一致往往是争论的起因。在许多谈判中，谈判的结局并不理想的原因往往是因为谈判者更多的是注重追求单一的结果，坚持固守自己的立场，而从来也不考虑对方的实际情况。导致谈判者陷入上述谈判误区主要有如下四个障碍。

（1）过早地对谈判下结论。谈判者往往在缺乏想象力的同时，看到对方坚持立场，也盲目不愿意放弃自己既有的立场，甚至担心寻求更多的解决方案会泄露自己的信息，减少讨价还价的力量。

（2）只追求单一的结果。谈判者往往错误地认为，创造并不是谈判中的一部分；谈判只是在双方的立场之间达成一个双方都能接受的点。

（3）误认为一方所得，即另一方所失。许多谈判者错误认为，谈判具有零和效应，给对方所做出的让步就是我方的损失，所以没有必要再去寻求更多的解决方案。

（4）谈判对手的问题始终该由他们自己解决。许多谈判者认为，谈判就是要满足自己的利益需要，替对方考虑解决方案似乎是违反常规的。

商务活动充满着矛盾和冲突，而关键是我们如何来运用有效的手段化解这些矛盾和冲突。上述谈判的误区说明成功的谈判应该使得双方都有赢的感觉。双方都是赢家的谈判才是真正的谈判，也才能够使以后的合作持续下去，在合作中各自取得自己的利益。因此，如何创造性地寻求双方都接受的解决方案就是谈判的关键所在，特别是在双方谈判处于僵局的时候更是如此。

3. 商务谈判达到"双赢"的途径

谈判的结果并不是"你赢我输"或"我赢你输"。谈判双方需要树立"双赢"的观念。在任何的商务活动中，谈判的双方或多方总是有着一定的共同利益作基础，就像本文开头中所述的例子一样。成功的谈判者并非一味固守立场，追求寸步不让，而是与对方充分交流，从双方的最大利益出发，创造各种解决方案，用相对较小的让步来换得双方最大的利益，而对方也遵循相同的原则来取得交换条件。在满足双方最大利益的基础上，如果还存在达成协议的障碍，那么就不妨站在对方的立场上，替对方着想，帮助扫清达成协议的一切障碍。这样要达成最终的协议并非遥不可及。

如何才能达到"双赢"的局面呢？

（1）树立双赢的观念。将谈判建立在双方长久发展与合作的基础上，是谈判成功的首要保证，也是实现双赢的首要保证。没有这个胸怀与基础，双方各行其是，难以达成一致。即使一方暂时的获胜，最终导致的也是长久的失败（彻底失去了这个合作伙伴）。企业的最大利益，只能在市场长期稳定的发展中获得，而不是在短期内"杀鸡取卵"式地掠夺。

（2）将方案的创造与对方案的判断行为分开。谈判者应该先创造方案，再做出决策，不要过早地对解决方案下结论。比较有效的方法是采用所谓的"头脑风暴"式的小组讨论，即谈判小组成员彼此之间激发理想，在原方案的基础上创造出各种想法和主意，不管这些建议是否能够实现。然后逐步对创造的想法和主意进行评估，最终决定谈判的具体方案。在谈判双方是长期合作伙伴的情况下，双方也可以共同进行这种小组讨论。

（3）充分发挥想象力，扩大方案的选择范围。在上述小组讨论中，参加者最容易犯的毛病就是觉得大家在寻找最佳的方案。而实际上，我们在激发想象阶段并不是寻找最佳方案的时候，我们要做的就是尽量扩大谈判的可选择余地。此阶段，谈判者应从不同的角度来分析同一个问题。甚至于可以就某些问题和合同条款达成不同的约束程度，如不能达成永久的协议，可以达成临时的协议；不能达成无条件的，可以达成有条件的协议等。

（4）找出双赢的解决方案。双赢在绝大多数的谈判中都是应该存在的。创造性的解决方案可以满足双方利益的需要。这就要求谈判双方应该能够识别共同的利益所在。每个谈判者都应该牢记：每个谈判都有潜在的共同利益；共同利益就意味着商业机会；强调共同利益可以使谈判更顺利。另外，谈判者还应注意谈判双方兼容利益的存在，即不同的利益，但彼此的存在并不矛盾或冲突。

（5）替对方着想，让对方容易做出决策。让对方容易做出决策的方法是：让对方觉得解决方案即合法又正当；让对方觉得解决方案对双方都公平；另外，对方的先例也是一个让对方做出决策的原因之一。

技 能 训 练

实训一　情景训练

【实训目的】

（1）理论联系实际训练学生对商务谈判内涵的正确认识，能够正确理解谈判产生的原因。培养学生理解问题的能力。

（2）加深学生对商务谈判原则的认识并学会运用这些原则。使学生充分贴近生活，提升学生的综合素质。

【实训主题】

加深学生对商务谈判概念的认识，理解谈判及谈判的原则运用。

【实训时间】

本项目课堂教学内容结束后的双休日和课余时间，为期一周。或者指导教师另外指定时间。

【背景材料】

材料一： 卡威特·罗伯茨是美国一位成功的律师、销售大师，以及美国演讲家协会的创始人。一天清晨，罗伯茨往窗外看，看见一个瘦骨伶仃的12岁男孩正在挨家挨户推销书。这时，罗伯茨发现男孩朝这边走来。罗伯茨转身对妻子说："我要给这男孩上一堂推销课。毕竟，这么多年来我一直写教人如何沟通的书，在全国演讲，应该跟他分享一下我的智慧。我不想伤害他的感情，但我得在他明白之前搞定他。我会告诉他如何跟我这样的人打交道。"

罗伯茨太太看到12岁的男孩敲门了。罗伯茨先生开了门，迅速地解释说自己是个大忙人，他对买书没有兴趣。然后，他说："虽然我很忙，但可以给你一分钟，因为我得去赶飞机了。"

小推销员并没有被罗伯茨的拒绝所吓倒。他只是注视这位身材高大、头发灰白、相貌高贵的男士——一位非常著名而又相当富有的男士。然后，男孩开口了："先生，你就是大名鼎鼎卡威特·罗伯茨吗？"对此，罗伯茨先生的回答是："进来吧，孩子。"

他从小家伙手中买下了几本书，也许这些书他根本不会读。

材料二： 在议价服装店，一对老年顾客挑选一件肥大的上衣，售货员见两位老人挑的衣服过于肥大，就说："这件衣服您不能穿。"老人感到奇怪，就随口问道："怎么不能穿？"售货员说："这衣服能装你俩。"老人一听，不高兴了，怒气冲冲地质问到："什么叫装俩？你这是卖衣服呢，还是卖棺材呢？"平心而论，售货员是好意，觉得衣服过于肥大，不适合老人穿用，但却招致老人的不愉快。

【实训过程设计】

（1）指导教师布置学生课前预习阅读案例。

（2）将全班同学平均分成小组，按每组 5～6 人进行讨论。实训组各选择一例资料进行讨论和设计方案。

（3）根据"材料一"，讨论你对谈判的理解，分析案例中谈判的原因是什么？

（4）根据"材料二"，分析售货员的好意为何招致老人的不快？

（5）根据"材料二"，分析依据商务谈判的原则，这场谈判应如何进行？

（6）各实训组对本次实训进行总结和点评，参照"作业范例"❶ 撰写作为最终成果的《商务谈判与推销技巧实训报告》❷。各小组提交填写"项目组长姓名、成员名单"的《商务谈判与推销技巧实训报告》。优秀的实训报告在班级展出，并收入本课程教学资源库。

实训二 自由实训

1. 我见过的"谈判"

要求学生以宿舍或小组为单位，回忆、收集、整理你有印象的谈判例子，在宿舍或小组内交流，并以宿舍或小组为单位提交案例和交流心得。

2. 家庭交流或企业访谈

利用回家的时间与父母交流，或走访学校周围的企业，请他们介绍一些他们经历的成功谈判。

能 力 迁 移

一、单项选择题

1. 下列关于谈判的论述正确的是（　　）。

A. 谈判的目的是实现自身的经济利益

B. 谈判产生的前提是谈判双方既相互联系又相互冲突

C. 谈判的基本手段是说服

D. 谈判双方地位平等、利益均等

2. 下列关于商务谈判论述正确的是（　　）。

A. 商务谈判的主体是相互独立的利益主体

B. 商务谈判的主要评价指标是经济效益

C. 商务谈判必须达成书面的谈判协议

D. 商务谈判注重合同条款的严密性和准确性

3. 商品贸易谈判的核心内容是（　　）。

---

❶ "作业范例"参见本教材第 231 页，全书同。

❷ 《商务谈判与推销技巧实训报告》范例参见本教材第 233 页，全书同。

A. 商品品质　　　B. 商品数量　　　C. 商品价格　　　D. 商品检验

4. 下列关于商务谈判形式的描述正确的是（　　）。

A. 小组谈判适用于项目较大或内容比较复杂的谈判

B. 书面谈判可以作为口头谈判的辅助形式

C. 价格谈判中买卖双方的价格目标是根本一致的

D. 原则型谈判强调谈判双方的关系而忽视利益的获取

5. 下列关于谈判地位的描述正确的是（　　）。

A. 谈判者的谈判实力取决于谈判主体的经济实力

B. 主动地位的谈判者通常会采取先发制人的谈判方式

C. 被动地位的谈判者会因对手实力强大而失去谈判利益

D. 平等地位的谈判者应采取扬长避短的谈判策略

二、多项选择题

1. 谈判的构成要素有（　　）。

A. 谈判主体　　　B. 谈判客体　　　C. 谈判目的

D. 谈判经费　　　E. 谈判技术

2. 以下属于谈判特征的是（　　）。

A. 谈判对象的广泛性　　　　　　B. 谈判环境的复杂性

C. 谈判条件的可伸缩性　　　　　D. 谈判各方关系的平衡性

E. 合同条款的严密性和准确性

3. 按谈判双方的态度倾向划分，谈判可分为（　　）。

A. 横向谈判　　　B. 纵向谈判　　　C. 让步型谈判

D. 原则性谈判　　　E. 立场型谈判

4. 商务谈判的评判标准是（　　）。

A. 谈判目标的实现程度　　　　　B. 谈判获得的利益多少

C. 谈判的效率高低　　　　　　　D. 谈判后的人际关系

E. 谈判经费的多少

三、问答题

1. 什么是谈判？怎样理解谈判概念的内涵？

2. 谈判有哪些构成要素？

3. 什么是商务谈判？怎样理解商务谈判概念的内涵？

4. 商务谈判活动有哪些特征？

5. 商品贸易谈判包括哪些基本内容？

6. 商务谈判有哪些表现形式？

7. 商务谈判的基本原则有哪些？

8. 成功的商务谈判如何判断？

9. 商务谈判 APRAM 模式的内容是什么？

10. 双赢商务谈判模式的含义及其实现途径是什么？

四、案例分析

【背景材料】

材料一：单位派你去谈判，授给你全权，但对方出场的却是个代理人。你该怎么做？

（1）坚持与对方实权人物谈判。

（2）询问代理人能否全权代理。

（3）"不管三七二十一"，谈谈看。

材料二：美国约翰逊公司的研究开发部经理，从一家有名的 A 公司购买一台分析仪器，使用几个月后，一个价值 2.95 美元的零件坏了，约翰逊公司希望 A 公司免费调换一只。A 公司却不同意，认为零件是因为约翰逊公司使用不当造成的，并特别召集了几名高级工程师来研究，寻找证据。双方为这件事争执了很长一段时间，几位高级工程师费了九牛二虎之力终于证明了责任在约翰逊公司一方，取得了谈判的胜利。但此后整整 20 年时间，约翰逊公司再未从 A 公司买过一个零件，并且告诫公司的职员，今后无论采购什么物品，宁愿多花一点钱，多跑一些路，也不与 A 公司发生业务交往。

问题：请你来评价一下，A 公司的这一谈判究竟是胜利还是失败？应该如何来评价一场谈判的成败。

材料三：某一项谈判的买方坚持要对对方延期发运货物给予严厉处罚，双方在这一立场上互不相让。但如果透过双方对立的立场可以发现，双方的利益又有一致的地方：卖方希望取得源源不断的订单，买方则想保证原材料的不断供应，立场的对立并不等于利益的完全对立，即使双方在立场上存在冲突，仍可以合作，争取共同的利益。

问题：在这一谈判活动中，双方应采取什么样的谈判形式？为什么？

材料四：2013 年，某友好国家工业贸易代表团来华谈判，该国大使先找到有关领导要求促成贸易合作。有关领导指示，在可能的前提下尽量与对方达成协议。对方要求向中国出口矿山设备，要价高且质量不及先进国家水平。中方代表很为难，如果答应，中方损失太大；如果当场拒绝，又怕影响两国关系。最后中方代表想出了办法，要求对方拿出一台矿山设备到我国北方严寒地区进行一定时间的试验。如果能在 −40℃ 条件下正常工作，我方可以留购，对方答应回去研究。两个月后，对方答复说，他们国家最低气温为 −7.20℃，要适应我国 −40℃ 的工作条件，技术上有困难。于是，对方放弃了向我国出口矿山设备的要求。

问题：

（1）这场谈判中体现出哪些谈判的基本原则？

（2）你从这场谈判中得到什么启发？

【分析要求】

1. 过程要求

学生分析案例提出的问题，分别拟定《案例分析提纲》；小组讨论，形成小组《商务谈判与推销技巧案例分析报告》❶；班级交流并修订小组《商务谈判与推销技巧案例分析报告》，教师对经过交流和修改的各小组《商务谈判与推销技巧案例分析报告》进行点评；在

---

❶ 《商务谈判与推销技巧案例分析报告》范例参见本教材第 232 页，全书同。

班级展出附有"教师点评"的小组优秀《案例分析报告》，并将其纳入本校该课程的教学资源库。

2. 成果性要求

（1）案例课业要求：以经班级交流和教师点评的《商务谈判与推销技巧案例分析报告》为最终成果。

（2）课业的结构、格式与体例要求：参照"作业范例"《商务谈判与推销技巧案例分析报告》。

项目二　准 备 商 务 谈 判

项目目标

(1) 商务谈判信息的概念、作用和搜集。
(2) 商务谈判的组织准备、时间和地点的选择以及商务谈判方案的制定。
(3) 商务谈判的会务准备和现场布置。
(4) 模拟谈判的内容与方式。
(5) 能运用适当的手段和方法进行谈判背景的调查研究。
(6) 能够根据拟定的谈判目标制定相应的谈判方案。

情景案例

2010 铁矿石谈判十月启动

力拓再次把被动的局面扔给了中国钢铁行业。日前,力拓铁矿石业务首席执行官山姆·威尔士(SamWalsh)对媒体公开表示,"力拓与中国的铁矿石谈判现已中止,何时重启谈判还是未知。"

时值 9 月初,按照传统的铁矿石谈判机制,每年的 9 月底 10 月初,下一年度的长期协议价格谈判就将启动。

眼下,澳大利亚主要矿山已开始迅速减少铁矿石的现货出口,这与上半年力拓一半铁矿石采用现货交易形成鲜明对比。这些动作都预示着,矿石生产商开始为明年的谈判做准备。

中国的钢铁业现在仍陷在 2009 年谈判的泥潭里。不过,事实上这已无足轻重,因为中国钢铁企业私下大多已与三大矿山公司签订了购货合同,价格按照日韩 33% 的降幅计算。

就这样,中国被动地接受了 2009 年度的铁矿石谈判结果,而新一年的谈判,中国面临的局面似乎更为不妙。

尽管中国的铁矿石谈判代表尚未正式为 2009 年度的谈判画上句号。但三大矿山公司已经开始为明年的价格做准备。

据了解,近期澳大利亚主要矿山近期已经开始迅速减少铁矿石的现货出口。这是矿山公司故意在压供应量,好让铁矿石现货价格止跌回升,以便为下一步的谈判做准备。

国际金融机构再次现身,为明年的铁矿石价格推波助澜。高盛预计 2010/11 年铁矿石合约价格上升 10%,并称铁矿石现货价格也将走高,原因是全球海运贸易上升和中国进口的增加。该机构称,2010 年供应商将在定价能力上重新占据上风。

反观国内,尽管钢材价格已经连续几十天下挫,但国内钢铁企业的生产依然不断冲击着新高。8 月，全国 77 家主要钢铁企业高炉利用率 90.9%，比 7 月的 87% 明显增加，9 月初更是提高到 92%。统计数据显示，8 月份，钢厂粗钢产量再次创下历史最高水平。

联合金属网的分析师认为，中国铁矿石整体刚性需求依然庞大，按全国日产粗钢 166 万吨计算，9 月铁矿石达到 7700 万吨/月，与历史最高水平持平。这使 2009 年四季度，铁矿石市场保留了反弹的可能。铁矿石价格到了关键的时期。

河北一家大型民营钢铁企业的负责人说，"国内钢厂很可能现在连准备工作都不好做。谈判得首先确定明年的谈判代表，让谁去代表呢？尽管中钢协一直说今年的谈判代表是宝钢，但是宝钢在谈判中根本没有决定权，决定权还是在中钢协。另一方面，2009 年全国钢厂和三大矿山公司私下签订的合同没有一份得到中钢协的同意，这种局面怎么去准备呢？"

中国在价格谈判中，与三大矿山公司相比几乎全部落后。从市场情报收集、到行情分析，从不同时间点主动释放的信号弹，到最终的一致价格口径，三大矿山公司在谈判上，每一步都是精心考虑的。而中国钢铁行业，则是处处被动，最后要开始谈了，谈判的代表们仓促上马。此外，中国钢铁企业过于分散，在应对谈判时始终无法步调一致。

最终的结果是，自 2002 年以来，尽管中国的钢材价格几年内已经上涨了数倍。但时至今日，中国钢价上涨的利润几乎都被铁矿石供应商赚走。

据悉，中国钢协将于下月中旬在青岛召开一年一度的钢铁原材料国际研讨会。在以往，青岛会议实际上是中国钢铁企业与铁矿石供应商，就第二年价格谈判进行初步接触的场所。与以往不同的是，今年的研讨会邀请企业名单上，完全没有了三大矿山公司的影子。其中列出的矿山代表是，印度五矿公司、印度国家矿业发展公司、澳大利亚 API 矿业公司、澳大利亚 AQUILA 资源公司、澳大利亚 WPG 资源公司和澳大利亚 HANCOCK 资源公司等。

这一动向，被业内视为中国钢铁行业在三大公司之外，积极寻找新伙伴。但无法回避的问题是，三大矿山公司在全球铁矿石市场的垄断地位已经形成，他们掌握着全球 70% 以上的铁矿石资源。从长远看，中国钢铁行业和三大矿山公司依然相互需要。

业内人士指出，如果中国钢铁行业不能及早采取措施，明年的谈判将会更难，因为对于三大矿山公司来说，2009 年上半年最为困难的时期已经过去，目前全球钢厂的开工率已经开始爬升。

启示：一年一度的铁矿石谈判总能吸引全球的目光，在中方屡战屡败的情况下，我们必须深思——在铁矿石贸易领域，中国的谈判为何总是如此艰难？三大矿山何以每年都如此强势，甚至在经济危机下仍然扭转了市场形势？每每的准备不足，也许是中方谈判被动的原因之一吧。

俗话说得好，不打无准备之仗。商务谈判是一种综合性很强的活动，其准备工作也是内容庞杂、范围广泛。谈判前的准备工作做得如何，将决定着谈判能否顺利进行以及能否达成有利于己方的协议。因此，谈判前的准备是整个谈判方案的重要组成部分。

任务一　做好商务谈判的信息准备

商务谈判是人们运用资料和信息获取所需利益的一种活动。信息准备是商务谈判准备的重要一环。掌握充分适用的有关信息资料，是取得谈判成功的重要保证。

一、商务谈判信息的概念

商务谈判信息是指反映与商务谈判相联系的各种情况及其特征的有关资料。商务谈判信息资料同其他领域的信息资料相比较，有其不同特点。首先，商务谈判资料无论是资料的来源还是资料的构成都比较复杂和广泛，在有些资料的取得和识别上具有相当难度。其次，商务谈判资料是在特定的谈判圈及特定的当事人中流动，谈判者对谈判资料的敏感程度，是其在谈判中获取优胜的关键。最后，商务谈判涉及己方和谈判对手的资金、信用、经营状况、成交价格等具有极强的保密性。

【案例 2.1】　总经理的"黄昏症"

有位名律师曾代表一家公司参加了一次商务谈判，对方公司由其总经理任主谈。在谈判前，名律师从自己的信息库里找到了一些关于对方公司总经理的材料，其中有这样一则笑话：总经理有个毛病，每天一到下午 4、5 点，就会心烦意乱，坐立不安，并戏称为"黄昏症"。这则笑话使名律师顿生感悟，他利用总经理的"黄昏症"，制定了谈判策略，把每天需要谈判的关键内容拖在下午 4、5 点进行。此举果然取得了谈判的成功。

（资料来源：徐文. 商务谈判. 北京：中国人民大学出版社，2008.）

分析：看来在商务谈判中，搜集、整理对方的信息并利用这些信息，采用有针对性的谈判策略对商务谈判的成功非常重要。只有了解、掌握对手信息，有的放矢才能使谈判赢得主动，获得成功。

二、商务谈判信息准备的内容

一般来说，商务谈判的商务调研，信息准备应包括对以下各类资料的搜集和分析研究。

1. 对方资料

谈判对手的信息资料是商务谈判所应具备的最有价值的资料。对谈判对手应侧重掌握下列资料。

（1）对方的营运状况与资信。在尽可能掌握对方企业的性质、对方的资金状况及注册资金等有关资料情况下，还应侧重了解两个问题：一是对方的营运状况。因为即使对方是一个注册资本很大的公司，但如果营运状况不好，就会负债累累，而公司一旦破产，己方很可能收不回全部债权。二是对方的履约信用情况。应对交易对象在资格信誉等方面进行深入细致的了解，避免客户不能履约，防止货款两空，造成严重的经济损失。

应坚持在不掌握对方信用情况，不熟知对手底细或有关问题未搞清的情况下，不举行任何形式的商务谈判。

在掌握对方运营状况和资信情况下，才能确定交易的可能规模及与对方建立交易往来时间的长短，也才能做出正确的谈判决策和给予对方恰当的优惠程度。

（2）对方的真正需求。应尽可能摸清对方本次谈判的目的，对方谈判要求达到的目标以及对我方的特殊需求，当前面临的问题或困难，对方可能接受的最低界限等方面。

摸清对方的真正需求，必须透过表面现象去辨别、发现。只有认真了解对方的需求，才能有针对性地激发其成交的动机。在商务谈判中，越是有针对性地围绕需求谈判，交易就越有可能取得成功。

（3）对方参加谈判人员权限。应尽可能多地掌握对方谈判人员的身份、分工。如果是代理商，必须弄清代理商其代理的权限范围及对方公司的经营范围。绝大多数国家规定，如果代理人越权或未经本人授权而代本人行事，代理人的行为就对本人无约束力，除非本人事后追认，否则本人不负任何责任。同样，如果代理人订立的合同越出了公司章程中所规定的目标或经营范围，即属于越权行为。对属于越权行为的合同，除非事后经董事会研究予以追认，否则公司将不负任何责任。

在谈判中，同一个没有任何决定权的人谈判是浪费时间的，甚至会错过最佳交易时机；弄清代理商的代理权限范围和对方公司的经营范围，才能避免日后发生纠纷和损失。

（4）对方谈判的最后期限。必须设法了解对方的谈判期限。任何谈判都有一定的期限。最后期限的压力常常迫使人们不得不采取快速行动，立即做出决定。

了解对方的谈判期限，以便针对对方的期限，控制谈判的进程，并针对对方的最后期限，施加压力，促使对方接受有利于己方的交易条件。

（5）对方的谈判作风和个人情况。谈判作风指的是在反复、多次谈判中所表现出来的一贯风格。了解对手的谈判作风可以更好地采取相应的对策，以适应对方的谈判风格，尽力促使谈判成功。

另外，还要尽可能了解谈判对手的个人情况，包括品格、业务能力、经验、情绪等方面。

2. 市场资料

市场资料是商务谈判可行性研究的重要内容。市场情况瞬息万变、构成复杂、竞争激烈。对此必须进行多角度、全方位、及时的了解和研究。

与谈判有关的市场信息资料主要有以下几个方面。

（1）交易商品市场需求量、供给量及发展前景。

（2）交易商品的流通渠道和习惯性销售渠道。

（3）交易商品市场分布的地理位置、运输条件、政治和经济条件等。

（4）交易商品的交易价格、优惠措施及效果等方面。

市场情况对企业的商务谈判活动产生重大影响，谈判者要密切注视市场的变化，根据市场的供求运动规律，选择有利的市场，并在谈判中注意对方的要价及采取的措施。

3. 交易条件资料

交易条件资料是商务谈判准备的必要内容。交易品资料一般包括商品名称、品质、数量、包装、装运、保险、检验、价格、支付等方面的资料。

4. 竞争对手资料

竞争对手资料是谈判双方力量对比中一个重要的"砝码"，会影响谈判天平的倾斜度。竞争对手资料主要包括以下几个方面。

（1）现有竞争对手的产品因素，如数量、品种、质量、性能、包装方面的优缺点。

（2）现有竞争对手的定价因素，如价格策略、让价策略、分期付款等方面。

（3）现有竞争对手的销售渠道因素，如有关分销、储运的实力对比等方面。

（4）现有竞争对手的信用状况，如企业的成长史、履约、企业素质等方面。

（5）现有竞争对手的促销因素，如推销力量、广告宣传、营业推广、服务项目等方面。

了解竞争者是较困难的，但如果是卖方，至少应该知道一个销售价格高于自己，而质量比自己差的竞争对手的详细情况。作为买方则应掌握有关供货者的类似情报。

通过对以上情况的了解分析，找出主要竞争对手及其对本企业商品交易的影响，认清本企业在竞争中所处的地位，并制定相应的竞争策略，掌握谈判的主动权。

5. 相关的环境资料

在商务谈判中，不同的社会背景对具体的谈判项目的成立，对谈判进程和谈判的结果会起到相当重要的影响。因此，在谈判准备阶段必须认真搜集分析以下资料。

(1) 政治状况。政治状况关系到谈判项目是否成立和谈判协议履行的结果。因此，必须了解对方国家的政治制度和政府的政策倾向、政治体制、政策的稳定性，以及非政府机构对政策的影响程度。若在合同履行期内发生重大的政治风险，将使有关的企业蒙受沉重的经济损失，这是应该尽力避免的。

(2) 法律制度。这主要是为了解与商贸谈判活动有关的法规。除了要熟知我国现有的法律外，还要认真了解当事各国的法规及一些国际法规，如联合国国际货物销售合同公约、联合国国际贸易委员会仲裁规则等。

(3) 商业习惯。商业习惯不同会使商贸谈判在语言使用、礼貌和效率，以及接触报价、谈判重点等方面存在极大的差异。商业习惯在国际贸易谈判中显得更为重要，因为几乎每一个国家乃至地区的做法都有自己的特色，而且差别很大，如果不切实了解其商业习惯就会误入陷阱，或使谈判破裂。例如，法国商人往往在谈妥合同的重要条件后就会在合同上签字，签字后又常常要求修改。因此，同法国人谈成的协议必须以书面形式互相确认。

(4) 社会文化。社会文化主要包括文化教育、宗教信仰、生活方式和社会习俗等。跟外国商人谈判，特别要注意对宗教信仰和社会习俗的了解，了解这些情况，不仅可避免不必要的冲突和误会，而且可以更快更好地理解对方的谈判行为，促使谈判的成功。

(5) 财政金融。应随时了解各种主要货币的汇兑率及其浮动现状和变化趋势，了解国家的财税金融政策，以及银行对开证、承兑、托收等方面的有关规定等情况。

6. 有关货单、样品资料

这主要包括货单、样品，双方交换过的函电抄本、附件，谈判用的价格目录表、商品目录、说明书等资料。货单必须做到具体、正确，每个谈判人员对此必须心中有数。谈判样品必须准备齐全，特别是注意样品必须与今后交货相符。

三、信息资料的搜集与整理

1. 资料搜集的方法和途径

(1) 检索调研法。检索调研法是根据现有的资料和数据进行调查、分类、比较、研究的信息资料准备方法。检索调研法的资料搜集的途径很广，主要的有以下方面。

1) 统计资料。主要包括我国、对方国家及国际组织的各类统计月刊或统计年鉴，以及各国有关地方政策的各类年鉴或月刊。

2) 报纸杂志，专业书籍。如我国的"国际商务研究"、"国际经贸消息"、"外贸调研"等杂志都刊登有与贸易谈判活动有关的资料。

3) 各专门机构的资料。如政府机关、金融机构、市场信息咨询中心、对外贸易机构等提供的资料。

4）谈判对方公司的资料。如经对方专任会计师签字的资产负债表、经营项目、报价单、公司预算财务计划、公司出版物和报告、新闻发布稿、商品目录与商品说明书、证券交易委员会或政府机关的报告书、官员的公开谈话与公开声明等。

（2）直接观察法。直接观察法是调查者在调查现场对被调查事物及被调查者的行为与特点进行观察测度的一种信息资料准备方法。直接观察法的形式主要有以下几种。

1）参观对方生产的经营场地。如参观对方的公司、工厂等，以明了对方实情。

2）安排非正式的初步洽谈。通过各种预备性的接触，创造机会，当面了解对方的态度，观察对方的意图。

3）购买对方的产品进行研究。将对方的产品拆开后进行检验，分析其结构、工艺等以确定其生产成本。

4）搜集对方关于设计、生产、计划、销售等资料。

（3）专题询问法。专题询问法是以某一项命题向被调查者征询意见，以搜集资料的一种信息准备方法。专题询问法的方式运用灵活，其途径主要有以下几种。

1）向对方企业内部知情人了解。如对方现在或过去的雇员、对方领导部门的工作人员、对方内部受排挤人员等。

2）向与对方有过贸易往来的人了解。如对方的客户、对方的供货商。

3）向对方的有关人员了解。如在会议或社交场合通过与对方的重要助手或顾问的交往探取情报，通过银行账户了解对方的财政状况等。

2. 信息资料的加工整理

信息资料整理一般分为下面几个阶段。

（1）筛选阶段。筛选就是检查资料的适用性，这是一个去粗取精的过程。

（2）审查阶段。审查就是识别资料的真实性、合理性，这是一个去伪存真的过程。

（3）分类阶段。分类就是按一定的标志对资料进行分门别类，使之条理化。

（4）评价阶段。评价就是对资料做比较、分析、判断，得出结论，提供谈判活动参考。

四、信息资料的传递与保密

谈判信息资料的搜集整理与谈判信息资料的传递与保密是紧密相连的有机统一，谈判者在做好信息资料的搜集整理的基础上，还需要十分注意谈判信息资料的传递与保密工作。

1. 资料的传递

商务谈判信息资料的传递是指谈判人员同己方企业的联系。在外地谈判情况下，为了保持联系，进行有效的控制调节，上下级间应有信息资料的传递。例如，有国外的谈判小组因为需要听取有关专家意见或请示总部决策，就有必要同国内取得联系，而国内的管理部门因为需要及时了解国外谈判进程，必须同在国外的谈判小组联系。为此，应事先规定好联络方式和制度，并明确联络程序、责任人，以便迅速顺利地汇报谈判情况，请示下一步行动，避免推诿以致丢失商机。

2. 资料的保密

对谈判所涉及内容、文件及双方各自有关重要观点等资料应做好保密工作。如果不严格保密，将造成不应有的损失。例如，国外在重要的生意谈判中，有的不惜花重金聘请"商业间谍"摸对方的底。因此，应加强谈判信息资料的保密工作。

谈判信息资料保密的一般措施有以下几种。

（1）不要给对方造成窃密机会，如文件调阅、保管、复印、打字等。

（2）不要随便托人代发电报、电信等。

（3）不要随意乱放文件。

（4）不要在公共场所，如餐厅、机舱、车厢、过道等地方谈论有关谈判业务问题。

（5）不要过分信任临时代理人或服务人员。

（6）最后的底牌只能让关键人物知道。

（7）在谈判达成协议前，不应对外公布。

（8）必要时使用暗语。

任务二　做好商务谈判的组织准备

商务谈判组织准备工作主要包括两个方面：组织成员的结构和规模。它贯穿于商务谈判活动的全过程，目的是资源成本最小化，组织能量最大化。

一、谈判小组的结构和规模

1. 谈判小组的结构

（1）谈判小组的人员构成的原则。

1）知识具有互补性。知识互补包含两层意思：一是谈判人员各自具备自己专长的知识，都是处理不同问题的专家，在知识方面互相补充，形成整体的优势。二是谈判人员书本知识与工作经验的知识互补。谈判队伍中既有高学历的青年知识学者，也有身经百战具有丰富实践经验的谈判老手。高学历学者专家可以发挥理论知识和专业技术特长，有实践经验的人可以发挥见多识广、成熟老练的优势，这样知识与经验互补，才能提高谈判队伍整体战斗力。

2）性格具有互补性。谈判队伍中的谈判人员性格要互补协调，将不同性格的优势发挥出来，互相弥补其不足，才能发挥出整体队伍的最大优势。性格活泼开朗的人，善于表达、反应敏捷、处事果断，但是性情可能比较急躁，看问题也可能不够深刻，甚至会疏忽大意。性格稳重沉静的人，办事认真细致，说话比较谨慎，原则性强，看问题比较深刻，善于观察和思考，理性思维比较明显，但是他们不够热情，不善于表达，反应相对比较迟钝，处理问题不够果断，灵活性较差。如果这两种性格的人组合在一起，分别担任不同的角色，就可以发挥出各自的性格特长，优势互补，协调合作。

3）分工明确。谈判班子每一个人都要有明确的分工，担任不同的角色。每个人都有自己特殊的任务，不能工作越位，角色混淆。遇到争论不能七嘴八舌地发言，该谁讲就谁讲，要有主角和配角之分，要有中心和外围之分，要有台上和台下之分。谈判队伍要分工明确、纪律严明。当然，分工明确的同时要注意大家都要为一个共同的目标而通力合作，协同作战。

（2）谈判小组的人员构成。这是一个如何搭配班子的问题。要使谈判小组高效率地工作，一方面，参加谈判的人员都应具有良好的专业基础知识，并且能够迅速有效地解决随时可能出现的各种问题；另一方面，参加谈判的人员必须关系融洽，能求同存异。谈判小组的人员应专家齐备，否则将影响谈判的质量。谈判小组应由以下人员构成。

1）商务人员。由熟悉商业贸易、市场行情、价格形势的贸易专家担任。商务人员要负责合同价格条件的谈判，帮助谈判方整理出合同文本，负责经济贸易的对外联络工作。

2）技术人员。由熟悉生产技术、产品标准和科学发展动态的工程师担任。技术人员在谈判中负责对有关生产技术、产品性能、质量标准、产品验收、技术服务等问题的谈判，也可为商务谈判中的价格决策做技术顾问。

3）财务人员。由熟悉财务会计业务和金融知识，具有较强的财务核算能力的财务人员担任。其主要职责是对谈判中的价格核算、支付条件、支付方式、结算货币等与财务相关的问题把关。

4）法律人员。由精通经济贸易各种法律条款，以及法律执行事宜的专职律师、法律顾问或本企业熟悉法律的人员担任。其职责是做好合同条款的合法性、完整性、严谨性的把关工作，也负责涉及法律方面的谈判。

5）翻译人员。由精通外语、熟悉业务的专职或兼职翻译担任，主要负责口头与文字翻译工作，沟通双方意图，配合谈判运用语言策略。在涉外商务谈判中翻译人员的翻译的水平将直接影响到谈判双方的有效沟通和磋商。

除了以上几类人员之外，还可配备其他一些辅助人员，但是人员数量要适当，要与谈判规模、谈判内容相适应，尽量避免不必要的人员设置。

2. 谈判小组的规模

从实践经验来看，由于商务谈判涉及内容较多，所以大多数较为重要的设备谈判均由多人组成。那么谈判小组应有多少人组成较为合适呢？国内外谈判专家普遍认为，一个谈判小组的理想规模以 4 人左右为宜。原因如下。

（1）4 人左右谈判小组的工作效率最高。如果人数过多，成员之间的交流和沟通就会发生障碍，需耗费更多的精力统一意见，从而降低工作效率。从大多数谈判情况看，4 人左右时工作效率是较高的。

（2）4 人左右是最佳的管理幅度和跨度。在一般性的管理工作中，管理幅度以 4～7 人为宜，但对于商务谈判这种紧张、复杂、多变的工作，既需要其充分发挥个人独创性和独立应付事变的能力，又需要其内部协调统一、一致对外，故其领导者的有效管理幅度在 4 人左右才是最佳的。超越这个幅度，内部的协调和控制就会发生困难。

（3）4 人左右能满足一般谈判所需的知识范围。多数商务谈判涉及的业务知识领域大致是下列四个方面：第一，商务谈判，如确定价格、交货风险等；第二，技术方面，如确定质量、规格、程序和工艺等；第三，法律方面，如起草合同文本、合同中各项条款的法律解释等；第四，金融方面，如确定支付方式、信用保证、证券与资金担保等。参加谈判的人员主要是这四个方面的人员，如每个人是某一方面的专家，恰恰是 4 人左右。

（4）4 人左右便于小组成员调换。参加谈判的人员不是一成不变的，随着谈判的不断深入，所需专业人员也有所不同。如在洽谈的摸底阶段，生产和技术方面的专家作用大些；而在谈判的签约阶段，法律方面的专家则起关键性作用。这样，随着谈判的进行，小组成员可以随时调换。因此，谈判小组保持 4 人的规模是比较合理的。

上述谈判小组 4 人的规模，只是就一般情况而言，并且只是一种经验之谈。有些大型的谈判，领导和各部门和负责人都可能参与，再加上工作人员如秘书等，队伍可能达 20 人左右。在这种情况下，可以进行合理的分工，可大致由 4 人组成正式谈判代表，与对方展开磋商，其余人只在谈判桌外向其提供建议和服务。

二、确定谈判小组负责人和谈判小组成员

1. 谈判小组负责人应具备的条件

谈判小组负责人应当根据谈判的具体内容、参与谈判人员的数量和级别，从企业内部有关部门挑选，可以是某一部门的主管，也可以是企业最高领导。谈判小组负责人并不一定是己方主谈人员，但他是直接领导和管理谈判队伍的人。谈判小组负责人应具备以下条件。

（1）具备较全面的知识。谈判小组负责人本身除应具有较高的思想政治素质和业务素质之外，还必须掌握整个谈判涉及的多方面知识。只有这样才能针对谈判中出现的问题提出正确的见解，制定正确的策略，使谈判朝着正确的方向发展。

（2）具备果断的决策能力。当谈判遇到机遇或是遇到障碍时，负责人能够敏锐地利用机遇，解决问题，做出果断的判断和正确的决策。

（3）具备较强的管理能力。谈判小组负责人必须要具备授权能力、用人能力、协调能力、激励能力、总结能力，使谈判小组成为具备高度凝聚力和战斗力的集体。

（4）具备一定的权威地位。谈判小组负责人要具备权威性，有较大的权力，如决策权、用人权、否定权、签字权等；要有丰富的管理经验和领导威信，能胜任对谈判小组的管理。谈判小组负责人一般由高层管理人员或某方面的专家担任，最好与对方谈判小组负责人具有相对应的地位。

2. 谈判小组负责人的职责

（1）负责挑选谈判人员，组建谈判小组，并就谈判过程中的人员变动与上层领导取得协调。

（2）负责管理谈判小组，协调谈判队伍各成员的心理状态和精神状态，处理好成员间的人际关系，增强队伍凝聚力，团结一致，共同努力，实现谈判目标。

（3）负责组织制定谈判执行计划，确定谈判各阶段目标和战略策略，并根据谈判过程中的实际情况灵活调整。

（4）负责己方谈判策略的实施，对具体的让步时间、幅度，谈判节奏的掌握，决策的时机和方案做出决策安排。

（5）负责落实交易磋商的记录工作。

（6）负责向上级或有关的利益各方汇报谈判进展情况，获得上级的指示，贯彻执行上级的决策方案，圆满完成谈判使命。

3. 确定谈判小组成员

由于人的素质的差别，决定了不同的人组成的谈判小组其工作效率和谈判结果大不相同。为此，就必须精心挑选谈判小组成员，保证其高质量。

（1）谈判小组成员选择应根据谈判内容和重要性而定。每一项谈判都有其特定的内容，其重要程度也各异。因此，在选择谈判小组成员时，一方面要充分考虑谈判内容涉及的业务知识面，使得谈判小组的知识结构满足谈判内容的需要；另一方面，如果谈判对企业至关重要，谈判小组的负责人应由企业决策层的有经验的谈判高手担任。

（2）谈判成员的选择还应考虑谈判的连续性。如果某些成员已与对方打过交道，并且双方关系处理良好，则这项谈判还应选派这些人员参加。由此，可以增加对方的了解和赢得对方的信任，大大缩短双方的距离和谈判的时间。

（3）谈判成员在素质上要形成群体优势。谈判小组成员的组合，在性格、气质、能力及知识方面应优势互补，形成群体优势。

（4）谈判成员之间应形成一体化气氛。要想赢得谈判的成功，在组成高质量的谈判小组的基础上，最重要的工作就是小组内通力合作，关系融洽，形成合力。否则，内耗必将导致谈判的失败。因此，选择谈判小组成员应避免曾经或正在闹矛盾或冲突的人选。

【案例 2.2】 谈判人员的配备

某县一饮料厂欲购买意大利固体橘汁饮料生产技术和设备。派往意大利的谈判小组包括以下四名核心人员，该厂厂长、该县分管工业的副县长、县经委主任和县财办主任。

思考：如此谈判人员的安排说明中国人的谈判带有何种色彩？这样安排的后果会怎么样？如何调整谈判人员？调整的依据是什么？

任务三 合理制定商务谈判方案

在正式谈判前，必须制定具体的谈判方案。制定周密、细致的谈判方案，可使谈判人员各负其责，协调工作，有计划、有步骤地展开谈判。它是保证谈判顺利进行的必要条件，也是取得谈判成功的基础。所以任何一方都不应忽视谈判方案的制定，而必须认真对待，做到严谨、周密、明确、具体。

一、商务谈判方案制定的要求

1. 商务谈判方案的概念

商务谈判方案是在谈判开始前对谈判目标、谈判议程、谈判策略预先所做的安排。谈判方案是指导谈判人员行动的纲领，在整个谈判过程中起着非常重要的作用。

2. 商务谈判方案制定的要求

由于商务谈判的规模、重要程度不同，商务谈判内容有所差别。内容可多可少，要视具体情况而定。尽管内容不同，但其要求都是一样的。一个好的谈判方案要求做到以下几点。

（1）简明扼要。所谓简明就是要尽量使谈判人员很容易记住其主要内容与基本原则，使他们能根据方案的要求与对方周旋。

（2）明确、具体。谈判方案要求简明、扼要，也必须与谈判的具体内容相结合，以谈判具体内容为基础，否则，会使谈判方案显得空洞和含糊。因此，谈判方案的制定也要求明确、具体。

（3）富有弹性。谈判过程中各种情况都有可能发生突然变化，要使谈判人员在复杂多变的形势中取得比较理想的结果，就必须使谈判方案具有一定的弹性。谈判人员在不违背根本原则情况下，根据情况的变化，在权限允许的范围内灵活处理有关问题，取得较为有利的谈判结果。谈判方案的弹性表现在：谈判目标有几个可供选择的目标；策略方案根据实际情况可供选择某一种方案；指标有上下浮动的余地；还要把可能发生的情况考虑在计划中，如果情况变动较大，原计划不适合，可以实施第二套备选方案。

二、商务谈判方案制定的内容

商务谈判方案主要包括谈判目标、谈判策略、谈判议程，以及谈判人员的分工职责、谈判地点等内容。其中，比较重要的是谈判目标的确定、谈判策略的布置和谈判议程的安排等内容。

1. 确定谈判目标

谈判目标是指谈判要达到的具体目标，它指明谈判的方向和要求达到的目的、企业对本次谈判的期望水平。商务谈判的目标主要是以满意的条件达成一笔交易，确定正确的谈判目标是保证谈判成功的基础。谈判的目标可以分为以下三个层次。

（1）最低目标。最低目标是谈判必须实现的最基本的目标，也是谈判的最低要求。若不能实现，宁愿谈判破裂，放弃商贸合作项目，也不愿接受比最低目标更低的条件。因此，也可以说最低目标是谈判者必须坚守的最后一道防线。

（2）可以接受的目标。可以接受的目标是谈判人员根据各种主客观因素，经过对谈判对手的全面估价，对企业利益的全面考虑、科学论证后所确定的目标。这个目标是一个诚意或范围，即己方可努力争取或做出让步的范围。谈判中的讨价还价就是在争取实现可接受目标，所以可接受目标的实现，往往意味着谈判取得成功。

（3）最高目标。最高目标，也称期望目标。它是本方在商务谈判中所要追求的最高目标，也往往是对方所能忍受的最高程度，它也是一个难点。如果超过这个目标，往往要冒谈判破裂的危险。因此，谈判人员应充分发挥个人的才智，在最低目标和最高目标之间争取尽可能多的利益，但在这个目标难以实现时是可以放弃的。

值得注意的是，谈判中只有价格这样一个单一目标的情况是很少见的，一般的情况是存在着多个目标，这时就需考虑谈判目标的优先顺序。在谈判中存在着多重目标时，应根据其重要性加以排序，确定是否所有的目标都要达到，哪些目标可以舍弃，哪些目标可以争取达到，哪些目标又是万万不能降低要求的。

2. 制定商务谈判策略

制定商务谈判的策略，就是要选择能够达到和实现己方谈判目标的基本途径和方法。谈判不是一场讨价还价的简单的过程。实际上是双方在实力、能力、技巧等方面的较量。因此，制定商务谈判策略前应考虑如下影响因素。

（1）对方的谈判实力和主谈人的性格特点。

（2）对方和我方的优势所在。

（3）交易本身的重要性。

（4）谈判时间的长短。

（5）是否有建立持久、友好关系的必要性。

通过对谈判双方实力及以上影响因素的细致而认真的研究分析，谈判者可以确定己方的谈判地位，即处于优势、劣势或者均势，由此确定谈判的策略。如报价策略、还价策略、让步与迫使对方让步的策略、打破僵局的策略等。

3. 安排谈判议程

谈判议程的安排对谈判双方非常重要，议程本身就是一种谈判策略，必须高度重视这项工作。谈判议程一般要说明谈判时间的安排和谈判议题的确定。谈判议程可由一方准备，也可由双方协商确定。议程包括通则议程和细则议程，通则议程由谈判双方共同使用，细则议程供己方使用。

（1）时间安排。时间的安排即确定在什么时间举行谈判、多长时间、各个阶段时间如何分配、议题出现的时间顺序等。谈判时间的安排是议程中的重要环节。如果时间安排得很仓促，准备不充分，匆忙上阵，心浮气躁，就很难沉着冷静地在谈判中实施各种策略；如果时间安排得很拖延，不仅会耗费大量的时间和精力，而且随着时间的推延，各种环境因素都会发生变化，还可能会错过一些重要的机遇。

（2）确定谈判议题。所谓谈判议题就是谈判双方提出和讨论的各种问题。确定谈判议题首先须明确己方要提出哪些问题，要讨论哪些问题。要把所有问题全盘进行比较和分析：哪些问题是主要议题，要列入重点讨论范围；哪些问题是非重点问题；哪些问题可以忽略。这些问题之间是什么关系，在逻辑上有什么联系；还要预测对方会提出什么问题，哪些问题是己方必须认真对待、全力以赴去解决的；哪些问题可以根据情况做出让步；哪些问题可以不予讨论。

（3）拟定通则议程和细则议程。

1）通则议程。通则议程是谈判双方共同遵守使用的日程安排，一般要经过双方协商同意后方能正式生效。在通则议程中，通常应确定以下内容。

a）谈判总体时间及分段时间安排。

b）双方谈判讨论的中心议题，问题讨论的顺序。

c）谈判中各种人员的安排。

d）谈判地点及招待事宜。

2）细则议程。细则议程是己方参加谈判的策略的具体安排，只供己方人员使用，具有保密性。其内容一般包括以下几个方面。

a）谈判中统一口径，如发言的观点、文件资料的说明等。

b）对谈判过程中可能出现的各种情况的对策安排。

c）己方发言的策略，何时提出问题、提什么问题、向何人提问、谁来提出问题、谁来补充、谁来回答对方问题、谁来反驳对方提问、什么情况下要求暂时停止谈判等。

d）谈判人员更换的预先安排。

e）己方谈判时间的策略安排、谈判时间期限。

（4）己方拟定谈判议程时应注意的几个问题。

1）谈判的议程安排要依据己方的具体情况，在程序安排上能扬长避短，也就是在谈判的程序安排上，保证己方的优势能得到充分的发挥。

2）议程的安排和布局要为自己出其不意地运用谈判策略埋下契机。对一个谈判老手来说，是决不会放过利用拟定谈判议程的机会来运筹谋略的。

3）谈判议程内容要能够体现己方谈判的总体方案，统筹兼顾，引导或控制谈判的速度，以及己方让步的限度和步骤等。

4）在议程的安排上，不要过分伤害对方的自尊和利益，以免导致谈判的过早破裂。

5）不要将己方的谈判目标、特别是最终谈判目标通过议程和盘托出，使己方处于不利地位。

当然，议程由自己安排也有短处。己方准备的议程往往透露了自己的某些意图，对方可分析猜出，在谈判前拟定对策，使己方处于不利地位。同时，对方如果不在谈判前对议程提出异议而掩盖其真实意图，或者在谈判中提出修改某些议程，容易导致己方被动甚至谈判破裂。

（5）对方拟定谈判议程时己方应注意的几个方面。

1）未经详细考虑后果之前，不要轻易接受对方提出的议程。

2）在安排问题之前，要给自己充分的思考时间。

3）详细研究对方所提出的议程，以便发现是否有什么问题被对方故意摒弃在议程之外，或者作为用来拟定对策的参考。

4）千万不要显出你的要求是可以妥协的，应尽早表示你的决定。

5）对议程不满意，要有勇气去修改，决不要被对方编排的议程束缚住手脚。

6）要注意利用对方议程中可能暴露的对方谈判意图，后发制人。

谈判是一项技术性很强的工作。为了使谈判在不损害他人利益的基础上达成对己方更为有利的协议，可以随时卓有成效地运用谈判技巧，但又不为他人觉察。一个好的谈判议程，应该能够驾驭谈判，这就好像双方作战一样，成为己方纵马驰骋的缰绳。你可能被迫退却，你可能被击败，但是只要你能够左右敌人的行动，而不是听任敌人摆布，你就仍然在某种程度上占有优势。更重要的是，你的每个士兵和整个军队都将感到自己比对方高出一筹。

当然，议程只是一个事前计划，并不代表一个合同。如果任何一方在谈判开始之后对它的形式不满意，那么就必须有勇气去修改，否则双方都负担不起因为忽视议程而导致的损失。

【案例 2.3】　商务谈判方案报告例文—关于引进 K 公司矿用汽车的谈判方案

5 年前我公司曾经经受 K 公司的矿用汽车，经试用，性能良好，为适应我矿山技术改造的需要，打算通过谈判再次引进 K 公司矿用汽车及有关部件的生产技术。K 公司代表于 4 月 3 日应邀来京洽谈。

具体内容：

1. 谈判主题

以适当的价格谈成 29 台矿用汽车及有关部件生产的技术引进。

2. 目标设定

（1）技术要求。

☆　矿用汽车车架运行 1500h 不准开裂。

☆　在气温 40 摄氏度条件下，矿用汽车发动机停止运转 8h 以上，在接入 220V 电源后，发动机能在 30min 内启动。

☆　矿用汽车的出动率在 85％以上。

（2）试用期考核指标。

☆　一台矿用汽车使用 10 个月（包括一个严寒的冬天）。

☆　出动率达 85％以上。

☆　车辆运行 3750h，行程 3125km。

☆ 车辆装载达 31 255m³。

（3）技术转让内容和技术转让深度。

☆ 利用购买 29 台车为筹码，K 公司无偿地（不作价）转让车架、厢斗、举升缸、总装调试等技术。

☆ 技术文件包括：图纸、工艺卡片、技术标准、零件目录手册、专用工具、专用工装、维修手册等。

（4）价格。

☆ 20××年购买 W 公司矿用汽车，每台 FOB 单价为 23 万美元；5 年后的今天仍能以每台 23 万美元成交，那么可定为价格下限。

☆ 5 年时间按国际市场价格浮动 10％计算，今年成交的可能性价格为 25 万美元，此价格为上限。

3. 谈判程序

第一阶段：就车架、厢斗、举升缸、总装调试等技术附件展开洽谈。

第二阶段：商订合同条文。

第三阶段：价格洽谈。

4. 日程安排

第一阶段：4 月 5 日上午 9：00～12：00，下午 3：00～6：00。

第二阶段：4 月 6 日上午 9：00～12：00。

第三阶段：4 月 6 日晚上 7：00～9：00。

5. 谈判地点

第一、第二阶段的谈判安排在公司 12 楼洽谈室。

第三阶段的谈判安排在××饭店 2 楼咖啡厅。

6. 谈判小组分工

主谈：张三为我谈判小组总代表。

副主谈：李四为主谈提供建议，或伺机而谈。

翻译：叶某随时为主谈、副主谈担任翻译，还要留心对方的反映情况。

成员 A：负责谈判记录和技术方面的条款。

成员 B：负责分析动向、意图、财务及法律方面的条款。

任务四 做好商务谈判的物质条件准备

商务谈判物质条件的准备工作主要包括三个方面：谈判场所的选择、谈判会场的布置和食宿安排。从表面上看，这同谈判内容本身联系不大，但事实上不仅联系密切，而且关系到整个谈判的发展前途。

一、谈判场所的选择

谈判场所的选择包括两个方面：一是国家、地区的选择；二是谈判场所的选择。一般说来，前者应以通信方便、交通便利为首要条件；后者的选择要根据谈判性质而定，正式谈判应选择比较安静和方便的场所，非正式谈判则不受限制。

可供选择的谈判场所有三种类型：买方住地、卖方住地和中间地点。

对谈判人员来说，选择不同的场所会产生不同的影响。谈判专家认为，谈判地点不论设在哪一方都各有利弊。

如果谈判地点设在己方办公室、会计室，其优点是：可避免由于环境生疏带来的心理障碍等（这些障碍很可能会影响谈判的结果），获得额外的收获。己方可借"天时、地利、人和"的有利条件，向对方展开攻势，以求对方让步；可以处理谈判以外的其他事情；便于谈判人员请示、汇报、沟通联系；节省旅途的时间和费用。因此，谈判地点在己方，有利于己方优势的自由发挥。就像体育比赛一样，在己方场地举行谈判活动，获胜的可能性就会更大些。一些谈判学家所做的研究也证明了这一点。美国专家泰勒尔的实验表明：多数人在自己家的客厅与人谈话，比在别人的客厅里更能说服对方。这是因为：人们一种常见的心理状态就是自己的"所属领地"里能更好地释放能量与本领，所以成功的概率就高。这种情况也适用于谈判。

如果谈判地点设在对方，也有其优越性。

（1）可以排除多种干扰，专心致志地进行谈判。

（2）在某些情况下，可以借口资料不在身边，拒绝提供不便泄露的情报。

（3）可以越级与对方的上级洽谈，获得意外收获。

（4）对方需要负担准备场所等其他事务。

正是由于上述原因，在多轮谈判中，谈判场所往往是交替更换，这已是不成文的惯例。当然，谈判地点在哪一方还取决于许多其他客观因素，如考察生产过程、施工基地、投资所在地的地理环境等。

有时，中间地点也是谈判的合适地点。如果预料到谈判会紧张、激烈，分歧较大，或外界干扰太大，选择中间地点就是上策。总之，不同的谈判场所具有不同的利弊得失。在选择谈判地点时，通常要考虑谈判双方的力量对比、可选择地点的多少和特色、双方的关系因素等。

不论哪一方做东道主，都不应忽视对谈判具体地点的选择。在某种程度上，它直接影响谈判人员的情绪，影响谈判的效果。

选择环境优美、条件优越的具体谈判地点，并巧妙地布置会谈场所，使谈判者有一种安全舒适、温暖可亲的心理感受，不仅能显示出己方热情、友好的诚恳态度，也能使对方对你的诚恳"用心"深表谢意，这就为谈判营造出和谐的气氛，可促使谈判获得成功。一般来讲，谈判场所要环境幽静，不要过于嘈杂和喧闹，通信设施要完备，要具备一定的灯光、通风和隔声条件。最好在举行会谈的会计室旁边备有一两间小房间，以利谈判人员协商机密事情。医疗、卫生条件较好，安全防范工作要好。

主要谈判场所应当整洁、宽敞、光线充足，也可以配备一些专门的设施，供谈判人员挂些图表或进行计算。除非双方都同意，否则不要配有录音设备。经验证明，录音设备有时对双方都会起到副作用，使人难以畅所欲言。

【案例 2.4】 心情好一切都好

1972 年，美国总统尼克松访华，中美双方将要开展一场具有重大历史意义的国际谈判。

为了创造一种和谐融洽的谈判环境和氛围，中国方面在有关部门领导下，对谈判过程中的各种环境都做了精心而又周密的准备和安排，甚至对宴会上要演奏的中美二国民间乐曲都进行了精心的挑选。在欢迎尼克松一行的国宴上，当军乐队熟练地演奏起《美丽的亚美尼加》时，尼克松总统简直听呆了，他绝对没有想到能在中国听到他如此熟悉的乐曲，因为，这是他平生最喜爱的并指定在他的就职典礼上演奏的家乡乐曲。敬酒时，他特地到乐队前表示感谢，此时国宴达到了高潮，而一种融洽而热烈的气氛也同时感染了美国客人。一个小时的精心安排，赢得了和谐融洽的谈判气氛，这不得不说是一种高超的谈判艺术。

日本首相田中角荣在 20 世纪 70 年代为恢复中日邦交正常化到达北京，他怀着等待中日间最高首脑会谈的紧张心情，在迎宾馆休息。迎宾馆内气温舒适，田中角荣的心情也十分舒畅，与随从的陪同人员谈笑风生。他的秘书早饭茂三仔细地看了一下房间的温度，是 17.8℃。这一田中角荣习惯的温度使得他心情舒畅，也为谈判的顺利进创造了条件。

分析： 无论是"美丽的亚美尼加"乐曲，还是房间的 17.8℃，都是人们正对特定的谈判对手，为了更好地实现谈判目标而进行的一场不起眼但看得见的谈判策略的运用。

二、谈判会场的布置

谈判会场的布置及座位的安排是否得当，是检验谈判人员素质的标准之一，甚至还可能影响谈判的成败。比如：一次较大型的谈判，如果谈判会场布置得马马虎虎、杂乱无章，就有可能给客方留下主人对本次谈判缺乏诚意、不重视的印象，从而给其后的谈判蒙上一层阴影。如果主方连座位都不会安排，就会使客方对主方的谈判素质产生怀疑，由此可使客方占尽心理优势。这时，有些商人就有可能故意设立关卡，甚至玩弄伎俩，从而人为地给谈判设置了障碍。严重时，还可能使主方被动，最终难免影响谈判的效益或成败。

一般来说，商务谈判时，双方应面对面而坐，各自的组员应坐在主谈者的两侧，以便互相交换意见，加强其团结的力量。商务谈判通常用长方形条桌，其座位安排通常如图 2.1 和图 2.2 所示。

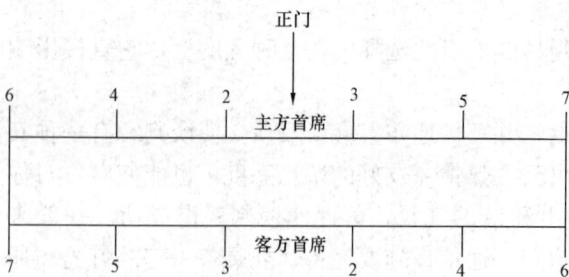

图 2.1　谈判座位安排

根据图 2.1 所示，若以正门为准，主人应坐背门一侧，客人则面向正门而坐，其中主谈人或负责人居中。我国及多数国家习惯把翻译员安排在主谈人的右侧即第二个席位上，但也有少数国家让翻译员坐在后面或左侧，这也是可以的。

根据图 2.2 所示，若谈判长桌一端向着正门，则以正门的方向为准，右为客方，左为主方。其座位号的安排也是以主谈者（即首席）的右边为偶数，左边为奇数，即所谓"左边为大"。

若没有条桌，也可用圆桌或方桌，其座位安排法分别如图 2.3 和图 2.4 所示。一般来说，比较大型、重要的谈判，谈判桌可选择长方形的，双方代表各居一面。如果谈判规模较小，或双方人员比较熟悉，可以选择圆形谈判桌，以消除长桌那种正规、不太活泼的感觉。双方团团坐定，会形成一个双方关系融洽、共同合作的印象，而且彼此交谈容易，气氛随和。

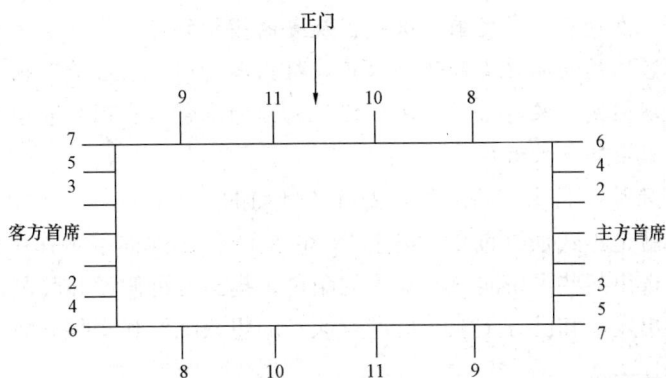

图 2.2　谈判主方、客方的座位安排

　　还有一种排位方法是随意就座，适合于小规模的、双方都比较熟悉的谈判。有些谈判还可以不设谈判桌。

　　与谈判桌相配的是椅子。椅子要舒适，不舒适使人坐不住；但是，也不能过于舒适，太舒适使人易产生睡意，精神不振。此外，会议所需的其他设备和服务也应周到，如烟缸、纸篓、笔、记事本、文件夹、各种饮料等。

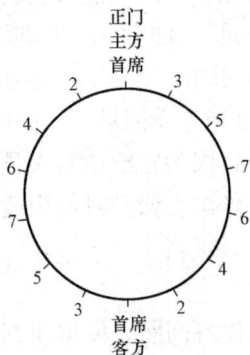

图 2.3　圆桌谈判座位安排

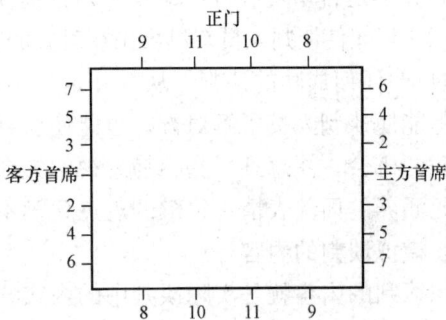

图 2.4　方桌谈判座位安排

三、食宿安排

　　谈判是一种艰苦复杂、耗费体力、精力的交际活动，因此用膳、住宿安排也是会谈的内容。东道主一方对来访人员的食宿安排应周到细致、方便舒适，但不一定要豪华、阔气，按照国内或当地的标准条件招待即可。许多外国商人、特别是发达国家的客商十分讲究时间、效率，反倒不喜欢烦琐冗长的招待仪式。但是，适当组织客人参观游览、参加文体娱乐活动也是十分有益的。它不仅可以调节客人的旅行生活，也是增进双方私下接触、融洽双方关系的一种有益形式，有助于谈判的进行。

任务五　进行模拟商务谈判

【案例 2.5】　代表团成员的刁难

　　1954 年，我国派出代表团参加日内瓦会议。因为是新中国成立以来第一次与西方打交道，没有任何经验。在代表团出发前，进行了反复的模拟练习。由代表团的同志为一方，其他人分别扮演西方各国的新闻记者和谈判人员，提出各种问题"刁难"代表团的同志。在这种对抗中，及时发现问题，及时给予解决。经过充分的准备，我国代表团在日内瓦会议期间的表现获得了国际社会的一致好评。

启示： 我们经常说不打无准备之仗，做好谈判前的模拟，能极大地提高谈判的成功率。

模拟谈判，也就是正式谈判前的"彩排"。它是商务谈判准备工作中的最后一项内容。它是从己方人员中选出某些人扮演谈判对手的角色，提出各种假设和臆测，从对手的谈判立场、观点、风格等出发，和己方主谈人员进行谈判的想象练习和实际表演。

一、模拟谈判的意义

在谈判准备工作的最后阶段，本企业有必要为即将开始的谈判举行一次模拟谈判，以检验自己的谈判方案，而且也能使谈判人员提早进入实战状态。

模拟谈判可以使谈判者获得实际性的经验，提高应对各种困难的能力。在模拟谈判中，谈判者可以一次又一次地扮演自己，甚至扮演对手，从而熟悉实际谈判中的各个环节。这对初次参加谈判的人来说尤为重要。

模拟谈判是对实际正式谈判的模拟，与正式谈判比较接近。因此，能够较为全面严格地检验谈判方案是否切实可行，检查谈判方案存在的问题和不足，及时修正和调整谈判方案。

模拟谈判能使谈判人员有机会站在对方的立场上进行换位思索。美国著名企业家维克多·金姆说过："任何成功的谈判，从一开始就必须站在对方的立场来看问题。"这样角色扮演的技术不但能使谈判人员了解对方，也能使谈判人员了解自己，因为它给谈判人员提供了客观分析自我的机会，注意到一些容易忽视的失误。例如，在与外国人谈判时使用过多的本国俗语、缺乏涵养的面部表情、争辩的观点含糊不清等。

二、模拟谈判的内容

模拟谈判的内容就是实际谈判中的内容。但为了更多地发现问题，模拟谈判的内容往往更具有针对性。模拟谈判的内容的选择与确定，不同类型的谈判也有所不同。如果这项谈判对企业很重要，谈判人员面对的又是一些新的问题，以前从未接触过对方谈判人员的风格特点，并且时间又允许，那么，模拟谈判的内容应尽量全面一些。相反，模拟谈判的内容也可少一些。

三、模拟谈判的方式

模拟谈判的方式主要有下列两种。

1. 组成代表对手的谈判小组

如果时间允许，可以将自己的谈判人员分成两组，一组作为己方的谈判代表，一组作为对方的谈判代表；也可以从本企业内部的有关部门抽出一些职员，组成另一谈判小组。但是，无论用哪种办法，两个小组都应不断地互换角色。这是正规的模拟谈判，此方式可以全面检查谈判计划，并使谈判人员对每个环节和问题都有一个事先的了解。

2. 让一位谈判成员扮演对手

如果时间、费用和人员等因素不允许安排一次较正式的模拟谈判，那么小组负责人也应坚持让一位人员来扮演对方，对本企业的交易条件进行磋商、盘问。这样做也有可能使谈判小组负责人意识到是否需要修改某些条件或者增加一部分论据等，而且也会使本企业人员提前认识到谈判中可能出现的问题。

四、模拟谈判的方法

1. 全景模拟法

这是指在想象谈判全过程的前提下，企业有关人员扮成不同的角色所进行的实战性排练。这是最复杂、耗资最大，但往往也是最有效的模拟谈判方法。这种方法一般适用于大型的、复杂的、关系到企业重大利益的谈判。在采用全景模拟法时，应掌握以下技巧。

（1）合理地想象谈判全过程。要求谈判人员按照假设的谈判顺序展开充分的想象，不只是想想事情的发生结果，更重要的是事物发展的全过程，想象在谈判中双方可能发生的一切情形。并依照想象的情况和条件，演绎双方交锋时可能出现的一切局面，如谈判的气氛、对方可能提出的问题、我方的答复、双方的策略和技巧等问题。合理的想象有助于谈判的准备更充分、更准确。所以，这是全景模拟法的基础。

（2）尽可能扮演谈判中所有会出现的人物。这有两层含义：一方面是指对谈判中可能会出现的人物都有所考虑，要指派合适的人员对这些人物的行为和作用加以模仿；另一方面是指主谈人员（或其他在谈判中其重要作用的人员）应扮演一下谈判中的每一个角色，包括自己，己方的顾问、对手和他的顾问。这种对人物行为、决策、思考方法的模仿，能使我们对谈判中可能与遇到的问题、人物有所预见；同时，处在别人的角度上进行思考，有助于我方制定更完善的策略。

2. 讨论会模拟法

这种方法类似于"头脑风暴法"。它分为两步：第一步，企业组织参加谈判的人员和一些其他相关人员召开讨论会，请他们根据自己的经验，对企业在本次谈判中谋求的利益、对方的基本目标、对方可能采取的策略、我方的对策等问题畅所欲言。不管这些观点、见解如何标新立异，都不会被人指责，有关人员只是忠实地记录，再把会议情况上报领导，作为决策的参考。第二步，则是请人对谈判中各种可能发生的情况、对方可能提出的问题等提出疑问，由谈判小组成员一一解答。

讨论会模拟法非常欢迎反对意见，这些意见有助于谈判小组重新审核拟定的谈判方案，从多种角度和多重标准来评价方案的科学性和可行性，不断完善准备的内容，提高成功的概率。

3. 列表模拟法

这是最简单的模拟方法，一般适用于小型的、常规性的谈判。具体操作是通过表格的形式，在表格的一方列出己方经济、科技、人员、策略等方面的优缺点和对方的目标与策略，在另一方则罗列出己方针对这些问题在谈判中所应采取的措施。这种模拟方法最大的缺陷在于它实际上还是谈判人员的主观产物，它只是尽可能搜寻问题并列出对策，至于这些问题是否真的会在谈判中发生，这一对策是否能起到作用，由于没有通过实践的检验，因此，不能百分之百地讲，这一对策是完全可行的，对于一般商务谈判，只能达到八九成的胜算就可以了。

技能训练

【实训目的】

（1）理论联系实际训练学生对商务谈判准备的正确认识，能够正确理解商务谈判准备的必要性，培养学生认识问题的能力。

（2）通过训练使学生充分贴近经济生活，提升学生的综合素质。

【实训内容】

商务谈判准备的相关工作。

【实训时间】

本章课堂教学内容结束后的双休日和课余时间，为期一周。或者指导教师另外指定时间。

【背景材料】

20 世纪 60 年代初期，我国大庆油田的情况在国内外尚未公开。日本人只是有所耳闻，但始终未闻底细。后来，在 1964 年 4 月 26 日的《人民日报》上看到"大庆精神"、"大庆人"的字句，于是日本人判断，中国的大庆确有其事，但他们仍然弄不清大庆在什么地方。他们从 1966 年的《中国画报》上看到一张大庆人艰苦创业的照片，根据照片上人物的衣着，他们断定大庆油田在冬季为零下 30℃的中国东北地区，大致在哈尔滨与齐齐哈尔之间。1966 年 10 月，他们又从《人民日报》和其他杂志上看到有介绍王铁人的文章，提到马家窑的地名，并提到钻井机是用人拉、肩扛弄到现场的。日本人据此断定油田离车站不远，从地图上找到了马家窑的确切位置，并以此推测出大庆油田的确切范围。进而，日本人又从一篇报道王铁人 1959 年国庆节在天安门受表彰的消息中分析出，1959 年 8 月王铁人还在玉门，以后便消失了音讯，这表明大庆油田的开发时间自 1959 年 9 月起。1966 年 7 月，日本人又从《中国画报》上刊登的一张炼油厂的照片推断出大庆的年产原油量。照片上既没有人也没有尺寸，但有一个扶手栏杆，依照常规，扶手栏杆高一米左右，日本人推断出炼油厂炼油塔的外径，并换算出小内径 5m，判断出日炼油能力和每天的原油加工能力，依此算出了大庆的年产原油量。

日方就是利用了公开的新闻资料中的一句话、一条消息，加以综合分析，完成了对我国大庆油田的调查，为商务谈判提供了可靠的依据。因而在向我国销售成套炼油设备的谈判时，日方谈判人员介绍只有他们的设备适合大庆油田的实际情况，从而获得较大的主动权，而我方采购谈判人员因无别的选择只好向日方购货。

【实训过程设计】

（1）指导教师布置学生课前预习阅读案例。

（2）将全班同学平均分成小组，按每组 5～6 人进行讨论。实训组根据资料进行讨论和设计方案。

（3）根据"背景材料"分析日方为什么能获得谈判的主动权？

（4）根据"背景材料"讨论日方是如何揭开大庆油田的秘密的？

（5）根据"背景材料"分析信息准备工作的重要性是如何体现的？

（6）根据"背景材料"分析本案例对开展商务谈判调查有何启示？

（7）各实训组对本次实训进行总结和点评，参照"作业范例"撰写作为最终成果的《商务谈判实训报告》。各小组提交填写"项目组长姓名、成员名单"的《商务谈判与推销技巧实训报告》。优秀的实训报告在班级展出，并收入本课程教学资源库。

能 力 迁 移

一、单项选择题

1. 商务谈判小组成员一般以（　　　）人为宜。

A. 3　　　　　　　　　　　　　　　B. 4

C. 5　　　　　　　　　　　　　　　D. 6

2. （　　　）是商务谈判人员必须坚守的最后一道防线。

A. 基本目标　　　　　　　　　　　B. 可接受的目标

C. 最高目标　　　　　　　　　　　D. 期望目标

3. 只供己方使用，具有保密性的是（　　　）。

A. 通则议程　　　　　　　　　　　B. 细则议程

C. 谈判时间安排　　　　　　　　　D. 都不是

二、多项选择题

1. 商务谈判的组织准备工作主要包括（　　　）。

A. 组织成员的结构　　　　　　　　B. 组织成员的规模

C. 组织成员的性别　　　　　　　　D. 组织成员的学历

E. 组织称成员的籍贯

2. 商务谈判小组最好包括以下人员（　　　）。

A. 商务人员　　　　B. 技术人员　　　　C. 财务人员

D. 法律人员　　　　E. 翻译人员

3. 商务谈判方案的制定，应该（　　　）。

A. 简明扼要　　　　B. 明确　　　　　　C. 具体

D. 富有弹性　　　　E. 及时

三、问答题

1. 谈判信息在商务谈判中的作用有哪些？

2. 如何搜集谈判对手的信息资料？

3. 如何做好商务谈判信息传递和保密工作？

4. 谈判小组的人员构成应遵循哪些原则？谈判小组负责人应具备哪些条件？

5. 如何确定谈判目标？选择谈判时间的长短应考虑哪些因素？

6. 你是如何认识模拟谈判的必要性的？模拟谈判方式有哪些？

四、判断题

（　　　）1. 最好的谈判方案应该是充分体现企业最高利益，制定出最理想的谈判目标，最能激励谈判人员坚定不移地实现寸步不让的全盘计划。

（　　）2. 谈判信息是商务谈判的决定性因素。

（　　）3. 不管公司性质如何其承担的责任都是一样的。

（　　）4. 在商务谈判中双方讨价还价就是在争取实现最高目标。

（　　）5. 在主谈室里为了沟通方便，一般要设置电话。

五、案例分析

【背景材料】

材料一： 日本的钢铁和煤炭资源短缺，而澳大利亚则盛产煤、铁。日本渴望购买澳大利亚的煤和铁，而在国际贸易中澳大利亚一方不愁找不到买主。按理来说，日本人的谈判地位低于澳大利亚，澳大利亚一方在谈判桌上占据主动权。可是，日本人把澳大利亚的谈判者请到日本去谈判。澳大利亚人一旦到了日本，一般都比较谨慎，讲究礼仪，以不过分侵犯东道主的权益，因而日本和澳大利亚在谈判桌上的相互地位就发生了显著的变化。澳大利亚人过惯了富裕的舒畅生活，到了日本几天后，就急于想回到故乡别墅的游泳池、海滨和妻子儿女身边去，所以在谈判桌上常常表现急躁的情绪。作为东道主的日本谈判代表，却可以不慌不忙地讨价还价，掌握了谈判桌上的主动权。结果日本方面仅仅花费少量的款待费作为"鱼饵"，就钓到了"大鱼"，取得了大量谈判桌上难以获得的东西。

讨论问题：

（1）日本人为什么能够取得谈判的有利地位？

（2）本案例对开展商务谈判的地点选择有何启示？

材料二： 财产继承人

眼下，你哥哥、姐姐和你要继承你住在广州的舅舅的遗产。你们三个都很爱舅舅。尽管你们都住在一个城市，但由于工作和家庭的关系，近几年都没联系过。你舅舅的遗嘱上说，只要你们能谈妥，怎么分配财产都行，条件是必须在他去世后30天内解决，否则财产就捐给慈善机构。舅舅的财产包括：①320万元现金和存款；②一部2010年的林肯车；③两栋房子，共488.5万元；④房子里的所有家具；⑤一件艺术收藏品，价值425万元；⑥广州恒大足球俱乐部的季票；⑦一大盒家庭照片和幻灯片。你们三人决定六天后会面商谈。为了做好准备，请根据所学知识问问自己下列问题。

（1）认识到做好准备是一周后谈判胜利的关键，准备中要包括找出几方都可能感兴趣的可量化问题和不可量化问题，然后对问题进行排序。你会怎样做准备？

（2）你会不会建议先定好基本原则再谈判，原则包括哪些？你们会不会仔细考虑"谁"的问题——配偶、小孩要不要参与？以及在哪儿会面或者座位的安排？

（3）谈判的初次接触会影响谈判风格和结果，你们的初次接触会是怎样的？

（4）预想一些你的哥哥姐姐会摆出的姿态。虽然你们相处很好，但现在毕竟有一大笔财产展现在面前。你会怎样回应？

（5）确定你是单个问题谈判还是多个问题谈判，并选择恰当的策略。你们需要考虑第三方干预吗？

【分析要求】

1. 过程要求

学生分析案例提出的问题，分别拟定《案例分析提纲》；小组讨论，形成小组《商务谈判与推销技巧案例分析报告》；班级交流并修订小组《商务谈判与推销技巧案例分析报告》，教师对经过交流和修改的各小组《商务谈判与推销技巧案例分析报告》进行点评；在班级展出附有"教师点评"的小组优秀《案例分析报告》，并将其纳入本校该课程的教学资源库。

　　2. 成果性要求

　　（1）案例课业要求：以经班级交流和教师点评的《商务谈判与推销技巧案例分析报告》为最终成果。

　　（2）课业的结构、格式与体例要求：参照"作业范例"《商务谈判与推销技巧案例分析报告》。

项目三　开局商务谈判

项目目标

(1) 谈判开局阶段及开局目标。
(2) 营造谈判开局气氛的重要性。
(3) 开局目标的设计、表达与实现。
(4) 高调气氛、低调气氛与自然气氛的不同表现。
(5) 营造不同谈判气氛的具体条件。
(6) 营造高调气氛和低调气氛的方法。
(7) 报价原则与方法。
(8) 能根据商务谈判任务进行谈判开局的设计。
(9) 能根据商务谈判任务进行谈判报价的设计。

情景案例

中国一家彩电生产企业准备从日本引进一条生产线，于是与日本一家公司进行了接触。双方分别派出了一个谈判小组就此问题进行谈判。谈判那天，当双方代表团刚刚就座，中方的首席代表，一位副总经理就站了起来，他对大家说："在谈判开始之前，我有一个好消息要与大家分享：我的太太在昨天夜里为我生了一个大胖儿子！"此话一出，中方职员纷纷站起来向他表示道贺。整个谈判会场的气氛顿时高涨起来，谈判进行得非常顺利。中方企业以合理的价格，顺利地引进了一条生产线。

（资料来源：徐文．商务谈判．北京：中国人民大学出版社，2008.）

启示： 这位副总经理为什么要提自己的太太生孩子的事情呢？因为日本人在以往的谈判中，很愿意板起面孔谈判，造成一种冷冰冰的谈判气氛，给对方造成一种心理压力从而控制整个谈判，趁机抬高价码或提高条件。于是，副总经理用自己的喜事来打破日本人的冰冷面孔，营造一种有利于资方的高调气氛。可见谈判开局的气氛如何，对整个谈判进程的发展起着重要作用。

任务一　明确商务谈判开局的目标

商务谈判的开局，是指谈判双方第一次见面后，在讨论具体、实质性的谈判内容之前，相互介绍、寒暄以及就谈判具体内容以外的话题进行交谈的阶段。谈判开局是双方刚开始接触的阶段，是实质性谈判的序幕。

一、商务谈判开局的作用及其目标

1. 商务谈判开局的作用

谈判开局的好坏将直接左右整个谈判的格局和前景。首先，开局阶段谈判人员的精力最为充沛，注意力也最为集中，所有人都在专心倾听别人的发言，全神贯注地理解讲话的内容。其次，谈判各方均需要阐明自己的立场，表明各自的重要观点，谈判双方阵容中的个人地位及所承担的角色基本显露出来，各方都将从对方的言行、举止、神态中观察对方的态度及特点，从而确定自己的行为方式。再次，谈判的总体格局基本上在开局后的几分钟内确定，它对所要解决的问题及解决问题的方式将产生直接影响，而且一经确定就很难改变。最后，开局的成败将直接关系到谈判一方能否在整个谈判进程中掌握谈判主动权和控制权，取得谈判优势地位，以最大限度谋取谈判利益，从而最终影响谈判结果。

2. 商务谈判开局的目标

"良好的开端是成功的一半"。开局阶段是为整个谈判奠定基础的阶段。经验表明，这个阶段所创造的特定的谈判气氛会对整个谈判过程产生重要的影响和制约作用。因此，谈判者在开局阶段的基本目标和任务就是为谈判创造一个合适的谈判气氛，为后续的谈判工作打下良好的基础。有经验的谈判人员，都会充分重视和利用谈判开局，创造对己方有利的理想的谈判气氛，从而引导整个谈判的发展方向和左右整个谈判的格局，最终实现己方的谈判目的。

谈判气氛，是谈判双方参与人员之间相互影响、相互作用所共同形成的人际氛围。不同的谈判活动，会表现出不同的谈判气氛。特定的谈判气氛会影响谈判人员的心理、情绪、感觉和态度，从而引发相应的行为反应。如果不加以调整和改变，这一氛围就会不断强化，从而最终影响谈判的成功或失败。特定的谈判气氛还会影响谈判的发展方向。一种特定的谈判气氛可以在不知不觉中将谈判活动推向某一方向。如热烈、积极、合作的谈判气氛会把商务谈判朝达成一致协议的方向推进；而冷淡、对立、紧张的谈判气氛，则会把商务谈判推向严峻的境地，甚至导致谈判失败。同样的谈判议题，在不同的谈判气氛中，谈判结果可能大相径庭。

二、开局目标的设计

1. 开局目标设计的含义

开局目标是一种与谈判的终极目标紧密相连而又相互区别的初级目标。开局阶段工作的好坏会引导整个谈判发展的方向，谈判人员对开局目标的设计、表达与实现会对谈判终极目标的最终实现发挥深远的影响。在谈判的开局阶段，谈判人员的基本目标是创造特定的谈判气氛，使谈判各方在开谈之初就密切配合，并且心平气和地来阐述各自的基本立场和观点，从而为谋求一致，达到各自的谈判终极目标利益奠定良好的基础。因此，对各种各样的谈判气氛的设想、选择，就是对开局目标的设计。

2. 开局目标设计的策略方法

从特定的谈判终极目标和具体的谈判环境条件出发，可以采取以下三种策略方法设计谈判开局目标。

（1）优势定位法。优势定位法是商务谈判的一方在谈判开局阶段把创造平等坦诚、互谅互让的谈判气氛作为己方的开局目标的策略方法。

采取优势定位法的条件是：商务谈判双方的实力对比悬殊；双方谈判的主谈人的谈判能力存在明显差异；我方为强方，在经济实力、政治背景、协作关系等方面占有较大优势；对方为弱方，企业实力、谈判能力较弱，且多为外来客户；双方本次交易的需求愿望不对等，对方有较急迫的利益要求；同时，在谈判的开局阶段，已觉察到作为弱者的对方，对我方的态度的弱而不卑；等等。

优势定位法设法营造的平等坦诚、互谅互让、轻松愉快的谈判气氛，是一种理想的谈判气氛。为此。谈判人员在开局阶段要做到以下几点。

1）在热烈友好氛围下交往，谈判的东道主应有主人的风度。

2）态度平和、诚恳、真挚，作为强者的己方不以势压人、倚强凌弱。

3）在商谈中心议题前交流思想，双方努力适应彼此需要。

4）建立认真的工作气氛，交谈的内容稍带事务性。

运用优势定位法应注意以下事项。

1）主动地创造积极的谈判气氛。开局之初常常出现的困难是冷场。在这种情况下，会谈的东道主应有主人的风度，当仁不让，以热情友好的言语先讲话；要是客人主动发言，则再好不过了。我方应有意识地同对方产生共鸣，创造一种和谐、活跃的谈判气氛。

2）在行为举止上要尽量表现出豁达大度。由于我方为强方，在主场谈判情况下，为形成积极的谈判气氛，要表现出我方的豁达、宽容，与对方的感情交流要真情流露，对对方的谈判人员要平等相待，双方的发言要平分秋色，切忌出现独霸江山、不可一世的局面。

3）引导对方按我方设定的目标思维并采取行动。优势定位法的谈判开局目标的设定在开谈之初只是我方一方的意愿，要努力使之成为谈判双方的共识。我方必须发挥在开局目标设定上的主导作用，引导对方向我方设定的目标靠拢，争取创造出良好的谈判气氛。

4）密切注意对方的策略定位，谨防对方"反向行动"给我方造成的不利。切忌大意失利，恶化开局阶段的谈判气氛。

（2）均势定位法。均势定位法是商务谈判的双方在谈判开局阶段把创造和谐的洽谈气氛作为双方的开局目标的策略方法。

采用均势定位法的条件是：商务谈判双方的经济实力相当，双方谈判的主谈人的谈判能力差别不大，双方呈均势状态；谈判双方各自又都有良好的主观愿望，谈判的态度认真坦诚；同时，在谈判的开局阶段，双方已表现出初步的求大同存小异的意向或承诺，决心适应彼此需要，坚持不让小事、枝节问题改变根本决策或破坏大局等。这些都为双方把创造和谐的气氛作为开局目标打下良好基础。

应该认识到，均势定位法主要源于谈判双方均势状态下所存在的共同利益。一项成功的商业交易，其目标并不是要置谈判对手于死地。谈判的目标应该是双方达成协议，而不是一方独得胜利。交易双方都必须感到自己有所得，即使其中有一方不得不做出某些牺牲，整个格局也应该是双方各有所得。对于谈判双方存在的共同利益至少有下述几个方面。

1）双方都要求格局稳定，保持均势。

2）双方都希望达成彼此都大体满意的贸易协定。

3）双方都期望维护良好的合作状态。

4）双方都期望维护良好的、长期的关系。

因此，明确谈判双方的共同利益，保持谈判双方的均势状态，对采用均势定位法是至关重要的。

运用均势定位法应注意以下事项。

1）清醒认识并保持谈判双方的均势。均势格局是保持稳定的必要条件，没有均势就难有和谐。谈判双方实力平衡，谈判局势往往呈现稳定或相持的状态。对抗的发生是对平衡势态的打破。谈判双方实力失衡，谈判局势往往呈现恶化或动荡的状态。因此，在商务谈判中，必须通过双方或多方的力量的牵制与制约，求得均衡之势，以避免对抗，布好开局。

2）努力为实现利益均沾的目标创造和谐气氛。如上所述，均势定位法主要源于双方的共同利益。因此，应当把商务谈判当做一项合作的事业，双方认真权衡共同利益与各自的独立利益，为实现利益均沾的谈判目标，双方相互适应，彼此迁就，密切合作，形成和谐的谈判气氛。

3）提防谈判一方打破平衡，恶化谈判气氛的企图。均势下和谐的谈判气氛的形成和维持是有难度的，因为谈判双方实力大体相当，任何一方都没有明显的优势。不排除其中一方企图打破均势，谋求谈判的有利态势。如果均势格局的平衡点被打破，双方的力量对比发生倾斜，就可能破坏和谐的谈判气氛的形成和维持，这在开局目标设定时应特别警惕。

（3）劣势定位法。劣势定位法是商务谈判的一方在开局阶段把先追求平等对话，后创造友好气氛作为己方的开局目标的策略方法。

采用劣势定位法的条件是：商务谈判双方的实力对比悬殊，我方为弱方，对方为强方，对方在经济实力、企业背景、谈判能力等方面均处于优势，我方处于劣势；常常对方为主场谈判，我方为客场谈判；双方需求不对等，我方需求愿望强烈，对方需求并不急迫；同时，在谈判的开局阶段，对方已表现出企图先发制人，以强凌弱的态势。在这种情形下，作为弱者的我方只能把先追求双方能平等对话，后创造友好谈判气氛作为己方的开局目标。

运用劣势定位法应注意以下事项。

1）理智地规范己方开局阶段的行为。由于我方处于劣势，为顺利开局，掌握好言行的分寸感十分重要。在行为方式上，应诚挚友好，坦然平和，不卑不亢，以礼相见。不要低三下四，曲意附和，更不能感情用事，只图一时痛快的"乱放炮"。

2）情、理、利"三管齐下"，追求双方平等对话。情、理、利，即感情、道理、利益或利害关系。在这三者间，情为前提，理为根基，利为关键。在我方处于劣势的情势下，围绕平等互利这一命题，动之以情，晓之以理，明之以利，三管齐下，争取说服对方，使对方从中感觉到却之违情，抗之悖理，背之不利，从而接受我方的开局目标。

3）积极主动地调节对方的言行。由于对方处于谈判的有利地位，在言行上表现为傲慢、过分轻狂、自以为是、盛气凌人等是常见的。这时的谈判气氛往往也是紧张的、冷淡的、对立的。处于这种情况下的我方，应不予计较，以礼相待，以情感化，据理力争，积极影响、调节对方的过分言行，"化干戈为玉帛"，变消极因素为积极因素，推动谈判气氛向平等、友好、富于建设性的方向转化。

三、谈判开局的表达

在开局目标设定后，接踵而来的是谈判开局目标的表达。谈判开局的表达，即选择适当的方式对己方谈判开局的目标予以表露和传达，使己方的开局目标易于为对方理解并对对方的开局目标产生积极的影响。

1. 谈判开局的表达及意义

商务谈判活动是谈判双方表达各自意愿的复杂过程。谈判各方人员以一定方式表露和传达信息，往往既显示了己方的谈判目标，又展现了各自不同的谈判信心和谈判状态，并在一定程度上引导谈判发展的方向，影响谈判最终的成败。因此，商务谈判各方应选择适当的开局目标的表达方式，并对己方谈判人员要有合乎开局目标要求的行为约束。

在实际的商务谈判活动中，常见的谈判开局目标的表达方式有多种，一般可从两种角度划分。

(1) 按"直率"与"婉转"两种因素的组合，开局目标的表达方式分为直率对直率、直率对婉转、婉转对直率、婉转对婉转等方式。

(2) 按"刚"与"柔"两种因素的组合，开局目标的表达方式分为以刚对刚、以柔对柔、刚柔相兼、以柔克刚、以刚制柔等方式。

在商务谈判双方面对面的交谈过程中，开局目标的表达方式选择适当，就能使己方的开局目标容易为对方理解，并对对方开局目标产生积极的影响；如果对开局目标的表达方式选择失当，常会造成对方对我方开局目标的曲解、误会以至敌意，给对方的开局目标产生消极的影响。

2. 谈判开局表达的策略方法

在谈判双方相互竞争与相互合作的矛盾中，可以选择以下三种策略方法表达开局目标。

(1) 协商表达法。协商表达法是指以婉转、友好、间接的交谈方式表达开局目标的策略方法。

从交际心理学的角度看，商务谈判人员虽然有着不同的身份地位、文化程度、社会经历、思想性格和心理情绪，但在谈判过程中，都有一种出于上述特定境况的心理上的亲和需求。比如一般都有从属于团体组织的需要，被人尊重和理解的需要，获得支持与帮助的需要，取得合作与友谊的需要等。因此，我方在表达开局目标时，应注意从当时的背景环境、客观情势，以及谈判对手的年龄、地位、思维、性格、文化、心理等情况出发，力求使自己的表达从方式到内容都符合客观情势和对方心理上的主观需要，从而达到表达开局目标的预期目的。

协商表达法符合交际心理学的上述要求。协商表达法要求谈判的一方以相互商量、商谈的口吻，而不是以陈述甚至是命令的口吻，婉转、友好地表达己方的开局目标，以至处理谈判后续阶段的种种分歧。通常这一方法容易为对方接受，促使对方点头称是，忘掉彼此间曾经有过的争执，并使双方在友好、愉快、轻松的气氛中将商务谈判引向深入，收到意想不到的良好效果。

采取协商表达法的条件是：商务谈判双方都有良好的谈判意愿，希望能促成眼前的交易；或谈判的一方明显地居于谈判劣势，试图以协商表达方式联络双方的感情，争得己方起码的、大致平等的谈判地位；或者谈判双方均为交易的老客户，彼此间对各自的经济实力、谈判能力都非常熟悉；等等。

【案例3.1】 一段简单的交谈

甲方："我们彼此介绍一下各自的生产、经营、财务和商品的情况，您看如何？"

乙方："完全可以，如果时间、情况合适的话，我们可以达成一笔交易，您会同意吧？"

甲方："完全同意。我们谈半天如何？"

乙方："估计介绍情况一个小时足够了，其他时间谈交易条件，如果进展顺利，时间差不多，行。"

甲方："那么，是贵方先谈，还是我先谈？"

乙方："随便，就请您先谈吧。"

可见甲乙双方已就速度等方面达成一致意见。

运用协商表达法应注意以下事项。

1）注意表达的用语、语气，把握好语言的分寸感。在语言表达上，一般多用礼貌用语、寒暄用语、设问用语；同时，尽量做到发音清晰，语气适当，音量适中，音调高低快慢适宜。比如，"我想先和您商量一下这次会谈的总的安排，您觉得怎样？""我们先交流一下彼此的情况，您看好吗？"等。切忌使用命令的、冒犯的、冷淡的语言。

2）淡化表达语言的主观色彩。口口声声讲"我提出"、"我认为"，自作鉴定，自我评论，即使其意不在排"他"扬"我"，这种表达语言也是不可取的。为此，要讲究语言表达技巧，或谈己不言己，或变抽象为具体，或引用他人之语等，以淡化表达语言的主观色彩，增强开局表达效果。

3）努力培养谈判双方的认同感。在表达开局目标时，要以协商、婉转的口吻表达，争取建立和培养谈判双方的认同感。比如："我们先确定会谈的议程，您是否觉得合适？""您觉得合适，那是我先谈，还是贵方先谈好？"等。这些表面上无足轻重的问话，很容易让对方无所顾虑地给予肯定的回答，从而形成彼此一致的观点和意见，双方就能比较容易地达成互惠的协议。

（2）直陈表达法。直陈表达法是指以坦诚、直率的交谈方式表达开局目标的策略方法。

选用直陈表达法表达开局目标时，我方直截了当地陈述己方的开局目标，和盘托出己方的判断及意图；同时，还可以站在对方的立场上设想并提出己方的看法，推动对方回应我方的提议，争取双方形成共同的开局目标。一般情况下，坦诚、直率的表达方式，是获得对方理解和信赖的方法之一，人们往往对愿意表露真实意愿的人有安全感和亲切感；同时，坦诚、直率的表达方式还能满足听者的自我意识和充分的权威感，往往可能缩短与对方的心理距离。因此，直陈表达经常能达到理想的预期效果。

采取直陈表达法的条件是：商务谈判双方已有多次交易往来，双方谈判人员关系密切，对对方有较深的了解，说话无须拐弯抹角；双方谈判人员、包括主谈人的身份和资格大体相当，反差不大；或者在谈判的开局阶段，已发现对方对自己的身份及能力表示怀疑，或持有强烈的戒备心理，并且可能妨碍谈判的深入，而下决心姑且一试，以争取谈判的主动地位，并力争赢得对方的信赖和支持。

【案例 3.2】　巧谈大与小

一个经济实力较弱的小厂与一个经济实力强的大厂在谈判时，小厂的主谈人为了消除对方的疑虑，向对方表示道："我们摊子小，实力不够强，但人实在，信誉好，产品质量符合贵方的要求，而且成本较其他厂家低。我们愿意真诚平等地与贵方合作。我们谈得成也好，谈不成也好，我们这个'小弟弟'起码可以与你们这个'大兄长'交个朋友，向贵方学习生产、经营及谈判的经验。"肺腑之言，不仅可以表明自己的开局意图，而且可以消除对方的戒心，赢得对方的好感和信赖，这无疑会有助于谈判的深入进行。

运用直陈表达法应注意以下事项。

1) 使用好直陈表达的方式。直陈表达在于直接诉诸理性。直陈表达的方式要有理有据，明确简洁，言简意赅，杜绝一切不实之词和无稽之谈。要用简单明了、提纲挈领、直截了当并且具有较强浓缩性的语言表达我方的开局目标，使对方明白无误地理解我方的思想。一般来说，表达的语言明确简洁，体现了谈判者的智力水平和表达能力，能使对方产生好感，并从心理上受到抑制。反之，表达的语言晦涩冗长，啰唆重复，面面俱到，听来心烦，不仅不利于对方理解我方的意图，而且低水平的语言表达也容易引起对方的轻视，甚至厌恶、鄙视。

2) 把握好直陈表达的分寸。直陈表达中，说话的深浅，着力的大小，用词的轻重，表达的激缓，都是值得斟酌的。对对方直陈过激，对方容易反感，造成双方的紧张态势；对对方直陈过缓，又可能使对方感到我方的软弱，或认为我方缺少诚意，容易引起对方的怀疑。因此，直陈表达既要克服急躁情绪，又要避免给人以怠慢的感觉。

3) 控制好直陈表达的极限。直陈表达的内容与范围是有限度的，其限度在既不影响己方的开局目标，不损害己方的根本利益，又不致恶化谈判气氛，甚至导致双方谈判关系的破裂。因此，直陈表达不能把己方的一切和盘托出，尤其是关系己方根本利益的意图，在表达时必须保留。

（3）冲击表达法。冲击表达法是指以突然、激烈、令谈判对方意外甚至受窘的交谈方式表达开局目标的策略方法。

冲击表达法不是一种常规的开局目标表达方法。这是在商务谈判开局时的某些特殊场合下采用的一种特别的表达方法。

在商务谈判中，绝大多数谈判者在谈判的全过程，尤其在开局阶段都是以尊重人、体谅人、理解人的方式交往，谈判一方在开局阶段就蛮横无理的情形是极个别的。但是有时确实出现了这种情况：商务谈判双方刚一接触，对方非常傲慢，以居高临下之势口出狂言，自命不凡，令人反感；或者对方在谈判一开始就对我方讽刺挖苦，百般刁难，伤害我方的感情。在此情势下，我方若谨行慎言，不厌其烦地述说己方的开局目标，只能助长对方的嚣张气焰。因此，可考虑选用冲击表达法，先是退避三舍，让对方充分表演，然后采用冲击度极强的表达方式，突然拍案而起，开门见山，旗帜鲜明地批驳对方的言行，亮出己方的关键论点。这一方法，常常会弄得对方手足无措，锐气大减。但由于利益所在，对方常会在窘态消失之后，坐下来开始进行真诚的平等的对话与谈判；我方也可借谈判气氛缓和之机，坦诚地表达己方开局目标。

【案例 3.3】　拍案而起收奇效

一位客商利用某企业急需求购原料且濒于停产之机，大肆抬高交易条件，并且出言不逊，伤害该企业谈判人员的感情，诋毁该企业的名誉。在这种情况下，如果该企业的谈判人员一味谦恭，诉说己方的困难处境，只会适得其反，助长对方气焰。该企业谈判人员在谦恭、退让之后，突然拍案而起，采用了冲击表达方法。他指责对方道："贵方如果缺乏诚意，可以请便。我们尚有一定的原料库存，并且早就做好了转产的准备，想必我们今后不会再有贸易往来，先生，请吧！"由于谈判双方已投入了一定的人力、财力，再加上利益所在和双方都有调和的意愿，这种冲击式的表达技巧，产生了应有的效果，促使双方终于坐下来开始了真诚的谈判。

运用冲击表达法应注意以下事项。

1）冲击表达要有突然性和创意性。冲击表达应突然，令对方意外，以保持它应有的冲击强度。同时，冲击表达要富于新意，不落俗套，具有振聋发聩的感染力量，能给对方以冲击、震动。切忌任何平淡无奇、软弱无力的陈词滥调。

2）不要视对方为敌，避免双方情绪对立。冲击表达有可能得到好的效果，但也可能产生负面效应。因此，在选用此法时，在指导思想上应不视对方为敌，并且要判断己方观点、态度的冲击力度，预测对方的可能反应及程度。必须尽力避免攻击对方的自尊心，以免产生谈判者最忌讳的情绪性对立。

3）不要对对方的行为定性或批评其动机。对方可能在开局阶段会有过分言行，可以运用冲击表达法进行批驳。但最好是一带而过，尤其是不要对对方的行为定性或揭露其背后隐藏的动因。这样才能在冲击表达后，利用谈判气氛可能出现的缓和机会，积极创造扭转对立局面的条件，争取商务谈判后续各阶段的友好合作。

四、谈判开局的实现

开局目标设定和表达之后，还要选择适当的方法，最终实现或基本实现开局目标。同时，在商务谈判后续的各个阶段，还要通过双方的共同努力，努力维护和维持开局目标。

1. 谈判开局的实现及意义

谈判开局的实现，是谈判者通过运用一定的策略方法，最终形成或实现特定的、适合谈判开局目标要求的谈判开局气氛。任何商务谈判开始时，双方谈判人员的心态，可以说是在有保留的热诚到隐含敌意的幅度内变动。究竟是热诚或是敌意，双方刚一接触便形成的第一印象有重要的作用。在开局阶段，谈判人员在相互交往中，对对方的表情、目光、姿态等动作语言和口头语言做出初步评价，形成对对方的第一印象，它输入谈判人员的大脑，使之受到相应的刺激。这种刺激反过来又会形成不同的情绪，从而决定大脑兴奋的程度、思维活动的频率，并产生不同的心态和情绪。这些心态和情绪又会依其性质的不同反馈回来，使谈判人员在谈判中表现出或信心十足，富于安全感、成就感，或疑虑重重，保持戒备甚至怀有敌意。在一定环境中谈判人员究竟反映出何种情绪，表现出何种心态，完全取决于构成这一环境的各种因素所造成的刺激的性质及刺激信号的强弱。

应该看到，在商务谈判的开局阶段，绝大多数的谈判人员都是抱着通过谈判来达到己方合理受益的目的而相互接触的。理想的、建设性的谈判气氛有助于谈判活动的顺利进行，沉闷冷淡的气氛会给谈判活动的开展增加阻力。可是，要实现开局目标，创造一种理想的、建设性的谈判气氛，则要求所有参加谈判活动的人员，自觉地把自己看做是谈判环境的一部分。在商务谈判的全过程，尤其是在开局阶段，及时、准确地揣测对方的心理，巧妙地以恰如其分的信号刺激对方。经双方努力，在谈判的开局阶段就渲染烘托起热烈、友好、诚挚、和谐的谈判气氛，最终实现谈判的开局目标。

　　2. 谈判开局实现的策略方法

　　在开局阶段，双方谈判人员从见面入座、开始交谈、到话题进入实质性内容之前，要创造出理想的、建设性的谈判气氛，通常选用的策略方法如下。

　　(1) 中性话题实施法。中性话题实施法是指以与谈判正题无关又无害的话题开场，促使谈判双方情感上的接近、融洽，实现开局目标的策略方法。

　　中性话题实施法适用于绝大多数的商务谈判场合。谈判开始，为什么适宜于选择中性话题开场？这是因为中性话题的谈论容易引起谈判双方感情的共鸣，给彼此间的续谈提供了方便，便于双方通过语言的交流迅速实现情感上的融洽。

　　商务谈判人员通常选用的中性话题有以下几种。

　　1) 谈论气候、季节及适应性。

　　2) 双方互聊个人状况、互致私人问候。

　　3) 会谈前旅途的经历或本次谈判后的游览计划。

　　4) 当前社会普遍关心的热门话题，名人轶事。

　　5) 双方的个人爱好和兴趣。

　　6) 体育新闻、文娱消息。

　　7) 家庭状况。

　　8) 双方都熟悉的人员及经历。

　　9) 曾有过的交往，以往的共同经历或过去成功的合作等。

　　10) 开些较轻松的玩笑。

　　运用中性话题实施法应注意以下事项。

　　1) 选择积极的中性话题，设法避免令人沮丧的话题。中性话题有积极与消极之分。积极中性话题容易使对方向我方靠拢，对我方的意见持肯定看法，并表现出认同、接受的态度，从而将其引向我方所要达到的目标。消极的中性话题则使对方背离我方，对我方的意见持否定的看法，并表现出一种反感、排斥的态度，影响我方开局目标的实现。为了顺利地创造和谐的谈判气氛，应主动选择积极的中性话题，设法避免令人沮丧的话题。

　　2) 积极主动入题，努力防止开局冷场。商务谈判双方，尤其是主场谈判的一方，应发扬主人的风度，先行入题，以产生共鸣。如果我方能从对方的角度引入中性话题，并为对方所接受，对方也加入交谈，整个谈判气氛就会活跃起来。在双方情感趋近的情势下，如果能照顾到对方希望多讲并企图显示其优越性的心理需求，交谈的效果会更好。

　　3) 互叙中性话题时间不可太长，应适可而止。避免过分闲聊，离题太远，浪费谈判时间。

　　4) 避免在开局阶段就中性话题所涉及的有关内容讨论彼此有分歧的看法。

　　(2) 坦诚实施法。坦诚实施法是指用坦白率直、开诚布公的态度与谈判对方交谈，向对方表露己方的真实意图，以取得对方的理解和尊重，赢得对方的通力合作，实现开局目标的策略方法。

商务谈判的成功，不仅取决于双方在谈判时所处的背景和形势，还取决于谈判者人为地制造的交往关系的密切程度。就一般的看法而言，谈判者之间不可能完全相互信任，总会存在猜疑。谈判老手的高明之处不在于企图消除这种猜疑，而是巧妙地利用人所共有的希望他人支持自己的观点、赞同自己的主张、言行能使他人产生共鸣的人际交往的心理，创造感情上的相互接近，取得对方的尊重和信任，使对方甘愿从友好的方面进行猜测。坦诚相待正是获得对方理解和尊重的好方法。在谈判双方实力与需求大体对等，或双方原来就有良好的合作关系，以及双方主谈人的性格气质大体相近的情况下，对开局目标的实现通常采用坦诚实施法。

运用坦诚实施法应注意以下事项。

1) 肯于流露真实的感情和看法。人们往往对肯流露真情的人有亲切感。同时，真情的流露还能满足听者的自我意识和充分的权威感。所以，坦诚的真情流露经常能收到预期的效果。为此，要肯于表露自己真实的希望和担心，公开自己的立场和目标，用事实和行为使对方认为自己值得和可以信赖。

2) 坦诚要适度，"度"的大小要视情况而定。在商务谈判中，坦诚是有限度的，并不是要把己方的一切和盘托出，特别是与谈判的底数有关的事项，绝不可以向对方坦诚交底。若谈判对方为不合作型的谈判对手，坦诚度要小，因为言多失密，对己方不利；若谈判对方为长期合作的老客户，坦诚度可放大一些，以增强合作意识，取得皆大欢喜的结果。

3) 谈判人员必须努力培养坦诚守信的素质。坦诚给对方以真实感，坦诚正直、守信用是赢得谈判对方真诚合作的先决条件。朝令夕改，出尔反尔，虚情假意，轻改诺言都不可能在谈判双方建立起信任感和创造出融洽的谈判气氛。

4) 注意坦诚可能带来的风险。要做好谈判对方利用你的坦白率直、开诚布公逼迫你退让的准备。遇到这种情况，要能审慎处理并且依然不失坦率的风度。

(3) 幽默实施法。幽默实施法是指借助形象生动的媒介、风趣诙谐的语言风格与对方交谈，以打破对方的戒备心理，引起对方的好感和共鸣，实现开局目标的策略方法。

恩格斯说："幽默是具有智慧、教养和道德上优越感的表现。"幽默的谈吐是一个人的思想、学识、智慧和灵感在语言运用中的结晶，也是谈判交际语言的"味精"和"润滑剂"。在商务谈判的开局阶段以至其后各阶段采用幽默实施法，可以使谈判气氛轻松活跃，提高双方人员谈判或继续谈判的兴致，或者至少可以使谈判者紧张的情绪得到有效的缓解；可以使冷淡、对立、紧张、一触即发的谈判气氛变为热烈、积极、友好、和谐的谈判气氛；可以使对方不失体面地理解、接纳、叹服你的劝慰，接受你的观点；可以帮助在谈判中已经处于不利的一方巧妙地摆脱困境；可以促使对方形成对你的修养、学识和能力的认同，转变其固有的观念与态度，为进一步的谈判打下基础。

幽默包含有多种类别，主要有谐称的幽默，反语的幽默，灰色的幽默，病态的幽默，低级、黄色的幽默。幽默实施法多用谐称的幽默和反语的幽默。幽默实施法适用于多数的商务谈判场合。不过，谈判双方以前曾有过一定的接触，谈判双方人员，尤其是双方的主谈人的素质反差不大，运用这一方法更为适宜。

运用幽默实施法应注意以下事项。

1) 运用幽默要合时宜，即要符合谈判的对象、环境、事项。幽默是客体的喜剧性与主体的幽默感的有机结合，需要幽默的氛围。在商务谈判的开局阶段，为形成良好的、建设性的谈判气氛，幽默应因人、因事、因时、因地而发。幽默要尽可能力求内容健康而不落俗套，寓意含蓄而不晦涩，语言风趣而不庸俗。

2) 不要在幽默中加进嘲笑的成分。商务谈判中对幽默手法的运用，要围绕实现开局目标的要求，建立在对谈判对方尊重的思想基础上。幽默应该是善意的、友好的、发自内心的，幽默的运用更多是为了活跃谈判气氛，而不要含有对谈判对方嘲笑的成分。要做到调侃但不嘲弄、敏锐但不滑头、委婉但不悲观、尖锐但不刻薄。

3) 笑谈自己，以增加己方的吸引力。这实际上是一种漫画式的夸大其词。在笑谈自己时，对自己表面的、无大碍的某些缺陷、缺点进行夸大或缩小，使自身的某些本质特征鲜明地显露出来，即可以作为幽默的"笑料"调节了整个开局阶段的气氛，又表现了自己的大度胸怀，并在看似难堪的窘境中，以自我排解的方式实施了己方的开局目标。

4) 谈判双方人员要有必备的文化素质和相应的气质、修养、风度。由于幽默是语言、性格、情景等因素别开生面的巧妙组合，因此要求谈判人员要有高雅的情趣和乐观的信念，较强的观察能力和想象力，较高的文化素养和较强的驾驭语言的能力。只有双方的谈判人员具备大体相当的素养，才能借用幽默的方法激发形成融洽、活泼、建设性的谈判氛围。

任务二　营造商务谈判气氛

谈判开局气氛是由参与谈判的所有谈判人员的情绪、态度与行为共同影响、共同作用而形成的。任何谈判个体的情绪、态度与行为都可以影响或改变谈判开局气氛；与此同时，任何谈判个体的情绪、思维都要受到谈判开局气氛的影响。由于谈判开局气氛是在谈判开局的很短时间内形成的，而且开局气氛会对整个谈判进程发挥重要的影响作用，这就要求谈判人员要善于运用灵活的策略技巧和有效的开局方法努力营造一种有利于己方的谈判开局气氛，从而控制谈判开局，左右谈判对手，引导整个谈判的进程。

谈判开局气氛可分为三种情形，即高调气氛、低调气氛与自然气氛。具体营造一种什么样的谈判气氛要服务于特定的谈判者的谈判总体目标，利益预期与谈判方针、政策，需要综合考虑谈判双方之间的谈判实力对比与谈判历史关系以及其他谈判环境因素，需要通过谈判双方参与人员的共同努力或共同影响才能现实地形成。

一、高调气氛

高调气氛是指谈判气氛比较热烈，谈判双方情绪积极、态度主动、愉快因素成为谈判情势主导因素的谈判开局气氛。高调气氛通常会对谈判的开局及谈判的顺利进展发挥积极的促进作用。在这种谈判气氛中，谈判对手往往只注意到他自己的有利方面，而且对谈判前景的看法也倾向于乐观，因此，高调气氛易于促进协议的达成。

1. 高调气氛的表现

高调气氛主要表现为热烈、积极、友好的谈判气氛。谈判双方态度诚恳、真挚，彼此主动适应对方的需要；见面时话题活跃，口气轻松；感情愉悦，常有幽默感。双方显得精力充沛，兴致勃勃；谈判人员服装整洁，举止大方，目光和善；见面热情友好、相互让座，欣然落座，相互问候，互敬烟茶等。双方对谈判的成功充满信心，把谈判成功看成友谊的象征。

2. 营造高调气氛的条件

在什么情况下营造高调气氛，应具体考虑谈判双方的实力对比，谈判双方企业之间的业务关系和双方谈判人员的个人关系以及谈判者的成交意愿等因素。通常，可以在以下几种情况下营造高调气氛。

（1）己方占有较大优势。如果本方谈判实力明显强于对方，为了使对方清醒地意识到这一点，并且在谈判中不抱过高的期望值，从而产生威慑作用。同时，又不至于将对方吓跑，在开局阶段，在语言和姿态上，既要表现得礼貌友好，又要充分显示出本方自信的气势。

（2）双方企业有过业务往来，关系很好。这种友好关系应该作为双方谈判的基础。在这种情况下，开局阶段的气氛应该是热烈的、友好的、真诚的、轻松愉快的。本方谈判人员在开局时，语言上应该是热情洋溢的；内容上可以畅叙双方过去的友好合作关系，或两企业之间的人员交往，也可以适当地称赞对方企业的发展和进步；姿态上应该比较自由、放松、亲切。在寒暄结束时，可以这样将话题引入实质性谈判："过去我们双方合作得一直非常愉快，我想，这次我们依然会有一个皆大欢喜的结果，让我们一起开始努力吧！"

（3）双方谈判人员个人之间的关系。谈判是人们相互之间交流思想的一种行为。个人感情会对交流的过程和效果产生很大的影响。如果双方谈判人员有过交往接触，并且还结下了一定的友谊，那么，在开局阶段应该畅谈友谊。可以回忆过去交往的情景，也可以讲述离别后的经历，还可以询问对方家庭的情况，以增进双方之间的感情。一旦双方谈判人员之间建立和发展了私人感情，那么，提出要求、做出让步、达成协议就不是一件太困难的事。

（4）己方希望尽早与对方达成协议。由于己方的成交愿望强烈，希望把握时机，担心失去机会；或者对谈判成交前景判断乐观，希望提高谈判效率，迅速成交，因而全力投入，态度恳切，积极烘托热烈向上的谈判气氛。

3. 高调气氛营造方法

营造高调气氛通常有以下几种方法。

（1）感情攻击法。感情攻击法是指通过某一特殊事件来引发普遍存在于人们心中的感情因素，使这种感情迸发出来，从而达到营造热烈、积极的谈判气氛的目的。

【案例 3.4】 扬州游览

江苏仪征化纤工程是世界最大的化纤工程。1985 年 7 月，江苏仪征化纤工业公司总经理任传俊主持了一次和联邦德国吉玛公司的索赔谈判，对手是理扬·奈德总经理。由于引进的圆盘反应器有问题，中方提出了 1100 万马克的索赔要求，而德方只认可 300 万马克。这是一次马拉松式的谈判。在一次谈判的开始前，任传俊提议陪理扬·奈德到扬州游览。

在花木扶疏，景色宜人的大明寺，任传俊对德方代表团介绍道："这里纪念的是一位为了信仰，六度扶桑，双目失明，终于达到理想境界的高僧鉴真和尚。今天，中日两国人民都没有忘记他。你们不是常常奇怪日本人对华投资为什么比较容易吗？那很重要的原因是日本人了解中国人的心理，知道中国人重感情、重友谊。"接着，他对理扬·奈德笑道："你我是多年打交道的朋友，除了彼此经济上的利益外，就没有一点个人之间的感情吗？"

旅行车从扬州开回仪征，直接开到谈判室外，谈判继续进行。任传俊开门见山地说："问题既然出在贵公司身上，为索赔花费太多的时间就是不必要的，反正要赔偿……"

理扬·奈德耸耸肩膀："我公司在贵国中标，才花了1亿多美元，我无法赔偿过多，我总不能赔着本干……"

任传俊紧跟一句："据我得到消息，正是因为贵公司在世界上最大的化纤基地中标，才得以连续在世界15次中标，这笔账怎么算呢？"理扬·奈德语塞。

任传俊诚恳地说："我们是老朋友了，打开天窗说亮话，你究竟能赔多少？我们是重友谊的，总不能让你被董事长敲掉了饭碗，而你也要为我想想，中国是个穷国，我总得对这里1万多名建设者有个交代。"

谈判结束了，德方赔偿800万马克。

理扬·奈德事后说："我付了钱，可我心里痛快，因为对方比我精明，比我更具备战略眼光。"

（2）称赞法。称赞法是指通过称赞对方来削弱对方的心理防线，从而激发出对方的谈判热情，调动对方的情绪，营造高调的气氛。

采用称赞法时应注意以下几点。

1）选择恰当的称赞目标。选择称赞目标的基本原则是：择其所好，即选择那些对方最引以为豪的，并希望己方注意的目标。

2）选择恰当的称赞时机。如果时机选择得不好，称赞法往往适得其反。

3）选择恰当的称赞方式。称赞方式一定要自然，不要让对方认为你是在刻意奉承他，否则会引起对方的反感。

（3）幽默法。幽默法是指用幽默的方式来消除谈判对手的戒备心理，使其积极参与到谈判中来，从而营造高调的谈判气氛。

【案例 3.5】 蘑菇出土话搞活

1984年夏，春城昆明决定引进部分外资，开发自然资源，发展旅游业。日本的客商闻风而来，负责接待他们的是昆明市一位年富力强的中年人。谈判的中心议题当然是资金、效益、合作方式。但实际上谈判一开始便打外围战，不是谈经济和贸易，而是政治和形势。日方代表不无隐忧地说："我们同中国打交道，担心你们政局会变。"昆明代表表示理解地点点头说："其实早几年我们也有过担心，不是担心政局会变，而是担心政策会变。看了几年，觉得中国的政策的确在变，不过是越变越活，越变越好了。"

日方代表又说："这几个月，中国各大城市都在成立公司，有如雨后的蘑菇纷纷出土，可是，蘑菇的寿命是不会长久的呀！"昆明代表不卑不亢地答道："对这个问题我想说两点：第一，蘑菇纷纷出土，说明我们正在执行一条开放搞活的政策；第二，蘑菇出土的同时，松苗也会破土而出。蘑菇可能寿命短，但松苗却可以长成参天大树！"一席话说的日本人不住地点头。经过这番外围战，双方心里都有了底，后来经过几轮谈判，日方在旅游业方面下了很大一笔投资。

采用幽默法时应注意以下几点。

1）选择恰当的时机。

2）采取适当的方式。

3）要收发有度。

（4）问题挑逗法。问题挑逗法是指提出一些尖锐问题诱使对方与自己争论，通过争论使对方逐渐进入谈判角色。这种方法通常是在对方谈判热情不高时采用，有些类似于"激将法"。但是，这种方法很难把握好火候，在使用时应慎重一些，要选择好退路。

二、低调气氛

低调气氛是指谈判气氛十分严肃、低落，谈判一方情绪消极、态度冷淡，不快因素构成谈判情势的主导因素的谈判开局气氛。低调气氛会给谈判双方都造成较大的心理压力，在这种情况下，哪一方心理承受力弱，哪一方往往会妥协让步。

1. 低调气氛的表现

低调气氛通常表现为以下两种类型。

（1）冷淡、对立、严肃紧张的谈判气氛。谈判双方见面不热情、彼此互不关心；目光不相遇，相见不抬头，相近不握手，企图在衣着、语言、表情、行为等方面以优势因素压倒对方；交谈时语带双关，甚至使用讥讽的口吻等。双方处于明显的戒备、不信任的心理状态和强烈的对立情绪之中，整个开局呈剑拔弩张的局面。这种谈判气氛给整个开局蒙上了一层阴影。这一类型的谈判气氛有时是在法院等第三方参与调解、双方利益严重对立的情况下产生。

（2）松弛、缓慢、旷日持久的谈判气氛。商务谈判中不乏持续性、分阶段性的洽谈。这时，谈判双方人员对谈判已经感到厌倦。谈判人员进入谈判会场姗姗来迟、衣冠不整、精神不振。相见时握手例行公事、不紧不松；面部表情麻木、眼视他方；或入座时左顾右盼，显出一种可谈可不谈的无所谓的态度。对双方谈判的目标不表示信心，对对方的话题不认真倾听，甚至以轻视的口吻发问，双方谈判不断转换话题，处于一种打持久战的氛围之中。

2. 营造低调气氛的条件

在什么情况下营造低调气氛，应具体考虑谈判双方的实力对比和谈判双方之间的业务关系等因素。通常，可以在以下几种情况下营造低调气氛。

（1）己方有讨价还价的砝码，但是并不是占有绝对优势。如果己方谈判实力相对弱于对方，为了不使对方在气势上占上风和轻视己方，谈判人员应做好充分的心理准备并要有较强的心理承受能力，始终显示一种内在的信心和展示一种顽强作战、不屈不挠的斗争精神，也可以向对方表示一定的合作姿态，同时要善于运用己方的砝码迫使对方让步。

（2）双方企业有过业务往来，但本企业对对方企业的印象不佳。这时，开局气氛通常是严肃的、凝重的。己方谈判人员在开局时，语言上在注意礼貌的同时，应保持严谨，甚至可以带一点冷峻；内容上可以对过去双方业务关系表示不满、遗憾，以及希望通过本次交易磋商来改变这种状况，也可以谈谈途中见闻、体育比赛等中性话题；姿态上应该充满正气，注意与对方保持一定的距离。在寒暄结束时，可以这样将话题引入实质性谈判："我们双方有过一段合作关系，但遗憾的是并不那么愉快，希望这一次能有令人愉快的合作。千里之行，始于足下。让我们从头开始吧！"

3. 低调气氛营造方法

营造低调气氛通常有以下几种方法。

（1）感情攻击法。这里的感情攻击法与营造高调气氛的感情攻击法性质相同，即都是以情感诱发作为营造气氛的手段，但两者的作用方向相反。在营造高调气氛的感情攻击中，是激起对方产生积极的情感，使得谈判开局充满热烈的气氛。而在营造低调气氛时，是要诱发对方产生消极情感，致使一种低沉、严肃的气氛笼罩在谈判开始阶段。

【案例3.6】　艾柯卡引发的轩然大波

美国克莱斯勒公司总经理艾科卡1979年在克莱斯勒公司濒临倒闭时临危受命，他上任后做的第一件大事就是请求美国政府同意为公司15亿美金的紧急贷款提供担保，以维持公司最低限度的生产活动。但是，此建议一出，立即在美国社会引起了一场轩然大波。在崇尚自由竞争的美国，公众几乎是众口一词：让克莱斯勒赶紧倒闭吧！大部分国会议员也不同意政府涉入私营企业的经营。10月18日，艾柯卡第一次出席国会为此而举行的有相关政府机构、银行参加的听证会。在听证会上，艾柯卡一开始就明确地提出自己的开场白："我相信诸位都明白，我今天在这里绝不只是代表我一个人说话。我代表着成千上万依靠克莱斯勒公司为生的人们，事情就是那么简单。我们有14万职工和他们的家属，4700家汽车商及所属的15万职工，1.9万家供应商和其他雇用的25万人，还有这些人的全部家属。"为了让这些议员们认清后果，他又提出："如果克莱斯勒公司倒闭了，全国的失业率会在一夜之间暴长0.5个百分点，美国政府在第一年里就得为这高达几十万的失业人口花费27亿美元的保险金和福利金。各位可以自由选择，你们是想现在就付出27亿美元呢？还是将它的一半用来提供贷款担保，并可在日后全部收回呢？"他随后又指出，日本汽车正乘虚而入，如果克莱斯勒倒闭了，它的几十万职员就得成为日本的佣工。艾柯卡让这些议员彻底认清了拒绝克莱斯勒请愿案的后果，成功地转变了他们的态度，达到了自己期望的目标。最后，艾柯卡拿到了他所需要的15亿美元的贷款担保。

同样是在克莱斯勒破产风波中，虽然公司获得了政府的支持和贷款担保，但银行界却一直持否定态度。要想争取贷款给公司的400家银行同意延期收回6.55亿美元的到期债款，十分困难。公司董事会委托杰里·格林沃尔德和史蒂夫·米勒与各银行协调处理这一问题。同银行的谈判十分复杂。起初，史蒂夫分别找一家家银行谈。后来，他发现这个办法行不通。于是，改成把大家召集在一起谈，效果好一些。最后，他宣布说："我给你们一个星期的时间考虑，4月1日，也就是下星期二，我们再开会。"

有些银行代表威胁说他们将不到会，结果都来了。

如果银行家们在这次会议上还达不成协议，那么，后果将不堪设想。因为，当时全国经济衰退形势已很严重，克莱斯勒宣布破产，很可能意味着一个更为可怕的经济灾难即将来临。

当4月1日全体成员都到会时，史蒂夫宣布会议开始。他的开场白实在让人震惊：

"先生们，昨天晚上，克莱斯勒董事会举行了紧急会议。鉴于目前的经济衰退，公司的严重亏损，利率的节节上升——更不要说银行家的不支持态度——公司决定今晨9点30分宣布破产。"

整个会议室里鸦雀无声，空气异常沉闷。这时，格林沃尔德目瞪口呆。他是董事会成员之一，他到现在才知道有这个会，这么重要的会议，怎么没有让他参加呢？接着，米勒补充说："也许我应提醒诸位，今天是 4 月 1 日。"

人们大大松了口气。不幸的是，欧洲人从来没有听说过愚人节。他们仍然眼睛盯着墙上，搞不清 4 月 1 日到底与这件事有何相干。

这是米勒在开会前 5 分钟想出来的一条奇谋。它有很大的冒险性，但结果证明很灵验。它使会场中的每一个人把焦点集中在一幅更大的可怕图景中，想象不达成协议可能产生的后果。

而史蒂夫制定的让步计划也终于为全体与会者所接受：6.6 亿美元到期贷款延期收回；4 年内以 5.5％的利率支付 40 亿美元贷款的利息。

（2）沉默法。沉默法是以沉默的方式来使谈判气氛降温，从而达到向对方施加心理压力的目的。

【案例 3.7】　默不作声的 25 秒

沉默和忍耐是日本商人常用的一种谈判策略。在一次美日贸易谈判中，美国代表提出美日联合向巴西开放一种新的生产设备和工艺技术，然后等待日方丰田公司代表的答复。25 秒过去了，三位日商还是默不作声，低着头，双手搭在桌面上。最后，一位美商急得脱口而出："我看这样坐着总不是个事吧！"他说得非常对，但会谈也就此告终了。其实，这位美商应该再忍耐一下。

应该注意的是，在商务谈判实践中，运用沉默法并非总是一言不发，而是指己方尽量避免对谈判的实质问题发表议论。

沉默的同时要注意倾听。悉心倾听对方吐露的每一个字，注意他的措辞和他选择的表达方式，以及他的语气和声调。这些都能为你提供线索，去发现对方的一言一行背后隐含的真实动机、目的和需要，并感受到对方的情绪。

沉默倾听不但可以使你听得更明白，而且也可以使对方说得更准确。如果你听得很认真并偶尔插话说："对不起，你的意思是不是……"对方会感到他不是在作无聊的闲谈或是进行例行公事式的谈话，他会从被听和被了解中得到满足感。因为人们一般都希望被人了解，希望表现自己，而你的认真倾听，正是满足了对方的这种心理，会使对方对你产生好感。所以，有人说，最廉价的让步就是让对方知道你在洗耳恭听。倾听是了解对方需求和发现事实真相的最简捷的途径，这就是沉默的力量。

采用沉默法时要注意以下几点。

1）要有恰当的沉默理由。通常，人们采用的理由有假装对某项技术问题不理解，假装不理解对方对某个问题的陈述，假装对对方的某个礼仪失误表示十分不满。

2）要沉默有度，适时进行反击，迫使对方让步。

（3）疲劳战术。疲劳战术是指使对方对某一个问题或某几个问题反复进行陈述，从生理和心理上疲劳对手，降低对手的热情和谈判情绪。

在商务谈判中，有时会遇到一种锋芒毕露、咄咄逼人的谈判对手。他们以种种方式表现其居高临下、先声夺人的挑战姿态。对于这类谈判者，疲劳战术是一个十分有效的策略。这种战术的目的在于通过许多回合的拉锯战，使这类谈判者感觉疲劳生厌，以此逐渐磨去其锐气。同时也扭转己方在谈判中的不利地位，等到对手筋疲力尽、头昏脑涨之时，己方即可反守为攻，促使对方接受己方的条件。

心理学研究表明，人类的心理特质有很大的差异性。在气质、性格等方面，几乎人人不同，而人们个性上的差异又使人们的行为染上其独特的色彩。一般来说，性格比较急躁、外露，对外界环境富于挑战特点的人，往往缺乏耐心、忍耐力。一旦其气势被遏制住，自信心就会丧失殆尽，很快败下阵来。遏制其气势的最好办法就是采取马拉松式的战术，攻其弱点，避其锋芒，在回避与周旋中消磨其锐气，做到以柔克刚。实行疲劳战术最忌讳的就是硬碰硬，因为这很容易激起双方的对立情绪，况且硬是对方的长处，只有以柔克刚、以软制硬，才会收效显著。此外，如果确信谈判对手比己方更急于达成协议，运用疲劳战术会很奏效。

【案例3.8】 巧用晚招待

中东的企业家们最常采用的交易战术，就是白天天气酷热时邀请欧洲的代表观光，晚上则招待他们观赏歌舞表演。经过充分的休整，到了深夜，白天不见踪影的中东代表团的领队出现了，神采奕奕地和欧洲代表展开谈判。欧洲代表经过一天的奔波，早已疲惫不堪，只想上床早点休息。那么谈判的结果可想而知，欧洲代表常常会做出让步。

采用疲劳战术应注意以下几点。

1）多准备一些问题，而且问题要合理。每个问题都能起到疲劳对手的作用。

2）避免激起对方的对立情绪，致使谈判破裂。

（4）指责法。指责法是指对对手的某项错误或礼仪失误严加指责，使其感到内疚，从而达到营造低调开局气氛的目的。

三、自然气氛

自然气氛是指谈判双方情绪平稳，谈判气氛既不热烈，也不消沉。自然开局气氛便于向谈判对手进行摸底。因为谈判双方在自然气氛中传达的信息比在高调气氛和低调气氛中传送的信息要准确、真实。

1. 自然气氛的表现

自然气氛主要表现为平静、朴实、严谨的谈判氛围。通常，谈判双方已不是谈判生手，也不是初次见面，但处于一定的形势和受到一定条件的制约；或者，谈判一方对谈判对手的情况了解甚少，对手的谈判态度不甚明朗时，谋求在平缓的气氛中开始对话是比较有利的。因此，谈判双方见面时并不热情，握手一触即弃，入座并不相让，抽烟喝茶并不互请。讲话时语言平实，句子简练，音质清晰，语速适中。双方目光对视，面带微笑一闪而过。谈判人员心态平静，谨慎自信，不事声张。双方处于一种相互提防、似有成见的氛围之中。

2. 营造自然气氛的条件

自然气氛一般无须刻意地去营造，商务活动中的许多谈判都是在这种气氛中开始的。但是，具体考虑谈判双方的实力对比和谈判双方之间的业务关系等因素，也可以针对性地营造自然气氛。

（1）谈判双方势均力敌或实力相差不多。谈判人员应该努力防止一开始就强化对方的戒备心理和激起对方的敌对情绪，以致使这种气氛延伸到实质性谈判阶段而使双方一争高低，结果两败俱伤。因此，在开局阶段谈判人员要保持沉稳大方，语言和姿态要做到轻松而不失严谨，礼貌而不失自信。

（2）双方企业有过业务往来，关系一般。开局目标是要争取创造一个比较友好、随和的气氛。但是本方在语言的热情程度上应该有所控制；在内容上，可以一般地聊一聊双方过去的业务往来及人员交往，也可以谈一谈双方人员在日常生活中的兴趣爱好；在姿态上可以随和自然。在寒暄结束时，可以这样来将话题引入实质性谈判："过去我们双方之间一直保持着业务往来关系，我们希望通过这一次的交易磋商，将我们两个企业之间的关系推进到一个新的高度，让我们一起动手干吧！"

（3）双方企业在过去没有业务关系往来，是第一次业务接触。开局目标是要争取创造一个比较友好、真诚的气氛，以淡化和消除双方的陌生感，以及由此带来的防备甚至是稍含敌意的心理，为后面的实质性谈判奠定基础。因此，本方谈判人员在语言上应该表现得礼貌、友好，但又不失身份；在内容上以旅途见闻、体育消息、天气状况、个人业余爱好等比较轻松的话题为主，也可以就个人在公司的任职时间、负责范围、专业经历进行一般性的询问和交谈；在姿态上应该是不卑不亢，沉稳中不失热情，自信但不骄傲。在寒暄结束时，可以这样来将话题引入实质性谈判阶段："这笔交易是我们双方的第一次业务交往，希望它能够成为我们双方长期友好合作关系的一个良好开端。我们都是带着希望来的，我想只要我们共同努力，我们也一定能够带着满意而归。"

【案例3.9】 A公司与B公司的土地转让谈判

A公司是一家实力雄厚的房地产开发公司，在投资的过程中，相中了B公司所拥有的一块极具升值潜力的地皮。而B公司正想通过出卖这块地皮获得资金，以将其经营范围扩展到国外。于是，双方精选了久经沙场的谈判干将，对土地转让问题展开磋商。

A公司代表："我公司的情况你们可能也有所了解。我公司是××公司和××公司（均为全国著名的大公司）合资创办的，经济实力雄厚，近年来在房地产开发领域业绩显著。在你们市去年开发的××花园收益很不错，听说你们的周总也是我们的买主啊。你们市的几家公司正在谋求与我们合作，想把他们手里的地皮转让给我们，但我们没有轻易表态。你们这块地皮对我们很有吸引力，我们准备拆迁原有的住户，开发一片居民小区。前几天，我们公司的业务人员对该地区的住户、企业进行了广泛的调查，基本上没有什么拆迁阻力。时间就是金钱啊，我们希望以最快的速度就这个问题达成协议，不知你们的想法如何？"

B公司代表："很高兴能有机会与你们合作。我们之间以前虽然没有打过交道，但对你们的情况还是有所了解的。我们遍布全国的办事处也有多家住的是你们建的房子，这可能也是一种缘分吧。我们确实有出卖这块地皮的意愿，但我们并不急于脱手，因为除了你们公司外，兴华、兴运等一些公司也对这块地皮表示出了浓厚的兴趣，正在积极地与我们接洽。当然了，如果你们的条件比较合理，价钱比较理想，我们还是愿意优先与你们合作的。我们可以帮助你们简化有关手续，使你们的工程能早日开工。"

双方谈判代表都不愧是久经沙场的谈判行家。

A公司代表明确、直接地进行了自我介绍，同时又充分显示了己方的谈判地位与实力。B公司代表也表现得相当镇静，不卑不亢，在对对方的合作愿望予以回应的同时，也显示了己方不可小视的谈判实力，使己方在谈判开局时不落于下风。

在商务谈判实践中，营造自然气氛要做到以下几点。

（1）注意自己的行为、礼仪。

（2）不要与谈判对手就某一问题过早地发生争论。

（3）运用中性话题开场，缓和谈判气氛。

（4）尽可能正面回答对方的提问。如果不能回答的，要采用恰当方式进行回避。

最后，需要指出的是，在谈判的开局阶段，不论是营造高调气氛、低调气氛还是自然气氛，一些最为基本的因素会对谈判气氛的营造发生重要的影响作用。通常，为充分实现谈判的开局目标，有效营造有利于谈判开局与谈判进程的特定谈判氛围，谈判者应特别注意以下一些基本问题。

（1）注意环境的烘托作用。谈判环境的布置是营造良好谈判气氛的重要环节。对方会从环境的布置中看出你对谈判的诚意和重视程度，从而留下较为深刻与持久的印象。特别是一些较为重要和大型的谈判，任何马虎或疏忽都会给对方造成对谈判不够重视、缺乏诚意的印象，从而影响谈判的气氛。

（2）具体研究和观察谈判对手。谈判前，谈判人员应初步了解并具体分析谈判对手的有关情况，特别应重点掌握对方主谈人的有关工作和生活背景。具体涉及对方的工作环境，对方在企业中的地位，对方的家庭状况，对方的生活方式及生活观念，以及对方的个性类型，如心胸开阔、慷慨大方、谨慎内敛、墨守成规、妄自尊大、盛气凌人、反复无信，等等。同时，在开局谈判时，针对性地调整好自己的心理状况。

（3）把握好开局的关键时机。开局之初的瞬间非常关键。这时，谈判人员精力最为充沛，注意力最为集中，所有人都在专心倾听别人的发言，注意观察对方的一举一动。谈判人员应表现出坦诚、自信的精神状态和对对方的尊重与平等的姿态。开场之初最好站着交谈。因为站着的时候比较容易改变同对方接触的角度，发挥体态语言的优势，从而有助于创造融洽的气氛，感染对方。

（4）选择中性话题入题。开局之初常被称为"破冰期"。素不相识的谈判双方走到一起谈判，最初极易出现停顿和冷场；谈判一开始就进入正题，更容易增加"冰层"的厚度。双方坐下后，一般不要急于切入正题，应利用一定的时间谈些非业务性的轻松话题以活跃气氛。但到底用多长时间为好，并无统一的标准。虽然也有专家认为应该把谈判时间的5％作为破题阶段，但也不必拘泥，谈判者完全可以根据具体的情况来把握。当然，这种切入正题前的闲聊也不是漫无边际的瞎侃。所选择的话题应有一定的目的性，一般应是对方感兴趣的话题，如体育比赛、文艺演出、对方的业余爱好、社会兼职，以及双方过去经历中的某些共同的社会背景关系，如校友、同行、同乡等。谈判时以这些内容切入话题，可以调动对方的兴趣，使对方乐于和你接触，甚至能使对方感到彼此趣味相投，这样有利于创造出一种融洽的气氛。在谈判中，不可忽视这一策略，如果运用得当，的确能发挥重要的作用，有时甚至是成功的关键因素。

（5）注意言行举止。谈判者步入会场时，要步履轻松，稳健，充满自信。双方见面时，握手应毫不迟疑，坚定有力。要互致问候，注重礼仪。寒暄要恰到好处，不能毫无目的的、漫无边际地闲扯。谈话时要正视对方，以免给对方留下心不在焉或缺乏信心的形象。

任务三 确定初始报价策略

一、报价的含义及原则

1. 报价的含义

报价又称发盘或发价。它有两重含义：从广义上讲是指谈判双方各自向对方提出全部交易条件的过程。其内容不仅包括价格问题，还包括交货条件、品质规格、数量质量、支付方式、运输费用等条款。从狭义上讲，报价是指双方对所交易的标的物的价格提出的观点。在谈判中，由于价格问题是双方磋商的关键，因此本章所讨论的报价主要是以狭义的报价为主。从发盘这个概念来看，也有两种形式，即发实盘和发虚盘。

（1）实盘是发盘人所作的承诺性表示。实盘对发盘人具有约束力。在实盘所规定的有效期限内，除非发盘人先声明撤回或修正，否则应负有效承诺责任。实盘一经受盘人在有效期内全盘接受，不需要再经发盘人的确认，就可以达成交易构成双方具有约束力的合同。实盘必须具备三项条件。

1）内容清楚确切，没有含糊和模棱两可的词句。例如：飞达牌缝纫机 JA-B，3000 架，木箱装，每架 62 美元 CIFC2％科威特 10 月/11 月装，即期信用证限，6 日复到此地。

2）买卖商品的主要交易条件是完整的，包括商品的名称、品质、规格、包装、数量、交货期、价格、支付方式等主要交易条件。

3）发盘人没有任何其他保留条件，只要受盘人在有效期限内表示完全同意，即视为交易达成。

（2）虚盘是发盘人所作的非承诺性的表示。凡是不具备实盘的三项基本条件的发盘，都是虚盘。

1）发盘内容不明确肯定。即发盘内容含混不清，没有肯定的订约表示，如"可能接受的价格"、"数量视我供货的可能性"等。

2）主要交易条件不完备。即发盘中，虽然没有含糊或模棱两可的词句，但未列出必须具备的主要交易条件，如数量、价格、交货期等内容。这种发盘，即使受盘人表示接受，也不能达成交易，仍需双方继续商定其他主要交易条件。

3）有保留条件。即发盘的内容明确、完整，但发盘人列明有保留条件，如"以我方最后确认为准"等。这种发盘对发盘人没有约束力，在受盘人表示接受后，仍需发盘人表示确认后才算有效，否则合同不能成立。

2. 报价的意义

（1）一般来说，在任何一种交易中，买方或卖方的报价，以及随之而来的还价，是整个谈判过程的核心和最实质性的环节。这是因为不论在国际商务谈判中还是在国内商务谈判中，通常要谈判的内容，主要包括品质、价格、运输、装运、保险、支付、商检、异议索赔、仲裁、不可抗力等各项交易条件。而在其中，价格条件占有突出重要的地位。因为它直接关系到双方的利益。总之在卖方的发盘或买方的递盘中，价格是最重要的交易条件，是商务谈判的实质性问题。

（2）报价是商务谈判的第一个重要回合，它不仅对对方的还价及讨价还价关系产生重大的影响，而且对整个谈判结果都会产生重大影响。在价格谈判中，双方都期望达成一个于己有利的交易价格。对卖方来说，售价越高越有利；而就买方而言，则购价越低越受欢迎，这是不言而喻的。一般来说，卖方的初次报价代表卖方的最大期望售价，而买方的递盘价格则是买方愿意支付的最小期望售价。无论是卖方的发盘价还是买方的递盘价，都在一定程度上影响着对方的还价，一方的报价与另一方的还价之间虽然没有固定的差距比例，但是，经验表明，一方的还价是同另一方的报价成比例变化的。报价较高，还价也相对较高；报价较低，还价也较低。而讨价还价也只能在报价与还价所规定的范围内进行。在讨价还价过程中，通过双方的互相让步，使得报价与还价之间的距离逐渐缩短，最后在某一点上确定下来，就形成了成交价格。这时，假设成交价格是报价额与还价额的简单平均数，即起始报价与还价之间的折中数额，则它的高低显然在很大程度上受起始报价水平的影响。当然，也不能无限制地过高或过低报价，因为成交价格是以双方的接受为前提的，报价太高会被对方认为是无诚意的，而无诚意的报价会对谈判过程造成不良的影响。

二、报价原则

1. 报价的依据

不同商品的报价，为什么有高有低呢？同一种商品为什么此时报价高而彼时报价低呢？针对同一种商品同时与几个对手谈判，为什么对有些对手报价较高，而对另一些对手报价较低呢？为理解这些问题，首先要明确报价的依据是什么，即哪些因素决定着报价的高低及其程度。一般来说，一个报价的提出，至少受以下三个方面因素的影响。

（1）商品价值。价格是价值的货币表现形式。因此，谈判中的报价虽然不是价值的确定，但也不能完全抛开价值因素盲目报价。例如：在其他条件相同的情况下，电视机的报价比收音机的报价要高。考虑商品的价值首先就是计算商品的成本。对卖方来说，不仅要考虑自己的生产成本（因为成本是成交价格的底限），还要考虑同行业中其他生产者的生产成本。买方不清楚卖方的生产成本，但在报价之前，也根据有关资料，对之作出大致的估计。

（2）市场行情。这是报价决策的主要依据。报价决策应当由谈判人员根据以往和现在所搜集掌握的、来自各种渠道的商业情报和市场信息，并在比较分析、判断和预测的基础上加以制定，其中主要内容包括：该商品当前的供求状况及报价水平如何，是供不应求、供过于求，还是供求大致平衡。

1）今后供求关系将发生什么变化，变化的速度如何。

2）价格如何变动以及可能变动的幅度有多大。此外，在该商品或其代用品的生产技术上如有重大突破因而有革新的征兆时，也应予以密切的注视。当然，市场行情的内涵除上述之外，还包括许多方面。但就我们制定报价策略，妥善掌握报价幅度这一目的而言，上述的市场供求关系及价格动态是我们着重分析研究的对象。

（3）谈判对手的状况。这是报价决策的必要依据，谈判人员除了了解价格形成的基础，以及所交易商品的市场行情外，还必须考虑谈判对手情况，如他们的资讯状况、经营能力、同我方交往的历史、其所在国商业习惯、政策法令及其国际贸易惯例的区别等。此外，在谈判过程进入报价阶段之前，还要进一步探测对方的意图、谈判态度和策略，以便调整我方的策略，掌握报价的幅度。

2. 报价的原则

(1)"最低可接纳水平"原则。即为最差的但却可以勉强接受的谈判最终结果，例如作为卖方可以把他要出售的某种商品的最低可接纳水平定为 5 万美元，如果售价高于 5 万美元，他肯定愿意成交。但若低于 5 万美元，他则宁可保留这种商品而不愿意出售。又如买方将他购进的某种商品最低可接纳水平定为 3 万美元，假如售价不高于它则他愿意成交，若高于它宁可不要。报价前设立一个最低可接纳水平有下列好处。

1）谈判者可据此避免拒绝有利条件。

2）谈判者可据此避免接受不利条件。

3）谈判者可据此避免一时的鲁莽行为。

4）在有多个谈判人员参加谈判的场合，可以据此避免谈判者各行其是。

(2)利益最大化原则。即在谈判中，不能仅从自身的角度去考虑问题，而是要兼顾双方的利益，从而达到双赢的结果。报价将给对方带来的第一印象，是能否引起对方兴趣的前奏。报价做得好坏，直接影响到谈判者的利益。既要使对方有兴趣，又要最大程度地获得自身的利益，这是个矛盾。但是，很多谈判当事者双方常能举杯共庆交易的成功，说明这个矛盾是可以合理解决的。关键是该怎样掌握这个"合理"的尺度。对于卖方来说，当然希望卖出的商品价格越高越好，而对于买方来说，则希望买进的商品在保证质量的条件下，其价格越低越好。但无论买方或是卖方，一方的报价只有在被对方接受的情况下，才能产生预期的结果，才能使买卖成交。因此，谈判一方向另一方报价时不仅要考虑按此报价所能获得的利益，还要考虑能否被对方或其竞争者接受的可能性，即报价能否成功的几率。所以，报价决策的基本原则是：通过反复比较和权衡，设法找到报价者所得利益与该报价被接受的成功率之间的最佳结合点，如图 3.1 所示。

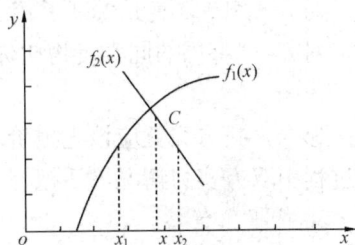

图 3.1 报价原则示意图

在图 3.1 中，x 的大小表示报价的高低，$f_1(x)$ 表示卖方报价高低与所得利益的关系。x 越大，$f_1(x)$ 就越大，所得利益就越多。$f_2(x)$ 表示买方报价高低与所得利益的关系。x 越大，$f_2(x)$ 越小，所得利益就越少。$f_1(x)$ 与 $f_2(x)$ 的交点为 C，则 C 为最佳结合点。由于现实的复杂性，很难找到这样一个最佳结合点 C，谈判人员应把握这一原则的精神实质，并尽可能做到，确定能被对方接受的大致范围 (x_1, x_2)。

三、报价顺序与方式

如何运用报价的基本原则，实现其要求呢？这就涉及许多报价技巧问题，即起始报价的策略。

1. 先报价策略

谈判过程进入报价阶段以后，谈判人员面临的第一个问题就是由哪方首先提出报价，有时买方想让卖方报价，卖方又想让买方先递价。孰先孰后的问题，不仅仅是形式上的次序问题，它会对谈判过程的发展产生巨大的影响，因而同双方的切身利益关系极为密切。安排得当，则可使我方处于主动地位，推动谈判结果向着利于我方的方向发展，如果处理不当，则可能使我方陷于被动，对我方利益造成不可弥补的损失。因此，谈判人员必须事先对这个问题进行周密的考虑和妥善安排。先报价的优点：如果说有利，这主要在于先行报价影响较大，先报价的卖方实际上为谈判规定了一个框框，最终协议将在此范围内达成。而且第一个报价在整个谈判与磋商过程中都会持续起作用。因此，先报价比后报价的影响大得多。所以，要使谈判尽可能顺着我方意图的轨道运行，首先就要以实际的步骤来树立我方在谈判中的影响。我方首先报价就是为此而迈出的一步，它为以后的讨价还价树立了一个界碑。在这种情况下，首先报价比反应性还价更具有影响力。

2. 后报价策略

（1）因为先报价会在一定程度上暴露我方的意图。当对方得到我们的报价之后，他们就有可能对自己已订的报价幅度进行针对性的调整，通过修改他们原先拟定的价格得到额外的利益。例如，作为卖方，我们首先以 8 万美元报价，对方可能相应地还价为 1 万美元。但是，如果我方不抢先报价而让对方先递价，他们可能会递价 1 万 5 千美元，甚至更多。这样，因为我方的先行报价，而暴露了我方的目的，使对方可以从容不迫地根据我方的报价而递低价。

（2）先报价的另一个不利之处，是对方会试图在磋商过程中迫使我们按照他们的路子谈下去，也就是说他们会集中力量对我们的报价发动攻势，逼我们一步步降低，而不泄露他们究竟打算出多高的价格。举例如下。

我方："我方这种商品的报价是每吨 1000 美元。"

对方："1000 美元太高了。"

对方："韩国的同类货物比你们的报价低得多，你们得降价。"

……

那么，我方究竟应该先报价，还是后报价呢？答案对买卖双方都不是绝对的，可依据谈判过程中双方实力情况灵活把握。

3. 低报价策略

低报价策略一般的做法是，将最低价格列在价格表上，以求首先引起买主的兴趣。由于这种价格一般是以卖方最有利的结算条件为前提，并且在这种低价格的交易条件下，各方面都很难满足买方的需要，如果买主要求改变有关条件，则卖主就会相应地提高价格，因此买卖双方最后成交价格，往往高于价格表中的价格。低报价一方面可以排斥竞争对手，而将买方吸引过来，取得与其他卖主竞争的优势和胜利。另一方面，当其他卖主败下阵时，这时买方原有的优势不复存在，想要达到一定的需求，只好任卖方一点一点把价格抬高才能实现。

4. 高报价策略

高报价策略一般模式是，首先提出含有较大虚头的价格，然后根据买卖双方的实力对比和该笔交易的外部竞争状况，通过给予各种优惠，如数量折扣、价格折扣、佣金和支付上的优惠（如延长支付时间、提供优惠信贷等）来逐步软化和接近买方的市场和条件，最终达成交易。实践证明，这种报价方法只要能够稳住对方，往往会有一个不错的结果。

先确定的合理价格范围内，报价要尽量高，递价要尽量低。要高（或低）的合情合理，更能够讲得通。卖方的起始报价，应是防御性的最高报价。所谓"最高可行价"，不是一个绝对的数字，在具体掌握上仍有较大的伸缩性，我们还得把报价的高低同谈判对手的意图、谈判作风，以及是否打算同我方真诚合作等因素结合起来考虑。

5. 加法报价策略

加法报价法是报价时不将自己的要求一下报出，而是分几次提出，以免一开始吓倒对方，导致谈判破裂。由于总的要求被分解后是逐个提出，往往被认为是一个一个小要求，就容易被对方接受，而一旦接受第一个要求后，就使对方接受下一个要求。

6. 除法报价法策略

除法报价法是报出自己的总要求，然后再根据某种参数（时间、用途等），将价格分解成最小单价的价格，使买方觉得报价不高，可以接受。

四、报价的表达方式

在谈判中，当我方向对方发盘时，应掌握其中的报价表达方式，做到既准确表示出我方的态度，又不致暴露我方的真正意图。

（1）报价要严肃。发盘是报价方意愿的表示，因此，报价方必须严肃对待。在谈判进入报价阶段之前，要审慎、周密地考虑一番，想好什么样的报价水平最合适。一旦发盘报出以后，就应严肃对待，不可有任何动摇的表示。假如我方是卖方，即使对方宣称已从其他供货商得到低于我方所报价格的发盘，我方仍应毫不含糊地坚持已开出的价格。唯有如此，才能使人相信我方对谈判抱着认真和坚定的态度。否则，就会让对方察觉到我方对发盘缺乏信心，进而对我方施加压力，使我方处于被动地位。假如我方是买方，也要使对方相信，我们的递价是有根据的，并非随意杀价。

（2）报价必须准确明白。报价要非常明确，以便对方准确地了解我方的期望，有现成的报价单当然好，但若是口述报价，除了口头表达上要准确外，可以借助于直观的方法进行报价。比如，在宣读报价表的时候，拿出一张纸把数字写下来，并让对方看见，这样就能使报价更加明确无误，避免在数字上出差错。在这方面，我外贸业务员曾有过不少教训。例如，我国某公司与外国商人成交零部件 5000 箱，五种型号。由于业务员粗心大意，全部报错了价格，少收外汇 18 976 美元。合约已签，只能向顾客说明原因，协商解决。虽然多次商谈，客户只同意分担差价一半，我方损失外汇 9000 多美元。可见，报价表达的准确与否，直接关系到我方的收入，我们一定要加强责任心，杜绝粗心大意、马虎从事的现象。

（3）不要对报价进行解释。报价方对自己所出的条件（除价格外，还包括其他各项交易条件），不要流露出任何信心不足的表示，更不能有半点歉意的表示，对所报价不要加以解释或评论。谈判双方之间的关系是对立统一的关系。一方面他们都想促成合同的签订，一方想买，一方想卖，这是合作的基础。因此，在交易没有达成或宣布破裂之前，双方是不会终止沟通的。对于我方的报价，如有不清楚之处，对方会提出疑问，我方不必主动解释。另一方面，一方的得利可能形成另一方的损失，在这种情况下，双方都应尽量多了解对方的意图，少暴露自己的目标。在对方没有提出要求时主动提供信息是不可取的，原因如下。

1）就"解释"本身而言，对对方可能毫无意义，也许对方对报价本身并无疑问。

2）言多必失。主动评论可能暴露我方意图，使对方觉察到我方所关心或有所顾忌的问题。

可见，报价方的主动解释或说明实属画蛇添足之举，于己无利而可能生害。当然，这并不是说一切解释和说明都是无效的。作为卖主，在商议各项合同条款之前，已向客户报价，然后特地向对方说明"我方所报的价是优惠价格"作为一种策略，这种说法有两种含义：第一，暗含对方，这是价格的下限，没有还价的余地了；第二，这句话还意味着卖方的经营方针是把价格定在保本的基础上，甚至可能是低利亏本的定价。因此，很难指望在其他交易条件上让卖方给予更多的优惠或让步。作为买方首先要使自己确切明白对方的报价究竟是什么情况。而且要非常明确，在提问题的过程中，他应使对方感到，这些问题只是为弄清报价，而不是让他们解释如此报价的原因。当他感到满意了，就应当把自己的理解进行归纳总结，并加以复述，以此检验双方能否有效地交换意见。还价的一方可以向对方提出问题，要求解释报价，除此而外，他应当向对方还价，但不应当向对方提出诸如"为什么这样报价"及"你们是如何计算这个价格的"等问题。报价方没有向对方解释报价理由的义务，遇到这类问题应予以回避。总之，表达报价要遵循严肃认真、明白清楚、不附加评论三个原则。做到这三点，就可避免由于报价方式不当可能产生的不利局面。

技 能 训 练

【实训目的】

（1）理论联系实际训练学生对商务谈判开局的正确认识，能够正确理解商务谈判开局的重要性。培养学生理解问题的能力。

（2）分析案例材料，解决案例中的问题，培养学生分析问题的能力。

【实训内容】

商务谈判开局的设计。

【实训时间】

本章课堂教学内容结束后的双休日和课余时间，为期一周。或者指导教师另外指定时间。

【背景材料】

在新学期实训室建设中，学院计划购进一批计算机，经初步接洽，学院有意从新科技公司采购。

在收集了相关的信息之后，学院与新科技公司要进行谈判，谈判的开局要向对方提出书面要求，营造好商务谈判的气氛，策划好开局的策略。

【实训过程设计】

（1）要求参加实训的学生分成两组，一组代表学院，一组代表新科技公司。代表学院的一组要提出书面要求，并营造良好的谈判气氛。双方作模拟谈判。

（2）各实训组对本次实训进行总结和点评，参照"作业范例"撰写作为最终成果的《商务谈判与推销技巧实训报告》。各小组提交填写"项目组长姓名、成员名单"的《商务谈判与推销技巧实训报告》。优秀的实训报告在班级展出，并收入本课程教学资源库。

能 力 迁 移

一、单项选择题

1. 谈判开局阶段的目标是（　　　　）。

A. 确定报价　　　　　　　　　　　　　　B. 确定首席谈判代表

C. 给对方挖个陷阱　　　　　　　　　　　D. 确定谈判的座次

2. 在谈判开局阶段，已觉察到作为弱者的对方，对我方的态度为弱而不卑，则可以采用（　　）开局。

A. 均势定位法　　　　　　　　　　　　　B. 协商表达法

C. 中性话题法　　　　　　　　　　　　　D. 幽默实施法

3. 商务谈判双方刚一接触，对方非常傲慢，以居高临下之势口出狂言，自命不凡，令人反感，在此情势下，可考虑采用（　　）开局。

A. 直陈表达法　　　　　　　　　　　　　B. 感情冲击法

C. 协商表达法　　　　　　　　　　　　　D. 幽默表达法

4. 报价的主要依据是（　　）。

A. 竞争对手的状况　　　　　　　　　　　B. 商品价值

C. 市场行情　　　　　　　　　　　　　　D. 领导意图

二、多项选择题

1. 商务谈判的开局（　　）。

A. 是实质性谈判的序幕　　　　　　　　　B. 讨论实质性的谈判内容

C. 奠定整个谈判的基调　　　　　　　　　D. 开局目标服务于谈判的终极目标

E. 不占重要地位

2. 下列论述正确的是（　　）。

A. 谈判开局气氛具有关键性作用

B. 谈判开局气氛决定整体谈判气氛

C. 商务谈判应把和谐的谈判气氛作为谈判开局设计的目标

D. 谈判开局目标设计具有客观差异性

E. 谈判开局就是想办法给对方一个下马威

3. 下列属于谈判开局的实现的方法的是（　　）。

A. 均势定位法　　　　　　　　　　　　　B. 协商表达法

C. 中性话题法　　　　　　　　　　　　　D. 幽默实施法

E. 谈定表达法

4. 低调气氛主要表现为（　　）。

A. 热烈、积极、友好的谈判气氛　　　　　B. 冷淡、对立、严肃紧张的谈判气氛

C. 松弛、缓慢、旷日持久的谈判气氛　　　D. 平静、朴实、严谨的谈判气氛

E. 小声说话

5. 营造高调气氛的条件是（　　）。

A. 己方占有较大优势

B. 己方有讨价还价的砝码，但并不占有绝对优势

C. 双方企业有过业务往来，关系一般

D. 双方企业过去没有业务往来

E. 讲话声音很大

6. 以下对报价表达表述正确的是( )。

A. 报价要严肃　　　　　　　　B. 报价要准确明白

C. 不要对报价多做解释　　　　D. 对报价做详细的解释

E. 对报价做简单的评论

三、问答题

1. 为什么说谈判开局的好坏将直接左右整个谈判的格局和前景？

2. 什么是谈判气氛？谈判气氛对商务谈判活动有什么影响？

3. 什么是开局目标的设计？开局目标设计有哪几种策略方法？

4. 什么是冲击表达法？运用冲击表达法应注意哪些事项？

5. 列举几例商务谈判人员通常选用的中性话题。

6. 什么是高调气氛？营造高调气氛通常有哪些方法？

7. 采用称赞法应该注意哪些问题？

8. 什么是低调气氛？营造低调气氛通常有哪些方法？

9. 采用沉默法应注意哪些问题？

10. 营造谈判气氛应注意哪些基本问题？

11. 报价的含义与报价的原则分别是什么？

12. 在谈判过程中如何采用灵活的报价方式？

四、案例分析

【背景材料】

材料一：我国某地方进出口分公司在对外经济交流中，涉及一桩小的索赔案，适逢对方的代表来我国走访用户，因此公司领导指示我方某位业务员负责接待。本来这笔索赔案金额很小，经过友好协商是完全可以圆满解决的，但由于我方人员急于求成，在外商刚刚抵达的时候，马上要求外商赔偿我方损失，高兴而来的外商迎头被泼了一盆冷水，因此说话也很不客气，谈判的气氛马上紧张起来。双方针锋相对，寸利必争，会谈效果很不理想。你认为我方业务人员犯了哪些错误？

材料二：下面是一次谈判开局阶段双方的开场白。

"欢迎你，见到你真高兴！"

"我也十分高兴能再来这里，这地方的风光很美！"

"旅途愉快吗？"

"非常愉快。"

"在途中饮食怎么样？来点咖啡好吗？"

"好的，谢谢你！我很喜欢咖啡！"

这属于什么类型的开局气氛？谈判人员运用了什么样的开局实现方法？

材料三：日本人对正式谈判以外的私下交往十分看重，他们把这看得与谈判本身一样重要。因此，日本人通常要花上几个小时、一个上午，乃至更长时间与对方交往以取得私下的信赖。交易越大，这种预备时间也就越长。

某一次美日高级贸易洽谈，美方要购买日本一企业的大宗汽轮机，然而并非一切从谈判开始。日方经理先花上好几个晚上在东京几家豪华饭店和夜总会款待美国客商，带他们去观赏日本民间舞蹈，然后领他们参观了公司基地，最后还花上一个下午打高尔夫球。美方的一位代表只打了十多杆，虽然他的日本对手实力比他强，他还是赢了。这位美方代表很有感触地说："在这种场合，你们怎么打也不会输给那些客气的东道主的。"类似的做法在日本商界十分普遍。有一个数据值得人们回味：日本企业每年花在商务性娱乐活动上的钱达 130 亿美元，占国民生产总值的 1.2％，这比日本每年的国防开支还要多。运用你所学的谈判开局的知识，分析日本人为什么要这样做？

材料四： 1958 年，阿登纳访问法国与戴高乐举行会晤。戴高乐选择了他在科隆贝的私人别墅接待阿登纳。这个别墅的环境十分优雅，房间的布置虽说不上华丽，但给人非常舒适的感觉。会谈在戴高乐的书房里举行。阿登纳进入书房后，举目四望，周围都是书橱，收藏有各种史学、哲学、法学著作。阿登纳认为，从一个人的书房陈设就可以多方面了解这个人。后来他多次向他的左右谈到戴高乐的书房给他留下的良好印象。由于首次会谈给双方留下的良好而深刻的印象，奠定了尔后签订法国—联邦德国友好条约的基础。戴高乐为什么选择自己的别墅作为双方首次会谈的地点？

【分析要求】

1. 过程要求

学生分析案例提出的问题，分别拟定《案例分析提纲》；小组讨论，形成小组《商务谈判与推销技巧案例分析报告》；班级交流并修订小组《商务谈判与推销技巧案例分析报告》，教师对经过交流和修改的各小组《商务谈判与推销技巧案例分析报告》进行点评；在班级展出附有"教师点评"的小组优秀《案例分析报告》，并将其收入本校该课程的教学资源库。

2. 成果性要求

(1) 案例课业要求：以经班级交流和教师点评的《商务谈判与推销技巧案例分析报告》为最终成果。

(2) 课业的结构、格式与体例要求：参照"作业范例"《商务谈判与推销技巧案例分析报告》。

项目四　中场商务谈判

项目目标

(1) 商务谈判价格磋商的程序。

(2) 讨价还价策略。

(3) 商务谈判小结的内容、方式和时机选择。

(4) 商务谈判再谈判的运作形式与目标。

(5) 能根据商务谈判任务进行谈判还价的设计。

(6) 能根据商务谈判需要选择适当的再谈判运作形式。

情景案例

讨价与还价

日本某公司向中国某公司购买电石,这是他们交易的第五年。去年谈价时,日方压下中方 30 美元/吨,今年又要压下 20 美元/吨,即从 410 美元/吨压到 390 美元/吨。据日方讲,他们已经拿到多家报价,有 430 美元/吨,有 370 美元/吨,也有 390 美元/吨。据中方了解,370 美元/吨,是个体户报的价,430 美元/吨是生产能力较小的厂家的报价。中方公司的代表与供货厂的厂长共四人小组组成谈判小组,由中方公司的代表为主谈。谈前,工厂厂长与中方公司代表达成了价格共识,工厂可以在 390 美元/吨成交。公司代表讲,对外保密,价格水平他会掌握。公司代表又向其主管领导汇报,分析价格形势。主管领导认为价格不取最低,因为他们是大公司,讲质量、讲服务。谈判中可以灵活,但步子要小。若在 410 美元/吨以上拿下则可成交,拿不下时把价格定在 405～410 美元/吨,再由主管领导出面谈。

中方公司代表将此意见向工厂厂长转达,并达成共识,双方共同在谈判桌上争取该条件。中方公司代表为主谈。经过交锋,价格仅降了 10 美元/吨,在 400 美元/吨成交,比工厂厂长的成交价格高了 10 美元/吨。工厂代表十分满意,日方也满意。

(资料来源:http://t.163.com/2747241748#f=topnav.)

启示: 商务谈判磋商的过程实际上就是讨价还价的过程。讨价还价也有一定的方法与技巧。中方在谈判前市场调查充分,准备方案到位,在谈判中游刃有余,最终取得良好的谈判效果。

商务谈判过程中,当交易一方发盘之后,一般情况下,另一方不会无条件地接受对方的发盘。而会提出"重新报价"或"改善报价"的要求,即"再询盘",俗称"讨价"。此时,商务谈判也进入最激烈的阶段，即中场阶段。中场阶段包括价格磋商和再谈判。发盘方在接到或听到对方的要求后修改了报价或未修改报价，又向对方询盘，如果对方发盘即视为"还盘"，俗称"还价"。如果受盘方接受或讨价方降低要求，即"让步"。显而易见，"讨价还价"有三层含义：一是讨价，二是还价，三是经历多次的反复磋商，一方或双方做出让步，才能促成交易双方达成一致意见。只有这样在讨价还价过程中方能促成谈判目标朝着己方有利的方向发展。商务谈判过程中还应及时小结，如果分歧过大或一时难以达成协议，可以暂时休会，日后再进行谈判也就是再谈判。

任务一 进行商务谈判中的讨价

一、价格评论

1. 价格评论的含义

买方对卖方的价格及通过解释了解到的卖方价格的贵贱性质作出批评性的反应，就是价格评论。也即通过对卖方的解释进行研究、寻找报价中的不合理点，并通过对这些"虚头"、"水分"在讨价还加之前先"挤一挤"，这就好比总进攻前的"排炮"，扫一扫路障，打掉一些明暗碉堡。

2. 价格评论的策略

价格评论不同于平常工作中人与人之间提意见，这里包含了利害冲突、经济利益的问题。因此，要有一定的策略，主要有以下几点。

（1）针锋相对，以理服人。价格评价既要猛烈，又要掌握节奏。猛烈，指准中求狠，即切中要害、猛烈攻击、着力渲染，卖方不承诺降价，买方就不松口。掌握节奏，就是针对问题逐一发问、评论。

（2）严格组织，边听边议。在价格谈判中，虽然买方参加谈判的人员都可以针对卖方的报价及解释发表意见、加以评论，但是，鉴于卖方也在窥测买方的意图，寻找买房的底牌，所以，决不能每个人想怎么评论就怎么评论，而是要事先精心策划、"分配台词"，然后在主谈人的暗示下，其他人适时、适度发言。

（3）评论中再侦察侦察后再评论。买方进行价格评论时，卖方以进一步的解释予以辩解，这是正常的现象。对此，买方不仅应当允许其辩解并注意倾听，而且还应善于引导，以便侦察其反应。实际上，谈判需要"舌头"，也需要"耳朵"。买方通过卖方的辩解，可以了解更多的情况，则可以使评论增加新意，使评论逐步向纵深发展，从而有利于赢得价格谈判的最终胜利。

二、讨价定义和作用

讨价，是指在一方报价之后，另一方认为其报价离己方的期望目标太远，而要求报价一方重新报价或改善报价的行为。这种讨价要求是实质性的，即迫使价格降低；也是策略性的，起作用是引导对方对己方的判断改变对方的期望值，并为己方的还价做准备。讨价是价格磋商的正式开始。

三、讨价的方式

从宏观角度与微观角度来看，讨价可分为总体讨价与针对性讨价。

1. 总体讨价

当一方报价并且对报价进行了解释和说明后，据此如果另一方认为对方报价不合理且离自己的期望太远时，则可以要求对方从整体上重新报价。总体讨价即从总体价格和内容方式的方面要求重新报价，常常用于评论之后的第一次要价，或者用于较为复杂交易的第一次要价。双方从宏观的角度，主要凭"态度"压价。笼统地提要求，不显露掌握的准确材料。对方为了表示"良好态度"，也可能调整价格。例如，"贵方已听到了我们的意见，若不能重新报出具体有成交诚意的价格，我们的交易是难以成功的"；"请就我方刚才提出的意见，报出贵方改善的价格"等。

2. 针对性讨价

针对性讨价是就分项价格和具体报价内容要求重新报价。常常用于对方第一次改善价格之后，或不易采用笼统讨价方式时。如水分较少、内容简单的报价，在评论完成后即进入有针对性的要求明确的讨价。具体讨价的要求在于准确性与针对性，而不在于"全部"将自己的材料（调查比价的结果）都端出来，在做法上是将具体的讨论内容分成几块。分法可以按内容分，如运输费、保险费、技术费、设备条件、资料、技术服务、培训、支付条件等。也可以按评论结果分，各项内容的水分大小归类，水分大的放在一类、中等的放在一类，水分低的放在一类。分块、分类的目的是要求体现"具体性"，分类是要求准确性的务实做法。只有分成块才好予以不同程度、不同理由的讨价。

具体讨价策略应注意不能任意起手从哪一块讨价。一般规律（即成功的讨价规律）是从水分最大的那一块起手讨价，然后再对水分中等的那块讨价，最后谈水分较小的那块的讨价问题。

例如，某高压硅堆生产线的报价，按分块原则包括生产线设备、备件、生产试车及试生产用的关键或全部原材料费用；软件包括技术经费、商务联络、技术资料、技术培训、技术指导、合同条件等。在这两大块中，又可按其水分大小继续分类。以硬件为例，既可对设备、备件、原材料三者本身所含内容予以评论区别并依此讨价，也可以设备为主，将该生产原设备报价分为前工序（制作硅片的加工部分）设备、中间处理（制作硅片的清洗和化学处理部分）设备、后工序（芯片的分割、烧结、封装部分）设备三块。相比之下，中间处理的设备很高，后工序设备其次，前工序设备因为通用设备较多，其价格为合理。

四、讨价的次数

一般每一次讨价，如果能得到一次改善的报价，则对买方有利。不过，所有的卖方都会坚守自己的价格立场。那么买方讨几次价为妥呢？这应根据价格分析的情况与卖方价格解释和价格改善的状况而定。只要卖方没有大幅度的明显让步，就说明他留有很大的余地；而且只要买方有诚意，卖方就会再次改善价格。只有不被卖方迷惑，买方才有可能争取到比较好的价格。

卖方为了自己的利润，一般在做了两次价格改善以后就不会再报价了，他们通常以委婉的方式表达不可以再让了。如"这是我最后的立场"、"你们若是钱少，可以少买些"等。卖方有时语言诚恳，态度时而低下，时而强硬，表情十分感人，请求买方接受他的第二次或第三次改善的价格，或要求买方还价。此时，买方要注意卖方的动向，不应为之迷惑而有所动，只要卖方没有实质性改善，买方就应根据报价的情况、虚头的大小、来人的权限、卖方成交的决心、双方关系的好坏等，尽力争取。

五、讨价的态度

正常情况下，所有商务谈判者都会固守自己的价格立场。只要对方报价没有大幅度的明显改进，说明对方仍留有较大的余地，此时受盘方继续讨价直到对方价格有实质性改善，方能还价。在商务谈判过程中，要力促报价和还价由对方进行，以便己方掌握主动。在商务谈判中，常见的讨价态度有"投石问路"和严格要求策略。下面以卖方作为最初发盘方，买方作为受盘方为例，介绍这两项策略的实际运用。

1. 投石问路

投石问路是卖方发盘之后，买方不马上还盘，而是提出种种假设条件下的商品售价问题。既能保持"平等信赖"的气氛，又有利于还价前对卖方情况的进一步掌握。在卖方的回答中搜集可能出现的对己有利的信息，以便及时抓住机会。买方提出的假设条件诸如：假如我们的订货数量加倍或减半呢？假如我们向你们签订一年或更长时期的合同呢？假如我们以现金支付或分期付款呢？假如我们供给你工具或其他机器设备呢？假如我们在淡季接你们的订单呢？假如我们买下你们的全部商品呢？或同时购买好几种商品呢。这种种假设条件，每一条就是一块"石头"都能使买方进一步了解卖方的商业习惯和动机。卖方面对着许多买主提出的这些相关的问题，想要拒绝回答是很不容易的。所以许多卖主宁愿降低他的价格，也不愿意接受这种"疲劳轰炸"的询问。卖方在买方提出"石头"之后，要仔细考虑后再答复。通常有下述办法成为"投石问路"的对策。

找出买主真正想要购买的东西，因为他不可能作那么多选择、购买那么多商品。

（1）切记不要对"假如"的要求马上估价。

（2）如果买方提出一个"石头"，最好立刻要求以对方订货作为条件。

（3）并不是每个问题都值得回答，你可以要求对方提出"保证"，这可以反过来摸清对方的诚意。

（4）有的问题应该花一段很长的时间来回答，也许比限制买方的截止期还要长些。

（5）反问买方是否准备马上订货。当他了解这点以后，也许就会接受大概的估价。

卖方要将买方所提出的"石头"变成一个很好的机会，如提出种种附加条件请买方考虑等。

【案例 4.1】 投石问路揭底牌

某食品加工厂为了购买某种山野菜与某县土产公司进行谈判。在谈判过程中，食品加工厂的报价是每公斤山野菜 15 元。为了试探对方的价格"底牌"，土产公司的代表采用了投石问路的技巧，开口报价每公斤山野菜 22 元，并摆出一副非此价不谈的架势。急需山野菜的食品加工厂的代表急了："市场的情况你们都清楚，怎么能指望将山野菜卖到每公斤 18 元呢？"食品加工厂的代表在情急之中暴露了价格"底牌"，于是土产公司的代表紧追不放。"那么，你是希望以每公斤 18 元的价格与我们成交？"这时，食品加工厂的代表才恍然大悟，只得无奈地应道："可以考虑。"最后，双方真的以每公斤 18 元的价格成交，这个结果比土产公司原定的成交价格要高出 3 元钱。如果土产公司的代表不是巧妙地运用投石问路的技巧揭出对方的"底牌"，是很难找到一个如此合适的价位与对方成交。

（资料来源：陈文汉. 商务谈判实务. 3 版. 北京：电子工业出版社. 2013.）

2. 严格要求

严格要求是买卖双方均可能表现的态度。买方对卖方的商品从各个方面进行严格检查，提出卖方交易中的许多问题并要求卖方改善报价，就是买方的严格要求策略。买方严格要求卖方的目的就是为使卖方降低其商品的价格。从心理角度分析，买方精明强干的行为得到表现，可促成卖方重视买方。从而提高买方谈判地位。买方恰到好处的提出问题，是严格要求策略成功的关键。买方的严格要求范围，一般是在商品质量、性能等使用价值方面和成本价格以及运输等方面寻找"弱点"。"严格要求"的方式要采取对比法，即将卖方的商品及其交易条件与其他卖主的商品和交易条件相比较，使卖方不得不承认自己的弱点，按发盘价卖出的可能性很小，从而不得不降低要求。在此基础上买方适当让步，就能使交易取得成功。卖方采取的对策做法通常是，保持耐心，寻找对方提问中的漏洞和不实之词，实事求是地加以解释；对于某些难题，有争议的问题，要快刀斩乱麻，直截了当地提出看法；对于不便回答或次要的问题，要适当回避。当对方节外生枝或无理挑剔时，要及时反驳揭露。对买方提出的要求，卖方不宜轻易让步。同时也运用严格要求策略，向买方提出一些问题和要求，从而加强己方讨价还价的力量。

六、讨价方法

1. 举证法

举证法亦称引经据典法。为了增加讨价的力度，谈判者应以事实为依据，要求对方改善报价。引用的事实可以是当时市场的行情、竞争者提供的价格、对方的成本、过去的交易惯例、产品的质量与性能、研究成果、公认的结论等。总之引用的事实，必须是有说服力的证据，是对方难以反驳或难以查证的。

2. 求疵法

讨价往往是针对对方报价条款的缺漏、差错、失误而展开的。有经验的谈判者，都会以严格的标准要求对方，对其报价的条款加以挑剔以寻找对方的缺陷，并引经据典、列举旁证来降低对方的期望值，要求对方重新报价或改善报价。

3. 假设法

假设法以假设更优惠条件的语气来向对方讨价。如以更大数量的购买、更宽松的付款条件、更长期的合作等优惠条件来向对方下次讨价，这种方法往往可以摸清对方可以承受的大致底价。假设条件因其是假设，不一定会真正履行。

4. 多次法

讨价一般是针对对方策略性虚拟价格的水分、虚头进行的，它是买方要卖方降价、卖方向买方要求加价的一种表示。不论是加价还是降价，一般都不可能一步到位，都需要分步实施。只要每一次讨价的结果都会使交易条件得以改善，即使对方的理由并不都合乎逻辑，只要对己方有利都应该表示欢迎。

任务二　进行商务谈判还价

一、还价前的准备

对方的报价连同主要的合同条款一旦向我方提出之后，我方应立即仔细过目，对其全部内容包括细节部分，都要了如指掌。这些实际上在报价阶段已经做到了，紧接着应从以下两个方面开展工作。

1. 弄清对方为何如此报价

弄清对方为何如此报价，即弄清对方的真正期望。在弄清对方期望这一问题上，要了解怎样才能使对方得到满足，以及如何在谋得我方利益的同时，不断给对方以满足；还要研究对方报价中哪些东西是必须得到的，而哪些是他希望得到但不是非得到不可的；对方报价哪些是比较次要的，而这些又恰恰是诱使我方让步的筹码。这样知彼知己，才能在讨价还价中取得主动。为此，在这一阶段要做到以下几点。

（1）检查对方报价的全部内容，询问如此报价的原因和根据，以及在各项主要交易条件上有多大的灵活性。

（2）注意倾听对方的解释和答复，千万不要主观臆测对方的动机和意图，不要代别人讲话。

（3）记下对方的答复，但不要加以评论，避免过早过深地陷入列具体的某一个问题中去，其目的是把谈判面铺得广一些。相反，当对方了解我方的意图时，应尽力使答复减少到最低限度，只告诉他们最基本的东西，掌握好哪些该说，哪些不该说。好的讨价还价者不会把手中的所有东西部推开，不会完整透彻地把他们需要什么以及为什么需要这些东西都讲出来。有经验的讨价还价者只有在十分必要时才会把自己的想法一点一滴地透露出来。

2. 判断谈判形势

判断谈判形势，是为了对讨价还价的实力进行分析。这时首先需要弄清双方的真正分歧，估计什么是对方的谈判重点，此时要区别以下几点。

（1）哪些是对方可以接受，哪些是不能接受的。

（2）哪些是对方急于要讨论的。

（3）在价格和其他主要条件上对方讨价还价的实力。

（4）可能成交的范围。假如双方分歧很大，我方可以拒绝对方的报价，如果决定继续下去，就要准备进入下一回合的谈判。此时要进行如下选择。

1）由我方重新报价（口头或者书面均可）。

2）建议对方撤回原价，重新考虑一个比较实际的报价。

3）改变交易形式，比如对售价不进行变动，但对其他一些交易条件如数量、品质、交货时间、支付方式等进行一些改变。改变交易形式的目的是使之更适合于成交的要求。接下来应采取下列具体做法来保证我方在还价过程中总的设想和意图得到贯彻。

a）列出两张表。一张包含我方原则上不能做出让步的问题和交易条件，可写成合同条款的形式。一张则包含我方可以考虑让步或给予优惠的那些具体项目。最好附上数字，表明让步幅度和范围。例如，我方可把对某商品的递价20元作为起始的价格，由此逐渐往上，30、35、40、45直到50元，并把50元定为让步上限，这就形成了一个阶梯式的让步数量范围。

b）列一张问题表。以便会谈中掌握提问的顺序，什么时候该谈什么问题，有时是有一定规律的。例如在进口谈判中，我方往往在其他各项主要合同条款已逐项地同对方拟定之后，最后才抛出价格条款，向对方还价。

c）一场谈判往往旷日持久，需要许多回合的会谈。在还价阶段每一回合谈判开始时，要努力造成一种新的气氛，根据需要随时调整并提出新的会议日程。在每一回合谈判结尾时，对那些棘手的、双方相持不下的问题，重申我方的立场或再提一个新的解决方案，供对方回去仔细考虑。

二、还价的方式

还价的方式，从性质上分为两类：一类是按比价还；另一类是按分析的成本价还，两种还价方式的选取决定于手中掌握的比价材料，如果比价材料丰富且准确，选"按比价还价"，对买方来讲简便，对卖方来讲容易接受，反之，则用"分析的成本价还价"。如果比价材料准确，但不优惠，而卖方坚持比价，买方从总的价格水平出发，视卖方具体情况而定。有的卖方总价格条件很优惠，态度坚定，买方则应实事求是，谨慎抛出资料。有的卖方以认真的现象、假的条件说服你同意他的价格。例如，"我雇人装卸货，需要人工费"，这属事实；但人工的报酬实际是多少，可能会出现假条件，以埋伏利润。如果买方明确提出给卖方利润，请卖方公开人工费数目及利润数额，卖方若为了掩盖不合理之处，常拒绝公开。对此，买方也只能"有选择的使用比价材料"。从总体上看，双方在利益的交锋中得到了"平衡"。只是在做法上，应避免"公开的欺骗"之嫌。卖方要注意运用"存在的事实"夸大成本、费用的技巧。相应的是买方要运用注重"比价真实感"，"贬低"卖方商品价值的策略。

无论是按比价还，还是按分析的成本价还，其具体做法均有分项还价和总体还价两种方法，根据谈判双方的情况具体选择。

（1）总体还价。总体还价即一揽子还价，它是对谈判的全部内容进行还价的方式，也就是把成交货物或设备的价格集中起来还一个总价。

（2）分别还价。分别还价是指把交易内容划分成若干类别或部分，然后按各类价格中的含水量或按各部分的具体情况逐一还价。分别还价，是分别讨价后的还价方式。

（3）单项还价。这是指按所报价格的最小单位还价，或者对某个别项目进行还价。单项还价，一般是针对性讨价的相应还价方式，如技术费、培训费、技术指导费、设计费、资料费、保密费等都可以分项进行还价。

从价格谈判的过程来看，一般第一阶段采用总体还价，因为正面交锋刚刚拉开，买方总喜欢从宏观的角度先笼统压价；第二阶段使用分别还价；第三阶段进行针对性还价。对于不便采用全面还价的第一步可以按照交易内容的具体项目分别还价；第二步再按各项价格虚假成分的大小分别还价；第三步进行针对性还价。值得注意的是，在按价格虚假成分大小进行分别还价时，一般是先从虚假成分最大的那类开始，然后是中等的，最后是最小的，这样会事半功倍。

【案例 4.2】　化整为零，打破一揽子报价

荷兰某公司向中国某工厂"一揽子"出售一条窗式空调机生产线，总价近 400 万美元。

"交钥匙"项目的做法，技术有保证，对于买方倒也省事，就是价格不菲。买卖双方就此进行了谈判。

买方提出，交易形式不重要，可以"一揽子"出售全线设备，也可不"交钥匙"，关键是"价廉物美"。卖方解释，不了解中方情况，"交钥匙"较为简单，交易风险也小。

买方又指出，卖价太高。卖方的"一揽子"价格内容让人不易理解，仅看最终结果不行。卖方介绍其公司习惯和信誉，并保证一定会货真价实，让买方别担心。

买方希望将"一揽子"价中的技术费和设备费给分出来。卖方推托一阵后除掉了技术价和设备价。买方进一步要求卖方将技术费按工艺流程或单项技术分成单项价，将设备按清单所列单台设备分出相应单价。对此，卖方以公司秘密、工作量大、难以分解、这次不行以后再说进行推托。而买方很客气地坚持阐述我方的观点：卖方为大公司，应有信誉；报价自己做，分解自然也容易；总价看似无理，分解了易于理解；既谈交易条件，分项价即不为秘密；不按分项谈，谈判破裂得快……经过反复推敲，荷兰卖方同意了买方要求。

两天后，卖方交来了分项技术价和设备单价。买方十分高兴，赞扬了卖方工作效率和谈判诚意，表示将认真研究卖方报价。经过对工艺技术逐项评估，又按卖方提供的设备清单向制造商询价，结果全线主要生产线的设备售价仅需160万美元。

当恢复谈判时，买方先向卖方谈了技术费的看法。由于空调机系传统技术，且深度仅在机械、电气、制冷系统之下，因此，技术费不应很高。然后，将调查到的设备总价告诉了卖方。买方介绍的信息，有根有据，介绍的态度诚恳坦率，成交的希望真诚热切，表明的困难真实可信。买方的上述做法使卖方感到十分惊讶，但又不能不佩服买方的调查研究工作。

卖方开始只表示佩服，但并不接受买方的调查条件。认为160万美元的设备不含卖方的采购费用、组建生产线费用及保证费用。买方对此表示理解。作为补偿，买方可以分担部分工作，如按卖方清单要求，自己采购生产设备，可承担部分组建生产线的工作。双方对这几项工作又进行了讨论，并以此引申到中方采购设备后，组线及技术保证的分工与责任等问题的谈判上。为了确保生产线顺利投产，买方确认了卖方必须承担的工作。

在分清责任的基础上，价格条件就可以谈了。卖方想做这笔生意。这是其进入中国家电市场的"桥头堡"。买方有意要这条线，但投资有限。既然由"交钥匙"改为"拼盘"建设生产线，卖价应该降低。双方最后协议为：共同采购设备，其价限在250万美元以内。卖方保证生产线技术，由买方配合建生产线。为此卖方提供技术指导和对买方人员的培训，其总价不超过50万美元。

（资料来源：http：//t.163.com/2747241748#f＝topnav.）

分析：上例反映买方成功运用了"化整为零"的策略。首先将"一揽子"方案化解出技术与设备两个主要构成因素，进而细化出"工艺流程技术费"和"单台设备价"。调查研究后，先按细分内容分别谈，以实现分项突破。然后，集中谈，使总价在保证原交易目标的前提下，由400万美元降到250万美元。卖方得到了合同，买方得到完整的技术及生产线，节省了投资。

三、还价起点

当买方选定了还价的性质和方式以后，最关键的问题就是确定还价的起点，即以什么水平和条件作为第一还价，这第一锤子敲得好，对双方将起决定性的影响。若能敲出对方讨价还价的热情，说明成交有望；若能使对方跟着买方还价走，将对买方成交价高低有决定性的影响。倘若敲得不好，卖方就会失去成交的信心，因为卖方把希望寄托在买方身上。因此，买方对于第一次还价一定要十分慎重。

怎样才能确定还价起点？首先，应分析卖方在买方的价格评论和讨价后，其价格改善了多少；其次，看卖方改善的报价与买方拟定的成交价格之间还有多大的差距；再次，买方准备不准备在还价后让步；若让步，准备让几步。这几条是决定还价起点的基本条件。

四、还价的次数

还价的次数取决于谈判双方手中有多少余地，如买方第一次还价高，手中余地不大，则自然再还价的机会少；反之，卖方态度强硬时，手中也无可让的牌，不是逼卖方再让，就是自己也退让，否则谈判会破裂。一般情况，从卖方固守改善二次后的起价，仍有二次或三次的价格改善，买方还价次数亦如此，每次让步幅度的大小视交易金额而定，卖方的让步幅度要较买方大一些，多以 5％～10％为一档调，或把各价格成分分先后几次来调，以制造"台阶"保护价格水平。买方的让步幅度要较卖方的小一些，还价的次数也是依据交易金额而定，如果项目小且报价水分不大，则还价的次数不宜太多，以免浪费时间；项目小但报价水分大，买方可以多还几次价。无论二次还是三次还价，没有台阶的做法是不行的，因为老油条的商人们是不会相信一口价或不二价的。不把对方的水分挤干绝不罢手，所以还价一定要留有余地。

五、还价的措施

在实际的讨价还价过程中，争论几乎常常是以纯逻辑的方式进行的，但是其中所牵涉的当事人双方之间的相互作用，却更具有个人关系的特点，带有浓厚的感情色彩。最后问题的解决可能取决于当事人双方之间存在的感情的深厚程度。如果你影响对方，那么就应该是一个受对方欢迎，为对方所接受的人；如果你有时想靠强硬的态度来得到你预想的结果，想使用你的力量来压服对方，最好的做法却总是先唤起人们的友好情感，以便当你必须坚持自己的立场时，你尽可以放心地坚持，而不必担心把关系搞坏。

买方经常会遇上一些摆出不允许讨价还价姿态的讨价还价者，他们会说"我们的价格和折扣都没有商量的余地了"，"这也是最后的比价"或"这是最低的价格"，可是我们却一时无法知道那是否是真正的最后价格。所以，这时不要轻易地相信他们，他们那样或许只是想方设法激起你的兴趣。经验成熟的买方，开始时会避开对方，然后去了解各种竞争价格的范围，从实力出发进行讨价还价。在不泄露商业机密风险的情况下，也可以向对方显示一下其竞争者的开价，以加强自己的力量。

如果你对对方的提案表示兴趣，但却不能显示出过分的热情。如果你渴望得到某种东西的欲望太强烈，那就会成为你的弱点，如果让对方发现了这一点，他们就会在这一点上大做文章。在讨价还价过程中，他们也将随时侦察你的防线，一旦他们发现了突破口，也就会从这儿进攻。当一方提出某种要求之后，立即做出反应非常重要，最后的反应是什么也不说——拖延，使你赢得时间来思考。什么也不说，只是思索，这样对方立刻感到有一种压力。还价者越默默无言，对方心中越降低他的眼界。这时还价者就能看到对方在多大程度上是真实的，在多大程度上是假动作。但不要把对方弄得太恼火，以至于使他们认为你太难共事。因为，一旦他们不再有兴趣与你打交道的话，你就不会有交易可做了。

在还价中，卖方吸引买方兴趣的常用的办法是，宣扬他们的东西是如何好，做成这笔交易你将占多大多大的便宜。与此相应的策略是，你也把对方在这场交易中可能赢得的好处一份一份地加到一起，并悄悄地开始把这点灌输到其意识之中，让他们看一看，在交易中他们是大有赚头的。例如，你可以通过向对方提出某些做法的价值，如减少库存、改善现金状况、腾出场地增加生产、保证劳动就业、提高威信、改善销售地位等实现这一点。请记住，在任何一项谈判中，达到我们所希望的目标的途径可以有千百条，但是最好的途径总是在确认我们目标的同时，也确认对方期望利益之所在，并以此作为整个谈判的有机组成部分。

任务三 讨价还价中的让步

1. 讨价还价的范围

在讨价还价阶段，谈判双方从各自利益出发，唇枪舌剑，竭力使谈判朝着有利于自己的方向发展。一时间谈判桌风起云涌，色彩纷呈，有时还会出现戏剧性变化。在剧烈在争夺角逐中，谈判双方很容易感情冲动，稍不留神，就会引起谈判人员的个人冲突，生意因而告吹。因此如何在瞬息万变的谈判中保持清醒头脑，合情合理地进行讨价还价工作，是谈判人员需要解决的问题。

要保证谈判人员在激烈的角逐中不迷失方向，双方的谈判态度就必须是心平气和的。要保持态度的平和，谈判双方除需较高的个人修养之外，会谈外的审时度势，巧妙安排也是必不可少的。谈判人员只有充分预见，分析谈判过程中可能发生的种种情况，制定好应付措施，做到胸中有数，才能临阵不乱，在千变万化的形势面前从容镇定，心平气和地据理力争。

比较理想的讨价还价应具有以下几个特点。

（1）谈话范围广泛，双方有充分回旋余地。

（2）双方观点的交锋而不是双方人员的冲突。

（3）诚心诚意地探讨解决问题的共同途径。

在讨价还价开始后，首先有一方表明自己的立场，接下来另一方就应该澄清一下对方的观点，谈判人员在要求对方澄清问题时应该注意自己提问的方式，尽量避免提出一些挑战式的、令对方不快的问题。任何一方盛气凌人的提问方式，必定会引起对方的反感甚至是愤慨，这往往会导致对方的反唇相讥，稍有不慎就会酿成一场轩然大波，使本应成交的生意告吹。在第一方做出澄清以后，另一方就可以开始讲述自己一方的观点，如果还有不清楚之处，这时另一方也可以继续要求澄清，以此类推。

在讨价还价阶段，双方都要求大同，存小异，尽量强调双方共同的地方，千万不要本末倒置，吹毛求疵。这并不意味着双方之间没有任何问题，更不是要掩饰这些问题，通过和谐气氛的创造，使双方心平气和地解决共同面临的问题。

一般而言，双方的初始报价肯定存在着分歧（这也是产生讨价还价过程的原因），分歧一般为如图 4.1 所示 s_2、b_2 之间。由于初始报价一般不被对方所接受，于是谈判双方开始展开一系列的讨价还价（几次或多次的让步或交换条件），逐渐向最终的合同价格 p 逼近，直至最后达成协议。只要协议能够达成，那么最终的合同价格 p 肯定会落在谈判的合理范围 $s \sim b$ 区间内。在讨价还价过程中，买方会运用各种手段（包括初始的报价）去影响卖方的理性判断，尽管降低卖方对于己方保留价格的预期和估计。于是，在一系列讨价还价所组成的谈判过程中，双方心目中所判断的谈判合理范围也不断地变化，从而双方的可妥协范围也不断发生变化。因此，在谈判中谁能够有力地影响或引导对方的判断，使对方的可妥协范围向着有利于己方的方向变化，谁就能够赢得主动，并控制整个价格谈判的进程。而主要依靠讨价还价策略的正确运用。

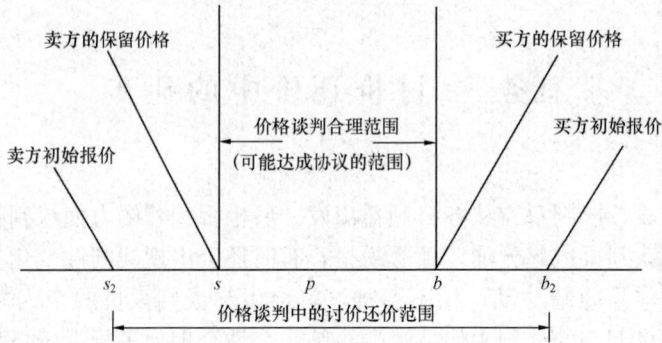

图 4.1　讨价还价示意图

必须指出的是，即使双方在价格谈判的合理范围内就某一合同价格 p 达成了协议，双方的利益分割也往往是不相等的，即价格 p 往往不会是 $s \sim b$ 区间的中点。我们把这种情况称为价格谈判中盈余分割的非对称性。造成这种非对称性的因素是很多的，除了初始报价和采取的策略不同之外，非对称性还取决于双方谈判实力的差异、拖延时间需要付出代价的不同、双方需要的不同等。所有这些因素都将导致双方在讨价还价过程中让步的不平衡性，从而最终形成谈判中盈余分割的非对称性。

2. 讨价还价中的让步

在讨价还价过程中，一方向另一方做出让步是常事，让步一般是通过减价来进行的。减价牵涉受益人用什么方法、在什么时候和以什么作交换条件等几方面的因素。为防止出现失误而得不偿失的结果，我们应该了解讨价还价者的减价心理、减价方式和原则。

(1) 减价心理。减价心理是指对于减价的心理反应。例如，我与你正为购买一套昂贵的立体声音响而进行讨价还价，该音响是市场上最新先进技术的成果。因为你卖的是新产品，你想看看顾客对这种新产品的反映，作以上假设是想表明你有对价格作减价的权力。假如我的预算支出是 1500 元，我们第一次出价是 1000 元，第二次是 1400 元，那么你不会知道我真的出价是多少？如果我们之间是互不信任的对立关系，你会估计我实际上能付 1600 元、1800 元，甚至 2000 元。为什么？因为我从 1000 元到 1400 元的上升幅度太大了。在别人看来，这是一位有钱的买主，所以你认为我的出价会超过 1500 元。假如我发誓我只有 1500 元，而且这是千真万确的，但是处在明显竞争的讨价还价当中，你作为卖方是不会相信我的，这点是确凿无疑的。专家们的经验表明，减价行为的增额乃是真正权限的最精确的气压表。在这种情况下，我怎样让你知道我的最高出价是 1500 元呢？如果我先出 900 元，你拒绝了，接着我出 1200 元，然后长到 1350 元，过一会儿又升到 1425 元，然后我又不情愿地升到 1433.62 元。这样就很容易使你相信我只有 1500 元了，因为我不断地把递增幅度减小。买方出价及其递增幅度如表 4.1 所示。

表 4.1 买方出价及递增幅度表

买方出价（元）	900	1200	1350	1425	1433.62
递增价（元）	300	150		75	8.62

表中数据显示买方出价在向着他的期望目标缓慢靠拢。同样的出价策略也适用于卖方。虽然买卖双方都知道这种出价方式具有策略性质，但又不能肯定有多大成分是真实的，又有多大成分是策略性的，真真假假，达到以假乱真的艺术效果。又如，一个人想把一辆车设法转卖出去。车子也许多少有些毛病，但是他并不想一开始就把这一情况透露给买主。买主在买以前，也了解了市场行情。市场上这样款式的车也不多。买卖双方都希望尽可能地把这一笔交易做好。如果买主一开始就把价格压得很低（通常都是这样的），并固执地坚持他要求的那样低的价格。双方的较量会因为买主拒绝表态而持续一段时间，这样卖主会因为担心买卖做不成显得有点紧张，这时候只要买主稍微松动一下他的还价，卖主就可能乐意卖给他。如果卖主很固执，当买主发现自己在和一个在价格上不肯妥协，并且也确实很难对付的卖主打交道时，那么买主在费劲地赢得卖主的某种减价后，在随后的谈判中，他也就有可能非常不情愿再为争取卖主做其他的减价而奋斗。所以在重大问题上，尽早地使自己站住脚，并坚持这一地位，就可以改变对方对这笔可能"做不成"的交易的最后期望。之所以说有可能做不成，是因为如果固守阵地太顽固的话，有可能导致谈判破裂。所以在减价问题上应有灵活性，也就是说买卖双方的期望目标都应该有弹性。

（2）减价方式。假设有一位卖主，他准备减价 60 元，分 4 期完成，可以有以下 8 种不同的减价方式，如表 4.2 所示。其中第 7 种减价方式中的 -1 和 +1，表示由于计算失误或别的原因使"舞步"发生了混乱，该倒退时他反而前进了，发现后又纠正了这个错误。

表 4.2 卖方减价表

减价方式	第一期减价	第二期减价	第三期减价	第四期减价
1	0	0	0	60
2	15	15	15	15
3	8	13	17	22
4	22	17	13	8
5	26	20	12	2
6	49	10	0	1
7	50	10	+1	-1
8	60	0	0	0

第 1 种减价方式。这是一种坚定的减价方式，让对方一直认为妥协的希望很小。若是一个软弱的买主可能由于卖主的坚持而过早停止和卖主讨价还价了；若是一个坚强的买主则会坚持阵地，继续讨价还价，迫使卖主进一步减价。卖主在第一、二、三期不减价可能是进行试探，看看对方的态度，若碰到的是强攻的买主，他接着会采取第 4 种方式。当然卖主这样做必然冒着形成僵局的风险。

第 2 种减价方式。假如买方肯耐心地等待，这种方式会鼓励他继续期待卖主更进一步的减价。但是假如卖主能把步子迈得更小些，把谈判拖得更长些，便能使对方厌烦不堪、不攻自退了。

第 3 种减价方式。这种减价方式往往会造成卖主的重大损失。因为它引导买主相信"更令人鼓舞的日子就在前头"。买主的期望随着时间推移反而会越来越高，因而是倒行逆施的减价方式。

第 4 种减价方式。开始大幅度减价表示卖主的诚意，接着步子越来越小，显示出卖主立场越来越强硬，虽减价但不会轻易减价。

第 5 种减价方式。这种减价方式表示出卖主强烈的妥协意愿，不过同时也告诉买主，卖主所能做的减价乃是有限的。在讨价还价前期有提高买主期望的危险，但是随着减价幅度的减小，表明卖主趋向一个坚定的立场之后，这种危险性也就渐渐地降低了。一个聪明的买主便会悟出，要求更进一步的减价已经是不可能的了。

第 6 种减价方式。这种方式一开始是大减价。这将会大幅度地提高买主的期望。不过，接着而来的小减价、拒绝减价和最后一期的小小减价，会很快抵消这个效果。这是一种很有技巧的方法，使对方知道，即使进一步讨价还价也是徒劳的。从卖主的角度看，一开始就进行 49 元的大减价，存在一定的风险。因为他永远不会晓得买方是否愿意付出更高的价格，如果碰到的是愿付高价格的买主，他就会损失本可以不损失的利益。

第 7 种减价方式。这种形式是第 6 种减价方式的变形。第三期的轻微涨价（可能是刚刚发现到计算错误），表示出更坚决的立场。第四期又恢复了 1 元的减价，这将会取得一些买主的信任，使买主感到满意。

第 8 种减价方式。这种减价方式会给买主造成强烈的印象。一下子减价 60 元，把对方的期望很快大大地提高。假如买主把这种兴奋的情绪带回公司去，则受了感染的伙伴们，便会期待他带回更好的消息。可是紧接着而来的却是卖主的坚持，双方会因此而闹成相持不下的僵局，碰到这种情形，买主只有愧对公司同仁的期待了。因为他实在无法再得到任何减价。

以上 8 种不同的减价方式表示：不同的减价方式可以传递不同情息。对方的反应取决于你减价的数额、速度以及速率（速度改变的快慢）。正如舞蹈演员对不同的舞曲会做出不同反应那样。谈判专家们的实践表明：在讨价还价的进程中，成功的谈判者总是较能控制自己的减价程度，特别是在僵局快要形成时更为突出。他们所作的减价通常都比对方小，他们看上去比较吝啬，也比较难以揣测。因为他们在不断地改变自己的减价方式。不成功的谈判者，往往无法控制住减价的程度。很多人在刚刚开始的时候只肯做极微的减价，甚至丝毫不让，可是眼看快要形成僵局的时候，便忍不住退让了，而且往往因此做出一连串的减价。试验的结果表明：成功的谈判者比较能够忍受事物的不确定性。当双方相持不下的时候，他们不会轻易地崩溃。

【案例 4.3】　减价方式的实例

我国某口岸机械进出口公司欲订购一台设备，在收到了报价单并经过估价之后，决定邀请拥有生产该设备先进技术的某西方国家的客商前来我国进一步洽谈。在谈判中，双方暗中讨论了价格问题。一开始我方表示愿意出价 10 万美元，而对方的报价则是 20 万美元——同其报价单上所开列的价格完全一样。在比较了第一回合各自的报价之后，双方都预计可能成交的价格范围在 14 万美元到 15 万美元之间，他们还估计要经过好几个回合的讨价还价，双方才可能就价格条款取得一致意见。

如何掌握以后的减价幅度和节奏呢？有关人员进行了讨论，认为可以有以下几种方式。第一种方式。向对方提出："原先我方出价 10 万美元，而你方要价 20 万美元。为了取得一致，消除差距，咱们双方最好都互谅互让。公正地说，14 万美元这个价格兼顾了双方的利益，因而比较现实，你方能否考虑接受呢？"这看上去是十分合情合理的要求，实际上是一个典型的过大过快的减价模式，表现我方急于成交。这时如果对方抓住我们急于成交弱点，猛压我们，我们就再也没有回旋余地了。第二种减价方式。向对方表示我方愿意考虑的减价不超过 5000 美元，即由原报价 10 万美元增加到 10.5 万美元。可是这样的减价显得有点微不足道，会使对方觉得我方缺乏达成协议的诚意。第三种减价方式。是一种比较稳妥的方式。由 10 万美元增到 11.4 万美元，然后依次增加，不过增的幅度越来越小。他们以此方案与对方进行了讨价还价，前四个回合双方的出价及减价幅度如表 4.3 所示。

表 4.3　　　　　　　　　　　　买卖双方出价及减价幅度表

轮回次数	卖方出价（万）	买方出价（万）	卖方递减额（万）	买方递增额（万）
第一回合	20	10		
第二回合	17.5	11.4	2.5	1.4
第三回合	16.0	12.7	1.5	1.3
第四回合	14.7	13.5	1.3	0.8

到第四个回合结束时，双方出价已离各自的期望值不远了。最后就很有可能以 14 万美元的价格拍板成交了。这个例子中的双方的减价方式是谈判中最普遍的减价模式。当买卖双方有做成交易的愿望，并希望彼此不伤和气时大都采用这种减价模式。在一般情况下，买主处在比卖主较为有利地位。因此上例中可以看出买主的减价幅度，较之卖方要小一些。当然，减价的具体形式很多，而且在具体运用上要视双方的反应而灵活地掌握，切忌一成不变地固守一种模式。减价的基本要点可以归纳为：假如我方是买主，从一开始就只做小的减价，并在此之后始终坚持缓慢的减价；而我方若是卖主，则开始所作的减价可以稍大一些，以后再缓慢地减价。

另外有关的减价事项应注意的是：第一，在决定减价之前，先不要向对方透露减价的具体内容及我方已打算减价，但其具体内容要等一等再亮给对方，以期换取对方做相应减价的承诺时，我方可以说："好吧，我们暂时把这个问题先放一放，我想，这个问题以后若要解决是不太困难的。"第二，以我方减价的许诺来谋求对方也同样做出减价。假如我方想以价格上放折扣为条件来换取对方在交货期限上的减价，则不妨可以说："哟，要让我方在价格上再作变动，那实在使我感到为难了。不过，如果你方在交货期这个问题上还有进一步协商的余地，我想这大概会有助于我方对价格问题重新作一番考虑。但是在目前的情况下，这种考虑恐怕是不现实的。好，那么关于交货期限，你方的意见如何，我们能不能现在就谈一谈。"

（3）减价的原则及策略。在讨价还价过程中，做不做减价应三思而后行，不能随随便便掉以轻心。因为每一次的减价都与自身的实质利益——利润或成本密切相关。有时能做到"固执己见"的话是值得的，尤其是在处理重大问题上，这好比在战役中，如果你及早掘壕固守，就能防止对方在以后的阶段上，从你那里赢得更多的减价。如果不得不做减价的话，在实际的谈判中，由于交易的性质不同，交易额大小不同，双方讨价还价力量的不同，使得减价没有固定的模式，要靠讨价还价者对策略技巧的灵活运用。但是，灵活程度不是任意的，它应该受到原则的制约，没有规矩也就不成方圆。在此，我们提供以下减价原则及策略。

1）不要做无谓的减价。每次减价都应该是为了换取对方在某些方面的相应减价或优惠，体现出对我方有利的宗旨。如果不能换回什么东西，就不要把自己的东西轻易给人。

2）减价时间的选择。减价的时间可以挪前或延后，以满足对方的某些要求，使得对方马上能够接受，没有犹豫不决的余地。

3）减价要让在刀刃上，让得恰到好处，使你的较小的减价能给对方以较大的满足，以求得较大的回报。但是要使谈话保持轻松并有伸缩性，以免被对方发觉你占了上风，从而更加坚持自己的要求。

4）在你认为重要的问题上要力求使对方减价。而在较次要的问题上，根据情况需要，你可以考虑先做减价，并记下已做出的每一减价，经常谈及它，这将有助于抵御对方以后的要求。

5）不要承诺给予同等幅度的减价。例如，如果对方在某一条款项目上让你40%，因此，他也要求你在另一项目上让他40%。因为项目不同，同样是40%，但其结果却可能是不等价的，所以你应该以"我方无法负担40%的减价"来婉言拒绝他。因为这不是协定，完全可以推倒重来。不过最好找个借口，好让对方看上去你的修正是合理的。

6）即使我方已决定做出减价，也要使对方觉得从我方得到减价不是件轻而易举的事，他就会珍惜所得到的减价。

7）一次减价的幅度不宜过大，节奏也不宜过快。要做到步步为营。因为减价太大，会使人觉得你的这一举动是处于软弱地位的表现，会建立起对方的自信心，并使对方在以后的谈判中掌握主动。在这种情况下，要让对方回报以相应大小的减价也是很困难的。

8）双方减价要同步进行。即自己在每一次减价后，都必须要对手作相应的减价，在对方做出相应减价前，不能再减价。

9）尽量做一些毫无损失，甚至是有益的减价。这类减价是：倾听对手的发言；适度地招待对手；尽量为对手提供详尽的说明，经常说"我会考虑你的意见"之类的话，向对手担保，我方已尽全力迁就他，让对手自由地求证我方所说的一切，不厌其烦地向对手指出为何根据我方的条件达成协议是对他有利的理由。只要谈判者善于运用这些毫无损失的减价，则他很可能因为让对手获得高度满足而赢得谈判的成功。

总之，在做出减价时，一方面要经过缜密考虑，减价要稳妥，另一方面减价又必须是充分的，恰到好处的，使对方确实尝到甜头，这就为在其他重要交易条件上制定对己方有利的合同条款奠定了基础。

任务四 商务谈判小结与再谈判

一、商务谈判小结

1. 商务谈判小结的目的

商务谈判小结是指谈判过程中双方对已经谈过的内容及双方的立场予以归纳整理的行为。商务谈判小结是谈判过程中的一个阶段，又是谈判的一个手段。商务谈判小结在确认协议点上具有法律作用，在安排分歧点上有组织作用，因此对谈判双方具有重要意义。

商务谈判小结的出现有着十分明确的条件与目的。盲目的小结毫无意义。从大量的谈判实践来看，商务谈判小结目的有两个：清理谈判和引导谈判。

（1）清理谈判。清理谈判是指廓清谈判局势，理出谈判结果的工作。它的作用在于保证谈判不乱，收获不失。

1）廓清谈判局势。参与谈判的人一般都具有一定专业知识，但谁也避免不了认识、情绪、文化差异等因素的影响而造成的冲突。有时冲突能被谈判高手们理智地迅速解决，有时则被固执地推向白热化，使谈判陷入混乱之中。此时通过商务谈判小结廓清局势，对清除混乱有极大的作用。比如，在谈判中，常常会有谈判高手借用体育比赛中的暂停手势，让争吵打住，继而提出休息和小结，以降低并廓清谈判局势。

2）理出结果。经过一段时间的谈判，谈了就会有收获。不论是谈判的议题、双方谈判中的沟通、妥协与理解，甚至对方表达的意思、体现的行为，都是谈判的结果，小结就是要把这些不同的结果分类地理出来，把对方妥协收进账，把己方的妥协记支出，把未进行的议题作为后面谈判的任务争取完成。

（2）引导谈判。引导谈判是在明确局势及某些议题或阶段谈判进展的情况下，确定下一步谈判的目标。由于谈判小结为双方所做，它的引导作用可以对一方，也可以对双方。

1）对一方的引导。任何一方都可以从谈判小结中看到谈判的形势，自己的地位、收获，对方的态度、条件，对进一步谈判的部署可以有调节的新依据。当依靠这些谈判小结获得的认识重新部署自己的谈判条件和策略时，谈判小结就实现了对单方面的引导。

2）对双方的引导。一般地讲，谈判双方在小结时，不要求对谈判条件达成共识，但对谈形势——问题与态度会达成认识上的一致。如存在什么分歧以及分歧的理由，双方应采取的态度与面临的任务等。这些十分客观的内容也是谈判手不可回避的问题。清理出这些一致的认识后，也意味着提出了双方共同工作的方向，随后为了解决这些问题，双方谈判的议程也就出来了，谈判小结对双方的引导也就实现了。

2. 商务谈判小结内容、方式与时机选择

（1）商务谈判小结的内容。商务谈判小结内容是指为达到商务谈判小结目的所需要的各种构成因素。没有具体内容的谈判小结只能是一个评论，没有意义。一般地，这些要素如下。

1）异同点。商务谈判小结异同点是双方谈判达成的协议与存在的分歧。这也是清理前面谈判的主要内容。依据谈判小结的阶段与时间，异同点可大可小，可多可少。然而谈判小结要求清理全面，使谈判双方对谈判小结中的谈判成果和谈判形势有客观、完整的认识，遗

漏将成为误会的引子。

2）分歧理由。谈判小结分歧理由是明确双方立场的支撑点。在明确过程中分成两个层次。一是双方明确自己坚持的是什么，为什么坚持，使双方明确无误地了解对方态度与立场。二是己方的进一步小结将双方的理由予以分析，哪些是站得住脚的，哪些是没有依据的，从而正确客观认识彼此，正确制定小结后阶段的谈判策略。

（2）商务谈判小结方式。在商务谈判实践中，谈判小结的方式多种多样，各有优缺点，谈判者可根据需要加以选择使用，以保证谈判小结的质量。

1）口述。口述小结就是口头进行的归纳整理工作。该方式简便易行，但要求把握准确和严肃性。信口开河、随口即改式的小结会适得其反。口述式小结有以下三种不同的做法。

a）声明。口述中的声明是单方引起的清理行为，它旨在使双方思维进入同一方向或阶段，以达到推进谈判的目的。如某方说"请安静，我建议暂停××问题的争议，先谈××问题会更好"；"请打住，议题跑远了，应思考××问题"等。当对方响应了，并合作这么做了，这种声明式的口头小结即告完成。该方式快捷、见效，不过需要掌握好时机，用词准确，切合双方利益。

b）虑题。口述中的虑题是逐一对所谈内容、状况进行归纳整理的行为。该方式优点是能全面认识谈判形势，明确双方的进退结果，缺点是要求清晰、全面、准确。如果说得没有条理甚至遗漏，或含糊不清，都将失去了该方式的意义。

c）复核。口述中的复核是对某些重点问题或立场重复表述并要求确认的做法。复核可以主动做，也可以被动做。主动做时是重复或强调某条件、某理由。被动做时则在解释、说明某条件、某理由。复核为双方共同做时互相的再次确认。有时复核后可能达成协议，至少明晰分歧所在，它的好处在于针对性强、立竿见影，不足之处是易暴露关注点，有可能增加谈判难度。

2）书面形式。书面形式小结是以书面形式归纳整理的做法。该方式优点是准确无误，缺点是工作量大，尤其是两种文字是翻译工作量大。书面小结一般又有双方共拟小结文件和单方拟订的小结文件两种类型。

3）板书。板书小结是在谈判间的白板、黑板或纸板上进行归纳整理的做法。该方式活泼、直观，但在运动中容易出错。而且主动做板书和对方做板书时要求是不同的。己方主动走上前做板书小结可以反映能力与自信，但应注意，多谢对方承诺及己方要求，写双方达成的协议点或存在的分歧。写的过程不能做理解性的回答，不做讨价还价式的谈论。写板书时应有人配合，以协助审核。对方上台做板书小结反映其主动与自信，但给己方会带来机会。此时应注意的是及时记录对方板书的小结内容；确切理解对方所写的本质。为此常伴有复述式的确认，如"让我重复一下，看贵方是否此意"；"如我没有听错的话，贵方的意思是……"；抓住时机通过对对方板书的确认将模棱两可、可进可退的条件、态度向前推进。

（3）商务谈判小结的时机选择。商务谈判小结的时机选择得当与否直接影响谈判效果。商务谈判小结时机的选择可按以下三种情况酌情选择。

1）按商务谈判进行的时间阶段或场次来选择。谈判阶段有初期、中期、后期之分；谈判场次有上午、下午或晚上谈判之分，有时上下午谈判以中间休息时间为界再分出两个半场；这些结束点都可以作为小结时刻。

2）按谈判议题完成的情况来选择。议题可根据双方协商意见而定。如可以将交易内容分出大类：技术、服务、设备合同文本等。还可分出细类：工艺、工程设计、技术指导和技术培训、合同正文与附件等，这些议题的完成同样可以作为谈判的小结点。

3）根据谈判气氛及双方谈判心理动向选择小结时机。如谈判过程中的紧张时、混乱时、兴奋时或沉闷时都可以作为小结时机。紧张时的小结可缓解紧张气氛，也给双方以改变立场的台阶；混乱时的小结可澄清混乱的谈判局面，理出谈判头绪；兴奋时的小结可及时收获谈判结果，促进双方继续努力，一鼓作气完成谈判任务；沉闷时的谈判小结可找到谈判僵持的原因，提出方向，振奋斗志，促使谈判继续向前。

二、商务谈判的再谈判

再谈判是指经过小结后新一轮的谈判阶段。再谈判是前期谈判的恢复与继续，是谈判的深入，因此再谈判更紧张，难度更大。组织好再谈判是非常重要的。

1. 再谈判的基础

再谈判基础是指再谈判阶段的前提条件及其影响。再谈判是以过去的谈判为基础的，认识了基础才可以掌握和控制谈判的继续进行。再谈判的组织基础是过去谈的进度与方向。

谈判进度一般分为：总体进度，即商务谈判的进展情况，或者说完成谈判任务的百分比；单项进度，即具体谈判议题完成情况。这两种谈判进度是再谈判组织人力、时间的主要依据。

谈判方向是指通过小结阶段归纳出异同点及其支撑理由，找出再谈判的目标与路线。目标也就是待解决的分歧点及可能解决的条件。路线则是指再谈判的手法，即再谈判从哪儿开始、到哪儿去以及怎么谈下去等技术问题。

2. 再谈判的目标

再谈判目标是指再谈判阶段应实现的谈判任务。从商务谈判组织或者说从实现解决剩余分歧的谈判措施来讲，再谈判目标应为了解对方最后立场与调整己方最后立场。两个谈判目标有不同的谈判要求。

（1）了解对方最后立场。在再谈判中，要了解对方的最后立场，常用的谈判手法是问出所以然并逼出底牌。只有这样，再谈判才能有效。

问出所以然是指谈判任何问题无论是否赞同，均要求知道为什么，甚至为什么的为什么，只有这样才能弄清对方哪些是不可以谈判点；哪些是可以考虑但深浅未定点；哪些是对方准备放弃点以及这些答案反映的可能的最后立场。

逼出底牌除了谈判手段要求复杂多变外还要突出一个"逼"字。"逼"可以通过横竖提要求和拼条件来实现。横竖提要求是在横向上不论谈判何种试题均要求改善，横扫对方立场；在竖向上打击某一点，以逼出对方最后条件。拼条件是横竖提要求的配合，通过投入条件的交换，以使对方最后立场能够更加显现。说是"拼"实际也是"引"，口手并用，逼劲更足。

（2）调整自己最后立场。从谈判的角度讲，再谈判就是为调整己方谈判立场找为什么。相对于原谈判方案，调整存在"调紧"（交易条件更严）与"调松"（交易条件更宽）两种可能。当然也会因原方案极有远见而无需调整。一般地，调整己方谈判立场，要考虑对方反应和双方实力对比。如果对方反应软、改善少，调整力度应小、态度要硬；如果对方反应强、改善力度大，则调整力度可大、态度可温和；如果对方反应对抗、改善无意，则调整谈判方案而非条件，消除对抗后再看谈判条件。从实力对比来看，如果己方处在"求人"地位，理由又缺乏时，调整力度可大些；反之，则小。

技 能 训 练

【实训目的】

通过训练，使学生学会在具体环境中运用让步策略。

【实训内容】

商务谈判中让步策略的运用。

【实训时间】

本章课堂教学内容结束后的双休日和课余时间，为期一周。或者指导教师另外指定时间。

【背景材料】

一家制造企业的老总准备和工会领导展开对话。涉及的最大问题是涨工资问题。工会要求涨 4%，而公司只想涨 1%。这位老总研究一下形势，过去的几次谈判中，双方都极力占领有利的位置，并多次假装威胁拒绝继续谈下去，这虽会浪费好几个星期的时间，而最终不过是双方都妥协达成意料之中的结果。

在这种情况下有两种选择，方案一：企业慢慢提高，而工会慢慢让步，最终双方取中，2.5% 可能是双方都接受的结果。方案二：为避免双方的激战和时间上的浪费，企业早早地作出让步，在谈判的一开始就宣布他准备最终接受 3% 的结果，并宣称他只能做这么多。

最终这个企业老总没有采纳调解人的建议，选择了方案二。这让工会的领导们感到很高兴，但他们并不接受。如果公司一开始就可以提供这么多，他们自然会想，可能他们的要求太低了。而由于工会的期望值提高到不实际的程度，一个本来很有希望的谈判失败了，并最终导致员工罢工。

【实训过程设计】

（1）指导教师布置学生课前预习阅读案例。将全班同学平均分成小组，按每组 5～6 人进行讨论。各组选择一个问题进行讨论。

（2）根据"背景材料"讨论企业老总与工会的谈判为什么失败了？他采用了哪一种让步方式？

（3）根据"背景材料"分析假如这位企业老总采用方案一会有什么样的结果，为什么？

（4）根据"背景材料"，将学生分为两组，模拟上述案例练习让步的策略。

（5）各实训组对本次实训进行总结和点评，参照"作业范例"撰写作为最终成果的《商务谈判与推销技巧实训报告》。

（6）指导教师对小组讨论过程和发言内容进行评价总结，并讲解本案例的分析结论。（先评定小组成绩，在小组成绩中每一个人参与讨论占小组成绩的 40%，代表发言内容占小组成绩的 60%），各小组提交填写"项目组长姓名、成员名单"的《商务谈判与推销技巧实训报告》，优秀的实训报告在班级展出，并收入本课程教学资源库。

能力迁移

一、单项选择题

1. 买方还价中（   ）。

A. 对方报价离自己目标价格越远，还价起点越低

B. 对方报价离自己目标价格越近，还价起点越低

C. 对方报价离自己目标价格越远，还价起点越高

D. 对方报价离自己目标价格越近，还价起点越高

2. 谈判中，一方首先报价之后，另一方要求报价方改善报价的行为被称为（   ）。

A. 要价   B. 还价   C. 讨价   D. 议价

3. 商务谈判追求的主要目的是（   ）。

A. 让对方接受自己的观点   B. 让对方接受自己的行为

C. 平等的谈判结果   D. 互惠的经济利益

4. 以是当时市场的行情、竞争者提供的价格、对方的成本、过去的交易惯例、产品的质量与性能、研究成果、公认的结论等进行讨价的方法是（   ）。

A. 求疵法   B. 假设法   C. 举证法   D. 多次法

二、多项选择题

1. 讨价的方式有（   ）。

A. 总体讨价   B. 分项讨价

C. 弹性讨价   D. 动态讨价

E. 静态讨价

2. 比较理想的讨价还价具有以下特点（   ）。

A. 谈话范围广泛   B. 双方有充分回旋的余地

C. 双方是观点的交锋而不是人员的冲突   D. 诚心诚意探讨解决问题的途径

E. 摆出强势姿态

3. 商务谈判小结的目的有（   ）。

A. 清理谈判   B. 准备退出谈判

C. 引导谈判   D. 确定报价

E. 准备还价

三、问答题

1. 还价的方法有哪些？

2. 如何把握总体讨价策略和具体讨价策略？

3. 商务谈判小结一般包括哪些内容？

4. 商务谈判的再谈判指的是什么？再谈判的运作形式一般有哪几种类型？

四、案例分析

【背景材料】

材料一：在一场涉及机械设备买卖的国际谈判中，谈判双方在价格问题上出现分歧，

买方代表提出卖方所提供的设备价格比其他国家的同类产品价格要高出近10%。面对买方代表对价格的反对意见，卖方代表应如何应对？

材料二：中日索赔谈判中的议价沟通与说服

我国从日本S汽车公司进口大批FP—148货车，使用时普遍发生严重质量问题，致使我国蒙受巨大经济损失。为此，我国向日方提出索赔。

谈判一开始，中方简明扼要地介绍了FP—148货车在中国各地的损坏情况以及用户对此的反应。中方在此虽然只字未提索赔问题，但已为索赔说明了理由和事实根据，展示了中方谈判威势，恰到好处地拉开了谈判的序幕，日方对中方的这一招早有预料，因为货车的质量问题是一个无法回避的事实，日方无心在这一不利的问题上纠缠。日方为避免劣势，便不动声色地说："是的，有的车子轮胎炸裂，挡风玻璃炸碎，电路有故障，铆钉震断，有的车架偶有裂纹。"中方觉察到对方的用意，便反驳道："贵公司代表都到现场看过，经商检和专家小组鉴定，铆钉非属震断，而是剪断，车架出现的不仅仅是裂纹，而是裂缝、断裂！而车架断裂不能用'有的'或'偶有'，最好还是用比例数据表达，更科学、更准确……"。日方淡然一笑说："请原谅，比例数据尚未准确统计。""那么，对货车质量问题贵公司能否取得一致意见？"中方对这一关键问题紧追不舍。"中国的道路是有问题的。"日方转了话题，答非所问。中方立即反驳："诸位已去过现场，这种说法是缺乏事实根据的。""当然，我们对贵国实际情况考虑不够……""不，在设计时就应该考虑到中国的实际情况，因为这批车是专门为中国生产的。"中方步步紧逼，日方步步为营，谈判气氛渐趋紧张。中日双方在谈判开始不久，就在如何认定货车质量问题上陷入僵局。日方坚持说中方有意夸大货车的质量问题："货车质量的问题不至于到如此严重的程度吧？这对我们公司来说，是从未发生过的，也是不可理解的。"此时，中方觉得该是举证的时候，并将有关材料向对方一推说："这里有商检、公证机关的公证结论，还有商检拍摄的录像。如果……""不！不！对商检公证机关的结论，我们是相信的，我们是说贵国是否能够做出适当让步。否则，我们无法向公司交待。"日方在中方所提质量问题攻势下，及时调整了谈判方案，采用以柔克刚的手法，向对方踢皮球，但不管怎么说，日方在质量问题上设下的防线已被攻克了。这就为中方进一步提出索赔价格要求打开了缺口。随后，对FP—148货车损坏归属问题上取得了一致的意见。日方一位部长不得不承认，这属于设计和制作上的质量问题所致。初战告捷，但是我方代表意识到更艰巨的较量还在后头。索赔金额的谈判才是根本性的。

随即，双方谈判的问题升级到索赔的具体金额上——报价，还价，提价，压价，比价，一场毅力和技巧较量的谈判竞争展开了。中方主谈代表擅长经济管理和统计，精通测算。他翻阅了许多国内外的有关资料，甚至在技术业务谈判中，他也不凭大概和想当然，认为只有事实和科学的数据才能服人。此刻，在他的纸笺上，在大大小小的索赔项目旁，写满了密密麻麻的阿拉伯数字。这就是技术业务谈判，不能凭大概，只能依靠科学准确的计算。根据多年的经验，他不紧不慢地提出："贵公司对每辆车支付加工费是多少？这项总额又是多少？""每辆车10万日元，计4.84亿日元。"日方接着反问道："贵国报价是多少？"中方立即回答："每辆16万日元，此项共计9.4亿日元。"精明强干的日方主谈人淡然一笑，与其副手耳语了一阵，问："贵国报价的依据是什么？"中方主谈人将车辆损坏后各部件需如何修理、加固、花费多少工时等逐一报价。"我们提出的这笔加工费并不高。"接着中方代表又用了欲擒故纵的一招："如果贵公司感到不合算，派员维修也可以。但这样一来，贵公司的耗费恐怕是这个数的好几倍。"这一招很奏效，顿时把对方将住了。日方被中方如此精确的计算所折服，自知理亏，转而以恳切的态度征询："贵国能否再压低一点。"此刻，中方意识到，就具体数目的实质性讨价还价开始了。中方答道："为了表示我们的诚意，可以考虑贵方的要求，那么，贵公司每辆出价多少呢？""12 万日元"日方回答。"13.4 万日元怎么样？"中方问。"可以接受"。日方深知，中方在这一问题上已做出了让步。于是双方很快就此项索赔达成了协议。日方在此项目费用上共支付 7.76 亿日元。

然而，中日双方争论索赔的最大数额的项目却不在此，而在于高达几十亿日元的间接经济损失赔偿金。在这一巨大数目的索赔谈判中，日方率先发言。他们也采用了逐项报价的做法，报完一项就停一下，看看中方代表的反应，但他们的口气却好似报出的每一个数据都是不容打折扣的。最后，日方统计可以给中方支付赔偿金 30 亿日元。中方对日方的报价一直沉默不语，用心揣摩日方所报数据中的漏洞，把所有的"大概"、"大约"、"预计"等含糊不清的字眼都挑了出来，有力地抵制了对方所采用的浑水摸鱼的谈判手段。

在此之前，中方谈判班子昼夜奋战，液晶体数码不停地在电子计算机的荧光屏上跳动着，显示出各种数字。在谈判桌上，我方报完每个项目的金额后，讲明这个数字测算的依据，在那些有理有据的数字上，打的都是惊叹号。最后我方提出间接经济损失费 70 亿日元！

日方代表听了这个数字后，惊得目瞪口呆，老半天说不出话来，连连说："差额太大，差额太大！"于是，进行无休止的报价、压价。

"贵国提的索赔额过高，若不压半，我们会被解雇的。我们是有妻儿老小的……"日方代表哀求着。老谋深算的日方主谈人使用了哀兵制胜的谈判策略。

"贵公司生产如此低劣的产品，给我国造成多么大的经济损失啊！"中方主谈接过日方的话头，顺水推舟地使用了欲擒故纵的一招："我们不愿为难诸位代表，如果你们作不了主，请贵方决策人来与我们谈判。"双方各不相让，只好暂时休会。这种拉锯式的讨价还价，对双方来说是一种毅力和耐心的较量。因为谈判桌上，率先让步的一方就可能被动。

随后，日方代表急用电话与日本 S 公司的决策人密谈了数小时。接着谈判重新开始了，此轮谈判一接火就进入了高潮，双方舌战了几个回合，又沉默下来。此时，中方意识到，己方毕竟是实际经济损失的承受者，如果谈判破裂，就会使己方获得的谈判成果付诸东流；而要诉诸法律，麻烦就更大。为了使谈判已获得的成果得到巩固，并争取有新的突破，适当的让步是打开成功大门的钥匙。中方主谈人与助手们交换了一下眼色，率先打破沉默说："如果贵公司真有诚意的话，彼此均可适当让步。"中方主谈为了防止由于己方率先让步所带来的不利局面，建议双方采用"计分法"，即双方等量让步。"我公司愿意付 40 亿日元。"日方退了一步，并声称："这是最高突破数了。""我们希望贵公司最低限度必须支付 60 亿日元。"中方坚持说。

这样一来，中日双方各自从己方的立场上退让了 10 亿日元。双方比分相等。谈判又出现了转机。双方界守点之间仍有 20 亿日元的逆差（但一个界守点对双方来说，都是虚设的。更准确地说，这不过是双方的一道最后的争取线。该如何解决这"百米赛跑"最后冲刺阶段的难题呢？双方的谈判专家都是精明的，谁也不愿看到一个前功尽弃的局面）。几经周折，双方共同接受了由双方最后报价金额相加除以 2，即 40 亿日元的最终谈判方案。

除此之外，日方愿意承担下列三项责任。

（1）确认出售给中国的全部 FP—148 型货车为不合格品，同意全部退货，更换新车。

（2）新车必须重新设计试验，精工细作，并制作优良，并请中方专家检查验收。

（3）在新车未到之前，对旧车进行应急加固后继续使用，日方提供加固件和加固工具等。

一场罕见的特大索赔案终于公正地交涉成功了！

问题：

（1）在关于第一项议题的谈判中，中方采取的是何种策略？

（2）在关于第二项议题的谈判中，中日双方各采取了哪些策略？

【分析要求】

1. 过程要求

学生分析案例提出的问题，分别拟定《案例分析提纲》；小组讨论，形成小组《商务谈判与推销技巧案例分析报告》；班级交流并修订小组《商务谈判与推销技巧案例分析报告》，教师对经过交流和修改的各小组《商务谈判与推销技巧案例分析报告》进行点评；在班级展出附有"教师点评"的小组优秀《案例分析报告》，并将其纳入本校该课程的教学资源库。

2. 成果性要求

（1）案例课业要求：以经班级交流和教师点评的《商务谈判与推销技巧案例分析报告》为最终成果。

（2）课业的结构、格式与体例要求：参照"作业范例"《商务谈判与推销技巧案例分析报告》。

项目五　结束商务谈判

项目目标

(1) 商务谈判终结的判断方法。
(2) 商务谈判合同的特点与主要条款。
(3) 合同的签约过程及履行程序。
(4) 能在谈判进程中判断商务谈判是否应该终结。
(5) 能根据商务谈判任务签订谈判合同。

情景案例

日美谈判的启发

1970 年，美国与日本的经济贸易出现了比较大的逆差，美国总统尼克松多次要求当时的日本首相佐藤主动限制向美国出口纺织品。佐藤在去美国之前，日本一些著名人士一再劝告他："不要向美国屈服。"在这场"日美纺织品战"中，尼克松为了迫使佐藤限制纺织品出口，步步紧逼。最后，佐藤回答说道："我一定要妥善解决。"

"胜利了！"尼克松赶紧向新闻记者宣布，新闻界也为之振奋。可是过不了多久，美国报纸却又抱怨佐藤背信弃义，因为实际情况并没有什么改变。其实，日本根本就没打算主动限制对美国的纺织品出口。佐藤最后说的那句话，应该说既是表示了否定态度，也是出于给美国总统"留下面子"。日本人的这种思考方式可以从日本著名社会学家铃木明说过的话中得到证明："日语中的双关词，是日本民族要求和睦相处的产物。要是我们说每一句话开门见山，那势必会整天相互间争论不休。"

(资料来源：http://t.163.com/2747241748#f=topnav.)

启示： 从这个案例得到的启发是多方面的：没有签约的谈判就没有实际的谈判效果；没有签约的口头承诺就是一句空话；没有签约也容易发生误会；同时拒绝也是要讲究艺术的。(其他方面的启发可以自由讨论。)

任务一　商务谈判结束方式的选择

一、商务谈判终结的判断

商务谈判何时终结？是否已到终结的时机？这是商务谈判结束阶段极为重要的问题。谈判者必须正确判定谈判终结的时机，才能运用好结束阶段的策略。错误的判定可能会使谈判变成一锅夹生饭，已付出的大量劳动付之东流。错误的判定也可能毫无意义地拖延谈判成交，丧失成交机遇。谈判终结可以从以下四个方面判定。

1. 从谈判涉及的交易条件来判定

这个方法是指从谈判所涉及的交易条件解决状况来分析判定整个谈判是否进入终结。谈判的中心任务是交易条件的洽谈，在磋商阶段双方进行多轮的讨价还价，临近终结阶段要考察交易条件经过多轮谈判之后是否达到以下三条标准，如果已经达到，那么就可判定谈判终结。

（1）考察交易条件中的分歧数。首先，从数量上看，如果双方已达成一致的交易条件占据绝大多数，所剩的分歧数量仅占极小部分，就可以判定谈判已进入终结阶段。因为量变会导致质变，当达到共识的问题数量已经大大超过分歧数量时，谈判性质已经从磋商阶段转变为终结阶段，或者说成交阶段。其次，从质量上看，如果交易条件中最关键最重要的问题都已经达成一致，仅余留一些非实质性的无关大局的分歧点，就可以判定谈判已进入终结阶段。谈判中关键性问题常常会起决定性作用，也常常需要耗费大量的时间和精力。谈判是否即将成功，主要看关键问题是否达成共识。如果仅仅在一些次要问题上达成共识，而关键性问题还存在很大差距，是不能判定进入终结阶段的。

（2）考察谈判对手交易条件是否进入己方成交线。成交线是指己方可以接受的最低交易条件，是达成协议的下限。如果对方认同的交易条件已经进入己方成交线范围之内，谈判自然进入终结阶段。因为双方已经出现在最低限度达成交易的可能性，只有紧紧抓住这个时机，继续努力维护或改善这种状态，才能实现谈判的成功。当然己方还想争取到更好一些的交易条件，但是己方已经看到可以接受的成果，这无疑是值得珍惜的宝贵成果，是不能轻易放弃的。如果能争取到更优惠的条件当然更好，但是考虑到各方面因素，此时不可强求最佳成果而重新形成双方对立的局面，使有利的时机丢掉。因此，谈判交易条件已进入己方成交线时，就意味着终结阶段的开始。

（3）考察双方在交易条件上的一致性。谈判双方在交易条件上全部或基本达成一致，而且个别问题如何做技术处理也达成共识，可以判定终结的到来。首先，双方在交易条件达成一致，不仅指价格，而且包括对其他相关的问题所持的观点、态度、做法、原则都有了共识。其次，个别问题的技术处理也应使双方认可。因为个别问题的技术处理如果不恰当，不严密，有缺陷，有分歧，就会使谈判者在协议达成后提出异议，使谈判重燃战火，甚至使已达成的协议被推翻，使前面的劳动成果付之东流。因此，在交易条件基本达成一致的基础上，个别问题的技术处理也达成一致意见，才能判定终结的到来。

2. 从谈判时间来判定

谈判的过程必须在一定时间内终结，当谈判时间即将结束，自然就进入终结阶段。受时间的影响，谈判者调整各自的战术方针，抓紧最后的时间做出有效的成果。时间判定有以下三种标准。

（1）双方约定的谈判时间。在谈判之初，双方一起确定整个谈判所需要的时间，谈判进程完全按约定的时间安排，当谈判已接近规定的时间时，自然进入谈判终结阶段。双方约定多长时间要看谈判规模大小、谈判内容多少、谈判所处的环境形势，以及双方政治、经济、市场的需要和本企业利益。如果双方实力不是差距很大，有较好的合作意愿，紧密配合，利益差异不是很悬殊，就容易在约定时间内达成协议，否则就比较困难。按约定时间终结谈判对双方都有时间的紧迫感，促使双方提高工作效率，避免长时间地纠缠一些问题而争辩不休。如果在约定时间内不能达成协议，一般也应该遵守约定的时间将谈判告一段落，或者另约时间继续谈判，或者宣布谈判破裂，双方再重新寻找新的合作伙伴。

（2）单方限定的谈判时间。由谈判一方限定谈判时间，随着时间的终结，谈判随之终结。在谈判中占有优势的一方，或是出于对己方利益的考虑需要在一定时间内结束谈判；或是还有其他可选择的合作者，因此请求或通告对方在己方希望的时限内终结谈判。单方限定谈判时间无疑对被限定方施加某种压力，被限定方可以随从，也可以不随从，关键要看交易条件是否符合己方谈判目标，如果认为条件合适，又不希望失去这次交易机会，可以随从，但要防止对方以时间限定向己方提出不合理要求。另外，也可利用对方对时间限定的重视性，向对方争取更优惠的条件，以对方优惠条件来换取己方在时间限定上的配合。如果以限定谈判时间为手段向对方施加不合理要求，会引起对方的抵触情绪，破坏平等合作的谈判气氛，从而造成谈判破裂。

（3）形势突变的谈判时间。本来双方已经约定好谈判时间，但是在谈判进行过程中形势发生突然变化，如市场行情突变、外汇行情大起或大落、公司内部发生重大事件等，谈判者突然改变原有计划，比如要求提前终结谈判。这是由于谈判的外部环境是在不断发展变化，谈判进程不可能不受这些变化的影响。

3. 从谈判策略来判定

谈判过程中有多种多样的策略，如果谈判策略实施后决定谈判必然进入终结，这种策略就称为终结策略。终结策略对谈判终结有特殊的导向作用和影响力，它表现出一种最终的冲击力量，具有终结的信号作用。常见的终结策略有以下几种。

（1）最后立场策略。谈判者经过多次磋商之后仍无结果，己方阐明己方最后的立场，讲清只能让步到某种条件，如果对方不接受，谈判即宣布破裂；如果对方接受该条件，那么谈判成交。这种最后立场策略可以作为谈判终结的判定。己方阐明自己最后立场，成败在此一举，如果对方不想使谈判破裂，只能让步接受该条件。如果双方并没有经过充分的磋商，还不具备进入终结阶段的条件，己方提出最后立场就含恐吓的意味，让对方俯首听从，这样并不能达到预期目标，反而过早地暴露己方最低限度条件，使己方陷入被动局面，这是不可取的。

（2）折中进退策略。折中进退策略是指将双方条件差距之和取中间条件作为双方共同前进或妥协的策略。例如，谈判双方经过多次磋商互有让步，但还存在残余问题，而谈判时间已消耗很多，为了尽快达成一致实现合作，己方提出一个比较简单易行的方案，即双方都以同样的幅度妥协退让，如果对方接受此建议，即可判定谈判终结。

折中进退策略虽然不够科学，但是在双方很难说服对方，各自坚持己方条件的情况下，也是寻求尽快解决分歧的一种方法。其目的就是化解双方矛盾差距，比较公平地让双方分别承担相同的义务，避免在残余问题上过多地耗费时间和精力。

4. 以谈判者发出的信号来判定

收尾在很大程度上是一种掌握火候的艺术。通常会发现，一场谈判旷日持久却进展甚微，然后由于某种原因大量的问题会神速地得到解决，双方互作一些让步，而最后的细节在几分钟内即可拍板。一项交易将要明确时，双方会处于一种即将完成的激活状态，这种激活状态的出现，往往由于己方发出成交信号所致。

各个谈判者使用的成交信号是不尽相同的，但常见的有以下几种。

（1）谈判者用最少的言辞阐明自己的立场，谈话中表达出一定的承诺意愿，但不包含讹诈的成分。比如，"好，这是我最好的主张，现在就看你的了"。

（2）谈判者所提的建议是完整的，绝对的。没有不明确之处。这时，如果他们的建议未被接受，除非中止谈判，否则没有出路。

（3）谈判者在阐述自己的立场时，完全是一种最后决定的语调。坐直身体，双臂交叉，文件放在一边，两眼紧盯对方，不卑不亢，没有任何紧张的表示。

（4）回答对方的任何问题尽可能简单，常常只回答一个"是"或"否"。使用短语，很少谈论据，表明确实没有折中的余地。

（5）一再向对方保证，现在结束谈判对他有利，并告诉他一些好的理由。

发出这些信号，目的是为了使对方行动起来，脱离勉勉强强或优柔寡断的状态，促成谈判达成一致协议。这时应注意，不要过分地使用高压政策，否则有些谈判对手会退步；不要过分地表示出你希望成交的热情，否则对方就会寸步不让，反而向你进攻。

二、商务谈判成交的促成

1. 成交机会的把握

谈判双方在谈判了无数个回合后，双方该让步的也都让步了，该减价的也都减价了，此时谈判到了关键的时刻，必须把握成交的机会。当双方都认为对方已作出了能够作出的让步，再谈下去也不会有什么新结果时，这时成交的机会就到了，谈判也就该结束了。

那么如何判断对方有成交的愿望呢？主要从以下几个方面判断。

（1）对方由对一般问题的探讨延伸到对细节的探讨。例如，当向客户推销某种商品时，客户忽然问："你们的交货期是多长时间？"这是一种有意表现出来的成交迹象，要抓住时机明确地要求其购买。

（2）以建议的形式表示他的遗憾。当客户仔细打量、反复查看商品后，像是自言自语地说："要是再加上一个支架就好了。"这说明客户对商品很中意，但却发现有不理想的地方，但只是枝节问题或小毛病，无碍大局。这时最好马上承诺作一些修改，同时要求与其成交。

（3）当介绍商品的使用功能时，客户随声附和，接过话头来，讲得甚至更具体时，这也是可能成交的信号。这时就要鼓励客户试用一下。例如，当向客户介绍某一种研磨器时，对方说："我以前也曾用过类似的，但功能没有这么多，你这东西能打豆浆吗？要是那样的话，每天都可以喝新鲜的豆浆了，还可以节省几分钟的时间。"接下来就是如何接过他的话题了。

（4）当对方的谈判小组成员开始由紧张转向松弛，相互之间会意地点头、用眼睛示意时，这也许就是在向己方表示："我们可以成交了。"

2. 商务谈判成交的促成

在商务谈判中，成交是商务谈判的关键。和一位客户谈判了很长时间，但是最终还是没有达成交易，这样的事情随处可见。我们要学习抓住成交的技巧，在谈判桌上促使对方尽快签约。

（1）谈判的焦点是利益而不是立场。德国著名的社会学家韦伯在研究欧洲工业资本主义兴起的根源时认为，在资本主义社会里，社会行动的基本形态是"目的理性"的概念。在谈判中"目的理性"指的是要坚持根本利益。在关系与利益之间，利益是根本所在，也是谈判者应该追求的最终目的。各自坚持自己的利益原则是对的，但是每个人在坚持自己利益原则的基础上，也要从对方的利益上考虑问题，而不是坚持自己的立场，反对对方的立场。

【案例5.1】 管理员的妙招

在图书馆里两个读者之间发生了争吵。其中的一个想把窗户打开，而另一个则坚持不能开窗，两人吵了半天也没有结果。这时，图书馆管理员走了过来，问其中的一个人为什么要开窗户，他回答说想呼吸新鲜空气；问另一个人为什么要关窗户，对方说不想吹风。图书馆管理员思索了一下，便去打开隔壁房间的一扇窗户。结果既没有风吹进来，室内也有了新鲜的空气。争吵的双方都感到满意。

（资料来源：黄卫平，董丽丽. 国际商务谈判. 2版. 北京：机械工业出版社，2012.）

分析： 在这个事件中，争吵的双方之所以陷入了僵局，是因为双方把焦点都放在了各自的立场上。"打开窗户"和"关紧窗户"两者显然是对立的，双方顽固地坚持自己的立场而没有考虑各自的利益，是两者矛盾的症结所在。而图书管理员由于注意到了"要呼吸新鲜空气"和"不想吹风"两种利益，从而想出了调解的办法，使双方的需求都得到了满足。可见，在谈判中要找到双方的利益所在，而不是在各自的立场上斤斤计较。

利益是隐藏在立场分歧背后的原动力，表面的立场是当事人决定做的某一件事情或结论，而利益却是导引当事人作决定或结论的原因。在谈判过程中应当调和的是双方的利益，而不是双方的立场，这就需要把注意力放在立场背后的实质利益上。

（2）造足优势法。造足优势法是指在谈判中发挥和创造有利于己方的态势，以便使谈判对手认识到己方的足够优势，从而在谈判中占据主动地位，并依靠强大的实力促成谈判。

在谈判中要善于挖掘己方的优势，展现己方的优势。将己方的优势提炼成易懂、易记的几个方面，如自己产品的先进性、唯一性、市场性、成长性和高利性等，能让对方感知投资合作的可行性，这就是依靠优势吸引对方。当某种优势形成以后，在谈判中既能给对方造成深刻的印象，又能激发对方的成交心理，从而加大了谈判成功的概率。

（3）运用专业知识。在谈判过程中，当用专业知识来回击对手时，往往会显得更加有力。因为专业知识是不可替代的，如果对手要反驳，那么他也同样要具备如此深厚的专业知识。人们往往对专家的结论不质疑，专业性的结论、论点都是十分有分量的。

【案例5.2】 "专业"的效用

甲在装修房屋时，坚持要用一种他认为非常漂亮的壁纸，但是不确定这种壁纸是否和家具相配。而装修设计师却认为其创意已经过时，这时甲发现其装修设计师登上了最新一期的室内设计杂志封面时，甲的自信心立刻消失了。因为甲完全相信其装修设计师是这个行业的顶尖人物，其意见是不容忽视的。

在谈判过程中，要表现得像一个顶尖的专业人员，具有相当的专业素养，因为谈判对手对专家同样抱有好感，特别是当谈判对手缺少相应的专业素养和专业知识时，他们就会放弃自己那些"被我们认为"幼稚可笑的想法，不再坚持自己的立场。

（4）善于造势。造势是商务谈判中不可缺少的组成部分，它服务于谈判的整体目标。造势往往能起到化难为易、变被动为主动的作用，使谈判活动获得意想不到的成功。造势应尽可能利用各种环境、人物、事件，利用人们关心的载体，造成声势浩大的印象。例如我国许多企业利用北京举办奥运会为自己造势，打开了其营销局面。

（5）参与说服法。谈判的双方一般都是各执一词，互不相让，各自坚持各自的立场。而要说服对方，就必须使对方在某些方面参与到己方的工作中，使对方认为这项工作有其贡献，使其自觉自愿地接受己方的建议。

【案例 5.3】   纽约布鲁克林的一家医院计划购买一套 X 光设备

许多厂商纷纷派人前来介绍产品，负责 X 光部门的 A 医生不胜其烦。但是有一家厂商只来了一封信，信中说："我们厂最近刚制成一套 X 光设备，这套设备并非尽善尽美，为了进一步改进，我们非常诚恳地请您前来指教。为了不耽误您的时间，请随时和我们联系，我们会马上开车去接您。"A 医生十分惊讶，因为以前从未有厂商询问过他的意见。他去看了那套设备，并提了一些无关紧要的意见，厂方立刻作了小小的改进。A 医生很喜欢这套自己发表过意见的设备，于是决定买下这套设备。

在那家厂商的巧妙攻势下，原来的对手成了同盟者，一切障碍将由 A 医生清除，如去说服医院董事会和院长等。为此，A 医生还准备了翔实的资料，因为他觉得买下的这套设备是他"自己的主意"。

（资料来源：黄卫平，董丽丽. 国际商务谈判. 2 版. 北京：机械工业出版社，2012.）

（6）诱导对方走向肯定。谈判是一种磋商的过程，这种过程常常是在辩论中达成共识的。辩论是通向真理的桥梁，是实现共同妥协的基础，而谈判多半是冲突立场的协调。如果谈判者之间的立场、观点、利益完全一致，也就无需谈判了。谈判者在辩论中，通过自己的技巧提问，诱导对方不断地认可，也就是常说的"苏格拉底式的回答法"。运用这种回答方法，可以出其不意地击溃对方的心理防线，使其不自觉地倒向己方。在辩论中有经验的谈判者决不会轻易地肯定对方的观点。所以，在谈判的开始期间，最好不要锋芒毕露，而应顺应对方的思路，拐弯抹角地诱导对方走向己方事先设计好的思路，使其在不知不觉中肯定己方的立场、观点和方案。

三、商务谈判终结前应注意的问题

1. 回顾总结前阶段的谈判

在交易达成的会谈之前，应进行最后的回顾和总结，其主要内容如下。

（1）是否所有的内容都已谈妥，是否还有一些未能解决的问题，以及对这些问题的最后处理方案。

（2）所有交易条件的谈判结果是否已经达到己方期望的交易结果或谈判目标。

（3）最后的让步的项目和幅度。

（4）采用何种特殊的结尾技巧。

（5）着手安排交易记录事宜。

回顾的时间和形式取决于谈判的规模。它可以安排在一天谈判结束后休息时间里，也可安排在一个正式会议上。谈判者在对谈判的基本内容回顾总结之后就要对全面交易条件进行最后确定，双方都需要做最终的报价和最后的让步。

2. 最终报价及最后让步

(1) 最终报价。最终报价时，谈判者要非常谨慎。因为，报价过早会被对方认为还有可能做另一次让步，等待再得到获取利益的机会。报价过晚，会对局面已不起作用或影响太小。为了选好时机，最好把最后的让步分成两步走：主要部分在最后期限之前提出，刚好给对方留下一定的时间回顾和考虑；次要让步，如果有必要的话，应作为最后的"甜头"，安排在最后时刻做出。

(2) 最后让步时，要注意如下几点。

1) 严格把握最后让步的幅度。

2) 最后让步幅度大小必须足以成为预示最后成交的标志。在决定最后让步幅度时，主要因素是看对方接受让步的这个人在其组织中的级别。合适的让步幅度是：对较高职位的人，刚好满足维护他的地位和尊严的需要；对较低职位的人，以使对方的上司不至于指责他未能坚持为度。

3) 最后的让步和要求同时并存。

除非己方的让步是全面接受对方的最后要求，否则必须让对方知道，不管在己方做出最后让步之前或做出让步的全过程，都希望对方予以响应，做出相应的让步。谈判者向对方发出这种信号的方法如下。

a) 谈判者做出让步时，可示意对方这是他本人意思，这个让步很可能受上级的批评，所以要求对方予以相应的回报。

b) 不直接地给予让步，而是指出他愿意这样做，但要以对方的让步作为交换。

3. 谈判记录及整理

在谈判中，双方一般都要做洽谈记录。重要的内容要点应交换整理成简报或纪要，向双方公布，这样可以确保协议不致以后被撕毁。因为，这种文件具有一定的法律效力，在以后可能发生的纠纷中尤为有用。

在一项长期而复杂、有时甚至要延伸到若干次会议的大型谈判中，每当一个问题谈妥之时，都需要通读双方的记录，查对是否一致，不应存在任何含混不清的地方，在激烈的谈判中尤为必要。一般谈判者都争取己方做记录，因为谁保存记录，谁就掌握一定的主动权。如果对方向己方出示其会谈记录，那就必须认真检查、核实。因为，如果有错误的记录予以公布，同样具有法律力量，可作为谈判的原始记录存档。因此，在签约前，谈判者必须对双方的谈判记录进行核实。这种核实包括两方面：一是核实双方的洽谈记录是否一致。应认真查看对方记录，将自己的记录与对方的加以比较，若发生偏差，就应加以指出，要求修正。二是要查对双方洽谈的记录的重点是否突出、正确。检查之后的记录是起草书面协议的主要依据。

四、商务谈判的可能结果及结束方式

1. 商务谈判结果的各种可能

商务谈判结果可以从两个方面看：一是双方是否达成交易；二是经过谈判双方关系发生

何种变化。这两个方面是密切相关的，我们根据这两个方面的结果联系起来分析，可以得出六种谈判结果。

（1）达成交易，并改善了关系。双方谈判目标顺利完成，并且实现交易，双方关系在原有基础上得到改善，促进今后进一步的合作。这是最理想的谈判结果，既实现了眼前利益，又为双方长远利益发展奠定了良好基础。要想实现这种结果，双方首先要抱着真诚合作的态度进行谈判，同时谈判中双方都能为对方着想并做出一定的让步。

（2）达成交易，但关系没有变化。双方谈判结果是达成交易，但是双方关系并没有改善也没有恶化。这也是不错的谈判结果。因为双方力求此次交易能实现各自利益，并且没有刻意去追求建立长期合作关系，也没有太大的矛盾造成不良后果，双方平等相待，互有让步，实现交易成功。

（3）达成交易，但关系恶化。虽然达成交易，但是双方付出了一定的代价，双方关系遭到一定的破坏或是产生阴影。这种结果从眼前利益来看是不错的，但是对今后长期合作是不利的，或者说是牺牲双方关系换取交易成果。这是一种短期行为，"一锤子买卖"，对双方长远发展没有好处，但为了眼前的切实利益而孤注一掷也可能出于无奈。

（4）没有成交，但改善了关系。为双方成功合作奠定了良好的基础。

（5）没有成交，关系也没有变化。这是一次毫无结果的谈判，双方既没有达成交易，也没有改善或恶化双方关系。这种近乎平淡无味的谈判没有取得任何成果，也没有造成任何不良后果。双方都彬彬有礼地坚持己方的交易条件，没有做出有效的让步，也没有激烈的相互攻击，在今后的合作中也有可能进一步发展双方关系。

（6）没有成交，但关系恶化。这是最差的结果，谈判双方在对立的情绪中宣布谈判破裂。双方既没有达成交易，又使原有关系遭到破坏；既没有实现眼前的实际利益，也对长远合作关系造成不良的影响。这种结果是谈判者不愿意看到的，所以应该避免这种结果出现。当然在某种特殊环境中特殊情况下，出于对己方利益的保护，对己方尊严的维护，坚持己方条件不退让，并且反击对方的高压政策和不合理要求，虽然使双方关系恶化，也是一种迫不得已的做法。

2. 商务谈判结束的方式

商务谈判结束的方式不外乎三种：成交、破裂、中止。

（1）成交。成交即谈判双方达成协议，交易得到实现。成交的前提是双方对交易条件经过多次磋商达成共识，对全部或绝大部分问题没有实质上的分歧。成交方式是双方签订具有高度约束力和可操作性的协议书，为双方的商务交易活动提供操作原则和方式。由于商务谈判内容、形式、地点的不同，因此成交的具体做法也是有区别的。

（2）中止。中止谈判是谈判双方因为某种原因未能达成全部或部分成交协议而由双方约定或单方要求暂时终结谈判的方式。中止如果是发生在整个谈判进入最后阶段，在解决最后分歧时发生中止，就是终局性中止，并且作为一种谈判结束的方式被采用。中止可分为有约期中止与无约期中止。

1）有约期中止。有约期中止谈判是指双方在中止谈判时对恢复谈判的时间予以约定的中止方式。如果双方认为成交价格超过了原规定计划或让步幅度超过了预定的权限，或者尚需等上级部门的批准，使谈判难以达成协议，而双方均有成交的可能，于是经过协商，一致同意中止谈判。这种中止是一种积极姿态的中止，它的目的是促使双方创造条件最后达成协议。

2）无约期中止。无约期中止谈判是指双方在中止谈判时对恢复谈判的时间无具体约定的中止方式。无约期中止的典型是冷冻政策。在谈判中，或者由于交易条件差距太大，或者由于特殊困难存在，而双方又有成交的需要而不愿使谈判破裂，双方于是采用冷冻政策暂时中止谈判。此外，如果双方对造成谈判中止的原因无法控制时，也会采取无约期中止的做法。例如，涉及国家政策突然变化，经济形势发生重大变化等超越谈判者意志之外的重大事件时，谈判双方难以约定具体的恢复谈判的时间，只能表述为"一旦形势许可"、"一旦政策允许"，然后择机恢复谈判。这种中止双方均出于无奈，对谈判最终达成协议造成一定的干扰和拖延，是被动式中止方式。

（3）破裂谈判。破裂是指双方经过最后的努力仍然不能达成共识和签订协议，交易不成，或友好而别，或愤然而去，从而结束谈判。谈判破裂的前提是双方经过多次努力之后，没有任何磋商的余地，至少在谈判范围内的交易已无任何希望，谈判再进行下去已无任何意义。谈判破裂依据双方的态度可分为友好破裂结束谈判和对立破裂结束谈判。

1）友好破裂结束谈判。友好破裂结束谈判是指双方互相体谅对方面临的困难，讲明难以逾越的实际障碍而友好地结束谈判的做法。在友好破裂方式中，双方没有过分的敌意态度，只是各自坚持自己的交易条件和利益，在多次努力之后最终仍然达不成协议。双方态度始终是友好的，能充分理解对方的立场和原则，能理智地承认双方的客观利益上的分歧，对谈判破裂抱着遗憾的态度。谈判破裂并没有使双方关系破裂，反而通过充分的了解和沟通，产生了进一步合作的愿望，为今后双方再度合作留下可能的机会。我们应该提倡这种友好的破裂方式。

2）对立破裂结束谈判。对立破裂结束谈判是指双方或单方在对立的情绪中愤然结束未达成任何协议的谈判。造成对立破裂的原因有很多，如对对方的态度强烈不满，情绪激愤；在对待对方时不注意交易利益实质性内容，较多责怪对方的语言、态度和行为；一方以高压方式强迫对手接受己方条件，一旦对方拒绝，便不容商量断然破裂；双方条件差距很大，互相指责对方没有诚意，难以沟通和理解，造成破裂。不论何种原因，造成双方在对立情绪中使谈判破裂毕竟不是好事，这种破裂不仅没有达成任何协议，而且使双方关系恶化，今后很难再次合作。所以，在破裂不可避免的情况下，首先要尽力使双方情绪冷静下来，不要使用过激的语言，尽量使双方能以友好的态度结束谈判，至少不要使双方关系恶化；其次，要摆事实讲道理，不要攻击对方，要以理服人，以情感人，以礼待人，这样才能体现出谈判者良好的修养和风度。

任务二　签订商务谈判备忘录

备忘录顾名思义是商务谈判中用来记录和提示谈判成果和进程的公文，是商务谈判中不可少的一种文书。在经济活动中，备忘录的签订往往是解读谈判的重要指南，特别是跨国公司之间签订的备忘录，甚至会对某个行业的发展产生重大的影响。

一、备忘录的含义、特点及类型

1. 备忘录的含义和用途

备忘录是一种录以备忘的公文，常常用来记录有关活动或事务，或就其某个问题提出自己的意见和看法，启发或提醒对方以免忘却的一种记事性文书。备忘录是公文函件中等级比较低的公文。在商务中，它一般用来补足正式文件的不足。

备忘录可以用于个人事务的记录，也可以作为商务谈判或企业合作的记录。

2. 备忘录的特点

（1）事务性。备忘录所记录的事情有两类：一类是如实记录现实中曾经发生过的真相，如记录商务谈判中双方的承诺，一致或不一致的意见等；另一类是提前记下计划办理的事项。如总经理的要求备忘录、重要活动安排备忘录等。

（2）提醒性。即具有某件事情提示当事人避免忘却的特性。

3. 备忘录的类型

备忘录可分为如下三种类型。

（1）个人备忘录。这是属于个人事务的备忘录，记录的事情其他人不参与。

（2）交往式备忘录。这是记录人际交往活动的备忘录，这种备忘录必须真实地记录各种情况，包括对当事人有利或不利的情况。商务谈判备忘录就是其中的一种。

（3）计划式备忘录。即提醒将来所要做之事的备忘录。

二、商务谈判备忘录的撰写

1. 备忘录的结构

（1）标题（Heading）。商务谈判备忘录标题通常有两种写法：一种直接写文种名称，即《备忘录》；另一种由单位、事由和文种组成，如《××公司与××集团公司合作开发机电产品会谈备忘录》。

（2）正文（may）。商务谈判备忘录正文一般有三个要点：导言、主体和结尾，分别介绍如下。

导言。记录谈判的基本情况，包括双方单位名称、谈判代表姓名（与外商谈判须注明国别）、会谈时间、地点、会谈项目等。

主体。记录双方谈判情况，包括讨论的事项、一致或不一致的意见、观点和作出的有关承诺。主体内容的记录类似于意向书的写法，通常采用分条列项式记录。

结尾。备忘录一般不另写结尾。

（3）落款（Signature）。由参加谈判的各方代表签字认可并标明时间。

2. 备忘录的案例参考

合 作 备 忘 录

甲方：代表：

乙方：代表：

为更好地贯彻落实科教兴国的方针，积极推进教育体制改革，适应新形势下社会发展对人才的需求，××市××教育投资有限公司（以下简称甲方）和盛世宏扬教育（以下简称乙方）是××理工学院、××中医药大学在××市的教学站点就合作招生等事宜，经双方友好协商，本着平等互利，真诚合作的原则达成如下协议。

一、性质及办学层次

二、招生专业（见当年教育行政部门的招生计划和招生简章。）

略。

三、毕业

取得学籍的学员，修完教学计划规定的全部课程，所有科目考试考查合格并通过毕业鉴定，即可获得全国上网、电子注册的成人教育专、本科毕业证书，国家承认其学历。

四、甲方职责

（1）确保招生录取计划指标的落实，并按当年的招生政策和程序作好录取工作。

（2）制订符合专业特点及其培养目标的教学计划，确保面授时间的安排及考试考查等教学活动的正常进行。

（3）建立和管理学生学籍。

（4）对符合毕业条件的学生颁发证书，对优秀毕业生进行表彰，对不符合条件的学生，按学籍管理规定发给结业证、肄业证或成绩证明。

（5）全权负责考生赴长沙或岳阳参加全国统考的各项事宜，乙方应全力配合。

（6）负责为乙方提供教材。

五、乙方职责

（1）乙方应根据自身资源开展招生、教学工作。

（2）乙方按国家教育方针和有关教育行政法规的规定开展工作。

（3）招生合作有效期内，认真地做好招生宣传咨询工作和报告登记事宜。

（4）在有效期内免费参加甲方举办的各类业务培训。

（5）乙方在进行招生宣传和解答时，乙方须按甲方提供宣传材料进行。

（6）乙方应及时将学生报名表及咨询报名情况以传真或电子邮件方式反馈给甲方，以便甲方存档并办理学员入学手续。乙方保留甲方反馈的确认传真和邮件，作为结算劳务费的依据。

（7）乙方自主经营，自负盈亏，独立核算，独立承担经济法律责任。

略。

六、授权范围的限制

乙方作为甲方的招生合作伙伴，应遵守以下规定。

（1）遵守本协议的规定。

（2）不得过分承诺甲方做不到的事情，不得做超范围的许诺和虚假宣传，若需对外做广告时，广告内容宣传发布之前必须经甲方审批同意方可发布。未经甲方同意，乙方私自发布广告，一切后果由乙方全部承担，同时甲方将终止与乙方的合作关系。

（3）乙方不得以甲方名义收取任何费用，或从事欺诈活动。

（4）乙方所招学生，学生所交的一切费用必须到指定的学习中心处交纳。未经许可，乙方不得擅自收取任何费用；乙方如擅自收取学生学费等一切费用，则出现任何民事责任和刑事责任全部由乙方承担，与甲方无关，甲方不承担任何民事责任和刑事责任。

下略。

甲方（公章）　　　　　　　　　　乙方（公章）

代表（签字）　　　　　　　　　　代表（签字）

201　年　月　日　　　　　　　201　年　月　日

（资料来源：陈丽清，何晓媛. 商务谈判理论与实务. 北京：电子工业出版社，2011.）

3. 备忘录注意事项

（1）注意商务谈判纪要与商务谈判备忘录的区别。一是效力不同。商务谈判纪要一经双方签字，就具有一定的约束力；而商务谈判备忘录没有约束力，只起提示备忘作用。二是内容不同。商务谈判纪要中记录的主要是谈判双方达成的主要的一致意见；而商务谈判备忘录中所记载的则不一定是谈判达成的一致意见，可能是为了下一次谈判、洽谈或磋商而提示的问题。

（2）内容要翔实、具体而完备。商务谈判备忘录应当完整地记录前期谈判的所有内容，记录取得一致意见和为达成一致意见的项目，以备日后查阅。因此，遗漏和省略任何项目都是错误和失误的。

（3）语言要朴实、客观、准确。要明确商务谈判备忘录是一种商务公文，因此语言要力求精炼、客观，一般用第三人称记录，不能夸大其词，也不能有推测和揣摩之意，同时此类文体也无须过多华丽辞藻的修饰言语，做到准确、客观、朴实即可。

任务三　签订商务谈判合同

一、商务谈判合同的特征

国际商务合同由于其当事人、客体、内容及其纠纷的解决都具有涉外因素，因而无论在内容上还是在表现形式上都与国内经济合同有差异。这些差异决定了国际商务合同有其独有的特征，主要表现在以下几个方面。

（1）国际商务合同中首先是中外双方当事人之间的一种协议。双方当事人彼此受对方国家法律的管理和支配，他的各种资源和能力也要依外国法律规定来认定。同时，由于合同标的必须跨越国界，也就必然涉及各种进出海关的手续、许可证和支付结算问题以及工业产权的国际保护问题。

（2）国际商务合同涉及两个国家之间的经济交往，与双方所属国家的利益密切相关，往往受到国家之间政治关系的影响。

（3）国际商务合同由于主体国籍不同，这就涉及适用法律的问题。对于认定当事人的合同能力要适用属人原则，对确认合同关系要适用当事人选择的国家法律或与合同有密切联系的国家的法律。如果当事人在履行过程中发生争议，就涉及争议处理的管辖权问题。这在合同中应予以明确。

（4）国际商务合同反映的是国家之间的经济往来关系，因此受双边条约和国际条约的支配。同时，还必须力求符合国际贸易惯例的规定。

二、谈判合同的总体构成

合同的格式与一般文章一样，由标题部分和行文部分组成，行文部分则又因文章的起承转合而相应地切分为开头部分、正文部分和结尾部分三个行文层次，这三个层次又可称为约首、条款和约尾。约首和约尾和合同的其他各项条款一样，也是书面合同的组成部分，具有法律或行政约束力。标题即为合同名称。约首包括需方、供方的单位名称（简称甲方、乙方），签订合同的日期、地点及此项经济活动的目的等，订约日期、地点不一定要放在约首，也可以放在约尾。约尾实际上是合同的补充条款或是为了工作方便而提供的信息，一般包括下列内容。

（1）本合同一式×份，供方×份，需方×份，或供需方上级各×份。

（2）合同规定生效和作废的条件与日期。一般规定合同有效期×年，自合同签订之日起生效，×年×月×日作废或履行完毕时作废；或限期前×月另行协商续订；或根据计划协商续订，或根据生产需要协商续订。

（3）双方单位的地址、电话、电报挂号。

（4）双方单位盖章。盖单位章或合同专用章。

（5）法定代表人及经办人签名盖章。

三、商务谈判合同的签约过程

合同的签订过程，也是双方当事人对合同内容进行相互协商、谈判取得一致意见的过程。这个过程概括起来，一般要经过订约提议（要约）和接受提议（承诺）两个主要步骤。

（1）要约。要约是当事人一方以缔结合同为目的，向对方提出签订经济合同的建议、要求或一种意思的表示。提出要约的一方称要约人，对方称为受约人，又称承诺人。要约人在提出要约时，除表示订立合同的愿望外，依法还必须提出合同的主要条款，以供对方考虑是否同意要约。要约中，一般还要指明等待答复的期限。要约通常有书面方式和口头方式。书面方式通过寄送订货单、书信、发电报等提出。口头方式可以由一方向另一方当面口头提出。要约是一种法律行为，在提议到达对方时发生法律效力，对要约人有法律约束力。如果要约中规定了答复期限，要约人在规定期限内要受约束。只要在规定期限内收到了对方表示接受提议的答复，要约人就有与之订立经济合同的义务。在此期间，要约人不得向第三人提出同样提议或与第三人订立此项合同；否则，由此给对方造成的损失，就要负赔偿责任。但是，在下列三种情况下，要约人可以不受原要约的约束。第一，在规定期限内收到对方拒绝接受要约的答复，或者对方做出了改变原要约主要条款的答复；第二，对方超过期限才做出同意要约的答复；第三，虽然对方是在规定期限内做出同意要约的答复，但是要约人收到答复时已经过期，并且立即将此情况通知了对方。

（2）承诺。承诺即接受要约，是受约人按照要约所指定的方式，对要约的内容表示完全同意。要约一经承诺，合同即告成立。承诺人就要承担合同规定的义务。承诺也是一种法律行为。对要约的修改、部分同意或者附有条件的接受，则不能认为是接受承诺，而应当看做是拒绝原要约而提出的新要约，这是因为它改变了原提议的内容。

作为有效的承诺，必须具备下列条件。

第一，承诺必须由受约人做出，受约人包括本人及其授权的代理人。除此之外，任何第三人即使知道要约内容，并对此做出同意的意思表示，是承诺，也不能成立合同。

第二，承诺必须在要约期间内进行。如果承诺的时间迟于要约的有效期限，称为"迟到的承诺"。迟到的承诺不是有效的承诺，而是一项新的要约，必须经原要约人承诺后方能成立合同。

第三，承诺必须与要约内容一致。如果受约人在承诺中将要约的内容加以扩充、限制或变更，这就不是原要约而是一种新的要约或反要约，它必须经原要约人承诺，方能成立合同。

第四，承诺的传递方式必须符合要约所提出的要求。如果要约人在要约中没有规定具体的传递方式，承诺人一般按照要约人采用的传递分式办理。但是，如果承诺人在要约有效期间内，采用此要约指定的或比要约采取的传递方式更快的方式做出承诺，这在法律上是允许的，要约人不能因此予以拒绝。承诺也可撤回，这是承诺人阻止承诺发生效力的一种意思表示。但是承诺的撤回必须在生效前撤回；一旦生效，合同即告成立，承诺人就不得撤回其承诺；如果撤回已生效的承诺，就是单方撕毁合同，就要承担法律责任。

任务四　商务谈判合同的履行与纠纷的处理

一、商务谈判合同的履行

谈判合同的履行应遵循下列原则。

（1）实际履行原则。实际履行也称实物履行，就是当事人必须严格按照合同所规定的标的来履行。合同写的是什么标的，就一定要交付什么标的，不能故意更换标的而用其他物品、款项代替，也不能折合现金来代替。只有当实际履行在事实上已经不可能或不必要，或者法律规定一方违约只要赔偿损失的情况下，才能仅以偿付违约金、赔偿金作为补偿，但这并不能看做是代替履行。例如在货物运输合同中，因承运方的过错，运输过程中货物丢失、短少或损坏，承运方就只能按实物的实际损失价值赔偿。不可能再以实物来履行时，才可以免除原标的履行。在贯彻实际履行原则时，应该从实际出发，不可过分机械执行原则。如在购销合同中，某些季节性强的产品，如电风扇、雨具等，供方未能按期交货，已过了销货旺季，此时供方的继续履行对需方不仅已经没有实际意义，而且还会造成积压浪费，需方可只要求供方偿付违约金、赔偿金，而不再要求交货。

（2）适当履行原则。合同的适当履行，就是当事人按照合同规定的标的，按质量、数量、期限、地点、方式、价格和包装要求等，用适当的方法全面履行合同。义务人不得以次充好，以假充真，否则权利人有权拒绝接受。当事人只有按合同的这些规定去切实履行，才是全面完成了合同任务，没有按规定去履行合同每一项条款的行为，都是违约行为。

（3）协作履行原则。协作履行原则，是指当事人双方要团结协作，互相帮助来完成经济合同规定的任务。谈判合同当事人双方各自有其规定的经济权利和经济义务，具体的经济利益也有所不同，但订立经济合同的目的则是互惠互利的，愿望是一致的。因此，当事人不仅要按实际履行和适当履行原则，承担自己的义务，应对另一方当事人履行义务表示关心，并提供方便和帮助，进行必需的督促和检查，对可能引起合同履行障碍的行为要及时提出和制止。如果在履行过程中发生分歧，双方要按照法律和合同的规定及时协商解决，避免扩大分歧、影响合同的履行。

二、商务谈判合同纠纷的处理

1. 商务谈判合同纠纷的协商

所谓合同纠纷的协商，就是在合同发生纠纷时，由双方当事人在自愿、互谅的基础上，按照《合同法》以及合同条款的有关规定，直接进行磋商，通过摆事实、讲道理，取得一致意见，自行解决合同纠纷。

双方当事人在协商解决合同纠纷的过程中，应注意以下问题。

（1）双方的态度要端正、诚恳。应本着与人为善、解决纠纷的态度去协商解决，本着实事求是的精神，既不要缩小自己的责任，也不要夸大对方的责任。

（2）通过协商达成的协议，一定要符合国家的法律、政策。否则，即使达成了协议也是无效的。为此，各个经济组织，都应是执行政策、法令的模范，任何违反政策、法令的行为都是不允许的。对在合同纠纷过程中所发现的投机倒把、买空卖空、欺诈行骗等违法行为，要毫不留情，坚决揭露。

（3）协商解决纠纷一定要坚持原则，决不允许损害国家和集体的利益，特别是不能影响国家计划的完成。

（4）协商一定要在平等的前提下进行。签订合同的双方当事人，在法律地位上都是平等的，决不允许任何一方享有特权，坚决反对以大压小，以强欺弱，对那些只要求对方履行义务，不规定自己应负责任的"霸王合同"，应予抵制。

（5）在协商解决合同纠纷中，还要防止拉关系、搞私利等不正之风。现在已经发现有些地方在协商解决合同纠纷中，出现慷国家之慨以饱私囊的情况。对于这种损害国家和集体利益的行为必须坚决反对，凡情节严重的，须依法惩处。

总之，合同双方当事人，要在坚持友好、平等、合法原则的前提下，从有利于国家利益，有利于加强团结协作，有利于发展生产经营出发，互谅互让，协商解决合同纠纷。

2. 商务谈判合同纠纷的调解

所谓合同纠纷的调解，是指发生合同纠纷时，当事人双方协商不成，根据一方当事人的申请，在国家规定的合同管理机关的主持下，通过对当事人进行说服教育，促使当事人双方相互让步，并以双方当事人自愿达成协议为先决条件，达到平息争端的目的。通过调解方法使问题得到恰当的解决，是合同管理机关解决合同纠纷的基本方法。合同纠纷的调解应按以下程序进行。

（1）提出调解申请。当合同发生纠纷时，当事人任何一方都可以向对方所在地合同管理机关申请调解。先由提出要求调解的一方填写《合同纠纷调解申请书》，要求表中的原诉单位和被诉单位的名称必须与合同中的名称一致，申诉代表人必须与合同中的签约代表一致。如果签约代表更换，或委托别人代为出面参加调解，必须在申请书中注明。

（2）接受调解申请。合同管理机关收到《合同纠纷调解申请书》之后，先进行案情登记，仔细审查合同的内容和条款有无问题。同时，要做好调查研究工作，在摸清纠纷产生的原因的基础上，决定可否受理。如果属于受理范围，方可受理。受理后，开出《合同纠纷调解通知书》二份，并随每份附空白《调处合同纠纷代表资格证明书》一份；分送发生纠纷的双方当事人，同时将原诉方的调解申请书抄件一并传送给被申诉方，通知准备答辩。最后，通知双方在指定的时间和地点进行调解。

（3）进行调解。双方参加调解的代表必须持盖有本单位公章的《调处合同纠纷代表资格证明书》。如果哪方不按规定的时间到指定的地点接受调处，即算自动接受调处协议，并即予实行。

　　调解时，要客观地、细致地、实事求是地做好当事人的思想工作，弄清纠纷的原因，双方争执的焦点和各自应负的责任。调解必须双方自愿，不得强迫，使问题得到公平合理的解决。调解结束，要制作调解笔录和调解书。

　　（4）制作调解书。合同管理机关通过调解方式达成协议后，制作具有法律效力的文书，即调解书。调解书是按自愿、合法的原则制作的，它与仲裁书具有同等的法律效力，双方当事人必须执行。

　　调解书应写明以下内容：当事人的名称、地址；代理人姓名、职务；纠纷的事实、责任；协议内容和费用的承担等。调解书由仲裁员署名，代理人签字，并加盖合同管理机关的印章，分发给双方。

　　（5）产生法律效力。调解书由双方当事人签字，合同管理机关盖章后生效，即具有法律的约束力。如果一方或双方对调解协议反悔，可以在收到调解书之日起15天内，向国家规定的管理机关申请仲裁，也可以直接向人民法院起诉。在法定期间内，若当事人收到调解书后不申请仲裁，也不起诉，当事人就应自动履行。

　　3. 商务谈判合同纠纷调解的方法

　　由于合同关系错综复杂，合同纠纷也必然会多种多样。因此，必须针对不同的情况，采取不同的调解方法。

　　（1）当面调解。这是一种比较常用的方法，主要用于工商合同。当面调解，就是请双方当事人开调解会，当面协商，兼听双方意见，鉴别有关依据，经过反复多次的协商调解后，在事实清楚、责任明确的基础上达成协议。

　　（2）现场调解。对农副产品中的鲜活品种，以及某些工业品的规格质量验收中发生的合同纠纷，召集争议双方和有关单位到现场，用合同条款和《经济合同法》的规定与实物对照的办法协商调解，这种方法解决纠纷及时准确、说服力强。

　　（3）异地合同，共同调解。对那些本地单位与外地企事业部门签订的合同所发生的经济纠纷，如果请外地当事人到所在地或仲裁机关会同本地当事人到外地调解，会有诸多不便。为有利于调解，对这种异地合同，可以发公函或派人请双方所在地的工商局会同当地有关主管部门共同配合调解，这样有利于问题的及时解决。由于有当地主管部门参加，协议也容易付诸执行。

　　（4）通过信函进行调解。对于矛盾比较单纯，是非责任比较明确，金额不大，申诉方远在省外的，就可以通过信函进行调解。但事先要根据申诉书对诉方进行调查，弄清情况，分清是非，按合同条款，取得被诉方的解决意见后，才可发函商调。这样既节省申诉方的人力、物力，也能使纠纷较快解决。

　　（5）分头解决和会合调解穿插进行。有的合同纠纷案件，事实清楚、责任分明，但申诉一方调子很高，被诉一方则推卸责任，消极应诉。对于这种情况，一般可采取分头调解，多做双方工作，进行说服疏导与法制宣传，使双方坐下来协商。这种方法有利于缓和矛盾，促进安定团结，便于纠纷顺利解决。

　　（6）根据需要分别采用开会调解和开庭调解。对案情较为简单，双方态度诚恳，容易解决纠纷的，一般都可采用开会的方式进行调解。若遇案情复杂，而且纠缠不休的经济纠纷案件，可采用单独开庭调解，如果调解达不成协议，就做好开庭判决的准备。

4. 商务谈判合同纠纷的仲裁

所谓仲裁，亦称"公断"，是指当事人双方对某一问题或事件争执不下时，由无直接利害关系的第三者，做出具有约束力的裁决。

合同纠纷的仲裁，就是由国家规定的合同管理机关，根据合同当事人的申请，对合同纠纷在查清事实、分清是非的基础上，根据法律，做出仲裁，制作仲裁决定书，交双方执行。

仲裁程序是指仲裁案件自开始至终止的过程中，有关仲裁机构、仲裁庭、仲裁员、申诉人、被诉人、其他关系人以及与法院之间的相互关系和活动的规定。从实践情况来看，我国大体是按以下程序来仲裁合同纠纷的。

(1) 提出仲裁申请。经济纠纷发生后，当事人应及时协商解决，或者请上级主管机关调解，协商不成时，可向仲裁机关提出仲裁申请。申请仲裁合同纠纷案件必须按规定内容填写并递交申请书及其副本，同时抄送被诉单位及其有关单位。

申请仲裁应从知道或应知道权利被侵害之日起一年内提出，超过期限的，一般不予受理。

(2) 接受仲裁申请。仲裁机关在接到申请书后，在进行仲裁之前，应做好以下准备工作：审查申请手续是否完备；按仲裁申请书副本送交被申请仲裁人；限期进行答辩和提出有关证据；审查被申请仲裁人的答辩和有关证据；告诉双方当事人应有的辩护和请求回避的权利。经过初步审查，认为案情重大或其他特殊理由需要由高一级仲裁机关处理的，可请求移送。

(3) 进行答辩。被诉单位在接到申请书副本的 10 天内提出书面答辩。答辩内容要针对申诉方所提出的问题，并提供人证、物证及有关材料。无论申诉或答辩都必须不夸大，不缩小，坚持实事求是的原则。

(4) 调查和取证。仲裁员必须认真审阅申诉和答辩书，进行调查研究，搜集证据，弄清纠纷发生的时间、地点、原因、经过、结果及争执的焦点等。当事人、证人、关系人在外地，需要委托所在地管理机关代为调查的，应提出调查项目和要求，受委托的管理机关应抓紧时间，认真办理，及时回复。

仲裁机关有权调阅企业与案件有关的文件档案资料和原始凭证。有的案件需要现场勘察或对物证进行技术鉴定时，应通知有关人员到场，必要时可邀请有关单位派员协助。在处理案件时，为避免造成更严重的财产损失，仲裁机关还可根据当事人的申请做出保全措施的裁定。

(5) 进行调解。仲裁机关在处理案件时，应当先行调解，调解可以由仲裁员一人主持，也可以由仲裁庭主持。调解笔录和达成的协议应由当事人和参加调解的人员签名盖章，对某些重要调解案件，根据协议可由仲裁机关制作调解书，经盖公章后发给当事人，调解书和仲裁书具有同等效力。

(6) 组织仲裁。对合同纠纷如经调解无效，可由仲裁机关的该案仲裁小组进行裁决。在裁决前应将裁决时间、地点以书面形式通知当事人，当事人应按时参加。申请仲裁人两次通知不到时，即作为撤诉；被申请仲裁人两次通知不到时，可进行缺席仲裁。仲裁庭应当认真听取当事人陈述和辩论，出示有关证据，然后依申诉人、被诉人的顺序征询双方最后意见。调解不成时，由仲裁庭评议后裁决，并按照规定的内容要求，制作仲裁决定书，加盖公章后通知双方当事人。

在仲裁合同纠纷案件过程中，发现需要追究刑事责任的，可由仲裁机关转交当地司法机关处理。

（7）仲裁的监督和执行。工商行政管理局的局长、副局长对已发生法律效力的裁决，若发现确有错误，可以指令重新裁决。上级仲裁机关对下级仲裁机关已发生法律效力的裁决，若发现确有错误，有权撤销原裁决，指令重新裁决。重新裁决时，应当另行组成仲裁庭进行。已发生法律效力的仲裁决定，应由仲裁机关监督执行，如果当事人拒不执行，应通知有关银行从当事人账户中扣留或划拨需支付的款项。

5. 商务谈判合同纠纷的审理

所谓合同纠纷的审理，是指经济审判机关根据当事人一方的请求，依法处理合同纠纷案件而进行的职能活动。

合同发生纠纷，无论是否经过仲裁，当事人凡直接向人民法院提起诉讼的，人民法院应予以受理。人民法院经济审判庭根据当事人一方的申诉，依照《中华人民共和国民事诉讼法（试行）》的规定，对合同纠纷案件经过调查研究，取得纠纷案件有关的可靠证据，在弄清事实的基础上，依法进行调解或对争议做出判决。这是人民法院按照法律规定，通过对合同纠纷案件审理的执法活动，对当事人的合法权益给予法律上的保护。

技 能 训 练

实训一

【实训目的】

掌握如何针对具体内容草拟谈判协议。

【实训内容】

根据背景草拟相关协议。

【实训时间】

本章课堂教学内容结束后的双休日和课余时间，为期一周。或者指导教师另外指定时间。

【实训过程设计】

（1）以同桌两人为单位进行分组。

（2）每一组按下列步骤进行实训。

1）两个人分别就五个问题进行协商。

2）提出各自的观点。

3）进行协商，并达成一致。

4）分别按自己的理解和有利于自己观点的方式起草所达成的协议草案。

5）通过比较双方的草案，写出主要差别。

实训二

【实训目的】

正确把握成交信号灵活，灵活运用成交阶段的相关策略。

【实训主题】

成交阶段的相关策略的运用。

【实训时间】

本章课堂教学内容结束后的双休日和课余时间，为期一周。或者指导教师另外指定时间。

【背景材料】

甲公司技术改造后需处理一部分替换下来的设备，乙公司得知消息后上厂求购，于是双方展开了谈判。卖方的小李说："这些设备都是七八成新的，售价不能低于 10 万。"买方的老刘说："你不要说得那么死嘛，我已经作过调查并向行家打听说，这些设备最多也就值 4 万，而且应当包括安装费在内。"双方谈了一会，卖方首先作出让步，小李说："好吧，看来你们是真需要这些设备，我们事先研究过，最低不能低于 8 万，这样就 8 万吧，不过我们不负责运输、安装。"老刘却说："不！如果你们不负责运输和安装。那我们可以出价 5 万，你考虑考虑如何？"谈判进行不下去了，于是二人约好第二天再谈。

第二天双方谈了一个上午，没有一点进展。到了第二天下午，买方的老刘说："小李，这些设备我已经仔细看过了，如果可以 5.8 万元卖给我们，我们回去就可以安装投入运行。如果超过这个价格，我们还不如去买新的呢，所以我们只能再让你们 8000 元，这回该满意了吧。"

此时卖方的小李已经看出对方没有太大的让步余地，目前的让步和谈话已经表现出了他们的签约意向，公司里给他定的价格是不能低于 5.5 万元。但小李并没有立刻同意对方的条件，很诚恳地对老刘说："我跟您实话实说吧，公司里定的价格是 6 万元，这是我们的底价了，贵公司买一批设备也不差 2000 元吧，要不然我也实在没法交代。如果同意，我们就马上签协议，您看怎么样。"

老刘的公司里定的价格是不高于 6.5 万就可以成交，双方都彼此把握住了对方的签约意向，最后以 6 万元成交。卖方的小李非常满意，同样买方的老刘也很满意，因为谈判的结果都在双方的可能接受范围之内。

【实训过程设计】

(1) 指导教师布置学生课前预习背景材料。

(2) 将全班同学平均分成小组，按每组 5～6 人进行讨论。各组选择一个问题进行讨论。

(3) 根据"背景材料"讨论下列问题。

1) 假如您是卖方的小李，您是如何从买方老刘的话语里看出签约意向的呢？

2) 在小李和老刘的谈判中，他们各自运用了哪些策略？

3) 改变双方公司预先设定的限价，以小组为单位，在规定的时间内，模拟案例里的谈判情景，要求根据具体情况，尝试运用成交阶段的各种谈判策略。

(4) 各实训组对本次实训进行总结和点评，参照"作业范例"撰写作为最终成果的《商务谈判实训报告》。

（5）指导教师对小组讨论过程和发言内容进行评价总结，并讲解本案例的分析结论。（先评定小组成绩，在小组成绩中每一个人参与讨论占小组成绩的40%，代表发言内容占小组成绩的60%），各小组提交填写"项目组长姓名、成员名单"的《商务谈判与推销技巧实训报告》。优秀的实训报告在班级展出，并收入本课程教学资源库。

能 力 迁 移

一、单项选择题

1. 对案情较为简单，双方态度诚恳，容易解决的纠纷，一般可采用（　　　）的方式解决。

A. 开庭　　　　　　　B. 开会　　　　　　　C. 信函　　　　　　　D. 会合

2. 成交线是指（　　　）。

A. 己方可以接受的最低交易条件，是达成协议的上限

B. 己方可以接受的最低交易条件，是达成协议的下限

C. 己方可以接受的最高交易条件，是达成协议的上限

D. 己方可以接受的最高交易条件，是达成协议的下限

二、多项选择题

1. 商务合同的正文部分包括的内容主要有（　　　）。

A. 合同标的　　　　　B. 合同的有效期限

C. 违约责任　　　　　D. 价格与支付条件

E. 合同的签署与批准

2. 商务合同中通常采用的担保形式有（　　　）。

A. 预付赔偿金　　　　B. 定金

C. 银行担保　　　　　D. 留置权

E. 企业担保

3. 一般而论，有效合同必须具备的条件是（　　　）。

A. 合法　　　　　　　B. 双方自愿订立

C. 时限　　　　　　　D. 没有不可抗力

E. 合乎社会公德

三、问答题

1. 如何判定商务谈判的终结？

2. 在谈判成交阶段应该适用的策略与技巧有哪些？

3. 商务谈判合同的特点及主要条款是什么？

4. 合同担保有哪些主要形式？

四、案例分析

【背景材料】

山东某市塑料编织袋厂厂长获悉日本某株式会社准备向我国出售先进的塑料编织袋生产

线，立即出面与日商谈判。谈判桌上，日方代表开始开价240万美元，我方厂长立即答复："据我们掌握情报，贵国某株式会社所提供产品与你们完全一样，开价只是贵方一半，我建议你们重新报价。"一夜之间，日本人列出详细价目清单，第二天报出总价180万美元。随后在持续9天的谈判中，日方在130万美元价格上再不妥协。我方厂长有意同另一家西方公司做了洽谈联系，日方得悉，总价立即降至120万美元。我方厂长仍不签字，日方大为震怒，我方厂长拍案而起："先生，中国不再是几十年前任人摆布的中国了，你们的价格，你们的态度都是我们不能接受的！"说罢把提包甩在桌上，里面那些西方某公司设备的照片散了满地。日方代表大吃一惊，忙要求说："先生，我的权限到此为止，请允许我再同厂方联系请示后再商量。"第二天，日方宣布降价为110万美元。我方厂长在拍板成交的同时，提出安装所需费用一概由日方承担，又迫使日方让步。

案例讨论：

（1）我方厂长在谈判中运用了怎样的技巧？

（2）我方厂长在谈判中稳操胜券的原因有哪些？

（3）请分析日方最后不得不成交的心理状态。

【分析要求】

1. 过程要求

学生分析案例提出的问题，分别拟定《案例分析提纲》；小组讨论，形成小组《商务谈判与推销技巧案例分析报告》；班级交流并修订小组《商务谈判与推销技巧案例分析报告》，教师对经过交流和修改的各小组《商务谈判与推销技巧案例分析报告》进行点评；在班级展出附有"教师点评"的小组优秀《案例分析报告》，并将其纳入本校该课程的教学资源库。

2. 成果性要求

（1）案例课业要求：以经班级交流和教师点评的《商务谈判与推销技巧案例分析报告》为最终成果。

（2）课业的结构、格式与体例要求：参照"作业范例"《商务谈判与推销技巧案例分析报告》。

项目六　认　识　推　销

项目目标

(1) 推销的内涵及其业务流程。
(2) 推销人员的基本素质和能力。
(3) 爱达模式、迪伯达模式和费比模式的基本内容。

情景案例

多花时间和客户相处

小林第一次去拜访张总，感觉对方有意向，但张总也很精明，想先做比较，没有给出明确的意向。于是小林便隔三差五地打电话或发短信给张总，除了问候、祝福外，还请教一些经营管理方面的问题，有时候还通过电子邮件给张总发些好文章，让张总感觉自己是一个可以交的朋友。

接下来，小林又有事没事总往张总的商场跑，去的时候也不直接谈合作的事情，而是帮忙搬货理货，或是关心张总的身体健康状况，询问张总近期的生意如何等。终于，在一个多月后，小林拿到了张总的订单。

启示：所谓"一回生，二回熟"，花时间与顾客相处是接近顾客，进而促成交易的最好方式，这是推销人员应该具有的素质。看来，每个行业都有自己的规律，认识推销，把握推销规律，具备推销人员必备的素质，是推销成功的起点。

任务一　掌握推销的内涵和推销人员应具备的素质

一、推销的内涵

1. 推销的基本概念

推销包含"推"与"销"，即推销员在借助"外力"作用的情况下（推荐、游说），将产品销售出去。推销是在特定的场合或特定的环境下，通过推销员的主动性介绍、宣传、推荐，使消费者从一开始的被动性倾听、提出拒绝，过渡到愿意接受，最后做出购买决策的整个过程。推销可以从广义和狭义两个层面加以理解。

广义上的推销是指一个活动主体，试图通过某种方式和技巧，向特定对象进行游说、劝说、推荐等行为，使之接受自己的意愿、观念、想法、要求等，最终双方达成共识的整个过程。在我们的日常生活中处处存在着推销，如学生要求老师少留点课堂作业；父母要求孩子少吃点零食；员工要求老板给自己增加工资；企业领导希望员工能自愿加班工作；动物保护组织通过公益广告号召人类少食鱼翅以拯救濒临绝迹的鲨鱼等。人与人交往，希望获得大家的友情，博得别人的好感，获得他人的尊重，年轻人对喜欢的异性表达自己的爱慕之情都离不开推销，所以现实生活中推销无处不在。

【案例6.1】 阿姨送一小红瓶

5岁的毛毛生病了，爸爸带着他到医院，医生开了点滴，结果小家伙一看见针头就拼命地躲藏，大声哭喊着要回家。女护士长走了过来，从兜里拿出个红颜色的小瓶子冲毛毛晃了晃说"好孩子，不哭，你要能做一个勇敢的好孩子，阿姨就把这个小红瓶送给你。"毛毛接过小红瓶，点了点头，停止了哭声，犹豫中还是伸出了胳膊。

分析：实质上，这也是一种推销，女护士长用一种类似玩具的小瓶子作为推销的工具，消除毛毛的恐惧，毛毛为了得到小瓶子，最终选择了接受打点滴。

狭义上的推销，笼统地讲就是一种商业购买行为，是指推销人员通过找寻顾客，向其主动推荐某一特定商品或服务，最终使对方愿意做出购买行为的整个过程。这种商业购买行为，必然牵扯经济利益关系，因此推销人员就要充分利用各种推销技巧及方法，化解顾客的购买异议，最终使顾客接受该商品或服务。狭义的推销与经济利益相关联，一般特指货币性等价交换，即商品的推销。

2. 如何正确理解推销

要正确理解推销的含义可以从三个方面剖析。

（1）商品推销是个复杂的行为过程，实现"共赢"是最终目的。在这个过程中，推销人员和顾客是活动一的两个主要角色，推销人员通过推销完成销售任务，顾客通过购买满足某种消费需求，买卖公平双方都有收获。这是一个双赢的互动过程。这个过程包括六个流程，如图6.1所示。

推销准备 → 寻找顾客 → 接近顾客 → 推销洽谈 → 异议处理 → 达成交易

图6.1 推销流程图

课堂讨论：回顾一下赵本山、高秀敏、范伟的经典小品《卖拐》，你能分析出小品中，大忽悠是怎样一步一步推销的，把一个原本健康的厨师变成残疾人，最后买了一个根本不需要的拐杖的呢？

（2）现实生活中推销无处不在。虽然推销以推销者主动性介绍、推荐产品为前提，但是顾客之所以被说服，愿意做出购买行为的核心是该商品在某种程度上满足了自身的需求或欲望，并不是单纯的因"推"而买。

（3）在推销过程中，推销者要运用一定的方法和技巧。推销是一门科学，也是一门艺术，推销人员要想获得成功，必须掌握好推销的火候，如何寻找客户，如何和客户搭讪，如何有效化解顾客的异议。只有将一定的方法和技巧运用自如了，才能达到销售的最终目的。

二、推销人员应具备的基本素质

据美国有关资料显示，优秀推销员比普通推销员的业绩高出 300 倍。一般来说，推销员的业绩分布呈正态分布，大体是 1∶3∶1，即在所有推销人员中，业绩很好的占 20%，业绩一般的占 60%，业绩很差的占 20%。实践证明，在环境、产品等外部条件区别不大的情况下，推销业绩的显著差距主要是由推销人员自身素质的差异造成的。杰出的推销员自有杰出之处，有了优秀的素质，才可能有优秀的推销业绩。

推销人员的素质，是指推销人员胜任推销工作的综合能力。优秀推销人员应具备良好的思想素质、业务素质、心理素质和身体素质。

1. 思想素质

思想素质是指一个人的意识形态、思维活动、行为和作风所显示的思想、道德修养、品性、认识等品质。推销人员的思想素质主要表现在以下几个方面。

（1）热爱推销工作，有强烈的推销意识。现代推销人员最首要的思想素质就是热爱自己所从事的推销工作，具有强烈的推销意识。所谓推销意识，是一种时刻具备的强烈的达成交易的潜在心理。只有热爱本职工作，才会有内驱力，才会感觉到工作的意义，才会用饱满的热情感染顾客。

（2）高度的工作责任感。推销工作是一项崇高的职业，推销员是企业利润的实现者，是顾客的良师益友，是企业的形象代表。推销人员必须具有高度的责任感，才能想方设法为顾客排忧解难，千方百计完成销售任务；才能在推销活动中处处维护企业的形象，与顾客保持融洽、良好的关系，不会因个人利益而损害顾客利益。只有具备高度的责任感，才能正确处理好社会、企业与顾客的关系。

（3）良好的道德品质。推销活动要求从业人员必须具有优秀的道德品质，这些品质包括诚实严谨、恪尽职守的态度和廉洁奉公、公道正派的作风。良好的道德素养是现代企业推销人员必备的一个基本条件。推销员良好的道德品质主要体现在两个方面：一是对企业的忠诚；二是对顾客的诚实。诚实对于企业的销售来说无疑是非常关键的，诚实应当包括：真实地反映情况、不歪曲事实、能够及时地察觉问题的真相等。许多企业都将这一条作为优秀销售人员的首要要素。

（4）百折不挠的进取精神。推销活动以人为工作对象，而人的心理和需求又是复杂多变的，这就使得推销工作具有很大的难度。在现实生活中，为什么条件基本相同的推销员，有些人业绩平平，而有些人却出类拔萃。这与推销员的个人努力和进取精神有很大关系。在推销活动中，只要有 1% 的成功可能性就要用 100% 的行动去争取，这就是百折不挠的精神在推销活动中的体现。

2. 业务素质

推销工作是一项极富挑战性的工作。推销员需要接触众多的顾客，需要选择顾客、掌握顾客心理；推销员要推销产品，还需要了解企业的历史和文化，掌握商品知识；在推销活动中，推销员必须在较短的时间内迅速做出判断和分析，从而确定推销的方式和技巧。推销员具备的业务知识越丰富，推销成功的可能性就越大。推销员的业务素质，主要表现在以下几方面的知识掌握上。

（1）企业方面的知识。掌握企业知识，一方面是为了满足顾客这方面的要求；另一方面是为了使推销活动体现企业的方针政策、达成企业的整体目标。企业知识主要包括：企业的历史、企业的方针政策、企业的规章制度、企业的生产规模和生产能力、企业在同行中的地位、企业的销售策略、企业的服务项目、企业的结构方式等。

（2）产品方面的知识。推销员不是技术专家，也不是产品开发设计人员，不可能透彻了解有关产品的全部知识。推销员掌握产品知识的最低标准是顾客想了解什么、想知道多少。顾客在采取购买行动之前，总是要设法了解产品的特征，以减少购买的风险。通常，越是技术上比较复杂、价值或价格高的产品，顾客要了解的产品知识就越多。掌握产品知识，是为了更好地了解自己的推销客体，更好地向用户介绍产品，从而增强自己的推销信心和顾客的购买信心。

（3）市场方面的知识。市场是企业和推销员的基本舞台，了解市场运行的基本原理和市场营销活动的方法，是推销获得成功的重要条件。推销员掌握的市场知识应当是非常广泛的，但并不要求推销员对这些学科知识有很深的掌握，对一些基本的常识要有所了解。

（4）顾客方面的知识。推销员需要掌握的顾客方面的知识主要是购买心理和购买行为方面的知识。因此，应掌握有关消费心理、公共关系等方面的知识，以便能科学地分析顾客的购买心理和行为，并选择恰当的推销策略和技巧。

（5）竞争方面的知识。要成功地进行推销活动，推销员还必须了解同行业竞争对手和竞争产品的情况，知己知彼，才能百战不殆。推销员需要了解的竞争方面的信息包括：整个行业的产品供求状况，企业所处的竞争地位，竞争企业的市场策略、目标市场、生产规模，竞争产品的特色、价格、服务、付款方式等。竞争情况掌握得越清楚，推销员在推销活动中就越主动和自信，推销成功的可能性就越大。

3. 心理素质

推销人员的心理素质是指推销员在推销过程中应具备的心理品质。推销员整天与人打交道，要经受无数次的挫折与失败，要应付形形色色的推销对象，必须加强心理训练，培养正确的推销态度和心理品质。美国有关研究机构的抽样调查表明，销售业绩优秀的人群与销售业绩一般的人群之间的平均智商值是基本相当的，而反差最大的是心理素质，即销售业绩优秀人群的心理素质大大高于销售业绩一般的人群。良好的心理素质是指有很强的抵抗挫折的能力，遇到困难与失败时，能保持情绪稳定，以高昂的精神状态去面对环境的压力。

良好的心理素质是对推销员的第一要求。推销是最容易遭遇挫折的职业，推销员经常会受到冷落、拒绝、嘲讽、挖苦、打击与失败，每一次挫折都可能导致情绪的低落、自我形象的萎缩或意志的消沉，最终影响业务的拓展，或者干脆退出竞争。在市场竞争激烈的环境中，推销人员若没有良好的心理素质，无论其他各方面的条件多么好，也难以完成销售任务。

4. 身体素质

推销工作既是一项复杂的脑力劳动，也是一项艰苦的体力劳动。推销是一项十分辛苦的工作，特别是在工作中遇到困难和挫折时，心理压力和工作艰辛所带来的身心疲惫是常人难以体会的。推销工作的性质决定了推销员必须经常外出推销，并携带样品、产品说明书等资料；有时还要日夜兼程，工作时间长，劳动强度大；一些工业品的推销，还需要推销员进行安装、操作、维修等体力劳动；与形形色色的顾客打交道，更是费神费力的过程，需要充沛的精力作保证。因此推销员仅具备了过硬的思想素质和业务素质，没有健康的体魄和旺盛的精力，也是难以胜任推销工作的，知识再渊博，还是要身体力行。

三、推销人员的职业能力

推销人员具备了一定的思想素质、业务素质、心理素质与身体素质，只是具备了做一名好的推销员的基本条件。要想成为一名成功的推销人员，还必须具备以下几项能力。

1. 良好的语言表达能力

推销中的语言能力是指推销人员在推销过程中驾驭语言的能力。语言作为推销和交际的手段，推销人员必须熟练地掌握它，必须提高自身的语言表达能力。语言有口头语言和文字语言，都应该学好、用好。语言表达能力主要体现在以下几个方面。

（1）语言表达要准确和清晰，言简意赅。推销人员要能够使用准确、清晰的语言向顾客介绍商品信息，交流感情，说服顾客。这是对推销人员的最基本的要求。如果说话含糊不清、吐字不准，或者词不达意、没有逻辑性，就会影响推销人员与顾客之间的沟通和交流。

（2）语言要有针对性。在推销活动中，语言是表达自己的愿望和要求的，推销员的语言要有较强的针对性，做到有的放矢。模糊、啰嗦、前言不搭后语、思路不清的语言，不仅不能引起顾客对商品的兴趣，反而会使顾客产生疑惑、反感，成为推销的障碍。在推销活动中要针对不同的商品、不同的顾客，有针对性地使用不同的语言，才能保证推销的成功。

（3）讲究语言的艺术性。艺术性主要表现在语言表达的灵活性、创造性和情境适用性上。如西方一位教士向他的上司请示："我在祈祷的时候可以抽烟吗？"上司听后十分生气，指责他不虔诚。几天后，另一位教士也去向上司请示："我在抽烟的时候可以祈祷吗？"得到了上司的允许。同样的要求，仅仅是变换了一个问法，竟会产生完全相反的效果。可见，语言的艺术是多么重要。成功的推销都是推销员运用语言艺术的结果。

（4）要恰当地使用肢体语言。推销员利用姿势、手势、眼神、表情等来表达自己的思想和意图，往往在推销过程中发挥重要的作用，在有些特殊环境里，有时需要沉默，恰到好处的沉默可以取得意想不到的良好效果。

此外，语言能力还包括对于书面语言的理解能力、熟悉公文写作知识、对于合同用语的熟悉程度等。

2. 敏锐的洞察能力

所谓敏锐的洞察能力就是善于洞察顾客心理活动的能力，或善于站在顾客立场上思考问题的能力。

（1）在推销过程中，推销员应该从顾客的谈话用词、语气、动作、神态等微妙的变化中去洞察对方的心理过程，销售员敏锐的洞察力对销售成功是至关重要的。观察不是简单的看看，而是用专业的眼光和知识去细心地观察，通过观察发现重要的信息。例如到卖场逛逛，一般人可能知道什么产品在促销，什么产品多少钱，而专业的销售人员可以观察出更多信息。

（2）敏锐的洞察力表现在推销员特别善于倾听。在推销过程中，"倾听"其实比"述说"更加重要，善于倾听的销售员能充分调动对方的积极性，让对方产生如遇知己的感觉。善于倾听的要点在于：销售员的肢体语言与口头语言和顾客说话的内容高度配合一致。比如顾客在讲述他艰苦奋斗的创业史，善于倾听的销售员就会表露出敬佩的表情，甚至适当地睁大眼睛并用一些感叹词来配合顾客的述说，肯定对方从而调动顾客说话的积极性，为深入交谈创造条件；又如顾客在讲一个笑话，那么无论这个笑话是否可笑，销售人员的职责便是配合以朗声大笑，这也是善于倾听的表现。而一个销售人员是否善于倾听，是以其是否具有敏锐的洞察力为基础的。

3. 较强的社交和沟通能力

推销员必须善于与他人交往，有较强的社交能力，走近顾客，了解顾客，才能维持和发展与顾客之间长期稳定的关系。推销员在与顾客交往的过程中，要热情诚恳，对人友善，能设身处地的为顾客着想，替顾客分忧，这样才能取得顾客的信任、理解、支持与合作。要养成逢人就展露亲切微笑的好习惯，就能广得人缘，生意兴隆。推销员还要有广泛的兴趣和爱好，能与不同年龄、职业、性格、地位、爱好的人交朋友，成为顾客的良师益友。

沟通能力是销售人员必不可缺的能力，良好的沟通，首先应准确地采集对方信息，了解对方真正意图，同时将自身信息也准确传达给对方；其次应通过恰当的交流方式（例如语气、语调、表情、神态、说话方式等）使得谈话双方容易达成共识。

4. 随机应变的能力

应变能力是指对突然发生的情况和尚未预料到的情况的适应、应付能力。推销员在推销过程中会遇到千奇百怪的人和事，情况也总是处在不断变化之中，经常会出现各种意外的突发状况。当这些突发状况出现时，一旦推销人员缺乏处理异常情况的临场应变能力，就会陷于被动，可能导致推销失败。面对复杂多变的情况，推销员要善于对突变的情况进行快速分析，分析情况变化的原因，做出新的判断，冷静而沉着地处理各种可能出现的问题，根据情况的变化调整推销的策略和方法，提出各种变通的方案，尽快妥善解决。如果拘泥于一般的原则不会变通，往往导致推销失败。因此，推销员一定要有随机应变的能力。

5. 创新能力

推销工作是一项极富挑战性的工作，每一次的推销过程都不可能是前一次的重复和翻版，每一次的推销都可能会出现新的情况，面临新的问题，这就需要推销人员注重敏锐、好奇、进取等创造性能力的培养，不断开拓新市场，采用新方法，解决新问题。对推销人员而言，开拓一个新市场，发掘一个新客户，采用一种别出心裁的推销手段，就必须具有一定的开拓创新精神和能力。

6. 不断学习的能力

想要成为一个优秀的推销员，学习别人的优点也是最快的方法。推销员要与各行各业、各种层次的顾客接触，不同的顾客所关注的话题和内容是不同的。这就要求推销员要具有广、博而不一定深、精的知识面。因此，推销员要不断地充电和学习，以使自己拥有较广博的知识跟上时代的步伐。要养成不断学习的习惯，还要向身边的人学习，向顾客学习，向同事请教，培养不断学习的能力。

一个推销员还要勤思考，勤总结，要养成日总结、周总结、月总结、年总结的习惯。推销员每天面对的客户不同，就要用不同的方式去进行沟通，只有不断地去思考、去总结，才能与客户达到最满意的交易。推销员所需要接触的知识甚为广泛，从营销知识到财务、管理以及相关行业知识等，可以说销售绝对是"综合素质"的竞争，面对如此多的知识和信息，没有极强的学习能力是无法参与竞争的。因此没有良好的学习能力，在速度决定胜负、速度决定前途的今天势必会被淘汰。推销也许是一个人人都能做的工作，但绝不是每一个人都能做好的工作，不管是要推销产品或服务，不断地学习与总结是做好推销工作的前提之一。

任务二　掌握推销方格理论

推销方格理论（Sales Grid）是美国管理学家布莱克（R. R. Black）教授和蒙顿（J. S. Monton）教授，于 1970 年在其著名的管理方格理论（Managerial Grid）的研究基础上提出的。他们认为推销活动中，推销人员要考虑顾客的购买动机、心理过程、个性特征，又要注意自己的心理卫生及个人行为对顾客的影响。该理论是管理方格理论在推销领域中的具体运用，在西方被誉为是推销学基本理论的一大突破，是一种最具实效的推销技术。

推销人员向顾客展开推销商品的过程实际是双方沟通与交流的过程，这一过程取决于两者不同的心理反应，这种心理反应会直接影响到最终结果。

推销方格理论分为推销人员方格理论和顾客方格理论两部分。推销人员方格主要是研究推销活动中推销人员的心理反应；顾客方格则主要是研究顾客在推销活动中的心理反应。大量推销工作实践表明，要做好推销工作，必须认清买卖双方对推销活动的态度。学习推销方格理论的意义在于，一方面，可以让推销从业人员及时认知自己推销活动的表现状况，认识到自己在推销活动中还存在哪些不足，以进一步提升自己的服务质量；另一方面，推销方格理论还可以帮助推销从业人员做好顾客分析，掌握顾客的内心活动，更好地迎合顾客开展有效推销行为，从而促成顾客购买。

1. 推销人员方格

推销活动是互利共赢的，既要努力说服顾客，完成销售任务，又要真诚服务顾客，让其得到心理、物质上的满足。所以推销人员在工作中的重点有所不同，推销人员在推销活动中有两个主要目标：一是尽力说服顾客，完成推销任务；二是真诚对待顾客，及时察觉顾客的心理动态，与顾客构建良好的人际关系，为今后的推销工作做好铺垫。在第一个目标中，推销员关注的是推销任务；在第二个目标中，销售人员关注的是顾客的心理反应，"买卖不成仁义在"。不同的推销人员对待这两个目标的态度是截然不同的，这些态度表现在平面直角坐标系当中，就形成了推销人员的方格，如图 6.2 所示。

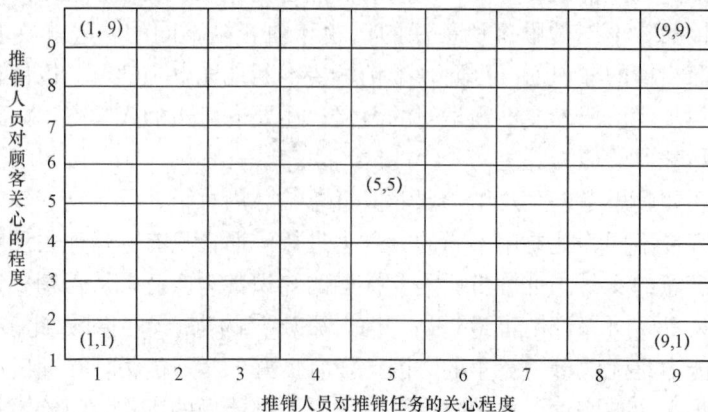

图 6.2　推销人员方格

　　我们用横坐标表示推销人员对推销任务的关心程度，用纵坐标表示推销人员对顾客的关心程度；坐标值均是由 1 开始，到 9 结束，坐标值越大，表示推销人员对其关心的程度越高。推销方格中的每一个交点代表不同的推销人员的推销心理态度，因此坐标系当中会有八十一种推销风格，根据布莱克和蒙顿的说法，基本上把推销人员分成五种类型。

　　（1）事不关己型。第一种推销心态是推销方格图中的（1，1）型，称为"事不关己型（Take-it or Leave-it）"，又称为"无所谓"型，抱着这种心态的推销员既不关心自己的推销任务，又不去关心顾客的需求和利益。具体表现是：这种类型的推销人员没有对推销工作树立爱岗敬业的工作使命感，缺乏必要的责任心，缺乏系统的人生规划目标，或者本身不喜欢做推销工作，或者仅把推销工作看做谋生的一个权宜之计。他们有的觉得自己怀才不遇，干了不该干的工作，因此怨天尤人，他们对顾客缺乏热情，甚至仇视顾客，顾客是否购买商品与己毫不相关。他们对待工作的态度极差，只考虑自己的感受，对顾客所提的问题极不耐烦，不懂得尊重顾客，更不懂得视顾客为衣食父母，在推销商品的过程中甚至还可能与顾客发生争吵，给顾客留下很坏的印象。

　　产生这种心态的主要原因有：一是企业雇用了不合格的推销员，缺乏专业素养；二是销售人员缺乏爱岗敬业精神，不思进取、缺乏成功欲望；三是企业疏于管理，未能建立有效的激励措施和惩罚制度。要改变这种态度，首先要量体裁衣，选择合适的推销人员；其次，加强岗位入职培训，要求推销人员树立正确的推销观念，严格要求自己，树立积极向上的人生观，尊重顾客，真诚地接待顾客；最后企业要健全规章制度，制定合理的薪酬激励机制，奖勤罚懒，能者多得。

　　（2）顾客导向型。第二种推销心态是推销方格图中的（1，9）型，称为"顾客导向型（People-oriented）"，抱着这种推销心态的推销人员只重视与顾客的关系，而不关心自己的推销任务，更不会关心企业的经济利益。具体表现是：单纯重视并强调人际关系协调性，忽视了推销活动是由商品交换与人际关系沟通双方面内容结合而成的事实，推销行为是互利共赢的，他们对顾客以诚相待，甚至完全站在顾客的角度考虑问题，他们有可能成为顾客称职的参谋甚至知心朋友，信奉"宁愿不做生意，也绝不得罪顾客"的思想。推销人员在推销过程中没有销售概念，只有服务意识，甚至具有奴性思想，他们刻意强调在顾客中树立良好的形象，处心积虑为顾客着想，甚至不惜牺牲企业的利益，放弃原则来迎合顾客的要求，迁就、顺从于顾客，竭尽全力地满足顾客的要求，甚至是不合理要求，以达到与顾客建立良好关系的目的。这类推销员把与顾客建立和谐的关系作为推销工作的重点，只考虑个人的人缘而忽略了推销任务的完成，也不是合格的推销人员。

　　产生这种心态的主要原因包括：一是推销人员片面夸大了人际关系在推销过程中的重要性；二是推销人员对以顾客为中心的现代推销观念的理解有问题；三是企业管理制度存在缺陷。因此，成功的推销人员必须明确认识到，一方面，良好的人际关系对增加订单、完成推销任务有积极的推动作用，但如果不能增加销售额、销售量，那么这种人际关系对于促进交易就没意义，推销人员需要调整推销策略，不能只做单方面的"积极努力"；另一方面，推销人员要坚持真诚服务顾客的思想，同时又必须公正地面对顾客所提出的要求，对顾客明显的偏离常规的见解、无理要求要果断地表明自己的态度和立场；还有一方面，推销不是慈善，要考虑综合利益。

（3）强硬推销型。第三种推销心态是推销方格图中的（9，1）型，又称为强买强卖型、强力推销型、强销导向型。抱有这种推销心态的推销员与顾客导向型正好截然相反，他们具有很强烈的成功欲望，他们只关心推销效果，而不考虑顾客的真实需要和利益。他们千方百计地说服顾客购买，甚至不择手段地强行将商品推销出去，根本不会考虑顾客的切身利益。具体表现为：推销人员工作积极性高，具有很强的工作动力，以追求高收入、高业绩为工作奋斗目标，为实现交易他们可以采用坑蒙拐骗偷等各种手段，不懂得遵守职业道德，为己私利损害顾客利益。

具有这种推销心态的推销人员在推销商品时过多地站在自己立场角度考虑问题，而忽略了与顾客之间的关系，更不会去考虑其行为给企业带来的不良影响。他们具有很强的推销意识，为提高销售业绩，他们常常向顾客发起强大的推销心理战，虽然短时间内业绩较高，但相应投诉率也不低。

产生这种推销心态的主要原因是：推销人员把工作重心完全偏向于"促成交易"，把能否完成销售任务看做是检验推销员工作的一个卡尺，对推销工作的互利性缺乏认识，导致在推销工作中急于求成。推销人员绝不能要求每一次客户拜访都能如愿完成销售任务，不能把它推广到每一次具体的推销活动中去。俗话说"心急吃不上热豆腐"，如果推销人员单纯地只顾达成交易，而不是从内心接受和尊重顾客，不考虑顾客的实际需求，把自己的意志强加给顾客，硬性推销，也会损坏企业的利益。所以，推销人员必须按现代推销理念的要求，真诚地对待顾客，挖掘顾客的需要，因势利导地进行推销，方能实现合作共赢。

（4）推销技术型。第四种推销心态是推销方格图中的（5，5）型，称为推销技术型（Sales-technique-oriented），又称为"干练型"。抱有这种推销心态的推销员两头都兼顾，他们对推销任务和顾客关心程度基本持平，他们从业绩上考虑推销任务的实现，但又不是非常强调任务的重要性，从主观思想关心顾客，但又不太看重和顾客关系的维护，他们注意两者在一定条件下的充分结合。具体表现是：推销员心态平衡，工作务实；对推销环境了解充分，充满自信；注意揣摩顾客心理和积累推销经验，认真研究推销技术；在推销中与顾客发生异议时，他们会采取折中的立场；他们在工作中十分重视对顾客心理和购买动机的研究，善于运用推销策略。他们能够非常巧妙地说服一些顾客购买实际上并不真正需要的商品，他们只是重视对顾客心理和行为及推销策略的研究，而不会过多考虑顾客的需求和利益，这种推销行为实际上损害了顾客的长远利益。换句话说，这种推销人员心机很复杂，对顾客说了一大堆好话，却让顾客买了一大堆没用的东西，如小品《卖拐》里的赵本山扮演的大忽悠就是典型的例子。从某种程度上看，他们具备一定的推销能力，但在激烈竞争的市场中难以保持持久性。

这类推销人员工作认真，基本可以保质保量地完成任务，手法老练，思维缜密，往往也具有比较优秀的推销业绩，但他们不可能成为推销专家。因为他们在推销中只注意推销策略，关注顾客的心理状态，强化说服顾客的艺术，却并不真心地为顾客着想，不考虑顾客的真正需求。他们对销售额和顾客的关心仅限于及格的水平，既损害了顾客切身利益，也间接损毁了企业的形象。

（5）解决问题型。第五种推销心态是推销方格图中的（9，9）型，称为解决问题型（Problem-solving-oriented），又可称为满足需求型、完美型。抱有这种心态是最理想的推销心态。推销员投入大量精力用于研究推销技巧，关心推销效果，又最大限度地解决顾客困难，注意开发顾客潜在需求和满足顾客需要，将推销任务与顾客需求两者紧密结合，使商品交换关系与人际关系有机地融为一体。其具体表现是：推销员具有强烈的事业心和高度的责任感，真诚关心和服务于顾客，工作上积极主动；他们积极寻求使顾客和推销人员的需求都能得到满足的最佳途径；他们注意研究整个推销过程，总是把推销的成功建立在满足买卖双方共同需求的基础上，能针对顾客的问题，提出妥善的解决方法，并在此基础上顺利提高自己的推销业绩。

这种类型的推销人员在推销工作过程中以能帮助顾客解决问题为前提，在满足顾客需要的同时完成自己的推销任务，满足顾客的真正需要是他们工作的重心，辉煌的推销业绩是他们奋斗的目标。

2. 顾客方格

推销过程是推销人员与顾客双向心理反应的过程，根据作用力与反作用力，推销人员的推销心态和顾客的购买心态都会对对方的心理活动产生一定的影响，从而影响其买卖行为。

因此，推销人员要想取得成功，还必须细致地分析顾客的购买心理，有针对性地开展推销活动。

顾客对推销活动的看法分为两个主要方面，一是顾客对购买活动和购买商品本身的看法，二是顾客对推销人员对己服务态度的看法。从现代推销学角度看，顾客在与推销人员接触和洽谈的过程中，同样会有两个具体的目标：一是希望通过与推销人员进行磋商，讨价还价，力争花较少的钱，购买到最合适的商品；二是关心推销人员的工作，希望与推销人员建立和谐的人际关系，为今后的合作打好基础。在这两个目标中，前者注重"商品利益"，后者注重"和谐关系"。但是不同的顾客对这两方面的重视程度有所差异，有的顾客可能更关注于购买商品本身，而另一些顾客则可能更关注于推销员的态度和服务质量，根据这些差异程度表现在平面直角坐标系当中，就形成了顾客的方格图（Customer Grid）（如图 6.3 所示）。

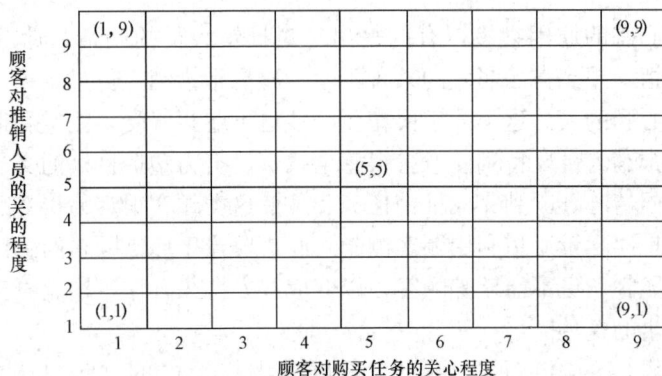

图 6.3　顾客方格

我们用横坐标表示顾客对购买任务的关心程度，用纵坐标表示顾客对推销人员的关心程度；坐标值均由 1 开始，到 9 结束，坐标值越大，表示顾客对其关心的程度越高。每一个方格交点代表不同的购买心态，因此坐标系当中会有 81 种购买心态，我们从此图来分析 5 种典型的顾客购买心态类型。

（1）漠不关心型。顾客的第一种购买心态是顾客方格图（1，1）型，称为漠不关心型（Couldn't-care-less），又称为无所谓型。抱有这种购买心态的顾客对上述两个目标的关注程度都非常低，既不关注自己与推销人员的关系，也不关注自己的购买行为和结果。他们当中有些人在购买活动中表现出很强的被动性和不情愿性，购买决策并不掌握在自己的手中，他们往往受命于上级领导或是为了应付亲属做出的无奈的选择；也有一些人是受同事、朋友之托，属于被迫性购买。具体表现为尽量避免决策风险，极力回避推销人员，认为既然无奈受人之托，能不买尽量不买，往往以"无货"交差。他们对推销员和自己的购买活动都没兴趣，去卖场只是硬性地做个"动作"而已，表现为典型的"出工不出力"。这种顾客从心底对购买行为感到厌烦，对前来上门的推销人员更是反感，他们避免做出购买决策，并且设法逃避推销人员，因此推销人员向这类顾客推销商品是非常困难的，推销成功率几乎是零。

对待这类顾客，推销人员的首要任务是尽力使推销工作能够继续进行，主动摸清顾客的情况，搞好与顾客的关系，消除其戒备心理。其次是向顾客说明自己的推销是为了满足顾客的需要，为其提供优质服务，帮顾客完成任务，并不会为顾客增添烦恼，着重强调商品的实用性，以提高顾客的购买信心，顺利做出购买决策。

（2）软心肠型。顾客的第二种购买心态是顾客方格图中的（1，9）型，称为软心肠型（Push-over）。拥有这类购买心态的顾客对推销员以及对与推销人员建立良好关系极为关心，他们非常同情推销人员，相反对于自身的购买行为却不太在意。具体表现是：该类顾客往往感情重于理智，对推销商品利益则考虑不多，容易冲动，易被推销员说服和打动；具有极强的同情之心，他们非常重视与推销人员的关系，重视交易现场的气氛，对商品本身缺乏必要的了解，独立性差等。这类顾客情感很丰富，当推销行为与自身利益发生冲突时，为了能够让推销员觉得高兴，他们很愿意妥协，甚至牺牲金钱利益购买自己并不需要或不合情理的推销产品。很多老年人和性格脆弱、内向的顾客都属于此类顾客，俗话说"服软不服硬"就是这类人的真实写照。

产生这种购买心态的原因很多，有的是出于对推销人员的同情，觉得他们工作过于辛苦；有的是触景生情，想到自己当年的某种不幸，愿意帮推销人员过难关；有的天生就是像唐僧那样拥有菩萨心肠的人。这类人宁愿花冤枉钱也不愿买气受，注重和谐的推销气氛。

对待这类顾客推销人员要特别注意舍得感情投资，努力塑造良好的交易氛围，用情打动对方，唤起顾客的同情心，顺利完成推销任务。虽然这类顾客很容易接受购买行为，但作为一名合格的推销员也应尽量避免利用顾客恻隐之心，要善于珍惜顾客的感情，绝不能靠编造虚假的故事来愚弄顾客，更不能欺骗顾客，以促成双方持久合作，毕竟再善良的顾客也不希望自己充当东郭先生的角色。

（3）防卫型。顾客的第三种购买心态是顾客方格图中的（9，1）型，称为防卫型（Defensive）。抱有这种购物心态的顾客与软心肠型的购买心态恰好相反，他们对购买商品的利益极其关心，只考虑如何更好地完成自己的购买任务，而对销售人员态度非常冷淡，甚至充满敌对情绪。在他们心目中，推销人员都是欺骗顾客、虚夸产品的，推销人员为了自己的经济利益，以次充好、以假乱真，根本就没什么诚信可言。因此，他们本能地采取防卫的态度，担心吃亏上当，警惕性很强。这类顾客在购买过程中小心谨慎，处处算计，想方设法赚便宜，总是希望花最少的钱，得到更多的实惠。

产生这种心态的原因很多，有的是曾经受过骗，因此不信任所有的推销员；有的是天生就是这种很自私的心态，眼里只有自己；有的缺乏主见，道听途说，过于警惕。

这类顾客只是对销售人员和推销工作有成见，并不是不愿意接受推销品，所以，推销员首先应该推销自己，取得顾客的理解和信任，而不要急于推销产品或服务，只有减少或消除顾客的敌意，才能使推销工作顺利地进行。

（4）干练型。顾客的第四种购买心态是顾客方格图中的（5，5）型，称为干练型（Reputation），也称客观公正型。拥有这种购买心态的顾客对销售人员及自己的购买活动都保持着适度的关心，购买时保持冷静的态度、清醒的头脑。具体表现是：既愿意听取推销人员的意见，又能独立自主地思考，购买决策客观而慎重。这是一种比较合理的购买心态，具有该种购买心态的顾客一般都很自信，甚至具有较强的虚荣心。他们往往觉得自己很聪明，愿意自己做出购买决策，对推销的商品有一定了解，购买前事先做好"功课"，不愿意轻信推销员的介绍，更不肯轻易接受别人的推荐。这类顾客有时会与推销员一拍即合达成圆满的交易，买到自己满意的商品，但有时也会为了抬高自己，满足自尊、虚荣心，为赚面子而购买到一些自己并不十分需要或很不合算的商品。

对待这类顾客最好的办法就是要尽量地满足其消费心理，推销员要用大量的事实和证据说话，让顾客自己做出购买决策，通常可以使用二择一法，而不要自己帮顾客下决定，如"您看这个好还是那个好，这两款购买的人都非常多"。

（5）寻求答案型。顾客的第五种购买心态是顾客方格中的（9，9）型，称为寻求答案型（Solution），也称购买专家型。拥有这种购买心态的顾客不仅高度关心自己的购买行为，而且还高度关心推销人员的工作，他们被认为是最成熟的顾客。拥有这种购买心态的顾客希望购买自己所需要的东西，欢迎能够帮助自己解决实际困难的推销人员。他们在购买商品之前，能够非常理智地对商品进行广泛的了解、分析，既了解商品质量、规格、性能，又熟知市场的行情，对自己所要购买商品的目的十分明确；他们对商品采购有自己的独特见解，不会轻易受到别人干扰，更不会感情用事，他们十分愿意听取推销人员的建议和观点，把这些观点和建议理性地投入到自己的思考中去；他们会换位思考，理解、尊重推销人员的工作，他们不会给推销员出难题或提出无理要求；他们把推销员看成自己的合作伙伴，最终实现推销商品的互利共赢。

对待这类顾客，推销人员应该积极参谋，主动为顾客提供有效的服务，及时向顾客提供真实、有效的信息，诚心诚意站在顾客角度思考问题。如果推销人员已经知道这种顾客实际上不需要自己所推销的商品，推销工作应该立即停止。不管推销人员的推销技术如何高超，向这种顾客推销他认为自己不需要的商品，要想收到理想的推销效果是非常艰难的。

3. 推销方格与顾客方格的关系

推销的成功与失败，不仅取决于推销人员的工作态度，推销人员的推销技术高低，同时也受顾客态度，顾客购买水平的影响。布莱克教授总结出推销人员方格与顾客方格的关系，反映了推销人员态度与顾客态度之间的内在联系。

表 6.1 反映了推销人员方格与顾客方格之间的内在联系。图中"√"表示推销成功，"×"表示推销失败，"U"表示推销成败的概率相等，有可能成功也有可能失败。

表 6.1　　　　　　　　　　　　　　推销方格与顾客方格搭配图

推销方格 ＼ 顾客方格	(1,1)	(1,9)	(5,5)	(9,1)	(9,9)
(9,9)	√	√	√	√	√
(9,1)	U	√	√	U	U
(5,5)	U	√	√	×	U
(1,9)	×	√	U	×	U
(1,1)	×	×	×	×	×

根据推销方格理论，5 种类型的推销员和 5 种类型的顾客可进行不同的组合。这时就会发现，有的顺利达成交易，有的不能成交，有的即使成交也不是二者简单搭配的结果。为此我们可用表 6.1 表示推销人员与顾客的关系。

一般来说，推销员的推销心态越是趋向于解决问题型，即图 6.2 中的（9，9）型，其推销能力越强，推销效果就越理想。从国外的有关人士与机构对推销人员推销态度和推销绩效之间关系的比较研究可以发现：在推销业绩方面，按照图 6.2 所示的推销人员分类，（9，9）型（解决问题型）比（5，5）型（推销技巧型）高 75 倍以上。由此可见，不同类型的推销人员对推销工作的贡献差异很明显。可见，要成为一位成功的推销人员，健康的心态是不可或缺的。推销人员应保持正确的推销心态，加强自身修养，提高推销技能，调节与改善自我心态，努力使自己成为一个能够帮助顾客解决问题的推销专家。

当然，从现代推销学的角度看，趋向于（9，9）型的推销心态和购买心态比较成熟和理想，具有（9，9）型推销心态的推销员是理想的推销专家，但并不是说只有拥有这种推销心态的推销员才能取得优秀的推销业绩。推销人员的推销活动能否顺利，除了自身的努力以外，还要看顾客是否愿意配合。如果推销专家遇到一位铁了心不购买推销品的（1，1）型顾客，纵然他有再高明的推销策略，也难有用武之地。相反（1，9）型（顾客导向型）推销人员尽管不是一名合格的推销人员，但是如果遇到一位（1，9）型（软心肠型）顾客，因为双方都特别关心对方，他依然能够取得推销的成功。

推销人员正确把握推销心态与顾客购买心态之间的关系是非常重要的。不同类型的推销人员遇到不同类型的顾客，应采取不同的销售策略，揣摩顾客的购买心态，及时调整自己。只要两者能够达到相互配合、和谐统一，推销就会成功。

任务三　掌握推销模式

推销模式是根据推销活动特点及顾客接受推销过程各阶段的心理演变所采取的策略，从而归纳出一套流程化的标准模式。这里主要介绍常用的爱达模式、迪伯达模式和费比模式。

一、爱达模式

爱达是 AIDA 的中文音译。顾客接受推销商品的过程，一般分为 4 个阶段，即引起注意

（A 为 Attention 的缩写）、产生兴趣（I 是 Interest 的缩写）、激起欲望（D 是 Desire 的缩写）、做出购买行动（A 是 Action 的缩写）。著名推销专家海因兹·姆·戈德曼于 1958 年在其所著的《推销技巧——怎样赢得顾客》一书中指出，成功的推销活动划分为 4 个步骤：引起顾客的注意，使顾客产生兴趣，激起顾客的购买欲望，让顾客做出购买行动。

1. A——Attention，注意

引起顾客注意是指推销人员通过推销活动，想方设法地刺激顾客听觉、嗅觉、视觉等感官，引起顾客的充分注意，将顾客的注意力吸引到自己所推销的商品上，关注到自己所说的每一句话和每一个动作细节。通常人们在购买过程中因为注意才喜欢，喜欢才愿意购买。为了达到吸引顾客注意力的目的，推销人员应当考虑如何开口说好第一句话，什么情况能使顾客认真听自己介绍，顾客的需求是什么，什么样的产品能满足顾客，商品能为顾客带来哪些利益。如果推销人员在推销产品之前，能让顾客切身感受到对自己的尊重与关心，而不单是在推销产品，那么顾客往往会把注意力集中到推销活动上来。吸引顾客注意力的方法一般有：刺激视觉的如形象吸引法、表演吸引法、动作吸引法等；刺激听觉的如语言口才法、声响吸引法、现场广告吸引；刺激嗅觉、味觉的如现场试吃法、烹饪演示法等。推销人员应根据情境、推销对象的不同而灵活地采用不同的刺激方法。

2. I——Interest，兴趣

使顾客产生兴趣是指在顾客已经注意推销活动及推销品的基础上，进一步诱导顾客对推销商品产生积极的态度，表示浓厚的兴趣。兴趣与注意密切相关，没有注意，肯定产生不了兴趣。兴趣因注意而产生，反过来又可进一步强化注意。因此，兴趣在推销过程中起着承上启下的作用，兴趣是注意的进一步发展，也是产生欲望的前提。为了快速地唤起顾客的兴趣，戈德曼认为，示范是引起顾客兴趣最有效的方法之一，因为陈述事实本身并不同于证明事实。"耳听为虚，眼见为实"，推销人员娴熟地示范所推销的商品，用顾客可以看得见、摸得着的方式证实商品确实具有某些特点和利益，往往更容易唤起顾客对产品的兴趣，这就如同人们常说的"百闻不如一见"。如果推销品不方便随身携带，也要注意借助产品宣传资料、照片、试听器材、其他顾客签订的合同等，向顾客宣传介绍商品。当然，如果有条件话，应尽量让顾客亲自体验推销产品的优点和好处，让顾客瞧一瞧，摸一摸，坐一坐（如沙发、床），尝一尝（产品试吃），以此来唤起顾客的购买兴趣。

3. D——Desire，欲望

激发顾客购买欲望是指推销人员通过推销活动的进行，在唤起顾客对推销品的兴趣后，使顾客体会到购买该商品可给自己带来的某种特定利益，从而对推销品产生强烈的购买愿望，相反不选择购买商品对自身来说就是一种损失，"机不可失，时不再来"的一种心理感受。

在推销过程中，激发顾客的购买欲望可通过三个步骤来完成：首先提出购买建议，观察顾客的肢体语言，识别、辨别顾客异议的根源和种类；其次有针对性地化解顾客异议，多方诱导、强化顾客的购买意愿。激发顾客购买欲望的方法主要有：推销效用法、美景描绘法、联想提示法、多方证实法等。

4. A——Action，行动

推销成败最终的检验标准是能否实现共赢。顾客能否在最后关头买下推销的商品，是整个爱达模式的重心。促成顾客购买是推销人员运用一定的推销技巧适时地强化顾客的购买意愿,最终促使其产生购买行为。"编筐编篓,全在收口",促成交易是爱达模式的最后一个步骤,也是全部推销过程和推销努力的关键。在一般情况下,顾客即使对推销品产生了浓厚的兴趣,也产生了强烈的购买欲望,但是却会因为资金、决策权、时间等因素而犹豫不决,这个时候就需要推销人员给他助力,进一步鼓励顾客,帮助他强化购买行为,达到落袋为安的目的。

爱达模式一般适用于:店堂推销,如柜台推销、展销会推销等;上门推销,如一些易于携带的生活用品、办公用品的推销、保险产品;拦截推销,如化妆品、保健品等;生产资料、组织购买类型的商品推销。

【案例 6.2】 暖水袋的爱达推销法

某推销员在校园中拦截了一个学生,以下是他使用"爱达"推销模式进行的推销活动。

推销员:"同学您好,我是爱华电器厂的推销员张华,冬天来了,天冷起来了,我带来了我们厂最新生产的电暖水袋,您看就是这种。"

学生:"暖水袋?不,我不需要,上课带着太不方便了。"

推销员:"那您在教室上课的时候,不感到冷吗?"

学生:"冷也没办法,其他同学也是这样的。"

推销员:"看,您的手那么红肿,是不是起冻疮了,平时很痒吗?"(A—注意)

学生:"真的啊,你不说我还没注意,就是一回到寝室,稍微暖和的时候,手还真不好受。"

推销员:"您看我们这个暖水袋是可以插电源的,这里有个卡片挪开就可以通电,一般你们寝室、教室都有电源的,插电 10 分钟就可以使用 2 个小时以上,尤其适合你们学生,您看这个图片是卡通的,这个图案多可爱啊!"(I—兴趣)

学生:"看着还很不错,多少钱啊?"

推销员:"我们主要面向学生,每个才 10 元,超市要卖 25 元呢,非常划算的。"(D—欲望)

学生:"价钱确实不贵。"

推销员:"那您要黄色还是绿色的?"

学生:"绿色的吧,给你钱。"(A—行动)

推销员:"这是我的名片,您同学要是也有需要,可以再联系我。"

二、迪伯达模式

迪伯达模式(DIPADA 模式)是英文字母 DIPADA 的中文音译词,它由发现(Definition)、结合(Interconnection)、证明(Proof)、接受(Acceptance)、欲望(Desire),行动(Action)6 个英文单词的第一个字母组合而成,在这个模式中将整个推销过程划分为 6 个阶段,形成了"迪伯达"模式,该模式是 1958 年由推销专家海因兹·姆·戈德曼根据自身推销经验总结出来的一种行之有效的推销模式,被誉为现代推销模式。迪伯达模式的核心是:在推销过程中,推销人员必须先准确地发现顾客的需要和欲望,然后把它们与被推销的商品紧密联系起来。推销人员运用各种方法向顾客证明,他所推销的商品正好符合顾客的需要和愿望，促使顾客接受推销品的优点，继而产生购买欲望，最终完成购买行为。

1. D——Definition，发现

准确地发现顾客的需求与愿望是迪伯达模式的首要任务。在这一阶段，推销人员应对顾客的心理进行科学分析，不要急于向顾客介绍推销的商品，而应通过委婉询问、观察等方式，帮助顾客确定其需要解决的问题，准确地发现顾客的需要，找出实现销售的突破口。发现顾客需求的方法主要有：市场调研法、建立信息网络法、洽谈询问法、现场观察法等。

2. I——Interconnection，结合

在准确发现顾客需要后，选择特定的商品向顾客加以介绍，该特定商品要紧密结合顾客的需要。在这个阶段，推销人员要注意提示购买商品的利益，使商品的内在功效外显，以满足顾客需求。推销人员常用的客户需求与推销产品结合的方法有：问题结合法、行为结合法、功效结合法等。

3. P——Proof，证明

推销人员就自己所推销的产品向客户进行介绍、展示、说明时，要证明所推销的产品刚好符合客户的需要，能满足客户的购买心愿，以增强客户对所推荐的商品的关注度和认同度，为顾客理性地做出购买行为奠定基础。在这一阶段，推销人员应拿出充分且客观的证据向客户证明自己的言论有充分、合理的事实依据，能够使客户认同自己的言论。提供的证据包括：人员证据——权威、知名专家、名人、社会公众人士、老顾客等现身说法；物品证据——权威的认证证书、资质等级证书、第三方检测报告、纸质等传媒报道，网站媒体报道等；事实证据——疗效证明，产品使用前后效果对比等。

4. A——Acceptance，接受

客户在观看相关证据之后初步认可了被推荐的商品，但这仅仅完成了顾客心理对产品认知的过程，并不能立刻促成购买行为。因此，推销人员还要拿出充分的、必要的、真实的依据让顾客更进一步认同选择该产品是符合其自身需要的，购买该产品是睿智的选择，以促使顾客在心里接受所推销的产品。促使顾客接受的方法主要有：示范演示法、试用体验法、引导提示法、观望考验法等。

5. D——Desire，欲望

在推销过程中，当顾客在思想上接受推销品之后，推销人员还必须让顾客清醒地认识到：现有短时间接触并不能获得好的效果，要想永久地满足其自身需要必须在购买商品后才能实现。因此，推销人员要及时激发顾客的购买欲望，利用各种刺激使顾客对该产品产生强烈的拥有愿望。常见的激发顾客欲望的方法有：联想影射法、鼓舞诱惑法、危言耸听法、夸赞法。

6. A——Action，行动

欲望与实现购买，还有一步之遥，如何促使顾客做出果断的购买行动，这是迪伯达模式的最后一个阶段，它要求推销人员能够准确识别顾客的购买信号，促成顾客完成购买。这个阶段同埃达模式的第四个阶段"促成顾客购买行为"基本相同。常用的促成顾客购买行动的方法有：商品移交、递交小票、指引收银台等。

迪伯达模式比埃达模式层次多、步骤繁，两者在第一步略有区别，迪伯达模式一般是顾

客先张口或推销员迎上去询问需求，这都需要顾客事先接近推销员，而埃达模式是顾客并没有先接近推销员的意图，而是推销员用一些技巧使顾客的注意力集中到推销员或商品上，来拉近两者的距离，但两种模式最后的实质都是为了完成推销任务。

迪伯达模式通常适用于生产资料市场产品、老顾客及熟悉顾客、无形产品及无形交易（如保险、技术服务、咨询服务、信息情报、劳务市场等）、团体购买等产品或服务的推销。

【案例 6.3】　药店里的迪伯达推销模式

一位顾客急匆匆地走进药店。

导购员："先生，您哪里感觉不舒服？"

顾客："头疼，嗓子痛，鼻塞。"

导购员："你那是典型的感冒症状，发烧吗？"（D—发现）

顾客："不发烧，就是有点浑身发冷。"

导购员："用这个药吧，这药专门治疗头痛、咽痛和鼻塞等症状的感冒。"（I—结合）

顾客：接过药，看了看说明书，"好使吗？"

导购员："这个是大厂家生产的，疗效很好，购买人很多呢。"（P—证明）

顾客："这药多少钱啊？医保给报销吗？"

导购员："医保不能划卡，才 12 元，回头客很多的，刚才有个顾客一下子就买了 5 盒。"

顾客："哦"，把药品的适应症状、禁忌事项又仔细看了看。（A—接受）

导购员："放心吧，你的上述症状只吃这一种药就能好，这个是中成药，副作用还小，别总吃抗生素类药，会产生适应症的，以后就麻烦了。"

顾客："这药怎么服用啊？写的是一天两次。"（D—欲望）

导购员："中饭、晚饭三十分钟后服用，服用后要多喝水，更利于康复，不要吃辛辣的食物，尤其不能喝酒，一般三天后，你的症状就得到改善了。"

顾客："好吧，先给我来两盒吧。"（A—行动）

三、费比模式

费比模式（FABE 模式）是英文单词 FABE 的中文音译词，它是英文单词特征（Feature）、优点（Advantage）、利益（Benefit）、证据（Evidence）4 个英文单词的首字母组合，是由美国奥克拉荷大学企业管理博士、中国台湾中兴大学商学院院长郭昆漠总结出来的。费比模式是非常典型的利益推销法，具有很强的可操作性。费比模式的主要做法是：事先把产品特征、产品优势、产品利益等信息罗列出来，再提供强有力的说服证据，来验证购买到该产品能够给顾客带来的最大收益。它通过 4 个环节，巧妙地处理好了顾客所关心的问题，节省了顾客的疑虑时间，最大限度减少了顾客异议，从而顺利地实现产品的销售，达到顾客与推销员的共赢。

1. F——Feature，特征

描述产品特征。费比模式要求推销人员在见到顾客后，要准确地介绍商品的性能、构造等特征，尤其针对属性，列出其具有的明显优势等特点。推销人员为了搜集有关产品特征的信息，要深刻发掘自身潜质，努力寻找其他推销人员忽视的、未发掘的产品优势，来恰到好处地凸显自己。销售人员主要采用的方法有：阅读报纸和专业书籍法、询问专家法、亲自试用法等。

2. A——Advantage，优点

分析产品优势。针对不同的顾客，介绍产品的优点略有区别，推销人员应针对在第一步骤中介绍的特征，有针对性地列出产品优势，特别是与竞争者相比的优势所在，如经久耐用、美观时尚、彰显身份地位、方便便捷等，突出强调异质性，以凸显和其他产品具有明显的差异性。

3. B——Benefit，利益

挖掘产品利益。这是费比模式中最重要的一个步骤。顾客接受的不单单是产品本身，而是通过购买产品，享受到了哪些好处、利益，满足顾客需要，才是推销的动力。推销人员应当详尽说明商品所能带给顾客的利益，一切以顾客利益为中心，通过强调利益，激发顾客购买产品的决心。例如：卖保险，你强调的是顾客获得的良好保障，"人生或有喜悲祸福，可保险就像把雨伞为您及您的家人永远遮风挡雨"；卖相机，你强调的是画面的品质，"这个相机，随时可以留住您及您家人的每张笑脸，它具有笑脸识别功能，更能展示您宝宝精彩的瞬间"；卖豪车，你应强调高品质的享受，凸显对方尊贵的气质，"拥有这辆豪车，能彰显您的高贵气质，无人能比"等。挖掘产品利益是促使顾客产生购买欲望的基础。

4. E——Evidence，证据

提供说服证据。大多数顾客在接受推销产品的时候是非常理智的，无论面对怎样的描述，都会产生这样或那样的质疑。为了消除顾客的这种疑虑，就需要推销人员提供真实可靠的证据，例如，技术报告、顾客来信、质量认证证书、检测报告、获奖证书、专利证书等。

费比模式与其他模式相比，突出特点是注重推销的准备工作。推销人员要充分了解产品设计的特性、功能、材质等信息并对顾客群体加以细分，从而确定哪些特征、优点和利益是对应顾客所关注的，强调产品对顾客的实际利益，然后用各种评价、证据佐证产品的介绍，以取得消费者的信赖，最终形成其购买行为。

技 能 训 练

【实训目的】

正确掌握推销的相关概念；把握推销的业务流程；理解推销模式。

【实训主题】

推销的业务流程。

【实训时间】

本章课堂教学内容结束后的双休日和课余时间，为期一周。或者指导教师另外指定时间。

【背景材料】

日本有个推销大王，叫原一平，长相不佳，满脸疙瘩，身高只有一米四多一点。但这个人为人乐观，很自信。在推销工作的起步阶段，他也很苦闷，因为业绩一般。他总在思考，推销应与做人的道理一样，做人的道理他比较在行，尽管长相和身材都不好，但他一样讨人喜欢，同样，推销也应有诀窍。经过一番苦心钻研，他认为，在面对顾客时应展示婴儿般的微笑，婴儿那天真无邪的微笑，人见人爱。

经过一段时间的模仿练习，他终于练就了几十种婴儿的微笑。接下来，就开始运用这个秘密武器。

上门推销。敲门，开门的是日本妇女。怎么没人？因为个子太矮，人家看不见。他带着婴儿的微笑，进门，于是推销成功。

【实训过程设计】

（1）指导教师布置学生课前预习背景材料。将全班同学平均分成小组，按每组5～6人进行讨论。

（2）根据"背景材料"讨论，原一平成功的根本原因是什么？

（3）各小组成员分别回忆自己遇到的一次推销经历，看看是如何体现推销业务流程的。

（4）各实训组对本次实训进行总结和点评，参照"作业范例"撰写作为最终成果的《商务谈判与推销技巧实训报告》。各小组提交填写"项目组长姓名、成员名单"的《商务谈判与推销技巧实训报告》。优秀的实训报告在班级展出，并收入本课程教学资源库。

能 力 迁 移

一、单项选择题

1. 推销方格中，推销员只重视与顾客的关系，而不关心自己的推销任务，更不会关心企业的经济利益。这类推销员属于（　　）型。

A. 强硬推销　　　　　　　B. 事不关己

C. 顾客导向　　　　　　　D. 解决问题

2. 以下关于推销，表述不正确的是（　　）。

A. 推销可以从广义和狭义两个层面加以理解

B. 现实生活中推销无处不在

C. 在推销过程中，推销者要运用一定的方法和技巧

D. 商品推销的过程并不复杂

二、多项选择题

1. 根据爱达模式，成功的推销活动包括的步骤有（　　）。

A. 注意　　　　　　　　　B. 兴趣

C. 欲望　　　　　　　　　D. 行动

E. 结算

2. 根据迪伯达模式，推销人员必须经过（　　），成功推销。

A. 发现　　　　　　　　　B. 结合

C. 证明　　　　　　　　　D. 接受

E. 欲望和行动

3. 根据费比模式，它通过（　　　）环节，巧妙地处理好顾客关心的问题。

A. 特征　　　　　　　　　　B. 优点

C. 利益　　　　　　　　　　D. 接受

E. 证据

三、问答题

1. 什么是推销？你是如何理解推销的？

2. 推销员应具备哪些素质和能力？

3. 简述推销方格理论。

4. 简述爱达模式、迪伯达模式和费比模式的主要内容。

四、案例分析

【背景材料】

书店里，一对年轻夫妇想给孩子买一些百科读物，推销员过来与他们交谈。以下是当时的谈话摘录。

客户："这套百科全书有些什么特点？"

推销员："你看这套书的装帧是一流的，整套都是这种真皮套封烫金字的装帧，摆在您的书架上，非常好看。"

客户："里面有些什么内容？"

推销员："本书内容编排按字母顺序，这样便于资料查找。每幅图片都很漂亮逼真，比如这幅，多美。"

客户："我看得出，不过我想知道的是……"

推销员："我知道您想说什么！本书内容包罗万象，有了这套书您就如同有了一套地图集，而且还是附有详尽地形图的地图集。这对你们一定会有用处。"

客户："我是为孩子买的，让他从现在开始学习一些东西。"

推销员："哦，原来是这样。这个书很适合小孩的。它有带锁的玻璃门书箱，这样您的孩子就不会将它弄脏，小书箱是随书送的。我可以给你开单了吗？"

（推销员作势要将书打包，给客户开单出货。）

客户："哦，我考虑考虑。你能不能留下其中的某部分比如文学部分，我们可以了解一下其中的内容？"

推销员："本周内有一次特别的优惠抽奖活动，现在买说不定能中奖。"

客户："我恐怕不需要了。"

案例讨论：

（1）这位推销员的失误在哪里？

（2）如果是你，你该如何设计这段对话？

【分析要求】

1. 过程要求

学生分析案例提出的问题，分别拟定《案例分析提纲》；小组讨论，形成小组《商务谈判与推销技巧案例分析报告》；班级交流并修订小组《商务谈判与推销技巧案例分析报告》，教师对经过交流和修改的各小组《商务谈判与推销技巧案例分析报告》进行点评；在班级展出附有"教师点评"的小组优秀《案例分析报告》，并将其收入本校该课程的教学资源库。

2. 成果性要求

（1）案例课业要求：以经班级交流和教师点评的《商务谈判与推销技巧案例分析报告》为最终成果。

（2）课业的结构、格式与体例要求：参照"作业范例"《商务谈判与推销技巧案例分析报告》。

项目七　准　备　推　销

项目目标

(1) 掌握客户心理的内涵。

(2) 掌握顾客购买动机的类别。

(3) 能正确分析不同客户的心理差异。

(4) 能区分不同类型的客户并为其服务。

情景案例

船 长 与 商 人

有一艘轮船在近海触礁，很快便开始下沉。船上有来自不同国家的几个商人，他们根本不知道情况的危急，仍在很投入地谈论着生意。

船长命令大副说"快去告诉那帮家伙，立刻穿上救生衣逃命！"

过了一会，大副跑回来报告说："他们都坚持不往下跳。"

于是，船长亲自去了，几分钟后他回来说："他们全都跳下去了。"

大副既佩服，又惊讶，问船长用了什么办法。

船长说："很简单，我对英国人说，那就是一项体育运动，于是他跳了下去；对法国人说，那是浪漫的，他也跟着跳了下去；对德国人说，那是命令；对意大利人说那不是被基督教禁止的；对俄罗斯人说，那是革命行动。于是，他们全都跳下去了。"

启示：这个故事说明，如果你想让别人接受你的意见，就要先了解他们的性格特征和行为习惯，然后对不同的人使用不同的方式和技巧，让他们心甘情愿地接受你，按照你的想法去做，最终达到你的目的。

同样，销售人员在业务操作过程中一定要把握客户的类型和特征，只有把客户分析得入骨三分，才可以因时、因地、因人对症下药，并采取适当的应对策略和措施，从而取得客户的认同和信任。

任务一　洞悉客户的消费心理

销售人员既要了解自己的商品和服务，又要了解客户的心理和竞争对手各方面的详细情况，只有这样，才能做到有的放矢，达成交易。

一、消费心理概述

1. 消费心理的内涵

消费心理是指客户在购买、使用和消耗某种商品和服务时的内心活动等大脑思维活动的态度，即心理态度。

客户的消费心理主要体现在以下方面。

（1）客户购买行为的心理过程和心理状态。这包括客户对商品的认知过程、情绪过程、意志过程以及这三个过程的交汇和统一的结果，并从中总结出客户消费需求、动机、行为等心理活动的一些规律。

（2）客户的个性心理特征对购买行为的影响和制约。包括客户气质、性格上的差异并由此形成的某些购买心理特征购买活动中表现出来的行为原因和结果；客户对商品的识别、评价、鉴定能力，及其对购买行为所产生的影响；研究商品款式、广告方式、促销手段、购物环境、商品价格、销售人员与客户的沟通方式、服务方式与态度等因素对客户消费心理的影响。

2. 客户购买的原则

客户在听完商品介绍之后，在什么情况下会决定购买？在什么情况下会觉得不合适或放弃购买？客户的评价标准是什么？其实每个客户在面对想要购买的商品时，心中都有两杆秤。

（1）第一杆秤。客户心里的第一架天平，左边放着企业销售的商品，右边放着其竞争对手的商品，他会在两者之间作比较后，选择更能满足自己需求的一方。

（2）第二杆秤。客户心里的第二架天平，左边放着企业销售的商品或服务，右边则放着商品或服务的价格。这时价值和价格的比较，是客户决定是否购买的关键。

价值是指客户认为商品或服务能否满足他的预期目标，而价格不但指商品需要多少钱成交，还包括了购买这一商品或服务，客户要付出的所有成本，比如附件的费用、运费、时间等，都要计算在价格里。

每个客户心里都有一杆秤，物有所值才是定盘星，因此必须精心呵护客户心目中的天平，使其倾向于价值一边时，也就是认为购买商品很值得时，才会决定购买。

一个好的商品介绍将直接影响着客户对商品价值的评判。商品是无法改变的，但是销售人员可以针对客户的需求，有针对性地陈述商品的特点和利益，增加商品在客户心中的价值。而利益正是客户所追求的重点，如果客户觉得自己只要有了这件商品就可以解决问题，甚至比预想的效果更好，自然会乐意掏钱购买了。

二、影响客户购买的动机

购买动机是引导客户购买活动指向一定目标，以满足需要的购买意愿和冲动。这种购买意愿可以归纳为两类，即理智动机和感情动机。

1. 理智动机

（1）实用。即求实心理，是理智动机的基本点，立足于商品的最基本效用。在适用动机的驱使下，客户偏重商品的技术性能，而对其外观、价格、品牌等的考虑则在其次。

例如，在一项手机购买调查报告中显示，有70％的消费者表示实用性最重要，具备基本通话、短信功能已经足够。他们最看重手机的基本功能，选择手机时挑选待机时间长、通话质量好的机型。大学生小刘说自己的哥哥买了一款带照相功能的手机，一开始还新鲜地拍上几张，可现在已经不去使用这项功能了，原因是效果不好还费电，所以他准备买一款价格较低，而且实用性强的手机。

（2）经济。即求廉心理，在其他条件大体相同的情况下，价格往往成为左右客户取舍某种商品的关键因素。大甩卖、特价场之所以能牵动千万人的心，就是因为"求廉"心理。大多数人在逛超级市场时对此应该深有体会，很多自己想都没想过的商品，就是因为特价促销而不自觉地放进了购物篮，这是"求廉"心理在起作用。

例如，中秋节快到了，商场的专柜摆满了各种各样的月饼，张女士在挑选时发出了这样的感叹："这几年，因为搭售了一些茶叶、茶具以及红酒之类的礼品，月饼价格越来越贵。自家过节就是图个开心热闹，还是选择价格实在、质量过硬的老字号放心！"

（3）可靠。客户总是希望商品在规定的时间内能正常发挥其使用价值，可靠实质上是"经济"的延伸。名牌商品在激烈的市场竞争中具有优势，就是因为具有上乘的质量。所以，具有远见的企业总是在保证质量的前提下打开商品销路。

例如，日本松下公司生产的等离子电视机，具有无辐射、厚度薄、图像逼真等特点，使用寿命可达3万小时以上。而与夏普公司生产的液晶彩电相比，相同屏幕的液晶彩电所需电能还不到等离子彩电的一半；液晶彩电的寿命为6万小时，比等离子彩电的寿命多1倍。那么在价格相差不远的情况下，可能更多人选择液晶彩电。

（4）安全。随着科学知识的普及，经济条件的改善，客户的自我保护和环境保护意识增强，对商品安全性的考虑越来越多地成为客户选购某一商品的动机。因此，绿色商品越来越受到消费者的欢迎。

例如，蜂胶商品很受中老年人的喜爱，因为蜂胶是蜜蜂以人力不可及的方式，使多种有效成分与活性物质有机融合而成的一种珍贵的商品，是天然营养保健食品。

（5）美感。爱美之心人皆有之，美感性能也是商品的使用价值之一。企业对商品外观的设计注入越来越多的投资，就是因为消费者在作出购买决策时，美感动机的成分越来越重。

（6）方便使用。省力省事无疑是人们的一种自然需求。商品，尤其是技术复杂的商品，使用快捷方便，将会更多地受到消费者的青睐。例如，带遥控的电视机、空调，只需按一下开关的"傻瓜"照相机以及许多一次性商品走俏市场，正是迎合了消费者的这一购买动机。

（7）方便购买。在社会生活节奏加快的今天，人们更加珍惜时间，对选择性不大的商品，就近购买、顺便购买、捎带购买经常发生。一应俱全的超级市场之所以兴旺，邮购、电话购物、电视购物等多种购物方式的兴起等正是适合了消费者的这一购买动机。

（8）售后服务。商品质量好，是一个整体形象。对多数消费者而言，花不小一笔积蓄购买高档耐用消费品，即使是享誉世界的名牌商品也不能完全消除心理上的紧张感。因而，有无良好的售后服务往往成为左右客户购买行为的砝码。为此，提供详尽的说明书，进行现场指导，及时提供免费维修，实行商品质量保险等都成为企业争夺客户的手段。

2. 感情动机

不能简单地理解感情动机为不理智动机。感情动机主要是由社会的和心理的因素产生的购买意愿和冲动，它很难有一个客观的标准，但大体上来自于下述心理。

（1）好奇心理。好奇是一种普通的社会现象，没有有无之分，只有程度之别。一些人专门追求新奇，赶时髦，总是充当先锋消费者，至于是否经济实惠，一般不大考虑，诸如拍照手机、数码相机、电动牙刷等能在市场大风靡一时就是迎合了这一心理。

（2）异化心理。异化心理多见于青年人，他们不愿与世俗同流，总希望与别人的不一样。例如，国内前几年开始由南往北渐进地将黑发染成黄发、红发的消费行为就反映了他们想标新立异的心理。

（3）炫耀心理。这多见于功成名就、收入丰盛的高收入阶层，也见于其他收入阶层中的少数人，在他们看来，购物不光是适用、适中，还要表现个人的财力和欣赏水平。他们是消费者中的尖端消费群。购买倾向于高档化、名贵化、复古化，几十万美元乃至上百万美元的轿车，上万美元的手表等的生产正是迎合了这一心理。

（4）攀比心理。攀比心理是一种不愿落后于人、超群好强、物欲性强的内心综合流露。攀比，社会学家称之为"比照集团行为"。有这种行为的人，照搬他希望跻身其中的那个社会集团的习惯和生活方式。

例如，张小姐因为邻居家买了大屏幕彩色电视机、摄像机、金首饰，自家没有而浑身上下不舒服，不管是否需要，是否划算，反正也要丈夫照单购买。

（5）从众心理。作为社会的人，总是生活在一定的社会圈子中，有一种希望与他应归属的圈子同步的趋向，不愿突出，也不想落伍。受这种心理支配的消费者构成后随消费者群。这是一个相当大的客户群，研究表明，当某种耐用消费品的家庭拥有率达到40％后，将会产生该消费品的消费热潮。

（6）崇外心理。一些讲摩登的人盲目崇拜外国货，只要是舶来品就买。一些家用电器生产商，尽管绝大部分甚至全部采用了国产件，仍沿用进口散件组装的牌子在国内销售。有的企业在商品或包装上全用外文，或者只用拼音字母而不用一个汉字，在国内销售，进行不正当竞争，就是利用这种崇外心理。

（7）尊重心理。客户是企业的争夺对象，理应被企业奉为"上帝"。如果服务质量差，哪怕商品本身质量好，客户往往也会弃之不顾，因为谁也不愿花钱买气受。

因此，企业及其商品销售员、维修人员真诚地尊重客户的经济权力，有时尽管商品价格高一点，或者质量有不尽如人意之处，客户感到盛情难却，也乐于购买，甚至产生再次光顾的动机。

三、影响客户购买的因素

影响消费者购买行为的因素有消费者自身因素、社会因素、企业因素和商品因素等。正确分析这些因素对消费者行为的影响，对于企业正确把握消费者行为，有针对性地开展市场营销活动，具有极其重要的意义。

1. 消费者自身因素

消费者购买行为首先受其自身因素的影响，这些因素主要如下。

（1）消费者的经济状况。即消费者的收入、存款与资产、借贷能力等。消费者的经济状况会强烈影响消费者的消费水平和消费范围，并决定着消费者的需求层次和购买能力。

消费者经济状况较好，就可能产生较高层次的需求，购买较高档次的商品，享受较为高级的消费。相反，消费者经济状况较差，通常只能优先满足衣食住行等基本生活需求。例如在家具商场，收入高的客户看到一套漂亮的真皮沙发，就会联想到：如果把这套沙发放在自己的客厅里，一定会使客厅显得更加豪华。因此，他很可能会把这套沙发买回家。而收入低的客户可能会看上一套布艺沙发，因为布艺沙发实用而且价格实在。

（2）消费者的职业和地位。不同职业的消费者，对于商品的需求与爱好往往不尽一致。一个从事教师职业的消费者，一般会较多地购买书报杂志等文化商品；而对时装模特儿来说，漂亮的服饰和高雅的化妆品则更为需要。

消费者的地位不同也影响着其对商品的购买。身在高位的消费者，将会购买能够显示其身份与地位的较高级的商品。

【案例 7.1】   **总经理为夫人买衣服**

一位富有的中年人，带着妻子来到某专卖店，看见一套女装非常漂亮，款式也比较新颖。妻子试穿后，就喜欢上了。但是，这套衣服的价格是 3200 元，中年人犹豫了。

此时，销售人员热情相待，告诉客户这套服装是今年最流行的布料也是最新的款式，前几天某公司总经理的太太也曾想买着这套衣服，但因为手头的钱稍紧而未能买成。此时，这位客户不再犹豫，立即买下了这套衣服。

在上例中，销售人员向这位客户暗示总经理夫人也很想买这套衣服，使得客户认为这是有身份有地位的象征，从而做成了这笔生意。

（3）消费者的年龄与性别。消费者对商品的需求会随着年龄的增长而变化，在生命周期的不同阶段，相应需要各种不同的商品。如在幼年期，需要婴儿食品、玩具等；而在老年期，则更多需要保健和延年益寿的商品。

不同性别的消费者，其购买行为也有很大的差异。烟酒类商品较多为男性消费者购买，而女性消费者则喜欢购买时装、首饰和化妆品等。

（4）消费者的性格与自我观念。性格是指一个人特有的心理素质，通常用刚强或懦弱、热情或孤僻、外向或内向、创意或保守等去描述。不同性格的消费者具有不同的购买行为。刚强的消费者在购买中表现出大胆自信，而懦弱的消费者在挑选商品时往往缩手缩脚。

2. 社会因素

人是生活在社会之中的，因而消费者的购买行为将受到诸多社会因素的影响。

（1）社会文化因素对消费者购买行为的影响。文化通常是指人类在长期生活实践中建立起来的价值观念、道德观念以及其他行为准则和生活习俗。任何文化都包含着一些较小的群体或所谓的亚文化群。它们以特定的认同感和影响力将各成员联系在一起，使之持有特定的价值观念、生活格调与行为方式。

如我国除了占人口多数的汉族外，还有几十个民族，他们在食品、服饰、娱乐等方面仍保留着各自民族的许多传统情趣和喜好。而不同的宗教信仰也会影响人们的购买行为，不同的信仰、偏好和禁忌在购买行为和购买种类上表现出许多特征。另外不同地域的人们有不同的生活方式，如我国华南地区与西北地区，或沿海地区与内地偏远地区，都有不同的生活方式和时尚，从而对商品的购买也有很大不同。

（2）社会相关群体对消费者购买行为的影响。相关群体是指对消费者的态度和购买行为具有直接或间接影响的组织、团体和人群等。消费者作为社会一员，在日常生活中要经常与家庭、学校、工作单位、左邻右舍、社会团体等发生各种各样的联系。

家庭是消费者最基本的相关群体，因此家庭成员对消费者购买行为的影响最强烈。一般来说，夫妻购买的参与程度大都因商品的不同而有所区别。家庭主妇通常是一家的采购者，特别是在食物、家常衣着和日用杂品等方面的购买，主要由妻子承担。

随着知识女性事业心的增强，男子参与家庭和家务劳动风气的逐步兴起，妇女已经不是基本生活消费品唯一的或主要的购买者。当然在家庭的购买活动中，其决策并不总是由丈夫或妻子单方面作出的，实际上有些价值昂贵或是不常购买的商品，往往是由夫妻双方包括已长大的孩子共同作出购买决定的。

亲戚、朋友、同学、同事、邻居等也是影响消费者购买行为的重要相关群体。这些相关群体是消费者经常接触，关系较为密切的一些人。由于经常在一起学习、工作、聊天等，使消费者在购买商品时，往往受到这些人对商品评价的影响，有时甚至是决定性的影响。

（3）影响消费者购买行为的其他因素。

影响消费者购买行为的主要因素，除消费者自身因素、社会因素之外，还有企业和商品因素，如商品的质量、价格、包装、商标和企业的促销工作等。

四、客户购买决策及其影响因素

1. 客户的购买决策

客户的购买决策是客户消费者行为中具有决定作用的核心问题。因为客户只有认识到有需要，进而产生购买动机，最终要进行行为的决策与实施，需要解决许多问题。

（1）客户购买决策的概念。客户的购买决策，就是指客户在明确购买目的的前提下，在可供选择的两个以上的购买方案中，经过分析、评价，选择最佳购买方案的活动。它是购买目的的确定，购买动机的形成和购买方案的抉择过程，是购买行为实施前极为重要的准备过程。

（2）客户购买决策的内容。客户购买决策的内容主要包括购买原因、购买目标、购买地点、购买时间、购买人、购买方式、购买数量、购买价格等。

（3）客户购买决策的方式。客户购买不同的商品采用不同的决策方式。常用的决策方式有以下几种。

1）个人经验型决策。即主要依靠自己的思想方法、经验教训等进行决策。

2）家庭集体型决策。即依靠家庭集体研讨商量进行决策。

3）他人参考性决策。即依靠他人的指导进行决策。

2. 影响客户购买决策的因素

客户的购买决策常常受到各种因素的影响，从而导致同样购买选择的客户，可能会作出不同的决策，也可能使客户在不同时期作出性质完全相反的决策。

影响客户购买决策的因素有：客户个人因素的影响、外部因素的影响以及企业与营销因素的影响。而客户个人因素的影响还包括：需要与动机对客户购买的影响、客户的个性因素对客户购买决策的影响两方面。

任务二 掌握客户的类型及其服务内容

客户的购买决策常常受到各种因素的影响，从而导致同样购买选择的客户，可能会作出不同的决策，也可能使客户在不同时期作出性质完全相反的决策。在销售服务的过程中，销售人员掌握了客户的类型特点，并根据不同性格的客户提供相应的服务，才能取得销售的成功。

一、不同性格类型的客户特点及其应对

在心理学上，人的性格划分为四大类，即活泼型、完善型、力量型和平衡型。一个人可能同时具备这四种类型的某些特质，但通常会偏重其中某一两类。了解客户的性格特征，能帮助我们找出与之相适应的沟通方式，与客户建立良好的关系，并最终达成交易。

1. 活泼型——善于表现的"社会活动家"

活泼型的客户喜欢引经据典、自我表现，而且乐观开朗、豪爽豁达，但同时因为活泼多变而缺乏耐心。当活泼型的客户引经据典、侃侃而谈时，你需要做一个积极的倾听者以满足他们喜好表现的欲望。你需要对他们所讲的故事表现出兴趣，令对方有一种受到重视和认同的感觉。由于活泼型客户乐观、豪爽、豁达，又非常乐于接受新事物，因此，你可以将自己的商品与时尚联系起来，帮助他们认识到商品所带来的价值。

针对他们性格中缺乏耐心和活泼多变的特点，在介绍商品时要简明扼要，说话干净利落，不绕圈子。要善于把握销售时机，当看到对方的身体语言中流露出感兴趣的样子，如主动用手触摸商品、身体前倾或点头表示附和时，应赶快拿出销售订单，促成交易。

活泼型的客户最需要别人的注意和认同。

2. 完美型——周密细致的"分析者"

完美型客户一般周密矜持、柔韧拘谨，重视逻辑、精益求精，聪明敏感、缺乏决断。这类客户具有周密的思维、柔韧拘谨的个性，因此难免会吹毛求疵、瞻前顾后。

完美型客户重视逻辑，凡事都追求精打细算，精益求精。要应对好完美型客户，你必须熟悉商品的特性及功效，让客户详细、全面地了解该商品所带来的利益。

完美型的客户最需要的是逻辑的体贴。

3. 力量型——咄咄逼人的"控制者"

力量型客户的特点是直言好斗、咄咄逼人，自主决断、争强好胜，重视效率、缺乏耐心。

针对他们喜辩好斗的特点，销售人员要学会控制自己的情绪，始终保持热情周到的服务，避免与他发生正面冲突。在推荐商品时要简明扼要，重点突出，同时又要耐心倾听和解释令其有受到重视的感觉。

力量型的客户最需要的是温顺和耐心。

4. 平和型——耐心随和的"亲善者"

平和型客户一般内向悲观、谦虚冷静，沉默随和、耐心倾听，不喜变革、怯懦无刚。

平和型客户一般不会主动去表现自我，但其内心深处则渴望得到别人的认同。因此，在销售过程中要善于发掘其优雅的一面，让对方产生一种价值感，并由此振奋起来。

平和型的客户表面平和而内心深处却需要尊重和有价值感。

二、常见顾客类型的特点及其应对

综合顾客的心理、社会阅历、性格等因素，在推销中，常见以下几类顾客，销售人员应针对顾客的不同特点，采用适当的应对方法。

1. 见多识广型客户

在商店里，我们常见到以下场景。

客户手里拿着两双皮鞋，仔细比较后，问道："这两双皮鞋的皮料、颜色、尺码看起来完全一样，可价格却相差 150 元，为什么？"

销售人员一脸迷惑："这个……"，然后把两双皮鞋拿在手里翻来覆去的看了一阵："嗯，我想价格高的质量应该更好些。"说完，满脸通红。

客户并未得到答案，继续问道："我知道，质量好的价格应该更高，可我想知道它的优点在哪里？"

售货员满脸窘态，不知如何应对。

客户说："看来你似乎不太清楚，我虽然不精通，但依我看，两者的差别应该在牛皮的部位不同。价格便宜的看似结实，价格贵的看似脆弱，实际是后者韧度高，比较耐用，所以价格相对较高。"

销售人员如梦初醒："原来如此！真对不起，我刚来不久，这方面的知识还有待加强，能不能请你指教一二……"

这时，客户态度很认真，说："其实，我知道的也很有限，不过，我很欣赏你的诚实，这样吧，我要价格高的那双。不过你也要抓紧进修进修专业知识了。"

我们把这位客户称为"见多识广的客户"，一般来说，见多识广的客户喜欢提供意见。这类客户可分为三类：深藏不露型，见识广却不动声色；单刀直入行，一见面就表明态度；自我膨胀型，认识不深却装作懂得很多。

这三类客户我们都不能疏忽，特别是对待"深藏不露型"的客户更要谨慎小心。"单刀直入型"的客户不管知识程度如何，如果我们在应对时出现破绽，就会立刻遭到反击，有时会使自己下不了台。碰到这种客户，如果下意识产生反抗心理，并将反感表现在态度及言词上，是最不可取的。

通常，我们最容易轻视"自我膨胀型"的客户，但根据客户至上的原则，不管他们说些什么，都应以"认真倾听"的态度应对。

应对见多识广客户的最佳诀窍是，用优于他们的商业知识，以正确、易懂、有感情的谈吐向他们解说。销售人员应具有说明自己所销售的任何商品的特性与优点的能力。吸收商品知识有多种途径，如彼此切磋、研究厂商或供应商送来的说明书、商业书刊、专业书籍等。具备了丰富的商品知识，不但能对付见多识广的客户，还能赢得任何客户的信任。因此，抽空进修绝对有必要。

那么，如何有效地应付见多识广的客户呢？对前例，我们可以这样处置：不知道如何回答客户询问时，应先表明态度："我刚来，还不太清楚，麻烦您稍等片刻，我立刻请别人来为您解说。"然后，立刻请经验丰富的同事来招呼。万一叫不到可提供帮助的人员，也不要支吾其词，坦诚向对方请教更能博得好感。

但是，以上都只是迫不得已的权宜之计。销售人员对商品一知半解，最容易失去客户的信任。与其有心请教客户，为何不事先学习呢？"刚来没多久"不能作为推卸责任的正当理由。

2. 慕名型客户

"慕名型"的客户一般指那些喜欢到自己认可的特定企业去购物的客户，从下例中，我们能更好地了解这类客户的性格。

妻子："你说到哪里买空调好？"

丈夫："去××企业吧。"

妻子不大明白："可是离我们家太远了，到楼下的电器店买不是一样吗？"

丈夫："话是不错，不过电器这东西容易出故障，最好能找一家信用好的，坏了能马上来修理的企业。"

妻子："哦，你是说售后服务？"

丈夫："对，我很多朋友都说那家企业的售后服务非常周到。"

妻子："那我们星期天去买吧。"

从上例中可以看出，慕名型客户一般对其指定的商店印象较好，这样的商店也一向生意兴隆，然而要成为这些慕名客户的指定目标，需具备某些条件。

尽管客户对企业很信任，且期待已久，可一旦因故失去他们的信任或使其期待落空的话，就很难挽回了。和一般客户相比，慕名型客户在"爱之深，责之切"的心理下，对其信任期待的企业一旦绝望，反映就会很强烈，不仅客户本身难再信任，就连其亲戚朋友也会受到影响。可见，影响非常深远。

因此企业应时刻注意，不要以为美名在外，就高枕无忧，以为客户会自动上门，相反要常常自我反省：客户到底信任我们什么？期待我们什么？我们在保持现有优点外，如何"更上一层楼"。

不少企业在看到同行又出新招后，便立即效仿；有些企业不"三思而后行"，贸然改换店面设计和商品种类。结果，往往损害客户对企业的信任感，影响了企业在客户心中的亲切感。因此，每当采取重大步骤时，一定要先考虑会不会损害客户对企业形象的认同。

应对慕名型客户也有方法可循。我们也可以看出，每家企业卖出商品时都强调其完善的售后服务，而当商品出了问题，客户找上门来时，有些企业却以员工忙、零件缺货等借口，拖拖拉拉，得过且过来敷衍客户，这样往往会使客户伤心、失望。

因此，不管什么商品，只要客户一旦发现问题，店方即能随叫随到进行售后服务，那么企业就能拥有较好的口碑，受到客户的长期拥护。

3. 性格未定型客户

所谓性格未定型，即未成年的客户，也就是我们通常所指的小客户。这类客户一般缺乏购买经验，购买心理不稳定，往往是随意购买或奉命购买；在选商品时大多没有主见，表现出不知所措的言行。这类客户一般都渴望得到销售人员的帮助，乐于听取销售人员的介绍，并很少亲自再去检验和查证商品的质量。

随着人们生活水平的提高，小客户的需求日益见长，称为购物队伍中的生力军。

以下场景你也许见过。

小孩怯怯地说："叔叔，我爸要买一包中华烟。"

销售人员毫无反应，像没听见一样。

小孩又说了一次："叔叔，我爸要买一包中华烟。"

销售人员才吭声："哦，一包中华烟。"仿佛刚反应过来，粗鲁地回应一声，懒洋洋地从货架上拿出一包中华烟，递给小孩，连多说一句都没有。

这个销售人员可能看对方是小孩，没必要和他客气。

小孩子一般爱憎分明，他们绝对忘不了销售人员给他们的第一印象，并会用强烈的感情评价这家企业，企业一旦招致他们的不满，后果相当可怕，因为他们虽是小客户，但是他们还有父母、兄长，他的不满很容易传染给其他人。

其实小客户一般要求不高，购买商品时不会像成年客户那样挑剔。只要热情接待，一般都能顺利达成交易并留下较好的印象。像案例中的小客户购买的商品数量和金额虽小，但也不能忽视他，热情周到地对待每一位客户是销售人员最基本的态度。

4. 亲昵型客户

亲昵型客户多为与企业关系较为紧密的客户，也就是我们所说的熟客，即经常到店消费的客户。新客户对销售人员心理隔阂的消除和信任的产生需要一个过程，而熟客就不存在这种情况。因此，销售人员与熟客相处的心理距离拉近了，就容易与客户交谈，了解客户的购买意向，促成交易。

企业开业一段时间，建立起一定信誉后，会有很多熟客。与熟客建立良好关系非常必要，但也应注意对熟客和新客的应对办法，不能顾此失彼。

王小姐今天想为先生选购一条领带作为生日礼物，于是，走到了商场专营男士领带的柜台前挑选。

她挑选了好一会儿也不见人来招呼，原来那位女店员正与一名看似熟客的男青年聊得起劲。仔细一听，他们正在谈论电影明星的八卦新闻。

王小姐感受到了冷落便转身离开，这时那位女店员才跟过来问："小姐，您看中了哪一款？可以试一试……"王小姐说："我看你正忙着，我还是到别处去买吧！"

店员与客户之间适当的交流非常重要，能增进感情，树立本店热情服务的美名，而上例中却过犹不及，适得其反，使得店面格调一落千丈。"亲密之中，也要保持礼仪"，过分亲近会招致客户反感。店员与客户闲话家常时，态度及措词都要有分寸，不可忘记自己正在执行销售工作而进入"忘我之境"。

客户自动聊起个人问题，应委婉避开，划清彼此之间的关系，才不会让其他客户感到不舒服，熟客得罪不起，但也不能为了照顾熟客而使新客感到心里不平衡，忽视了新客成为熟客的巨大潜力。

熟客与新客都是客人，都是上帝，他们有权利获得平等的待遇。两者一起上门时，何不先一同招呼，等客户散开后，再个别照顾也不迟。

因此，遇到有两个以上客户时，销售人员要始终坚持应对的原则，即使其他客户出声招呼也应先跟眼前的客户致歉，待事情办完后立刻回到原客户的地方，绝对遵守公平对待原则。

案例中，则应注意与客户保持适当距离，避免闲扯不相干的话题，"距离能产生美"绝对是一条精辟的真理。

5. 犹豫不决型客户

日常生活中，很多人面临各种选择时优柔寡断，百般踌躇，他们在挑选商品时也常常显得犹豫不决，面对诸多商品，难以取舍，这样的客户即是犹豫不决的客户。

客户站在柜台前，说道："对不起，请把那个拿给我看一下。"刚说完，突然眼睛一亮：

"咦，那边那个也给我看一下。"没多久，一转头，"哎，那个似乎也不错!"客户三心二意，很难抉择。店员一一附和，说道："是啊，这种风格不错，很流行。"

在任何一家商店里，这种情景都司空见惯，客户东摸西看，不知如何选择，这就是犹豫不决型客户的典型特征。一般而言，女性由于其细心的天性，在这种类型客户中占大多数，在选购流行性强的商品时更是如此。

面对此类客户时，要记住对方第一次拿的是什么商品，其次看的又是什么商品，根据其态度，留下几种适合其口味的商品，其余的则不动声色地拿开。然后，推断客户手上的商品，正是他反复把弄的商品，若他再次拿起另一种，可用自信的口吻说："太太，我认为这种最适合您。"这通常会使客户当场决定下来。

若旁边还有其他客户时，也可以通过征求第三方意见，这也是促使犹豫型客户下定决心的方法之一。一般情况下，被问及的客户会予以合作，且赞同率往往较高。

6. 好讲道理的客户

有种客户，总喜欢指点江山，大发感慨，不理论一番便不甘心，这种客户我们称之为"好讲道理的客户"。下例最能说明这种客户的性格特征。

李阿姨快嘴利牙，有一次买棉衣时，他对推销人员说："你的意思是说，你卖的比别人便宜?"

销售人员答到："是啊! 这么好的商品，这个价格在其他地方买不到。"

李阿姨："其他地方到底是什么地方?"

李阿姨追问道："你说的是东边那家，还是西边那家?"

销售人员面有难色："对不起，我不能告诉您，不过价格方面我绝对有信心。"

李阿姨抓住机会："你看，我猜的不错，看样子，你并没有挨家挨户实事求是地调查过。"

接二连三的进攻，往往使销售人员招架不住，产生自暴自弃的心理："不管了，买不买随你。"

这类客户往往是不受欢迎的。遇到此类客户，销售人员一定要从有自信的话题开始，千万不可触及不明白的问题，或请了解实情的人相助，切不可表现出情绪及动作上的不满。

有些行为特别容易引起客户跟销售人员辩理：

(1) 损伤客户感情。客户要求看某种商品时，千万不要用哪种不够格的口气回答，例如，"啊，那个啊，那个很贵的!"这样比较伤害客户的自尊心，他就必定会和你说话不客气了。

(2) 卖弄一知半解的知识。"知之为知之，不知为不知。"销售人员不懂装懂，客户会忍不住说，"好，让我教训你一下。"这时，态度一定要殷勤，坦诚相对。

(3) 诽谤同行。当客户听到销售人员批评同行时，如价格比别人便宜、质量更好等，客户总是忍不住说些大道理，训诫一下狂妄的销售人员。

(4) 客户退货或换货时应对不当。当初说好了的可退换货，现在却摆出一副苦脸，让人禁不住想挖苦几句以泄心头之气，在这种情况下，客户一般采取低姿态，销售人员不妨也用同样态度。

因此，销售人员应尽量避免以上四种情况的出现。上述例子中，对李阿姨这种有特殊个性的人一定要包容，"小不忍则乱大谋"。否则，到头来"竹篮打水一场空"，不但生意做不成，而且影响了本企业的声誉。

7. 爽朗型客户

个性开朗的客户善于制造气氛，一般宴会上或热闹场合中总少不了这样逗趣的人，在企业中，他们主要扮演企业代言人的角色，此类客户称之为爽朗型客户。以下例子形象描绘出爽朗型客户的性格特征。

某成衣柜台，客户与销售人员正在讲价：

客户准备要买了："能不能便宜点？"

销售人员："我们这里是不讲价的。但是，现在正是促销期间，我给你算9.5折。"

客户仍不满意："9.5折还是太贵了。"

销售人员说："对不起，9.5折已经是上限了。"

为难之间，客户又对销售人员说："这样吧，干脆打9折给我好了。"

销售人员仍不确定："可是9折实在是……"

客户最后说："这样吧，我们再到别处看看，等到那边就知道有没有比你们便宜的了，哈哈"。

如何应对爽朗型客户呢？爽朗型客户不管事情轻重，反正事不关己，想到什么就说什么，如果意见被他人否定，很快就会转成不同的态度。

销售人员在接待爽朗型客户时，必须小心谨慎，坚持原则和立场。

8. 谦虚型客户

谦虚是人类的美德。具有谦虚美德的客户在挑选商品时，往往会选择价格不高、或是质量不是太差的、功能不必齐全的商品。例如：

李先生对销售人员礼貌地说："麻烦您，把这支钢笔拿给我看一下。"

销售人员拿出几种样品，说："我们的钢笔有很多种，不知道你喜欢哪一种？"

李先生说："便宜的就行。"

销售人员拿一些便宜的钢笔放在柜台上，耐心地解释道："这些笔价格虽然便宜，都很顺畅。"

李先生看了又看，又说："好的，不过有没有好一点儿的？价格不要太贵。"

销售人员又拿出一些："质量好的，价格也会升高，你看这个如何？"

这位销售人员实在得很，遵照李先生的意思，尽量拿些便宜的出来。

从上例中，销售人员这样做，对不对呢？

首先，我们先看一下用词问题。当客户"要便宜的"时候，销售人员不可过于实在，说："给，这些都是便宜的。"不妨说得委婉些："这是您想要的价格的商品。"

对待有这样需求的客户，还需仔细洞察其表情神态。当客户说出"只要便宜的就行"，若表情认真，或自言自语，这时通常是真的要便宜货；若口气爽朗，不怕别人听见，大体上可断定是谦逊或怕销售人员推荐昂贵的商品。

另外，销售人员还应注意客户更多注意哪种价位。销售人员对这些信息应准确把握，不要轻信什么"便宜的就行"之类的无稽之谈。

那么，对待上例，如何处置才算合理？

我们应先辨别客户是否说的是真心话还是言不由衷，然后再拿商品。

上例中，如果物品分为 50 元、100 元、150 元、200 元、250 元五种价位，可先拿出 150 元，看客户反应后再提供 100 元或 200 元，客户拿 100 元则再提供 50 元，拿 200 元则再提供 250 元。但是，我们应注意，千万不要让客户觉得买便宜货没面子，无论消费金额多少，都应一律视为"上帝"。谁能说今天买便宜钢笔的李先生明天不能买高档商品呢？

9. 腼腆型客户

有些人动不动就双颊伴红，额头沁汗，手忙脚乱。这种人大多是极端内向，或自觉有某种弱点的人，告诉自己不要害羞，结果心跳反而加快。其实，每个人都害羞，只是程度不同而已。"害羞是上帝单独赐给人类的好礼物。"

一对情侣小东和陈小姐并肩在首饰柜台前挑选首饰，小东听着销售人员介绍，心中盘算着，而小陈则坐立不安。因为她发现旁边的一位员工在偷偷地看她，因此，急匆匆地催促小东："还没好啊？下次再来吧！"随即两人走了出去。

以上例子说明，接待腼腆型客户首要注意的一点是，不要直接注视他们。推介商品时，最好把商品拿在手上，一边看着它一边说明，强调商品重点功能或优点时，和蔼地直视对方。

具体情况下，销售人员更加敏感些，当判断到客户属于腼腆型时，尽量避免员工对客户评头论足，使客户不自在而夺路而逃。

技 能 训 练

【实训目的】

正确掌握顾客心理类型，掌握顾客心理分析方法。

【实训主题】

顾客心理分析。

【实训时间】

本章课堂教学内容结束后的双休日和课余时间，为期一周。或者指导教师另外指定时间。

【背景材料】

从如霖配餐业务的快速提升看顾客心理研究

开一家成功的门店方法有很多，如提升服务、优化绩效、产品质量、购物环境等因素都可以使门店经营顺心，但在搭配以上因素时，应该因人制宜，研究好门店业务所针对顾客消费的心理影响才能做到锦上添花，反之，可能使经营者下了力气却找不到门店业务盈利点的关键因素。

如霖饭店为了攻占青岛庞大的写字楼送餐市场，通过送餐市场调查对比，专门建立了 8 位厨师的配餐部，设置了 5 辆送餐车，从容器、卫生到配餐种类进行了分类，本着丰富产品线的原则将套餐种类设了近 30 种，按路段划分安排专人专车进行负责，在开展的当天组织了专门的宣传队伍一大早就逐个写字楼进行 DM（直邮广告）发放，经营者完全有信心将送餐业务发展成青岛外卖市场最大的份额。

然而事与愿违，第一天，宣传人员同时对香港中路 13 座写字楼进行了 DM 发放，但总共接到订单不到 80 份，按每份套餐均价 8 元的价格，毛利润才 200 多元，远不能达到盈亏平衡线，经营者认为因为第一天可能有的公司没来得及订餐，就期待第二天的业绩会转好，结果第二天的订餐量却下降到 60 份左右，经营者为了拉动人气促进订单，制订了一个为期三天的促销计划，订餐送礼品，订一套送水果一个，五套以上送大瓶可乐一桶，并印刷了 DM，再次进写字楼进行宣传，当天订餐量上升到 130 套，但毛利率却下降了 10%，依然是在赔本；三天活动结束后，订餐量一下子滑落到 50 套。

经营者感到无计可施时向营销专家 S 寻求帮助，S 随机在其写字楼进行了调研。一般在写字楼的上班族都能体会到，都希望自己订的餐在中午下班时能准时送到，所以他们一般在上午 10:00 之前订餐。但送餐者的速度却是快慢不一，往往要等半天饭才能送来，更有甚者，11 点半下班，但外卖却要等到快 1 点了才送到，导致写字楼上班族怨言颇大。

通过调研，S 总结出送餐准时度是影响顾客消费的重要因素，于是 S 给经营者出了一个方案，在顾客电话订餐时，与顾客确认几点之前送达，如延迟到达，则每晚一分钟，倒扣餐费一元，上不封顶，以此类推，时间以 CDMA（无线通信技术）时段为准（因为 CDMA 是最精准的时刻表）。得到经营者认可后，S 组织配餐部进行了详细的事项安排，优化了品类搭配，将原先宣传的 30 多种套餐品种压缩到 6 种，并划分了人气产品与利润产品，将均毛利率提到 45% 以上，再重新选择了 3 座写字楼作为试点，把路线划分明确，重新印制了 DM，将套餐种类进行宣传，并在单页上显著地标上了他们的送餐政策，从早上 8:30 开始安排 3 名员工对写字楼进行发放。

早上 9:30 开始，订餐电话陆续接入；

10:00，订餐量已超到 450 份；

10:00 之后，电话依然不停进入，但为了不耽误第一天的时效，员工全部婉拒，并提醒顾客明日 10:00 之前订餐；

11:00，送餐队伍陆续出发，公司特意安排了每个送餐员工选择五家公司晚点送达，晚点时间从 5 分钟到 15 分钟，并且由送餐人员当场将款项从餐费里扣除。

于是，当日毛利润近 1700 元。

第二天，前一天客户全部返单，加上新客户，三座写字楼的订餐量突破 800 份，公司依然安排送餐人员每天选择不同的客户特意晚点送到，只是，不同的是，别的外卖单位送餐晚点听到的是抱怨声，而如霖送餐人员晚点到达得到的却是客户聚在一起看手机核对时间的欢快笑声。

随着业务的慢慢展开，招商银行、华夏银行等数家银行跟如霖达成了配餐协议，如霖扩大了配餐部规模，毛利迅速增长，送餐业务快速巩固了市场。

（资料来源：http：/t.163.com/2747241748#f=topnav.）

【实训过程设计】

（1）指导教师布置学生课前预习背景材料。

（2）将全班同学平均分成小组，按每组 5～6 人进行讨论。

（3）根据"背景材料"讨论，分析如何营销者才能迎合顾客的心理，达到赢利的目的？

（4）各实训组对本次实训进行总结和点评，参照"作业范例"撰写作为最终成果的《商务谈判与推销技巧实训报告》，字数不少于 1000 字。各小组提交填写"项目组长姓名、成员名单"的《商务谈判与推销技巧实训报告》。优秀的实训报告在班级展出，并收入本课程教学资源库。

能 力 迁 移

一、单项选择题

1. 中秋节快到了，商场的专柜摆满了各种各样的月饼，张女士在挑选时发出了这样的感叹："这几年，因为搭售了一些茶叶、茶具以及红酒之类的礼品，月饼价格越来越贵。自家过节就是图个开心热闹，还是选择价格实在、质量过硬的老字号放心！"，张女士属于（   ）。

A. 求廉心理　　　　　B. 异化心理　　　　　C. 使用方便　　　　　D. 好奇心理

2. 张小姐因为邻居家买了大屏幕彩色电视机、摄像机、金首饰，自家没有而浑身上下不舒服，不管是否需要，是否划算，反正也要丈夫照单购买。张小姐的是（   ）。

A. 异化心理　　　　　B. 好奇心理　　　　　C. 攀比心理　　　　　D. 从众心理

二、多项选择题

1. 影响消费者购买行为的主要因素有（   ）。

A. 消费者自身因素　　B. 社会因素　　　　　C. 商品因素　　　　　D. 企业因素

E. 促销

2. 见多识广的客户可以分为（   ）。

A. 深藏不露型　　　　B. 单刀直入型　　　　C. 自我膨胀型　　　　D. 犹豫不决型

E. 好讲道理型

三、问答题

1. 购买动机有哪些类型？

2. 影响顾客购买的因素有哪些？

3. 试述顾客类型及其应对策略？

四、案例分析

【背景材料】

某位顾客打算购买一台传真机，以下是推销员和顾客的对话。

推销员：先生，您是要购买一台传真机在家里使用吗？

顾客：是的。

推销员：家里使用体积小一点儿比较好吧？

顾客：是的，不占地方最好。

推销员：我想不需要有太多的功能，而花较大的费用，您认为呢？

顾客：是的。

推销员：是不是主要用在您办公室和家里？

顾客：是的，客户间的联络大部分都使用办公室传真机，家里的只偶尔用到，主要还是传一些公司的资料。

推销员：嗯，功能越少，体积越小，且安装方便、故障少。是否只具有传送和接收的功能就行了？

顾客：对，只要能传、能收就行。

推销员：先生，这台 S-100 型家用传真机是目前体积最小的具有传送和接收功能的传真机，推出市场才一年半，品质相当稳定，安装、操作都非常方便，价钱也很实惠，900 元，非常适合家庭使用，您看这台如何？

顾客：嗯，好的。

案例讨论：针对上面的案例，分析一下推销员是如何成功地销售商品的。

【分析要求】

1. 过程要求

学生分析案例提出的问题，分别拟定《案例分析提纲》；小组讨论，形成小组《商务谈判与推销技巧案例分析报告》；班级交流并修订小组《商务谈判与推销技巧案例分析报告》，教师对经过交流和修改的各小组《商务谈判与推销技巧案例分析报告》进行点评；在班级展出附有"教师点评"的小组优秀《案例分析报告》，并将其纳入本校该课程的教学资源库。

2. 成果性要求

(1) 案例课业要求：以经班级交流和教师点评的《商务谈判与推销技巧案例分析报告》为最终成果。

(2) 课业的结构、格式与体例要求：参照"作业范例"《商务谈判与推销技巧案例分析报告》。

项目八　客　户　开　发

项目目标

(1) 掌握寻找准客户的方法。
(2) 掌握客户资源的有效管理方法。
(3) 掌握客户资源的甄别内容。

情景案例

推销中的数量定律

美国有个推销大王发现了一个有趣的数量定律，每寻找到 25 位客户，就会有 1 人对你推销的商品感兴趣；每 4 个对推销商品感兴趣的人中就会有一个人购买该商品。于是，他给自己规定，每天必须寻找到 100 位客户。

中国台湾地区有位推销员发现了一个"50—15—3—1"的数量规律，即每打 50 个电话，大概会有 15 个客户感兴趣，其中 3 个表示愿意洽谈，最后能做成一笔交易。于是，他规定自己每天必须打 50 个电话。

启示：推销从某种程度上说，就是找人，然后把东西卖给他。你寻找的顾客越多，你的销售业绩越高。销售是一个以数量决定成败的工作。这就好比牛顿第三定律所说的，作用力越大，反作用力也越大。

任务一　掌握寻找准客户的方法

寻找目标客户的方法有很多。应该说，有多少销售人员，就有多少种寻找目标客户的方法。没有任何一种方法能够普遍适用，也没有任何一种方法可以确保你一定成功。作为销售人员，需要不断地总结经验教训，需要综合考虑自己的主客观情况，才能找到一套适合自己的方法。

【案例 8.1】　试车

迪恩·豪斯是凯迪拉克公司业绩最突出的推销员。迪恩成功的主要原因是他有一套特殊的寻找客户的方法。

迪恩经常开着配有电话的新款凯迪拉克在街上游荡。当他发现谁家门前停着旧款豪华车，特别是旧款凯迪拉克时，他就把车开过去停下，然后通过地址目录来查找这一住户主人的姓名及电话。

迪恩在拨通电话后，一般采取如下方式进行推销："下午好！××先生（夫人），我是凯迪拉克公司的迪恩·豪斯，您是否想体验一下驾驶新款凯迪拉克的感觉？这只耽误您几分钟，我现在就在您家的车库边。"

分析： 虽然试车并不能马上带来销售，但是迪恩把寻找和鉴定客户的行动合并成一个步骤完成，令他始终保持着良好的销售业绩。

这里介绍最常见也是应用最为广泛的七种方法：资料查询法、市场调查法、扫荡拜访法、连锁介绍法、竞争抢夺法、宣传造势法和随时随地法。在实际的应用过程中，每个销售人员可以根据自己的需要进行取舍与合并。

一、扫荡拜访法

扫荡拜访法又称逐户寻访法、贸然访问法等，是指销售人员在特定的区域或行业内，用上门访问的形式，对估计可能成为客户的单位、组织、家庭、个人逐一地进行访问并确定销售对象的方法。

【案例 8.2】 售票员留下了名片

安利公司有一位优秀的直销员陈大军，十几年来一直坚持用扫荡拜访的方法开发客户。他给自己定了一条规矩：每天除了既定的任务外，必须完成对 10 个陌生人的拜访。

有一次，当陈大军拜访完第 9 个客户时，已经是晚上 10 点多了。他正在思考最后一个锁定的目标会是谁，一辆公车停在了他的面前。他忽然灵机一动，马上上了公交车与售票员热烈地攀谈起来。当公车到达终点站时，他给售票员留下了一张名片。

就是用这种最古老的方法，坚持每天 10 位的原则，陈大军取得了不凡的成绩。

扫荡拜访法遵循"平均法则"原理，即认为在被寻访的所有对象中，必定有销售人员所要寻找的目标客户，而且他们分布均匀，其数量与访问对象的数量成正比。

扫荡拜访法可以使销售人员在寻访客户的同时，了解客户、了解市场、了解社会。该法主要适合于日用消费品或保险等服务的销售。但该法费时、费力，带有较大的盲目性，更为严峻的是，随着经济的发展，人们对住宅、隐私越来越重视，使扫荡拜访法的实施面临着越来越大的难度。

二、连锁介绍法

连锁介绍法也称无限连锁法，是指销售人员通过现有客户向其介绍有可能购买产品或服务的其他客户的方法。连锁介绍法适合发于特定用途的产品或服务的销售，比如专业性强的医疗保健品等。

【案例 8.3】 唐小梅拜会王医生

唐小梅是一名药品推销员，2013 年公司派她到一个陌生的城市开拓市场。她从未到过该市，人生地不熟。但正如美国推销界的一句名言所说："把一个专业推销员中午空运到一个人生地不熟的地方，下午你就会发现他已开始推销工作了。"唐小梅就是这样的专业推销员。

唐小梅了解到该市某医院有一位德高望重的张医生，和各大医院的关系很好。唐小梅决定优先拜访这位张医生，并想利用张医生的权威帮助自己做连锁介绍。

唐小梅经过一番努力，终于打动了张医生，两人成了忘年交。一次，趁张医生高兴之际，唐小梅说："您老是本市第一把刀，声望很高，朋友很多，尤其是和各医院医生的关系更是密切。我初到此地，人地生疏，希望能得到您老的照顾。今天，我想请您老向×医院的王医生引荐一下，不知如何？"张医生见唐小梅言词恳切，于是欣然同意。

张医生带着唐小梅拜访了王医生。果然不出所料，王医生见是张医生介绍来的，"不看僧面看佛面"，就答应先试用一批产品。事后，唐小梅又前往拜访王医生："由于您的帮助，我才推销成功，我由衷地感谢您。"以这件事为契机，唐小梅和王医生的关系也越来越密切。

采取这种连锁介绍攻势，唐小梅开发的客户越来越多，销售业绩也越来越高，于是迅速地挤进了该市市场。

实践证明，连锁介绍法是一种比较有效的寻找潜在客户的方法，它不仅可以大大地避免寻找工作的盲目性，而且有助于销售人员赢得新客户的信任。

应用连锁介绍法寻找目标客户，要坚持以下原则。

（1）销售人员应该取信于现有客户。

（2）对现有客户介绍的客户，销售人员应该对其进行详细的评估和必要的营销准备，销售人员要尽可能地从现有客户处了解新客户的情况。

（3）在销售人员访问过新客户后，应及时向现有客户介绍与汇报情况，一方对现有客户介绍表示感谢，另一方面可以继续争取现有客户的支持。

三、资料查询法

资料查询法是指通过查询各种资料（如统计类资料、名录类资料、报章类资料等），来寻找客户的方法。使用资料查询法需要注意以下两个问题：一是资料来源的可靠性；二是资料内容的新颖性。

（1）目标客户资料的来源。获得目标客户的资料的途径有很多，总的来说，可以通过以下途径获得：查询企业内部资料；参加行业展会、聚会；利用互联网；查询企业外部资料（如企业名录、电话簿等）；求助于专业的市场调查机构；通过报纸、杂志、电视等媒体；查阅同事、同行的资料；查阅相邻、相近、相关行业的资料。

（2）采用资料查询法的要求。其主要有以下几方面。

1）平时要注意收集有关信息。"书到用时方恨少"，信息也是如此。对于销售人员来说，最重要的就是要建立获取信息的渠道和掌握收集信息的方法。搜集信息不是一朝一夕的事，因此，平时就要养成搜集信息的习惯，建立有效的搜集信息的渠道。

2）多参加各种社会活动。参加本行业的展览会、研讨会、各种形式的聚会是必不可少的。有时一些相关行业的参会、聚会也会为你提供大量的潜在客户的资料。

3）多留意媒体信息。养成读书、看报学习的习惯，密切关注电视相关节目的信息，有效地利用互联网，这都会增加你寻找到目标客户的几率。

四、实地调查法

所谓实地调查法，是指销售人员有目的、有意识地运用一定的观察工具，对正在发生的对象进行实地询问、观察，收集整理及分析第一手资料的方式来寻找目标客户的方法。使用此法需要注意费用及时间的问题。

使用实地调查法的优点是所得到的情报最真实准确，而且针对性和时效性强；缺点是受销售人员主观能力与市场客观环境的限制，实地调研的费用高、幅面窄、耗时长、阻力多。所以销售人员在采用这种方法收集信息时应分析成本与利益的关系，而且要认真规划，尽量与其他方法相结合。

【案例 8.4】　劳模老王

劳模老王因机构调整走上了销售之路。刚开始，老王经常背着 20 多千克的焊丝，走大街、串小巷，逢人就问，见厂就进。有时一天要走几十里路。一个月下来，老王人累瘦了一圈，可是却一个用户也没有开辟。

后来，老王总结了经验教训，结论是：市场调查不够，信息不灵。为此，他骑着自行车在×地区进行了"地毯式"调查，逐步摸清了重汽集团、轻骑集团、轻骑铃木集团和万斯达钢构公司等使用焊丝大户的生产经营、进货渠道、供货单位等情况，并陆续与厂家建立了业务联系。

一次，老王在给万斯达集团供货时，得知一些供应其零部件的单位也使用焊丝，便打听这些单位的厂名和地址，然而人家却秘而不宣。老王便穿上棉大衣，顶风冒雪，在万斯达公司大门口一连蹲了四五天，细心观察供货单位的汽车，顺藤摸瓜。

就在连续蹲了五天之后，供货单位的汽车终于出现了。然而只见车牌号，不见厂名。老王灵机一动，等他们卸完货返回时，租了一辆面的，紧紧跟随供货车，一直追出去 40 多千米，硬是跟到人家家门口。

就是通过这种方式，老王又找到了 4 个使用焊丝的厂家，并和这些厂家签订了供货合同。

常用的实地调研方式主要有：询问调查法、观察调查法。

（1）询问调查法。指调查者直接向被调查人提出问题，并以所得到的答复为调查结果。这是最常见的和最广泛采用的一种方法。询问调查法可深入了解被调查者的动机、态度，调查内容广泛。询问调查的不足在于，它容易掺杂人为因素干扰信息的客观性，如被调查者对问题了解的偏差或情绪的变化都会影响调查的质量。

（2）观察调查法。指通过观察有关对象的人群、行为方式和具体场景来收集第一手资料。该法可以获得人们不情愿或无法提供的信息。观察法可以客观地记录事实的情况，具有较高的准确性，最适用于探测性调查。

五、竞争抢夺法

通过有效的手段以"挖墙脚"的方式巧取竞争对手的客户，这就是竞争抢夺法。竞争抢夺法可以说是削弱竞争对手，同时增强自己实力的"一石二鸟"之计。但这种方法的实施要受到一些客观条件的限制，诸如自身产品的质量、价格、企业的实力、信誉度和能否有一套让客户信服的说辞。

【案例 8.5】　李拜六的市场调查

威信公司与美琳公司是某地的两大家具生产商。他们的生产实力不相上下，拥有的客户资源也旗鼓相当。所不同的是，威信公司生产的家具以轻巧、别致取胜，而美琳公司的家具则注重实用与舒适。几十年来，两大公司一直在斗智斗勇，力图抢占纽约家具市场的控制权。

李拜六是威信公司市场部销售经理。一天，他在一份市场建材报上看到，一家饭店询问50张超大型五人座沙发和50张超大型三人座沙发的价格与制作原料情况。李拜六的直觉告诉他，这一定是美琳公司向这家饭店推销的结果。

随后，李拜六对这件事进行了详细地调查。他了解到美琳公司对这家饭店提供了咨询及室内设计服务，同时，还开出了比较低的价格以吸引他们购买。

事件调查清楚后，李拜六采取了积极的行动。他直接打电话给那家饭店的经理，李拜六说："……我很惊讶于贵公司居然会对超大型沙发感兴趣，通常这类家具太过笨重，样式也十分古板，我建议你采购一些形式轻巧、不占用空间的家具。"

饭店经理告诉李拜六这是美琳家具室内设计师对他们的建议，关于建议的可行性，他们还在考虑中。李拜六立刻给这位饭店经理发了一份传真，内容包括：威信公司家具产品的价格、制作原料以及产品的花色和设计风格。并告之，假如贵公司感兴趣，威信同样可以提供一流的室内设计服务。

最终，这家公司购买了威信公司的家具。

采用竞争抢夺法，有以下三个要点需要注意：建立一份完备的竞争者名单；对所有竞争者的资料要定期更新，密切关注他们的动态和采取的竞争手段；完全掌握自身产品与竞争者产品的不同点，竞争优势与竞争劣势，这有利于在竞争中回避矛盾，展现优势，争取主动权。

六、广告宣传法

广告宣传法就是采用发布广告的方式，来寻找目标客户的方法。许多大公司就是利用这种方法帮助销售人员发展潜在客户。销售人员自己也可以利用这种方法来开拓客户群。"广告宣传法"应用的核心重点：一是宣传自己的个人品牌；二是宣传自己所代理的产品。

利用"广告宣传法"寻找目标客户有如下好处。

（1）可以用文字、图像综合说明产品的性能、使用方法，能够把产品的优越性形象、逼真地传达给顾客。

（2）同其他方法相比，广告宣传法具有广泛性，可以节省销售单位的成本。

（3）由于有广告开路，客户对产品有了一定的了解，再进行推销时，就比较容易接近顾客。

（4）一些对产品需要迫切的客户，会直接与销售人员取得联系，这种"坐店待客"的方式，能减少销售环节，进而节约销售成本。

但是，利用"广告宣传法"需要注意以下几点。

（1）慎重选择广告媒体。利用广告宣传法寻找客户主要依靠媒体，要根据产品自身特点，选择针对性强、宣传效果好的媒体。

（2）自制宣传单，成本更低。销售人员也可以自己印制一些价格低廉的宣传单，在目标客户聚集地进行发放，或是将产品介绍、宣传资料甚至样品，直接邮递到目标机构和相关人员手上，进行宣传。

七、随时随地法

一名优秀的销售人员要学会随时随地寻找和开发周围的目标客户，不能盲目行动，也不可犹豫不决，机会稍纵即逝，所以看准目标后就要马上行动。只有不断地寻找机会的人，才能及时把握住机会。

处处留心皆商机，那些对一切事物视而不见、听而不闻的人，根本没有资格做好销售。

【案例8.6】　原一平推销保险

有一年的夏天，原一平的公司组织员工外出旅游，在熊谷车站上车时，他看到一个空位，就坐了下来，当时，旁边座位上坐着一位女士，带着两个小孩。忽然之间，原一平有了向她推销保险的念头。

在列车临时停站之际，原一平买了一份小礼物送给他们，并同这位女士闲谈了起来。

"您先生一定很爱您，他在哪里发财？"

"是的，他很优秀，他是H公司一个很重要的部门的负责人，他很少有时间陪我们。"

"这次旅行准备到哪里游玩？"

"我计划在轻井车站住一宿，第二天坐快车去草津。"

"轻井是避暑胜地，来这里的人很多，你们预订房间了吗？"听原一平这么一说，女士有些紧张了："没有。如果找不到住的地方那可就麻烦了。"

"我们这次旅游的目的地就是轻井。我也许能够帮助你。"女士听后非常高兴，并愉快地接受了原一平的建议，随后原一平把名片递给了她。

到轻井后原一平通过朋友为他们找到了一家宾馆。

两周以后，原一平旅游归来。刚进办公室，就接到那位女士的丈夫打来的电话："原先生，非常感谢您对我妻子的帮助，如果不介意，明天我想请您吃顿便饭，您看怎么样？"

第二天，原一平欣然赴约。饭局结束后，原一平得到了一大笔保单——这位先生为全家四口人购买了保险。

寻找目标客户的工作随时随地都可以做，在你乘坐电车的时候，在你理发的时候，坐在你身旁的人就有可能是一位绝好的目标客户，甚至在你与他人谈话的时候，也能从中捕捉到有用的信息。

将销售生活化，生活销售化。人生何处不推销，让销售融入你的生活，你必定会开拓出一片崭新的天地！

任务二　如何有效管理客户资源

对目标客户资料进行系统、有效的管理，是制定今后作战计划的重要依据。乔·吉拉德认为：作为一名销售人员，如果对客户资源没有一整套科学的管理方法，就不可能把寻找目标客户的工作做好，也就会错失许多良机。

1. 建立客户档案资料

了解目标客户的区别，对搜集到的目标客户资料进行建档整理，是进行有效的目标客户管理必不可少的步骤。因为，通过对客户资料进行建档登记，销售人员更能制定有效的开发和拜访方案,如何时、以何种方式、向哪类客户进行推销,更能获得最大的效果。

【案例 8.7】 张先生的客户资料

张先生在刚开始从事销售工作时,搜集了很多目标客户的资料。但那时,他只是将这些资料写在纸上,然后塞进抽屉里。

直到有一天,他发现由于自己没有及时整理那些资料,而忘记了追踪一位非常重要的客户,失去了一笔大生意时,他方用日记本和卡片将客户资料整理好。

对客户资料建档登记,可根据搜集到的客户资料及自己工作的实际需要,来建立恰当的表格,以利管理。表 8.1 所示是根据寻找目标客户的途径建立的管理表格。

表 8.1   客户资料档案表

类型	姓名	电话	其他联系方式	备注
校友				
旧同事				
竞争对手的客户				
熟人介绍的客户				
展会开发的客户				
……				

此外,还可以根据目标客户的性质,如"公司行号"与"个人使用者"进行列表管理,见表 8.2。

表 8.2   目标客户性质分类表

	公司行号		个人使用者
1	公司名称	1	姓名
2	地址	2	年龄
3	电话号码	3	住址
4	业务	4	电话号码
5	年营业额	5	职业
6	从业人数	6	服务公司
7	主要商品名称	7	职业
8	资本额	8	服务公司地址
9	负责人	9	进公司的年月日

公司行号		个人使用者	
10	主要客户	10	出生地
11	行业地位	11	配偶姓名
12	现有竞争者	12	家族成员
13	供货渠道	13	兴趣
14	市场占有率	14	性格
15	工厂所在地	15	喜爱运动
16	承办部门	16	个人信仰
17	承办人	17	采购决定人
18	承办人性格	18	出生年月日
19	采购决定人	19	第一次购买日期
20	第一次购买日期	20	信用状态
21	信用状态	21	付款情形
22	本公司过去业务承办人	22	本公司过去业务承办人
23	业务介绍人	23	业务介绍人

2. 鉴别客户角色

充分了解你的客户是销售人员成功的关键所在。经验告诉我们，必须有一套科学而又系统的方法去判定谁是真正的买方决策者，当前客户与买方决策者之间存在怎样的关系，才能保证销售工作迅速而有效地开展。

总的来说，能影响销售人员成败的角色可分为四种：买方决策者、买方使用者、技术鉴定者、销售顾问。

（1）买方决策者。买方决策者是一家公司或团体中对购买具有最后决定权的人。换句话说，生意的成败，完全取决于他说买或不买。

买方决策者可能是一家公司的董事会或特设委员会，但是即使在董事会特设委员会的过程中，仍然有一个人的决策权是最大的。销售人员必须判断在这个组织中谁和财政权最接近，谁具有直接调度资金的能力。

通常来说，能够影响买方决策者下达购买决定的因素有以下几个：对产品的满意度；产品的金额；对你所代表的公司的信任度；商业环境。

总之，销售人员一定要明白，找准具有购买决策权的人，对自己业绩的提升有极大的帮助。

（2）买方使用者。此类角色是指购买产品之后，实际操作或监督产品使用的人。

对于这个角色，销售人员一定要给予足够的重视。因为这些人是产品的实际使用者和消费者，也就是说，他们的意见将直接影响决策者。

通常来说，买方使用者比较注意销售人员的促销方案及产品是否能带给他的部门更多的生产力。因此，销售人员只要能圆满地回答"你的产品或服务对我有什么好处"这一问题，销售人员就能够得到他们的支持。

（3）技术鉴定者。这类角色对销售人员的产品或服务通常没有批准权，却具有否决权。

他们的任务是判断决策者提案中的技术层面的问题，提出采购的技术性标准，决定哪些销售人员的产品或服务适合组织的需要。

技术鉴定者关心的焦点在产品本身。他们根据销售人员的产品是否能符合他们的某个专业标准来决定销售人员是否有资格和他的公司打交道。

因此，销售人员必须十分了解自己的产品，同时也能清楚技术性买主的各种测验标准，销售人员就有机会得到他的推荐与支持。

（4）销售顾问。销售人员如果想让生意成交，就要针对特定的销售目标找一位可靠的顾问。

作为你的顾问，他不仅可以向你提供他所在公司、组织的情况，还可以告诉你公司中扮演各类角色的有哪些人。

销售顾问可能是公司某个部门的负责人，也可能是没有实权但消息灵通的无名小卒。他们不会关注你所卖的产品如何，却会为你提供有价值的情报信息。

确定你的信息顾问的角色，要注意以下几点：建立个人信誉；要"眼观六路，耳闻八方"，选择合适的人选；以各种手段表现出你的诚意和对他的尊重。

任务三　掌握客户开发的 MAN 法则

销售人员在销售过程中会发现，可能购买产品的潜在客户不仅数量多，而且存在地区跨度大，分布范围广。如果盲目寻找，就得花费很多的时间和精力。即便找到了，其中一些人也可能因需求已经满足、没有支付能力或没有决策权等原因而不会采取购买行动。

所以，对于销售人员来说，分清主次，锁定真正的目标，是非常重要的。在这里介绍一种行之有效的法则——"MAN 法则"，帮助销售人员从大量的潜在客户中甄别出真正的目标客户，从而节省寻找的时间、精力与费用。

【案例 8.8】　小黄推销增亮器

小黄是一种新型汽车大灯增亮器的推销员。这种增亮器采用进口元件，具有不发热、不烧毁，延长大灯使用寿命和增强大灯亮度的特点，是一种不错的产品。

一拿到产品，小黄首先想到的是公务用车定点维修中心，他认为大修理厂每天接触汽车多，产品肯定能用得上。但是，他一连跑了好多家大型修理厂，经理们都不同意使用他的产品，连放一个样品都不让。为什么会这样呢？小黄百思不得其解。

经过多方调查小黄终于了解到，具有一定规模的修理厂，零配件进货渠道差不多都有定点单位。司机只负责把车修好，根本不在乎花钱，至于灯节能不节能，他们就更不关心了。

后来，在一位老师傅的指引下，小黄找到了出租车公司的维修部。这里的出租车司机为了多赚钱，每天拼命地拉活，他们的车大多都是自己的，节能对他们很适用。

由于找对了目标客户，小黄的业绩蒸蒸日上。

1. M——money（钱）

"money"即钱，在这里表示支付能力或购买能力。也就是说，你所要寻找的客户必须具有一定的购买能力，他们有钱来购买你的产品。如果你发现有位顾客对你的产品很感兴趣，而你也费了九牛二虎之力劝说他购买，但是最后才发现他根本没有能力购买，空欢喜不说，还浪费了很多宝贵时间。

就像房地产推销员不应该向工薪阶层推销豪华别墅一样，游艇推销员也不能向一日三餐都没有保证的人推销游艇。所以，在有效地锁定目标之前，判断潜在客户的购买能力是十分重要的。

判断潜在客户的购买能力，有两个参考点。

（1）信用状况。可从职业、身份地位、收入水平等判断其有无购买能力。

（2）支付计划。可从客户期望一次性支付现金，还是要求分期付款，或支付首期金额的多寡等，来判断客户的购买能力。

销售人员可以通过银行，也可以通过市场调查或通过相关咨询机构对以上基本情况进行了解。尤其是单价高、批量大的推销品，在期货交易和赊购时，对客户以上的基本情况一定要慎重了解。

2. A——authority（决策权）

【案例 8.9】　小李的困惑

小李与某公司的购货代理商洽谈了六个月，但一直未能达成交易，小李困惑不解。小李的同事提醒他，他可能是在与一个没有决定权的人打交道。

为了证实同事的怀疑，小李给这家公司的总机打了一个匿名电话，询问公司哪位领导主管购买事宜。最后，他从侧面了解到把持公司购买大权的是公司的总工程师，而不是那个同自己打了六个月交道的购货代理商。

当你向一家公司推销产品时，有时不一定清楚谁有最后的购买决定权。他有可能是生产主管、工程师，也可能是采购主管。此外，购买决策权也有可能是公司的几个相关人员共同研究作出的。在这种情况下，如果你将目标锁定在无关的人身上，或是仅仅锁定于其中的一个人身上，这种做法显然会浪费很多宝贵的时间。

因此，在锁定你的目标之前，弄清楚是丈夫还是妻子在购买中起决定作用，还是俩人共同起作用是十分重要的。

3. N——need（需求）

【案例 8.10】　林先生夫妇咋不买呢？

小王花了整个下午的时间向林先生夫妇推销公寓。领他们看遍了整个公寓的房间，对每个房间的特点都加以详尽地介绍，并一再强调其十分诱人的价格。尽管这样，林先生夫妇依然没有表现出丝毫的购买兴趣。其实小王并不知道，无论怎样努力，他们都不会购买这套公寓房。

实际上，问题出现在他介绍之前。小王认为林先生夫妇想要购买一套公寓，因为他们对公司公寓楼的广告非常感兴趣。然而，实际情况是他们已经在另外一个区刚刚购买了一套公寓。

他们之所以来看这处新公寓仅仅是出于好奇，希望通过比较来看一看他们购买的新房子是否划算。虽然这对夫妇表面上看起来好像是小王的目标客户，但实际上他们并没有购买需求，并不具备目标客户的资格。

判断客户是否具有购买需求，可通过以下三种方法。

（1）直接观察法。没有人会向断了手臂的人推销手套，这个一眼就看出来。

（2）市场调查。对产品普遍适用的目标客户的总体特征，如年龄、性别、职业等进行市场调查，有助于将目标锁定有购买需求的人群。

（3）询问了解。可通过询问了解客户对产品的关心程度来判断其是否具有购买需求。

通常来说，有购买需求的目标客户，对产品非常关心，如对产品的质地、制作材料、价格、对人体有无危害等，同时，他会仔细研读购买合同并有可能要求将合同条文增减或要求修改部分合同内容等。

技 能 训 练

【实训目的】

（1）理论联系实际，加深寻找客户方法的理解。

（2）熟悉各方法所使用的产品范围。

【实训主题】

客户开发。

【实训时间】

本项目课堂教学内容结束后的双休日和课余时间，为期一周。或者指导教师另外指定时间。

【背景材料】

面对严峻出口环境：主动出击，脚踏实地

中国制造低价优势渐失，中国供应商将如何谋求生存与发展，如何制定有效的推广策略？如何让订单有利可图，出口企业未来发展方向到底在哪里？无锡星丰达贸易有限公司总经理徐洁女士在"智胜未来出口系列论坛"无锡站，分享了她的企业经营之道。

（1）用深度开发客户、设计创新，保持竞争力。

徐洁：我觉得现在这个国际市场的竞争非常激烈，作为我们来讲包括利润率什么都是有一个下降的。但是我们怎么样通过有效的途径来增加我们的新竞争力。

作为我们公司来讲一个是对客户的深度开发，在开发新客户的同时对于老客户有一个渗透的开发，对于老客户的需求，产品的类别我们有一个拓展。本来我们只是卖球给他，现在也卖其他的东西，比如说拍子等其他的运动类产品，这是一个量的增加。

另外我们在保持普通产品的平价销售同时，还有一些新的产品，新的设计，这是我们一直在努力的方向，就是做一些新的款式，设计，包括从外表到功能上的创新，这样也是避开一些比较激烈的竞争，这样子也提升一定的利润率，包括自己的出口量。

（2）面对严峻出口环境：主动出击，脚踏实地。

虽然出口环境很严峻，但是我们不能有挑战生意就不做了，这是不现实的，除了主动出

击，我觉得还有一点就是脚踏实地，就是体现自己的优势。就是在这种竞争当中，你的优势是什么，我觉得很坚实的基础，就是客户挑选你的基础有一点很重要，就是你的性价比。我们公司给客户提供的是最好的性价比，同样的价格我提供给你的是一个更好的产品品质，一个更好的服务，这是我们一直坚持的，所以我觉得我们就是踏踏实实的做我们的生意。

（资料来源：http://www.ceconline.com/manufacturing/ma/8800066869/01/.）

【实训过程设计】

（1）指导教师布置学生课前预习阅读案例。

（2）将全班同学平均分成小组，按每组5～6人进行讨论。实训组分角色分析情景，讨论表演过程，选择一人负责观察和指导。

（3）进行交叉打分。各实训组表演后，其他实训组各派一名成员担任评委打分，并进行现场点评。

（4）各实训组对本次实训进行总结和点评，撰写作为最终成果的《商务谈判与推销技巧实训报告》。各小组提交填写"项目组长姓名、成员名单"的《商务谈判与推销技巧实训报告》。优秀的实训报告在班级展出，并收入本课程教学资源库。

能 力 迁 移

一、单项选择题

1. 专业性较强的医疗保健品销售适合采用（　　）寻找客户。

A. 扫荡拜访法　　　　　　　　　　B. 连锁介绍法

C. 实地调查法　　　　　　　　　　D. 资料查询法

2. 日用品或保险产品的销售适合采用（　　）寻找客户。

A. 扫荡拜访法　　　　　　　　　　B. 连锁介绍法

C. 实地调查法　　　　　　　　　　D. 竞争抢夺法

3. （　　）的优点是针对性和时效性强。

A. 广告宣传法　　　　　　　　　　B. 连锁介绍法

C. 实地调查法　　　　　　　　　　D. 竞争抢夺法

二、名词解释

1. 扫荡拜访法
2. 连锁介绍法
3. 资料查询法
4. 实地调查法
5. 竞争抢夺法
6. 随时随地法
7. 广告宣传法

三、问答题

1. 试述实地调查法的优缺点。
2. 利用广告宣传法寻找客户有哪些优点？

3. 采用资料查询法寻找客户要注意哪些问题?

4. 顾客资格鉴定包括哪些内容?

四、案例分析

【背景材料】

材料一： 小王曾经是某外贸公司的办公室文员，由于公司生意不景气，辞掉了公职，加盟某化妆品公司，做了一名职业推销员。加入了一个新的行业，一切都必须从头开始，小王为自己没有客户而发愁，不得不每天挎着一个大背包，里面装满了各种眉笔、唇膏、粉饼等化妆品，挨家挨户地敲着陌生人的大门。可是能开门见她的人很少，多数人只是在门镜里看了看，就很不客气地在门里说："我不需要，快走吧!"一连几个月她的收入虽然有所提高，但仍不足以维持温饱，这深深刺痛了她那颗骄傲的心，她不相信在别人干得有声有色的行业中，自己只是一个"脓包"，一定有办法开创自己的新天地。

小王先向她的同学、亲友介绍该化妆品，请她们试用，并借机向她们推销产品，很快业绩有了上升，之后又请她们把她介绍给她们的同事，但是当用这些常规方法发展到近 50 人时，她的业务又出现了停滞。

接下来小王决定在自己的小区里展开推销活动，她写了几百封信："××号的李女士，您好! 我是您的邻居王××，在××公司工作。我很希望与您交个朋友。能在晚上 6～8 点钟之间给我打个电话吗? 我的电话是×××××。"并附上一些化妆品的说明书，然后把信件塞进了各户的信箱。以后几天晚上陆续接到了 5 个电话，卖出了 3 只口红、4 个保湿粉底和 1 瓶收缩水。

就这样做了几个月，小王的推销成绩又有了很大进步，但她仍觉得销售增长的速度慢。怎样才能提高效率呢? 她苦思冥想了很长时间也不得要领。后来在儿子的家长会上她偶然得知有一个孩子的妈妈是某单位的工会主席，姓王，突然有主意了，决定试一试。

机会来了，有一天下着大雨，工会主席还没来，看着孩子们一个个被家长接走了，她的孩子很着急，小王就主动上前安慰他，告诉他说："阿姨可以送你回家。你先给妈妈打个电话，告诉她不要着急，小明（小王的儿子）的妈妈送你回家。"小家伙照办了。小王把他送到家，记住了她家的地址。

后来小王和工会主席成了好朋友，小王给她做了全套护肤美容和化妆，边做边讲解，并针对她的肤质特点提出建议，工会主席发现化妆后比平时漂亮多了。大家的赞美使她很高兴，自然成了小王的顾客，她也帮助小王介绍了一些同事，在她的影响下，她们单位许多女同事也都开始使用该化妆品了，小王的顾客数量也达到了 300 人，收入大有增长。

工会主席后来又帮小王与另外几个大企业的工会主席取得了联系，建立了友谊。通过这种方法，小王发展了几个公司的大量顾客。她们中有的人买全套化妆品，有的人只买单件，不论怎样，她对她们一视同仁，不厌其烦，周到服务，大家对她非常满意。因此，她的顾客人数像滚雪球般越来越大，销售量直线上升，收入也有了极大提高。

问题：

(1) 小王采用了哪些方法来寻找顾客?

(2) 如果你是小王，你还会采用哪些方法来寻找顾客?

材料二： 假如你是 A 省某公司的业务员，当时你所在的地区对羊毛纱的需求很大，但当你公司购进一大批羊毛纱时，市场需求发生了明显的变化，该产品在当地不再好销，你急需将这批货脱手，你曾就读于 B 省某大学，认识了 B 省的许多朋友，B 省是著名的羊毛针织品产地，其产量占全国同类总量的 36％。现在你准备去 B 省推销，你将用什么方法来寻找客户？写出你寻找客户的方案。

【分析要求】

1. 过程要求

学生分析案例提出的问题，分别拟定《案例分析提纲》；小组讨论，形成小组《商务谈判与推销技巧案例分析报告》；班级交流并修订小组《商务谈判与推销技巧案例分析报告》，教师对经过交流和修改的各小组《商务谈判与推销技巧案例分析报告》进行点评；在班级展出附有"教师点评"的小组优秀《案例分析报告》，并将其纳入本校该课程的教学资源库。

2. 成果性要求

（1）案例课业要求：以经班级交流和教师点评的《商务谈判与推销技巧案例分析报告》为最终成果。

（2）课业的结构、格式与体例要求：参照"作业范例"《商务谈判案例与推销技巧案例分析报告》。

项目九 推销接近与洽谈

项目目标

(1) 掌握接近顾客前的准备工作。
(2) 掌握约见顾客的方式与技巧。
(3) 掌握正式接近顾客的方法与策略。
(4) 掌握推销洽谈的方法与技巧。

情景案例

失败的推销访问

一位推销人员急匆匆地走进一家公司，找到经理室敲门后进屋。

推销员（以下简称推）：您好，李先生。我叫李明，是佳美公司的推销员。

马经理（以下简称马）：我姓马，不姓李。

推：噢，对不起。我没听清楚您的秘书说您姓马还是姓李。我想向您介绍一下我们公司的彩色复印机……

马：我们现在还用不着彩色复印机。即使买了，可能一年也用不上几次。

推：是这样。不过，我们还有别的型号的复印机，这是产品介绍资料。（将印刷品放到桌上，然后掏出烟与打火机）您来一支？

马：我不吸烟，我讨厌烟味，而且这个办公室里不能吸烟。

启示：这是一次失败的推销访问，问题很多。第一，推销人员事先未做好顾客探察工作，也未做事前约见。一定要记住对方的姓名与职务，即使事先不知道，当面请教也比瞎猜好得多。第二，推销人员未做好推销前的充分准备，是推销一开始就失败的主要原因。第三，从根本上讲，推销人员不懂得人员推销的基本原则，是推销失败的根本原因。

在确定了准顾客之后，推销人员便可开始接近准顾客，进行推销访问。"接近"的英文是"approach"，有"接触"和"交涉"的意思。在销售过程中，它是销售人员和目标客户见面，进入商谈阶段的必经步骤，是促使整个销售的良好开端，是踏上坦途的跳板。

接近顾客是推销的中期活动，它包括约见准顾客、接近准顾客及与准顾客的面谈。由于种种原因，一些推销对象很难接近，常令推销人员"扑空"。因此，为了有效地接近访问对象，推销人员要做的第一件事，就是约见准顾客。正如成功销售人士所言：成功地接近，已使你掌握住75%的成交率！

　　然而，成功地接近目标客户不仅仅是"接近三十秒"的事情，它涉及接近前的充分的准备工作、恰当的接近方式、良好的接近技巧等。希望通过本项目的学习，能够使广大读者深刻领会"接近"的"精髓"。

任务一　掌握约见客户的方式

　　所谓约见，或称商业约会，是指推销人员事先征得顾客同意接见的行动过程。作为接近的前奏，约见实际就是接近过程的开始。它既是接近准备的延续，又是接近过程的前奏，只有通过约见，推销人员才能成功地接近准顾客，顺利开展推销面谈。

一、约见准顾客的意义

　　约见是整个推销过程中的一个环节，在实际推销工作中，推销人员如忽视了约见这一必要环节，便将造成整个推销工作不能正常进行，甚至完全失败。约见的意义主要表现在以下几个方面。

　　1. 约见有助于推销人员成功地接近顾客

　　接近顾客并不是一件困难的事情。有的顾客不甚欢迎推销人员来访，不希望外人干扰自己的日常工作，对于主动上门的推销人员总是存有一定的戒心。所以，若事先约见顾客，获得当面推销的机会，本身就是成功推销的开始。从实际推销工作的要求来看，事先约见顾客，求得顾客的惠允，既可以表示尊重顾客，又可以赢得顾客的信任和支持。实质上，约见是推销人员推销自己、推销产品、推销观念、推销购买建议的开始。顾客接受约见，意味着顾客已初步接受了推销人员的推销。

　　2. 约见有助于推销人员顺利地开展推销面谈

　　通过事先约见，可以使顾客就约会的时间和地点作出适当的安排，对推销人员的推销建议也会有自己的考虑，为进一步的推销面谈铺平道路。约见的时候，推销人员应该实事求是，说明本次推销会见的意义，让顾客注意这次访问，甚至看作是至关重要的头等大事。事先约见顾客，让顾客积极参与推销谈判，可以形成双向沟通，有助于宾主双方的相互了解，增强说服力，提高准顾客购买决策的认可程度。

　　3. 约见有助于推销人员客观地进行推销预测

　　客观地推销预测，就是要根据客观事实，根据顾客的初步反应，来预测未来推销活动中可能发生的各种情况。例如，如果顾客约定单独会见，可能说明对此十分重视。顾客约定下班后在家中商谈，则可以想象准顾客本人及其妻子、儿女和朋友可能在场参加讨论，或者说明这位顾客的家庭民主作风，或者说明他本人没有最后的购买决策权。无论通过什么方式约见顾客，只要推销员善于察言观色，就可以根据顾客的外表、口气、声调、眼神、表情等来预测顾客的个性。

　　4. 约见有助于推销人员合理地利用推销时间，提高推销效率

　　对推销人员来说，时间是极为宝贵的。通过约见，制定一个节奏合理的推销日程表，增加推销工作的计划性。推销活动是一个有机的整体，每一项推销计划和推销行动都必须考虑对推销人员、推销对象和推销环境及其他有关要素的影响。若推销人员不事先约见顾客，盲目地制订访问计划，就完全可能与被访问准顾客的工作计划发生冲突。

二、约见客户的方式

推销人员要达到约见顾客的目的，不仅要考虑约见的对象、时间和地点，还必须认真地研究约见顾客的方式与技巧。现代商务活动常见的约见方式有以下几种。

1. 电话约见

现代通信的高速发展为推销人员提供了快速约见顾客的通信工具。电话成为推销人员最重要也是用途最为广泛的电信约见工具，电话约见已成为目前约见顾客的主要方式之一。电话约见具有方便、经济、快捷的优点，使顾客免受突然来访的干扰，也使推销人员免受奔波之苦。但电话约见也存在明显的缺点，由于电话约见只闻其声，不见其人，顾客往往处于主动地位，而推销人员则处于被动地位，因而容易遭到顾客的推托或拒绝。

在运用电话约见顾客时，推销人员应讲究电话约见的技巧。电话约见，重点应放在"话"上。打电话时，推销人员应事先设计好开场白，做到通话时间精短，语调平稳，出言从容，口齿清晰，用字贴切，理由充分。切忌心浮气躁，语气逼人，尤其在顾客借故推托、有意拖延约见之时，更需平心静气，好言相待，否则强行求见，反而适得其反。同时，在约定与顾客会面的时间和地点时，要采取积极、主动、商量的语气，给顾客以充分的选择余地，不强人所难。

专业的电话约见，常分为六个步骤。

（1）问候对方。称呼对方的姓名及职务，以表达你的敬意。

（2）自我介绍。简单明了地介绍自己和公司，并提及公司的业务。

（3）感谢对方。诚恳地感谢对方能抽出时间接听电话，让客户感觉你把他们当成重要人物来对待。

（4）说明拜访理由。以自信的态度，清晰地表达出你的拜访理由，让客户感觉出你的专业性及可依赖性，以引起顾客的注意。

（5）约定拜访时间。进一步提出选择性的约定时间供对方选择，这样不易遭到顾客的拒绝且仍占主动地位。

（6）结束电话。再次感谢对方，并进一步强调约定的时间，弄清约见的地点，然后快速地结束电话。

2. 当面约见

当面约见是指推销人员与顾客当面约定见面的有关事宜。这是一种较为理想的约见方式。推销人员可以利用在某些公共场合如展销会、订货会、社交场所、推销途中与顾客的不期而遇等，借机与顾客面约，也可以到顾客的单位、家中去面见顾客。若因顾客忙于事务或一时不能决定，需和有关人士商量之后再作商谈时，推销人员可顺势约定时间再谈。

当面约见常常受地理因素所限，不能对所有的顾客当面约见，并且推销人员与顾客素不相识时，容易遭到顾客的拒绝，使推销人员处于被动局面，影响推销工作的进一步展开。特别是当面约见团体顾客的关键人士时，事前必须成功地突破客户的一些"关口"，例如公司入口处的服务人员、秘书、助理等。因此，推销人员在具体使用当面约见这一方法时，需察言观色，随机应变，灵活运用一些技巧，以保证约见工作的顺利完成。

【小资料】　面对"看门人"的技巧

秘书、助手等人常常是公司关键人士的"看门人"，起到一种"防护屏障"的作用，使其领导免受各种干扰。推销人员因常遭到"看门人"的阻碍而无法实现当面约见公司关键人士的目的。如何跨越"屏障",顺利通过"看门人"这一关呢?

(1) 简单明了、干脆利落地介绍自己,切忌拖泥带水,这样会让对方感到你和约见对象很熟悉,因而不便阻拦。例如:"您好,我是海星公司的吴国飞,请问冯经理在吗?"

(2) 回答对方的反问要简单明了,并显示其重要性,不要作详细的解释和说明,以防对方继续盘问,也使其不敢轻易阻拦。例如,秘书问:"请问你找冯经理有什么事吗?"推销人员答:"我有一桩要紧的事情,这关系到你们公司几千万元的生意,必须面见冯经理。"

(3) 用简短、抽象性的字眼或较深奥的专有名词说明来意,让对方认为您的拜访很重要而不敢轻易挡驾。

(4) 利用合适的赠品和恰到好处的赞美接近"看门人",以便联络感情,融洽气氛,以利于"看门人"愿意为你引荐或转达你的来意,从而达到当面约见关键人士的目的。

3. 信函约见

信函约见是指通过约见信函的寄出与反馈达到预先约定顾客的目的。随着现代邮政事业的发展,信函往来非常便捷。常见的约见顾客的信函方式主要有:个人信件、单位公函、会议通知、请帖、便条等。

信函约见不仅具有简便快捷、费用低廉的优点,还可以免受当面约见顾客时的层层人为阻碍,可以畅通无阻地进入顾客的工作地点或居住地。但这种方式也有一定的局限,如信函约见的时间较长,不适于快速约见;许多顾客对推销约见信函不感兴趣,甚至不去拆阅。这样,推销人员花费较多的时间和精力撰写的约见信函杳如黄鹤,一去不复还,信息反馈率低。另外,若双方素不相识,突然函约,往往使对方莫名其妙,不愿接受约见。推销人员运用信函约见时,应讲究信函内容和信函形式的技巧。

(1) 书写信函的技巧。书写信函要以顾客受益为导向,文字表述要简易明畅,重点突出,层次分明,文句生动,表达恳切,以理取信顾客,以情感化顾客,以趣打动顾客,从而引起顾客对约见信函的注意和兴趣,并予以合作,从而达到约见顾客的目的。

(2) 诱导阅信技巧。在现代社会里,顾客会经常收到各种各样的商业信函,对于这种司空见惯的信件,一些顾客丝毫不感兴趣,不予拆阅。这样,内容再生动的约见信函也达不到预期的目的。对此,推销人员可以在信函的形式上诱导顾客拆阅。

1) 在可能的情况下,应选择一个最佳的顾客收信日期,如节日、生日、发工资日等。切记最好不要让顾客同时收到账单(如水、电费单,通信费单等)和你的约见信件。

2) 不要使用公司统一的印刷信封。推销人员应使用普通信封,使顾客无法凭此信封判断它的类型,从而诱导顾客拆阅信件。在条件允许的情况下,推销人员可以自己设计一些富有特色的约见信封,以引起顾客的注意和兴趣。

3) 在信封上,不要盖"邮资已付"的标志。应按一般信件贴邮票,必要时还可考虑使用挂号信,这样更能吸引顾客拆阅信件。

4. 委托约见

委托约见是指推销人员委托第三者约见顾客,也称托约,受托人与推销对象之间有一定的社会联系或社会关系,如师生、同事、亲朋好友、邻居等,以便取得推销对象的信任与合作。委托约见可以借助第三者与推销对象的特殊关系,克服客户对陌生推销人员的戒备心理，便于排除推销障碍，获得推销对象的真实信息，有利于进一步开展推销工作。但是委托约见易使顾客产生非正式商谈的感受，导致顾客重视程度不够。另外，受托人的数量和范围也限制了这一方法的运用。

5.广告约见

广告约见是指推销人员利用各种广告媒体，如广播、电视、报纸、杂志、邮寄、路牌等将约见的内容广而告之，以达到约见顾客的目的。在约见对象不太具体、不明确或者约见顾客太多的情况下，采用这一方式广泛约见顾客比较有效。也可在约见对象十分明确的情况下，进行集体约见。广告约见具有覆盖面大、节省推销时间、提高约见效率的优点，但也具有针对性较差、费用较高的局限性。

6.网上约见

网上约见是推销人员利用互联网与顾客在网上进行约见和商谈的一种方式。网络业的迅速发展，为网上交谈、约见、购物、联络情感提供了便捷的条件，加快了进行有效的网上推销的进程。网上约见具有快捷、便利、费用低、范围广的优点；但网上约见受到推销人员对网络技术和客户的网址或电子信箱等信息的掌握程度等方面的局限。因此，推销人员要学习并掌握有关的网络知识，利用现代化的高科技推销工具开发自己有效推销的潜能，提高推销的科技含量。

任务二　掌握接近顾客的方法和技巧

接近顾客的技巧左右着销售的成败。在拜访客户时，销售人员多半以自我介绍作为开场白："抱歉，百忙之中打搅您，我是××公司的××……"这样的开场白太过乏味，顾客一听就产生反感。要想有不同凡响的效果，自然就得用不同凡响的接近方法。

一、接近顾客的方法

1.介绍接近法

介绍接近法是指推销员通过自我介绍或第三人介绍接近准顾客的方法。介绍按媒介人不同可分为自我介绍和他人介绍两种形式。自我介绍法是推销员接触顾客后主动亮明自己的身份，进行自我展示的一种方法。如"张小姐，您好。我是李少红，ABC公司的销售代表，很高兴认识您，这是我的名片，请过目。"有资料显示，推销人员自我介绍并不能给对方带来多大的印象，只有在对方比较欣赏你的言谈举止的时候，才会重新再次询问推销者的姓名。因此推销人员在自我介绍时，尽量要有特点，如果你的名字和某个历史名人或者当下的电影明星比较相近，可以采用借"名人"之势来报出自己的名字。如"您好马先生，您知道郑和下西洋的故事吗？对，我就是郑海国，郑和的郑，大海的海，国家的国，LV销售公司的推销员，很高兴认识您，这是我的名片，请多关照！"

他人介绍法是指推销员并不认识准顾客，而是借助与顾客熟悉的第三者，通过打电话、写推荐信、当面介绍等方式接近顾客。一般来说，介绍人与准顾客之间的关系越紧密，介绍的作用就越大，顾客也就越愿意接纳推销员。如"来，小王，这个是HC公司的技术员马强，清华大学毕业的高才生。"

就现实推销情况而言，介绍法若没紧要人物代为引荐，很难引起顾客的注意和好感，介绍平淡顾客没印象，介绍过于夸张顾客又觉得有"王婆卖瓜自卖自夸"之嫌，很难进入洽谈。介绍接近法是最常用的一种方法，但是效果也最差，建议搭配其他接近方法使用。

【案例 9.1】　王海的顾客越来越多

王海大学毕业后到一家保健品公司做业务员，由于是营销专业科班毕业，职业素养又好，为人真诚实在，工作又勤奋，很多客户接触他后，都愿意和他打交道，工作不到一年就积累了很多客户。由于王海平时工作之余认真研读顾客心理学，对老年人的心理掌握得非常透彻，这些老年客户都把他当自己家的孩子看待，虽然他没主动提出，但是这些老年顾客都很愿意把他介绍给自己的朋友、同学、同事，这样一来，王海的顾客越来越多。

分析：小时候我们都玩过堆雪人，用一个雪球慢慢地滚在地上，转了几圈后，就会发现雪球越来越大，于是雪人就这样堆起来了。顾客第三方介绍的力量是无穷的，只要你得到顾客的认可，产品又过硬，那么你的顾客就如滚雪球一样，会越来越多的！

2. 产品接近法

产品接近法又称为实物接近法，是指推销员直接利用推销产品实物或者模型接近顾客，引起顾客对推销商品产生直观的认识、兴趣，转而进入洽谈的接近方法。产品接近法是用产品直接向顾客说话，让产品默默地推销自己。精心策划的实物接近法能够调动准顾客的感觉器官，通过产品自身的魅力与特性引起顾客的兴趣，达到最终的目的。还记得当年茅台酒是如何出名的吗？其实就是靠茅台酒自己去接近顾客，满屋子的酒香就是最好的证明。

使用产品接近法的注意事项如下。

（1）产品要具有吸引力，最好色香味俱全，要能引起顾客注意，否则就失去了意义。试想要是当初茅台酒香味很平淡，别说摔了一瓶，就是全摔掉也没有人会注意。

（2）产品设计精美别致，既方便推销员携带，又方便顾客操作。

（3）推销品是有形商品，可以摸得着看得见。

（4）本身质地优良，不变形，不掉色，经久耐用。

【案例 9.2】　买束玫瑰花

刘明和女朋友走在大街上，突然迎面走来一个穿红衣服的小女孩，问道"大哥哥，您买束玫瑰花好吗？看这花多鲜艳啊，才 5 元钱 1 朵！您买了，我和我妈妈就可以买点包子吃了。"小女孩穿着很寒酸，小女孩的妈妈好像病恹恹地站在角落里，可是玫瑰花确实很新鲜，幽香四溢，刘明想想才要 5 元钱，于是就掏出 10 元钱，买了两朵花送给了女朋友。

分析"耳听为虚，眼见为实"，当用推销品接近顾客的时候，顾客看到后会产生直观的购买意愿，于是推销就顺利实现了。

3. 利益接近法

利益接近法又称实惠接近法，是指推销人员利用产品能为顾客带来的利益、实惠，能满足顾客的需要，引起顾客关注和兴趣，从而接近顾客的一种方法。使用这种推销方法接近顾客时不是从宣传自身商品的优点入手，而是强调顾客购买后可带来的好处和收益。利益接近法主要采用直白或陈述的方式，语言可以没有惊人之处，但是一定要告诉顾客购买推销品带来哪些具体的实在。如跳楼价甩货、挥泪大甩卖等。

使用利益接近法注意的事项如下。

（1）商品利益真实有效，不可夸大其词。不可为了吸引顾客，把产品功效夸大，一旦顾客觉得被欺骗，就不会再信任推销员。

（2）商品利益要有真凭实据，最好有第三方权威证明。

【案例 9.3】　两元钱买不吃亏

"好消息，好消息，本店因经营不善，所有商品一律两元，两元钱你买不到吃亏，两元钱你买不到上当，所有商品统统都两元。"如今两元店遍布各中小城市，低廉的价位吸引了很多顾客光临，顾客在店里精挑细选，纷纷带着自己喜欢的商品满意而去。

分析：顾客之所以愿意光临，是受了两元店内的高音喇叭广告的吸引，"这里买不到吃亏，买不到上当"，因此给顾客购买带来了实在的利益，所以顾客才愿意走进店内挑选自己喜欢的商品。商品之所以便宜，是店里的经营不善、资金回笼，货物肯定要贱卖啊！

4. 好奇接近法

好奇接近法是推销人员利用顾客的好奇心引起顾客的注意和兴趣，从而接近顾客的方法。好奇之心，人皆有之，好奇心理是人们的一种原始驱动力，这种驱动力促使顾客去了解和接触商品。使用好奇接近法时，推销人员一般会抛出一个问题，或者描绘一种奇怪的现象，将顾客的视线集中到推销员或推销品身上，从而通过解除顾客的疑虑，促成销售。好奇接近法需要推销员发挥创造性的思维，制造新奇的环境或氛围。让顾客产生好奇心的方法很多，推销人员要尽量做到新颖别致，收放自如。如对顾客说"地下的钱包是谁的？"当顾客诧异地上什么都没有时，说"其实您每天都在丢钱，难道您没注意到吗？"，这就让顾客对你的话充满了好奇，很有兴趣地听你说下去。

【案例 9.4】　赶紧看报

报童："看报、看报啊，一个 8 岁小孩如何编造谎言，欺骗了 26 位大人，不想吃亏上当，赶紧看报嘞，看报嘞！"

顾客："来，小孩，给我一份报纸，什么谎言那么神奇？"

报童："好的，先生，找您 5 角，给您报纸。"

顾客：翻看着报纸。

报童："看报、看报啊，一个 8 岁小孩如何编造谎言，已经欺骗了 27 位大人。"

……

分析：顾客之所以购买报纸，就是他觉得好奇，什么样的谎言，能让一个 8 岁的孩子能欺骗了 26 个大人，于是在好奇的驱使下，他也成了第 27 个。

5. 震惊接近法

所谓震惊接近法，是指推销人员设计一个令人吃惊或震撼人心的事物来引起顾客的注意和兴趣，从而进入洽谈的接近方法。利用震惊接近法的关键在于推销员通过震惊提示，促使顾客正视现实，提高自己的说服力，利于推销成功。生活中很多事情经常发生，因此部分人已经习以为常，震惊接近法，让顾客从习惯中惊醒，对销售很有效果。

【案例 9.5】 两张照片

老张有 20 年吸烟历史了，从来就没想过要戒烟，孙峰作为某戒烟烟嘴的推销者，几次接触老张都没有任何进展，这次拜访老张的时候，他没有一如既往地说产品，而是丢给老张两张照片，"您希望您的身体也这样吗？"老张一看，原来一张是一个肺癌患者的肺部 X 光片，照片上的肺看着特别恐怖，看了都觉得恶心，另一张是一个奄奄一息的中年男子，脸上蜡黄，手捂着肺部，一副痛苦的表情。再仔细一看，画面上的中年男子长的和自己几乎一模一样，老张惊醒幡然醒悟，立刻购买了戒烟烟嘴。

分析： 这位推销员使用的方法别出心裁，起到了很强的震撼效果，使老张瞬间警醒，为了不至于英年早逝，购买了戒烟商品，渐渐远离了香烟。

6. 马戏接近法

马戏接近法又称为戏剧化接近法、表演接近法，是指推销人员利用戏剧性情节和表演技法唤起顾客注意和兴趣，从而接近顾客的一种方法。马戏接近法是一种比较古老的推销方法，如今却一直在使用。古时候，小贩在大街小巷里用耍杂技、玩把戏、吹喇叭等方式吸引顾客，如今也有人在大舞台唱戏、表演节目，吸引顾客。马戏接近法既要有艺术性又要有科学性，能使顾客觉得耳目一新，激发顾客对产品的兴趣。马戏接近法在使用时应注意以下几点。

（1）表演要有戏剧性效果，要能够引起顾客的注意，唤起顾客的兴趣。

（2）表演形象逼真，扣人心弦。

（3）使顾客融入戏剧中，成为其中一个角色。

（4）利用推销品作为道具，富有关联性。

【案例 9.6】 带把锤子推销酒杯

钢化玻璃杯厂推销员去某酒店推销钢化玻璃杯，他没有简单地把玻璃杯拿给酒店经理看，而是带了一把小锤子，对经理说，如果经理能用锤子砸烂这只杯子，他可以免费提供给酒店 100 只同样的酒杯。经理瞧了瞧桌上的杯子，掂了掂分量，什么都没说，转瞬拿起锤子使劲一砸，结果杯子碎了，经理哈哈大笑，可是推销员又拿出一只杯子，对经理说："刚才那个是你们酒店里目前正使用的杯子，我是花了 10 元钱在餐厅里购买的，这个才是我们公司生产的杯子。"并请经理再用力砸下，结果经理使足劲，杯子一点痕迹都没有，于是经理很痛快地购买了 500 只这样的玻璃杯。

分析： 东西好坏，不是单纯的对比就可以知道的，你得让顾客自己愿意做对比，用一种戏剧化的开场，把顾客导入剧情之中，他自然能感受到推销品的优势，于是购买就可顺利实现了。

7. 问题接近法

问题接近法也称提问接近法或讨论接近法，是指推销人员通过直接提问来引起顾客注意、唤起顾客兴趣，从而接近顾客的方法。提问接近法以提出问题拉开对话序幕，通过一问一答的形式，便于拉近顾客与推销人员的距离，消除其戒备心理，在问答中促成交易实现。在现实推销中，推销人员根据推销品的某些特征和功能向顾客提出相关问题，容易引起顾客的注意和思索，顾客回答问题的同时，就已经流露出他对商品的注意，从对话里，推销人员就可以大致判断顾客的需求意愿。使用提问接近法应注意的事项如下。

（1）问题要精心设计，推销员要能掌控对话局面，顾客回答要围绕推销员的思路。

（2）问题与商品紧密连接，迅速引起顾客注意，促进果断成交。

（3）问题言简意赅，便于顾客回答，切莫不着边际，让顾客感到迷惑。

【案例 9.7】　总是失眠的大姐

一位中年女顾客逛超市的时候，路过超市的保健品专柜，女营业员看了她一眼后，微笑着问道："大姐，您昨天晚上没休息好吧？您看您满脸的疲惫。"

顾客："是啊，最近总失眠。"

推销员："如果有种药非常适合你，价钱也合理，您愿意看看吗？"

顾客："那当然，失眠的滋味多遭罪啊！"

推销员："大姐，那我向您推荐××口服液，这个对失眠效果非常好，这几天正搞促销，原价 16 元/盒，现在 10 元/盒，相当于每天不到 1 元钱！"

顾客："那好吧，先给我拿一盒，有效果我再多买。"

分析：用提问接近法，所提问题应与推销品有着比较紧密的关系，从顾客自然状况入手，使顾客更乐于接受，但要把握好推销对象，如果一个身体健康的人，就不使用刚才的开场白，而问其父母或其他长辈的身体状况也许就非常奏效。

8．求教接近法

求教接近法又称征询接近法、请教接近法、咨询接近法，是指推销人员抛出一个问题，以虚心的态度向客户寻找问题答案的一种接近顾客的方法。在现实推销工作中，多数客户由于年龄、资历、阅历等因素都有些"愿为人师"的心态，一般不会轻易拒绝虚心求教的推销员，他们往往会以过来人的身份，耐心地解决问题，这样的接近方法就非常受此类顾客的欢迎。如："王经理，您看我是一个刚出校门的新人，听说你已经有 10 多年的推销经验了，可以给我讲讲推销的技巧吗？""我才入行，以您的经验来看，我怎么打开工作局面呢？"

求教接近法应注意几个细节问题。

（1）先赞美、恭维顾客，把问题问得尽量恳切；先给顾客送一顶高帽子，然后抛出自己精心设计的求教问题，以拉近与客户的距离。

（2）只求教，不提推销。洽谈的重心在求教上，不要让顾客感觉你有推销之嫌，对求教的问题最好认真做记录，让顾客放松警惕。

（3）表情关注，态度真诚。向顾客求教切不可心不在焉，不可东张西望，要显得像一个虚心好学的学生。

（4）不可占用顾客太多时间。控制好求教时间，切不可纠缠顾客，但顾客愿意和你交谈除外。

（5）对于心高气傲、自高自大、目空一切的顾客，该方法尤为适用。

【案例 9.8】　能只给我 5 分钟吗？

"我不是告诉过你，不要再来找我了吗？我对你们的产品不感兴趣。"张经理烦躁地冲推销员喊道。

推销员："张经理，麻烦您能只给我 5 分钟吗？"

张经理："有话快说，我真的不想再见到你了，烦死了。"

推销员："是这样的，张经理，您讨厌我，那么我拜访您的时候肯定有很多失礼的地方，为了以后不至于再让顾客讨厌，您能帮我分析一下吗？谢谢您了，我一个刚走入推销岗位的大学生还有很多不懂。"

张经理：（面色缓和下来）"你看你拜访客户的时候，穿着那么寒酸，进门的时候敲门声太小……"

推销员认真地听着张经理的说教，拿笔记录……

张经理："总体上你做得不错了，行了，明天把合同拿过来吧。"

分析：求教问题法其实也可以称为主动示弱法，都说软刀子才伤人，这话一点都不假，当我们遇到久攻不下的客户时，不如换个方法，主动求教对方，用自己柔弱的一面来"攻克"对方，就如同平常我们说的"以柔克刚"。

9. 馈赠接近法

馈赠接近法又称有奖接近法、赠品接近法，是指推销人员赠送礼品给顾客以引起对方的兴趣和注意，来接近顾客的一种方法。"礼多人不怪"，在某些情况下，推销员可以用一些小礼品来吸引客户的注意力，从而对推销商品产生购买兴趣和意愿。初次拜访顾客的时候，顺便带点小礼物，可能会起到意想不到的效果，比如一些带有公司 LOGO 的笔记本、钥匙扣、开瓶器等，等推销员走后，顾客玩着小礼物，还会对其留有印象，为今后合作打下基础。

在现实推销工作中，推销人员利用礼品可以快速地拉近与顾客之间的距离，营造和谐的推销气氛，利于成交，但是应用馈赠接近法也应注意一些细节。

（1）礼物要精美别致，适合推销对象所需，最好对顾客有所了解，投其所好。

（2）礼物价值要适当，避免有受贿之嫌，初次谋面彼此不知底细，礼物过于昂贵，对方会提高警惕，有时会弄巧成拙，尤其一些铁面无私的领导会直接提出拒绝。

（3）礼品最好和企业的整体形象和谐一致。礼物只是媒介，重要的是产品的销售，要使顾客能记住你的公司或产品。如某公司业务员前去拜访客户的时候，都会顺便送个刻有公司名称的 16GB 的小 U 盘，虽然价值不大，但是却使顾客牢牢地记住了公司的名字。

【案例 9.9】　经理爱韩剧

推销员去某大公司拜访业务经理前，打听到该经理酷爱韩剧，还是个典型的京剧迷，就在正式拜访经理前，特意去一个收藏店购得一套正版的《霸王别姬》DVD，双方见面嘘寒问暖后，推销员拿出准备的 DVD，经理看到正是自己苦寻好久没找到的好片子，特别高兴，在双方愉快的交流中，签订合同也有了眉目。

分析：拜访接见本身属于公事公办的事情，但是因为推销员精心准备的一份小礼物，顾客觉得推销员有"心"，因此在同等情况下，自然而然就选择了与有"心"的推销员合作了。

10. 赞美接近法

赞美接近法又称为恭维接近法、夸奖接近法，是指推销员利用顾客的虚荣心多说赞美、恭维的话以博得顾客的好感，从而接近顾客的方法。赞美接近法的实质是推销员利用人们希望得到赞美的心理来达到接近顾客的目的。喜欢得到别人的肯定，得到夸奖和赞美是人们的共性，用这种方法接近顾客，可以很好地满足顾客的优越感，顾客警戒之心会放松，缩短与推销者的心理距离，从而达到接近的目的。赞美接近法顺应了顾客的优越感和求荣心态，恰当、准确的赞美能快速拉近与顾客之间的距离，但是使用恭维接近法应注意几个细节。

（1）恭维得体，发自内心。选择恰当的赞美目标，避免说错话。"人无完人，金无足赤"，任何人都有缺点，任何人也都有优点，因此只要推销员抓住顾客闪光点都可以赞美，但是切忌信口开河，胡吹乱捧，导致"马屁拍在马腿上"、"矬子面前夸个高"的现象发生。

（2）掌握火候，适可而止。赞美不等于奉承，推销员赞美顾客，一定要把握分寸，说话不可以太绝对，不可夸大其词。事实上，推销人员不合实际的虚假赞美，会让顾客感到虚情假意，甚至让顾客感到自己被嘲讽，推销肯定失败。

（3）因人而异，选择恰当方式。赞美不可千篇一律，对所有人都说一样的话，要根据顾客类型、特点有所调整。例如对于表情严肃的顾客，赞语应自然朴实，点到为止；对于爱慕虚荣的顾客，则尽量多说赞美之词。对于年长的顾客，应多用委婉的赞语；对子年少的顾客，则可用热情的赞语。

【案例9.10】　长一副旺夫相

一个推销员向一位体态发胖的中年女性推销化妆品。"这位女士，您生活真滋润，一看就知道您过得非常舒心，您先生工作也非常顺心吧，因为您长了一副旺夫相。"

女士起初还不解，疑惑地看着推销员。

"您看您这眉毛向下弯曲，这叫富月眉，您的眼睛略上翘，这叫登高眼，这在古代是大富大贵之相。"

女士嘴上没说，但是表情却很自得，"嗯，我们家的条件还行吧，也还别说，上个月我老公刚提了正处。"

两人越说越近，化妆品也很顺利地销售出去了。

分析：遇见顾客都积极寻找其闪光点，夸赞别人没注意到的地方，只要顾客觉得有道理，自然就拉近与推销者的距离，距离近了，买卖自然就顺利了。

11. 调查接近法

所谓调查接近法，是指推销人员利用走访、了解市场的机会接近顾客的一种方法。在许多情况下，无论推销人员事先如何进行充分准备，总会有一些无法弄清楚的问题。因此，在正式洽谈之前，推销人员必须进行接近调查，以摸清顾客的需求，确定顾客是否可以接纳推销品。此方法可以看成一种销售服务或销售咨询。该方法比较容易消除顾客的戒心，成功率比较高。推销人员可以依据事先设计好的一份调查问卷，在征询顾客的意见同时，捕捉到顾客的真实需求，再从问卷着手，比较自然地转为推销。调查接近法和问题接近法的区别是，调查接近法不一定以问题的方式来开场，而问题接近法也无需使用调查问卷，利用调查接近法时，推销人员必须注意以下细节问题。

（1）调查目的明确，直奔推销主题。调查的目的主要不是为了了解顾客的想法，而是要和推销挂钩，如果不能有效促进销售，调查就失去了意义。

（2）调查要精心设计，避免引起顾客的疑虑。顾客本身对推销调查员充满怀疑，甚至抱着敌视的态度，推销人员要精心设计调查氛围，让顾客放松警惕，缓解调查压力。

（3）实行报酬补偿，使顾客愿意参与调查。通常来说顾客大都不愿意花费自己的时间配合推销人员做问卷调查，即使配合也大都比较敷衍，很难了解顾客的真实意愿，这时可以考虑给予物质或精神补偿，有效激励顾客参与调查。报酬补偿法很多，包括赠送小礼品、幸运抽奖等方式。

【案例 9.11】　围魏救赵

一家治疗脱发的生产厂家的产品问世后，并没有急着投放各大超市，而是雇用很多的推销人员，让他们拿着公司设计好的调查问卷，找一些中年顾客进行调查，了解他们平时的洗发、护发情况，在调查过程中，再发些袋装试验小样品，就是通过这样的走访方式，该公司的产品逐渐打入市场。

分析：我国古代有个典故"围魏救赵"，看似做些不着边际的事情，其实又密切相关，通过问卷调查、提供服务来接近顾客，往往会化解顾客的防备之心，赢得顾客的好感，使生意顺利成交。

12. 搭讪接近法

搭讪接近法又称为聊天接近法、拉关系接近法、哈罗接近法、问候接近法，是指推销人员利用各种机会，通过主动与顾客打招呼、问好等方式接近陌生顾客的方法。搭讪接近法可以形象地比喻为没话找话法，看到目标客户，通过闲聊、问事、问路、打听消息等方式，拉近与顾客之间的距离，建立顾客与推销人员之间的好感，借以进行推销。如"先生，18 路车站怎么走？""大姐，你也天天早晨锻炼啊！""大兄弟，现在几点了？"

搭讪接近法不会很快进入推销主题，有时要用很多话语接近顾客，因此要花费很多时间。使用该方法时应该注意的细节如下。

（1）选准目标顾客，主动出击。寻找到目标顾客后，在没有其他更好的方法接近的情况下，搭讪接近法是最好的一种方法。遇到合适的准顾客，积极主动上前搭讪，切不可犹豫，也许在犹豫的瞬间，顾客就走远了。

（2）真诚大方，积极主动。推销人员应主动创造条件和顾客沟通，给对方以真诚之感，如问个路、借个火、打听个事情等。

（3）话题轻松，尽量迎合顾客的兴趣。"话不投机半句多"，要想和顾客建立好感，双方至少得搭讪聊天愉快，多聊些顾客感兴趣的话题，或社会热点话题，效果会好些。

（4）时刻面带微笑。初次见到陌生顾客，尤其是你主动和对方搭讪时，微笑的表情很重要，相反，一副凶巴巴的嘴脸，谁愿意多和你说话呢？

【案例 9.12】　您也带孩子逛公园

张明在劳动节带着儿子逛公园时，看到一位衣着华丽的中年女士，巧的是都是带着孩子逛公园，张明就主动找机会和这位女士搭讪，"今天天气不错，您也带孩子逛公园啊？"

"嗯，是的，这几天孩子刚考完试，我带她出来放松下。"

"一看您就是一位贤妻良母啊，您女儿长得真像您，尤其是眼睛太像了，一对凤眼，真是人见人爱。"

"谢谢，还好了。"

就是通过这样的搭讪，张明知道了该女士的工作单位和职位，他们单位正在采购一批打印机设备。张明也自报家门说其公司正好是生产打印机器材的，并且提出可以带产品资料给该女士做下参考，由于双方在对孩子的教育问题上聊得很开心，该女士也同意了其拜访请求。

分析："无心插柳柳成荫"，作为推销员充分利用各种机会寻找顾客，主动与"目标"客户搭讪，说不定对方就是你产品的潜在购买者。搭讪顾客应抓住时机，认清目标顾客后，尽量多获得对方的信息，但是绝对不能让对方厌烦。

接近顾客的技巧除了上述 12 种方法外，还有连续接近法、表演接近法、接近商圈法等，其实在实际工作中，推销员可灵活运用，既可以单独使用其中的一种方法也可以多种方法配合使用。

二、推销接近的注意事项

一位寿险经纪人曾经说过："我的客户 90％都没有时间真正去了解他们投保了些什么，他们只是提出希望有哪些保障，他们相信我会站在他们的立场，替他们规划，所以，我从来不花大量时间解释保险的内容和细节，这样做，只能引起客户的反感和逃避。"

"接近顾客的前三十秒，决定销售的成败"。这是成功销售人士的共同体验。那么怎么样才能确保成功接近目标顾客呢？有两个原则需要注意：一是打开顾客"心防"；二是控制会谈局面。

1. 打开顾客"心防"

以下是两个推销接近的例子。

销售人员 A：有人在吗？我是大林公司的销售人员陈大勇。在百忙中打扰您，是想向您请教有关贵商店目前使用收银机的事情？

商店老板：哦，我们店里的收银机有什么毛病吗？

销售人员 A：并不是有什么毛病，我想知道它是否已经到了需要更新的时候。

商店老板：没有这回事，我们店里的收银机状况很好呀，使用起来还像新的一样，嗯，我不打算考虑换台新的。

销售人员 A：并不是这样！对面李老板已更换了新的收银机呢。

商店老板：哦，以后再说吧！

销售人员 B：郑老板在吗？我是大林公司的销售人员刘红。很抱歉打扰了您，我经常经过贵店，看到你们生意一直都很好，真是不简单。

商店老板：您过奖了，生意并不是那么好。

销售人员 B：你们的店员对客户的态度都很好，郑老板对员工的教导一定非常用心，我也常常到别的店，但像贵店服务态度这么好的实在是少数；对面街的张老板，对您的经营管理也相当钦佩。

商店老板：张老板是这样说的吗？张老板经营的店也非常好，事实上他一直是我学习的对象。

销售人员 B：郑老板果然不同凡响，张老板也是以您为模仿对象的，不瞒您说，张老板昨天换了一台新功能的收银机，非常高兴，才提及郑老板的事情，因此，今天我才来打扰您！

商店老板：喔！他换了一台新的收银机呀？

销售人员 B：是呀。郑老板是否也考虑更换新的收银机呢？目前您的收银机虽然也不错，但是如果能够使用一台有更多功能，速度也较快的新型收银机，会缩短您的客户排队等候的时间，他们肯定会因此而更喜欢光临您的店。请郑老板一定要考虑这台新的收银机。

我们比较案例一和案例二中销售人员 A 和 B 接近客户的方法，很容易发现，在初次接近客户时，销售人员 A 一上来就单刀直入地询问对方收银机的事情，让人感觉非常突兀，而销售人员 B 却能够以巧妙的方式打开客户的"心防"后，才自然地进入商品销售的主题。

接近是从"未知的遭遇"开始，接近是和从未见过面的人接触，任何人碰到从未见过面的第三者，内心深处总是会有一些警戒。因此，只有迅速地打开潜在客户的"心防"，敞开客户的心胸，客户才可能用心与你交谈。

一般来说，打开顾客"心防"的基本途径是让顾客产生信任感，引起客户的注意，引起客户的兴趣。要想成功地打开顾客的"心防"需要在接近之前，做好充分的准备。

如销售人员 B 在首次接近时，就能对目标顾客以郑老板相称，并且知道郑老板店内的经营状况、清楚对面张老板以他为学习榜样。

"客户不是购买商品，而是购买销售商品的人"，这句话，流传已久。"说服力"不是靠强而有力的说辞，而是仰仗销售人员言谈举止中散发出来的诱人魅力！

2. 控制会谈局面

销售员：早上好，刘先生，很高兴见到您。

准客户：你好，有什么事吗？

销售员：刘先生，我今天来拜访您的主要目的是给您带来了我们最新研制出的高智能A100 型号设备，我知道您一定很希望您的企业能降低生产成本，提高收益。

准客户：是啊，但你们公司的产品能管用？

销售员：那当然，刘先生，这项设备引进的是德国 SA 技术，它的制造效率是普通设备的 2 倍，而且比一般设备的单位能耗要低 20%。另外，这款产品的操作平台非常人性化，操控性能很稳定，安全性能也非常好。还有就是安装了自检系统，这样就不需要经常耗费大量人工来检查，节省大量的人力成本。您觉得怎么样？

准客户：不错，那这款产品有在哪些行业应用呢？

销售员：主要是挖掘机制造、油田开发等领域。

准客户：一套系统大概需要多少钱？

销售员：仅需要 20 万元。

准客户：是吗？我知道了。这样吧，你把资料放下，我先了解一下，回头给你电话。

销售员：刘先生，我们的设备荣获了国家设备制造金奖，每年销售量达到 5000 万元呢。

准客户：我知道了。我们领导班子需要研究一下才能给你电话。再见。

销售员：唔？……

很显然，这是一个客户首次拜访的失败案例。销售代表失败的主要原因是——客户控制了整个会谈的局面。为什么会这样呢？

美国一份关于公众对销售人员评价的调查报告显示，人们最讨厌的销售人员就是：一见面就喋喋不休地谈自己的产品与公司，千方百计向客户证明自己的实力与价值。

因为这样做的后果是：焦点一直集中在销售人员自己身上，而客户则被置于被忽略的次要位置。于是，不可避免地，客户会产生巨大的购买成交心理压力，为了释放这种压力，客户会本能地采取抵抗的态度。

当销售人员一停下来，客户就会开始反击—主观地得出"不需要"的武断结论，或以"先考虑再联系"之类的话为推托。就这样，客户赢得了对话的控制权，轻易摆脱了销售人员。

一般来说，如果我们见到顾客，太快地谈到产品与公司，过多地陈述产品与公司的优势，就等于将会谈的控制权交给了顾客。真正能赢得会谈控制权的做法是：多倾听、少陈述；多提问、少发表意见。记住，每个人都是一张嘴巴两个耳朵！

任务三　进行推销洽谈

推销人员在成功地接近准顾客之后，就应该迅速转入推销面谈。推销面谈也称推销洽谈，是指推销人员运用各种方式、方法和手段，向顾客传递推销信息并进行双向沟通、向顾客进行讲解和示范说服顾客购买的过程。推销面谈的目的在于沟通推销信息，诱发顾客的购买动机，激发顾客的购买欲望，说服顾客采取购买行动。

推销洽谈一般包括 5 个步骤，即：准备、开局、报价、磋商、成交。这实际上就是一个推销人员与顾客的谈判过程。在这个过程中，需要推销人员运用大量的谈判策略与技巧，才有可能促成交易。这方面的知识，前面谈判部分已介绍，此处不再重复。

推销洽谈的方法主要有提示法和演示法。提示法着重于语言介绍的方式进行推销洽谈，演示法则着重于非语言的方式进行推销洽谈。

一、提示法

提示法是指推销人员用语言形式直接或间接、积极或消极地提示顾客购买推销品的一种方法。提示法又分为直接提示法、间接提示法、积极提示法、消极提示法、明星提示法、联想提示法和逻辑提示法 7 种。

1. 直接提示法与间接提示法

直接提示法是指推销人员运用口头语言的形式直接劝说顾客购买推销商品的方法。这一方法将推销人员对推销商品信息的直接陈述与建议顾客立即采取购买行动的动议提示相结合，直截了当，开门见山，有利于节省时间，提高推销效率。因此，直接提示法是目前使用最多、应用范围最广的一种推销洽谈方法。

应用直接提示法应注意以下问题。

（1）突出推销产品特色。一方面要重点提示推销品与众不同的主要特色和优势，而且要把顾客的主要需求与购买动机同推销品的优势特征相结合，并直截了当地向顾客进行提示性陈述，以满足顾客需求，解决顾客问题。如果忽视顾客需求。盲目提示推销品的特点，就难以激发顾客的购买欲望。

【案例 9.13】　不同顾客提示

对于想购买便宜货的准客户，推销人员应着重于价格提示。例如，"这件衣服昨天还是正价，今天开始搞店庆促销，减价40%，十分优惠，欲购从速！"

对于注重产品性能和质量的准客户，推销人员就可直接提示。例如，"您要寻找的正是这种产品，这种产品保证质量，使用方便，厂家实行三包，符合你们的要求，存货不多，需要的话请立即办理。"

对于求名心重的准客户，推销人员则可提示："本产品是获奖优质产品"，并出示获奖证明。

对于犹豫不决或购买信心不足的准客户，推销人员则可以提示客户："这种款式刚刚流行，试一试。"待客户试穿后又说，"大小肥瘦就像为您量身定做的一样，太好了，还犹豫什么！"

（2）内容实事求是。在推销人员向顾客进行提示时，要有根有据地陈述推销活动的有关信息，做到真实可靠，不蒙骗顾客，以赢得顾客的信任、支持与合作。

（3）语言通俗易懂。要做到有效地提示，推销人员不仅要根据顾客的特点，有针对性地运用不同的提示语言，而且要善于运用各种方式和技巧，对推销品及顾客利益进行生动形象的描述，以突出产品特色与优势，加深顾客印象。另外，运用直接提示法时，要尊重顾客的个性，切勿冒犯顾客。

间接提示法是指推销人员采用间接的信息传递与接收方法向顾客传达推销品的重点信息，以间接劝说顾客购买推销品的一种方法。

推销人员的直接提示容易使顾客产生一种心理压力，似乎顾客不驳倒推销人员的观点就必须购买推销品。这种心理压力，有可能使顾客在推销洽谈中故意制造一些推销障碍。为此，推销人员要运用各种道具、事例虚构一个推销提示对象作为向顾客传递有关推销信息的中间媒介体，利用虚构的对象对顾客进行间接提示，使顾客感到是通过中间媒介体，使顾客觉得除了推销人员这么说之外，还有其他人也这样认为，从而减少顾客购买的心理压力，缓和顾客对推销人员及推销活动的紧张的冷战心理和对立情绪，增加顾客对洽谈介绍的信任力度。

【案例 9.14】　向其他客户了解

一位洗衣机推销人员，为了消除购买者的疑虑，使对方从不同的产品比较中增加对自己的推销产品的信心，说："您提到某某牌洗衣机，请您向购买了该牌子洗衣机的用户了解一下，也许您就明白是怎么一回事了。"这位推销人员并没有直接去批评竞争时手，又不与准客户争论，而是让准客户自己去联想，自己作出购买决定。

2. 积极提示法与消极提示法

积极提示法是指推销人员从积极的角度，用肯定的、正面的明示或暗示来提示顾客购买推销品后可以获得的正面效益等，从正面调动顾客心理活动的积极因素，从而促使顾客购买。

消极提示法是指推销人员运用反面的、消极的、否定的暗示法提示顾客注意不购买推销品，可能会带来的反面效应或产生的消极作用，从而激发顾客的购买动机，达到促使顾客购买的推销洽谈方法。

同一个提示内容，既可以从积极方面去提示也可以从消极方面去提示。一般来说，积极提示可产生正效应，消极提示则产生负效应。请看下面的例子。

"欢迎各位乘坐本公司高级游览车观光，我们保证大家会感到既舒适又安全！"

这是积极提示舒适安全的提示方法，一般会收到明显的效果。换一种说法，效果可能完全不一样。

"欢迎您乘坐本公司高级游览车观光，我们保证大家不会感到不舒适，也不会发生意外事故！"

这就是消极提示，客户听了这些话，也许会产生不舒服和发生事故的可怕联想，从而会拒绝此类旅游服务。

但消极提示法的作用并不一定都是消极的，在某种特定推销环境中，有时也可以产生积极的心理效应，间接刺激了准客户的购买动机。

例如，"先生，请允许我看看您的汽车轮胎。哎呀，不太妙哇！这轮胎已经不行了，还是赶快换掉吧！要不然会出事的。"

这是十分明显的消极提示。它帮助准客户发现问题，提示了问题的严重性，引起准客户高度重视，为了防止事故，准客户很自然就接受推销人员的意见。

无论积极提示还是消极提示，都可以给客户较大的心理震撼，都可以提示客户的购买动机从而达到推销洽谈的目的。推销人员在运用这两种提示法时，要根据不同的客户、不同产品、不同需求状况灵活应变，真诚地、实事求是地提示，避免虚假提示，失去客户的信任。

3. 明星提示法

明星提示法是指推销人员借助一些有名望的自然人、法人或其他团体组织购买、使用推销品的事例，来劝说顾客采取购买行为的一种提示方法。例如，"我厂生产的防寒服是国家赴南极考察队员的首选产品"；"×××是中国奥委会指定专用饮品"。这一方法主要是利用顾客普遍存在的崇尚权威、崇拜偶像、迷信名望的心理来进行洽谈提示，使社会名流们的消费行为成为顾客购买与消费的参照楷模，对顾客的消费心理与行为起到了较好的引导与影响作用，产生良好的"晕轮效应"。

利用名流进行洽谈提示，不仅成本高，而且若选择不当，不仅不会对顾客产生积极效应，反而会产生明显的负效应，出现明星边际效益递减的状况。因此，运用明星提示法应注意以下问题：所提示的明星在一定的区域有较高的知名度和美誉度，为顾客所知晓、所认同；所提示的明星与推销品之间有一定的内在联系，以增强推销洽谈的感染力与说服力；所提示的明星与推销品之间要存在真实的关系，不能弄虚作假，欺骗顾客。

4. 联想提示法

联想提示法是指推销人员通过向顾客提示或描述与推销有关的情景，使顾客产生某种联想，进而刺激顾客购买欲望的洽谈方法。例如，一位推销天蓝色瓷片的推销员的一句话打动了顾客："您把这种天蓝色的瓷片铺在淋浴室里，每当您洗澡的时候，就有种置身大海的感觉。"这一方法中，推销人员向顾客勾画出梦幻般的情景，让顾客去想象，使产品更具有吸引人的魅力，从而达到强化顾客购买欲望的良好效果。联想提示法要求推销人员善于运用语言的艺术去表达、去描绘，避免刻板、教条的语言，也不能采用过分夸张的词汇，这样，提示的语言方能打动顾客，感染顾客，让顾客觉得贴切可信。

5. 逻辑提示法

逻辑提示法是指推销人员利用逻辑推理来说服顾客购买推销品的一种洽谈方法。它是通过向顾客摆事实、讲道理来启发、引导顾客进行分析、思考与判断，使顾客逐步认识到推销品的功能、利益等，心悦诚服地信任推销品，从而采取购买行为。这种方法尤其适用于具有理智购买动机的顾客。

【案例 9.15】　一角钱看电视

一位营业员在向顾客推销电视机时这样说道："这台电视机售价仅 1000 元，寿命却长达 1 万小时，这样，您每小时看电视只需要 1 角钱，而现在看电影每小时平均需要 5 元钱左右，且不说电视机使用起来有非常方便等好处。"

分析：案例中电视机的销售人员在说明电视机的物美价廉、使用方便时，并没有笼统地去讲，而是运用比较分析、事实罗列的思维方式，采用算账的办法来启发、引导顾客去分析与判断，而且最后一句话"且不说电视机使用起来有非常方便等好处"，巧妙地把最后部分的理由留给顾客自己去推理、去判断，从而使顾客在理性的分析判断中，对推销活动的理解是科学的、发自内心的，从而自觉地、心悦诚服地信任推销品，并乐于购买它。

二、演示法

演示法是指推销人员通过各种方法向顾客直接展示产品并劝说顾客采取购买行为的一种方法。它通常包括以下几种方法。

(1) 产品演示法。产品演示法是指推销人员通过直接演示推销品，向顾客传递推销的有关信息，进而劝说顾客购买推销品的洽谈方法。这一方法的运用，把产品本身作为传递信息的媒介，向顾客传递更生动、具体、形象、真实、可靠的推销信息，避免了信息传递过程中的遗漏与歪曲，并且能全面刺激顾客的感觉器官，顾客从中可以获得较为全面的产品信息，有利于顾客正确认识推销活动，并接受推销品。

(2) 文字演示法。文字演示法是指推销人员通过演示推销品的有关文字资料来劝说顾客购买的一种推销洽谈方法。用来演示的文字资料通常包括产品说明书、价目表、获奖证书、质量检测证书、新闻报道等。这些文字资料，可以大大提高顾客对推销活动的信任感。在运用这一方法时，推销人员选择的文字资料要求具有真实性、针对性、相关性和权威性，以便较好地运用文字资料进行洽谈演示，增强谈判的说服力。

(3) 其他演示方法。除了以上演示方法之外，还有其他演示洽谈法，如图片、图表演示法，音像影视演示法等。

推销洽谈的方法很多，尤其是现代科学技术的发展与信息传递技术的普及，为推销人员提供了更多的洽谈方法与手段。在实际推销洽谈中，推销人员要根据实际情况灵活选择洽谈方法，不断开拓创新，设计更加新颖、高效的推销洽谈方法。

技　能　训　练

【实训目的】

（1）理论联系实际，加深对推销洽谈内容和方法的理解。

（2）体会推销洽谈技巧。

【实训主题】

推销洽谈的运用。

【实训时间】

本项目课堂教学内容结束后的双休日和课余时间，为期一周。或者指导教师另外指定时间。

【背景材料】

旁白：张明在早市上看中一款玛瑙项链，以下是他和小贩讨价还价的过程。

张明："老板，这个玛瑙项链怎么卖的？"

老板："这个纯正上等天然玛瑙，300元。"

张明："什么，你真是漫天要价。"

老板："别伤和气，那您说您给多少，合适就卖给您。"

张明："顶多80元，这东西别的地方也有。"

老板："一分钱一分货，你摸摸，它是冰凉的，假的一会就有温度感了，你要诚心就给200元吧。"

张明看了一眼项链，没说话。

老板："怎么嫌贵，算了，我也不瞒你了，兄弟，其实我这块玛瑙项链有块玉石穿偏了，佩戴时略微有点小问题，这样吧，我也不说什么了，您给100元吧，我这个上货价就合120元了。"

张明："不，其实刚才我早就看到那块石头偏了，但价格我是不会再加了，现在时候也不早了，我约了朋友去打羽毛球，你要真不卖，那就算了。"

老板看了一眼他，没吱声。

张明放下项链，准备离开。

老板："行了，就当赔钱给您了，拿去吧。"

【实训过程设计】

（1）指导教师布置学生课前预习阅读案例。

（2）将全班同学平均分成小组，按每组5～6人进行讨论。

（3）根据背景材料，讨论推销洽谈策略有哪些？情景剧中张明和老板都使用了哪些策略？你觉得张明买贵了还是买便宜了，为什么？

（4）各实训组对本次实训进行总结和点评，撰写作为最终成果的《商务谈判与推销技巧实训报告》。各小组提交填写"项目组长姓名、成员名单"的《商务谈判与推销技巧实训报告》。优秀的实训报告在班级展出，并收入本课程教学资源库。

能力迁移

一、单项选择题

1. （   ）约见具有方便、经济、快捷的优点，使顾客免受突然来访的干扰，也使推销人员免受奔波之苦。

A. 电话

B. 当面

C. 信函

D. 广告

2. （   ）约见具有快捷、便利、费用低、范围广的优点。

A. 电话

B. 当面

C. 网上

D. 广告

3. 一位推销天蓝色瓷片的推销员的一句话打动了顾客："您把这种天蓝色的瓷片铺在淋浴室里，每当您洗澡的时候，就有种置身大海的感觉。"这种方法属于（   ）。

A. 明星提示法

B. 逻辑提示法

C. 联想提示法

D. 间接提示法

二、名词解释

推销接近 产品接近法 利益接近法 问题接近法 介绍接近法 好奇接近法 馈赠接近法 赞美接近法 请教接近法 直接提示法 间接提示法 积极提示法 消极提示法 明星提示法 联想提示法 逻辑提示法 产品演示法 文字演示法

三、问答题

1. 约见顾客前要做好哪些准备？

2. 约见顾客的方法有哪些？请对此进行比较。

3. 接近顾客的方法有哪些？

4. 推销洽谈的演示法和提示法包括哪些内容？

四、案例分析

【背景材料】

空调推销员与客户的一次交谈

空调公司的推销员正在拜访一位家庭主妇。

推销员："您好！我是××空调公司的业务员。您一定还记得曾在我们公司的一次新产品演示会上填过一张客户调查表。如果我没有弄错的话，您有意向在今年5月购置空调。"

家庭主妇："哦，是的。当时的确实是这样打算的。但是我现在还在犹豫是否有这个必要。"

推销员："夏天眼看就要到了，您一定记得去年夏天的炎热。如果装上空调，就不一样了。您想，当先生和孩子从外面挥汗如雨地回来，就能享受一片清凉，那该多惬意啊！"

家庭主妇：……

问题：试分析以上案例中推销人员采用了何种推销洽谈技巧？其优点何在？

【分析要求】

1. 过程要求

学生分析案例提出的问题，分别拟定《案例分析提纲》；小组讨论，形成小组《商务谈判与推销技巧案例分析报告》；班级交流并修订小组《商务谈判与推销技巧案例分析报告》，教师对经过交流和修改的各小组《商务谈判与推销技巧案例分析报告》进行点评；在班级展出附有"教师点评"的小组优秀《案例分析报告》，并收入本校该课程的教学资源库。

2. 成果性要求

（1）案例课业要求：以经班级交流和教师点评的《商务谈判与推销技巧案例分析报告》为最终成果。

（2）课业的结构、格式与体例要求：参照"作业范例"《商务谈判与推销技巧案例分析报告》。

项目目标

(1) 正确对待顾客异议。

(2) 掌握顾客异议的常见类型及处理原则。

(3) 掌握顾客异议产生的原因。

(4) 掌握处理顾客异议的方法与技巧。

(5) 掌握推销人员在成交过程中存在的心理障碍。

(6) 掌握成交的基本策略与方法。

(7) 掌握成交后跟踪的主要内容。

情景案例

执着的李林和张克

李林从事医疗设备推销工作已经10年了,他的业绩在公司里总是名列前茅。可是这一次,他遇到了一位十分固执的医生张克。

两年来,李林一直试图向张克推销一套尖端的医疗设备,可是张克对此一直不理不睬。李林试过很多方法,诸如赠送小礼品、与张克儿子交朋友等,但就是打不开张克的嘴。

终于有一天,当李林再次拜访张克的时候,张克一改往日不屑一顾的神情,说了一句:"你所说的医疗设备实在太贵,我也并不认为它会为我们的病人提供更多优质的服务。"李林心中大喜,他告诉自己:成功销售的时刻终于到来了!

随后,李林进行了调查,他了解到,张克准备在新的办公楼里增加一间"化验室"。李林准备了一套无懈可击的产品推荐方案拿给张克过目。方案中有充分的证据证明这套医疗设备"物超所值",并且能够给病人提供最好的服务。

最后,张克从李林手中购买了整整10套医疗设备。

启示:顾客异议是推销活动中的必然现象。从接近顾客、推销面谈直至成交签约的每一个阶段,顾客都有可能提出异议。推销人员只有正确地认识并妥善地处理异议,才能最终说服顾客,促成交易。正确对待和妥善处理顾客异议,有效地实现成交并做好成交后跟踪工作是推销人员必备的基本功。

任务一 掌握顾客异议的成因和处理流程

顾客异议是指对推销员、推销人员、推销方式或交易条件产生的任何怀疑、抱怨、否定或提出的反面意见。推销人员必须对待并妥善处理顾客异议,才有可能促成交易,实现推销目标。

一、分析顾客异议产生的原因

顾客在维护自己的利益、解决自己的需求、维护自己的尊严的过程中,对产品缺乏相应的了解、缺乏足够的购买条件，往往会产生对销售人员的介绍不够满意，或对销售人员的承诺不够信任等，从而产生异议。

一般地，销售工作能否顺利进行，取决于顾客与销售产品的销售人员之间能否保持协调一致。因此，下面就从这三个方面分析顾客异议产生的原因。

1. 由顾客自身原因产生的异议

由于顾客自身的原因，如拒绝改变、情绪处于低潮等，而对销售人员及其推荐产品提出异议的情况，主要有以下原因。

（1）拒绝改变。大多数人对改变都会产生抵抗，而销售人员的工作，就是想方设法改善或改变顾客目前的状况。从目前使用的甲产品转换为使用乙产品，这实际上就是让你的顾客进行着目前状况的改变。

（2）没有购买意愿。顾客的购买意愿没有被激发出来，销售人员推销的产品没有引起他的注意及兴趣，因而会对销售人员的推销提出异议甚至抵触。

（3）顾客情绪处于低潮期。此时的顾客根本不会有心情和推销员进行商谈，进而进行交易，低潮期的顾客很容易提出异议。

（4）顾客需求未获满足。推销人员的推销未能使顾客内心的需求得到满足，或者与顾客的需求有差距，顾客就不会认同推销人员的推销的商品，进而提出异议。

（5）顾客预算不足。由于顾客的预算不足以支付推销商品的金额，顾客由此产生价格异议。

（6）借口、推托。顾客找借口，使用推托之词，不愿意和推销人员会谈。

（7）顾客的购买经验与成见。顾客在以往的购买活动中积累了一定的经验。如产品经验、价格经验等。既有成功的验，也有失败的经验。顾客往往会根据自己的经验进行购买决策。当推销活动和顾客成功的购买经验不相符合或者与失败的购买经历类似时，顾客异议就会产生。

（8）顾客有比较固定的采购关系。在长期的生产、经营活动中大多数顾客都有比较稳定的购买渠道，团体顾客尤其如此。一般情况下，顾客在面临新的交易伙伴时，必然会考虑原有采购关系的协调问题。除非推销人员的推销活动能够给他带来更多、更好的利益，否则顾客是不愿冒险随便丢掉长期以来建立的固定的业务合作关系的。

2. 来自产品的原因

由于产品的价值、功能、质量等方面的原因，不能令顾客满意，从而引起顾客异议的情况也是比较常见的，主要有以下几个方面。

（1）使用价值异议。如果某种产品对顾客而言没有什么用，那么它的质量再好、价格再低廉，顾客也不会去买它。

（2）功能异议。所谓产品的功能是指产品本身所具备的功用、效用。产品功能的好坏和多少也是顾客选择产品时的一个重要依据。

（3）质量异议。顾客对产品功能、造型等方面的选择都是以产品质量是否令顾客满意为前提的。即一种产品的质量好坏会直接影响顾客的购买行为。

（4）价格异议。价格异议是销售过程中最常见的异议。顾客的总需求是超出可用来购买的资金，而且顾客对产品价格最为敏感，即使定价合理，顾客也会抱怨，在顾客看来，讨价还价，天经地义。

（5）货源异议。一些比较关心产品产地、销售人员所在公司的顾客，忏悔提出此类异议。比如，"你是哪家公司的?""你们公司有多大?""我从未听说过你这家公司?"等。这类异议针对性强，较难以回答。

（6）品牌异议。现在越来越多的人买东西时看重产品的品牌。如果一种产品的牌子没有名气，顾客就很容易提出品牌异议。如，"这牌子没有名气"、"我从来没有听说这个牌子"、"不会是冒牌的吧"，等等。

3. 来自推销员的原因

销售人员态度不好，或自吹自擂，过分夸大产品的好处，或礼貌用语欠佳、态度恶劣等都会引起顾客的反感，从而拒绝购买产品。总的来说，顾客异议来自销售人员本身的情况主要有以下几个方面。

（1）无法赢得顾客的好感。销售人员的举止态度让顾客产生反感。

（2）夸大陈述。销售人员为了说服顾客，以不实的说辞哄骗顾客，结果带来更多的异议。

（3）使用过多的专门术语。销售人员在说明产品时，若使用过于高深的专业知识，会让顾客觉得自己无法胜任使用，而提出异议。

（4）事实调查不正确。销售人员引用不正确的调查资料，引起顾客的异议。

（5）不当的沟通。销售人员说得太多或听得太少，引起顾客的异议。

（6）展示失败。销售人员展示失败会立刻遭到顾客的质疑。

（7）姿态过高，让顾客词穷。销售人员处处说赢顾客，让顾客觉得不爽，而提出许多主观的异议。

二、能正确处理顾客异议

很多销售人员在遇到顾客坚定的异议时，可能选择暂时搁置的处理方法。但是，有时搁置并不能真正解决问题；还有些销售人员则固执己见，甚至还有可能走向另一个极端，那就是让步太多而导致公司的利益极大受损。

那么，究竟该如何处理顾客的异议呢？我们可以从以下五个步骤入手。

1. 乐观对待

在销售工作中，很多销售人员都认为处理异议是一件困难的事情。其实，异议既是成交的障碍，同时也是成交的机会。作为一名专业的销售人员，一定要有这样一个心态：异议是销售的真正开始。

一位推销大师曾经说过："当顾客提出一项异议时，我们首先要做的就是微笑，因为这使我知道了他正在想什么。保持沉默的顾客是最难对付的，如果他什么都不说，那我就不知道该如何完成销售。"如图 10.1 所示，顾客提出异议的销售成功率为 64%，而顾客没有提出异议的销售成功率为 54%。

嫌货才是买货人，顾客提出异议是销售中必然的现象，顾客的异议既是销售的障碍，同时也是成交的机会。顾客对产品提出异议，证明他在思考你的建议，他感兴趣才会挑剔。

在大多数情况下，销售异议是潜在顾客推迟决策的缓兵之计。因此，对销售人员来说，以积极、开放、诚恳的合作心态来面对并处理潜在顾客的异议就为后续的促成交易打下了坚实的基础。异议提醒销售人员在销售的过程中，可能还没有完全了解顾客的某些需求，或者某些表达没有被顾客理解，所以说异议也是进行下一步销售工作的一个指导思想。

图表（柱状图）：销售成功率
- 客户提出异议：64%
- 客户没提出异议：54%

图 10.1　乐观对待客户异议

因此，当顾客提出异议时，销售人员首先应该以乐观的态度来面对顾客的异议，把它看成是成交的机会。

2. 识别真假

通常来说，顾客异议分为三种类型：真实的异议、隐含的异议和虚假的异议。

（1）真实的异议。真实的异议指顾客表示目前没有需要，或对产品不满意，或对产品抱有偏见等真实的想法。例如，从朋友那里听说此种产品容易出故障，就直接向销售人员说明。

面对真实的异议，销售人员必须视情况采取立刻处理或延后处理的策略，以消除顾客对产品的偏见或不正确的认知。

（2）隐含的异议。隐含的异议指顾客并不把真正的异议提出，而是提出各种真的异议或假的异议，目的是要借此假象达成隐藏异议解决的有利环境。例如顾客希望降价，但却提出其他如品质、外观、颜色等异议，以降低产品的价值，而达到降价的目的。

（3）虚假的异议。虚假的异议分为两种：一种是顾客用借口、敷衍的方式应付销售人员，目的是不想诚意地和销售人员交流，不想真心介入消费的活动。另一种是顾客提出很多异议，但这些异议并不是他们真正在意的地方，如"这件衣服是去年流行的款式，已经过时了""这车子的外观不够流线型"……虽然听起来是一项异议，但不是顾客真正的异议。

在实际的销售过程中，顾客的异议并不都是直截了当的，有时虚假的异议往往掩盖了真实的异议。就像人们平常见到的冰山只是露出海面的很小的一部分，更大的部分都隐藏在水下，人们是看不到的。

顾客的异议往往如同冰山，异议本身只是顾客全部表达意思中很小的一部分，真正的异议是顾客隐藏起来的更大的那部分，需要销售人员更深入地去发掘。

那么如何正确区分真假异议呢？

第一，望神态。即要观察顾客提出异议后的神态。比如，有的顾客不太了解你所销售的产品，但又不愿花时间去听你讲解，也不想就直接否定了你的产品。他们可能会以为已经买了，或今天很忙，有空再买之类的话作搪塞。这时顾客并不想说出自己真正的异议。

第二，闻内容。倾听异议的具体内容。认真倾听顾客异议的内容，只要你仔细听，有时会发现有些顾客会提出一些与产品毫无关系的异议，而有的顾客则非常认真，会具体化地讲述异议，提出一大堆异议，等你给出确切答案。

第三，看反应。即注意解答异议后顾客的反应。在解答异议后，如果顾客还是迟迟不做决定，一是他可能根本就没有购买意愿；二是解说时感染力不强，双方没有交集点，答案不清晰。

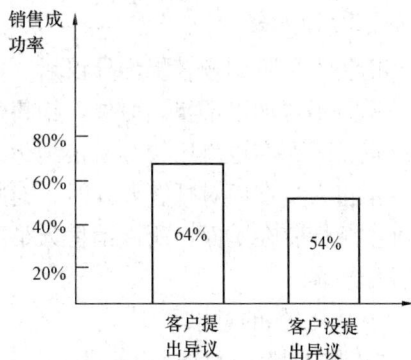

3. 征询理解

销售人员听到顾客提出异议后，应表示出对顾客所提意见的真诚欢迎，并聚精会神的倾听，千万不可加以干扰。另外，销售人员必须认可顾客的意见，以示对其尊重，当你在提出相反意见时顾客也就比较容易接纳你的意见。

销售人员在面对顾客异议时，对顾客异议表示认同。顾客对商品提出的异议，通常带有某种主观情感在里面，所以销售人员要向顾客表示你已经了解他们这种感情，并通过下面的话告知顾客。

"我明白你的意思了。"

"很多人都是这样认为的。"

"这个问题你提得很专业。"

"是的，这一点的确很重要。"

"我知道你的具体要求了。"

"我理解你为什么有这种感觉。"

需要注意的是，在答复顾客的反对意见时，永远不要使用"但是"或"然而"这样的转折词。用了这两个词就好像马上否定了他们前面说的话，因而也就在销售人员和顾客之间形成了一个障碍，如果你一定要用连词的话，请用"那么"。

错误的表述是："是啊，似乎是贵了点，但是……"

正确的表述是："陈先生，我理解你的观点，让我们来谈谈这个问题。"

这样你就会与顾客建立一种合作关系，而不是敌对关系。

4. 灵活应对

一天小刘到一位顾客处推销货车。对方劈头就问："吨位多少？"

小刘："3 吨"。

顾客："我们要 2 吨的"。

小刘："2 吨有什么好的？万一货物太多，3 吨不是更实用吗？"

顾客："我们也得算经济账啊！这样吧，以后我们需要的时候再说。"

此时，对话明显有些进行不下去了，如果没有应对策略，也许就此告吹了。但小刘接着说："你们运的货物每次平均重量一般是多少？"

顾客："很难说，大约 2 吨，有时多，有时少。"

小刘："究竟需要什么型号的车，一方面要看货物的多少，另一方面要看在什么路上行驶。你们这个地区山路多吧，而且据我所知，你们那里路况并不好，那么汽车的发动机、车身、轮胎承受的压力是不是要更大一些呢？"

顾客："是的。"

小刘："你们主要利用冬季营运，那么对汽车承受力的要求会更高。货物有时会超重，又是冬天里在山区行驶，汽车负荷已经够大了，你们在决定购车型号时，连一点余地都不留吗？"

顾客："那你的意思是？"

小刘："您难道不想延长汽车的寿命吗？一辆车满负荷甚至超负荷，另一辆车从不超载，你觉得哪一辆寿命更长？"

顾客："嗯，那我们决定选用你们的 3 吨车了。"

在销售过程中，销售人员一定要把话说到顾客的心坎里，这就需要运用巧妙灵活的推销策略。对顾客的拒绝首先要积极、巧妙地应对，若应对得当，其结果往往能达到你预期的目的。

对于一些无理取闹、情绪化的异议，或顾客的反对意见和眼前交易毫无关系的话题，销售人员只需面带笑容地表示同意。特别是一些"为反对而反对"或"只是想表现自己的看法高人一等"的顾客意见，导购员只需以真诚的态度对待，并迅速打开话题。如：微笑点头，表示"同意"，或者说"你真幽默"、"嗯，真是高见！"

5. 保留后路

我们应该明白顾客的异议不是能够轻而易举地解决的。不过，你与他面谈时所采取的方法，对于你与他将来的关系都有很大的影响。

如果根据洽谈的结果认为一时不能与他成交，那就应设法使日后重新洽谈的大门敞开，以期再有机会去讨论这些分歧。因此，要时时做好遭遇挫折的准备。如果你最后还想得到胜利的话，那么在这个时候便应作"光荣地撤退"，不可稍露不快的神色。

即使推销失败，我们终得与顾客说再见，此时，你要自找台阶，自留后路，比如说："生意不在情谊在，有机会我再来拜访您！"这样可给自己回访再次推销留下后路。一个艺术的再见方式，正是下一次推销机遇的开始。

任务二　顾客异议处理的策略和技巧

一、处理顾客异议的策略

潜在顾客的异议随时会出现，尤其是临近展示与成交阶段，潜在顾客的异议会越来越频繁。处理顾客异议的策略有很多种，销售人员应根据自己的沟通风格以及潜在顾客的类型来加以选择。

1. 捷足先登策略

捷足先登策略是销售人员在潜在顾客提出异议前，就有针对性地将那些可能的异议阐释清楚，这样，潜在顾客就会减少提出异议的机会，进而更容易达成合作。

小王正在向顾客推销一种切割食物的机器。他快速地切割了三四种食物后，看着顾客说："看过示范的人经常问我，他们买了这种机器后能不能像我这样轻易地处理食物？"

"坦白地说，不可能。因为我每天都要操作这玩意儿好几个小时，看我用起来多轻松自如。"人们相信了小王的话，他继续说："这机器有 5 个刀片，我只用了一个就可以切 6 种食物。你们有多少人已经决定要拥有这套机器了？"这是观众中有 5%～10% 的人说他们想要一台。

小王明白他的顾客仍然会有异议，所以他接着说："女士们经常问我，这种机器会不会切到手，我可以告诉你，会的，但是我不建议你这么做。女士们，如果你们想用这台机器切手，非常简单。你只要打开机器，然后你把手指插到刀片和漏斗中间就行了！"

就这样，小王把顾客能够想到的异议都回答了，于是他的产品全部卖了出去。

捷足先登策略的应用有以下几个好处。

（1）可以先发制人，能够有限地防止顾客提出异议。

（2）可以缩短销售洽谈过程，节省时间，提高销售效率。

（3）可以促使导购员处于主动地位，在顾客面前表现出更大信心。

（4）可以有力地促进顾客购买，为顺利成交创造良好条件。

2. 直截了当策略

当异议来自潜在顾客对产品或服务的误解时，销售人员可以运用直截了当的策略告知潜在顾客，他们的担心可能是不必要的。

不过，绝大多数潜在顾客都不会轻易承认自己的担心是不必要的，因而销售人员应用直截了当策略时务必要小心谨慎，措辞尽可能委婉，不能刺伤潜在顾客的自尊心或让其感到尴尬不适等。

【案例 10.1】 推销手机

手机专卖店中，一名销售人员正在向一个顾客推销手机。

销售：我看，这款手机满足了您所有的需求，它真的很适合您。

顾客：可是它太贵了。

销售：什么？太贵了？您怎么不早说呢？我们有便宜的呀！这一款就便宜得多，只不过没有上网功能。

顾客：要是没有上网功能我为什么要换一部新的手机呢？

销售：那您就买那款带上网功能的吧！

顾客：可是那款又实在太贵了呀！

销售：一分钱一分货啊！

顾客：贵的我买不起呀！

销售：（非常愤怒）那到底买不买？

案例中的销售人员没能有效地控制自己的情绪。他没有发掘顾客提出异议的真正意义。实际上顾客对这款手机的价格提出异议，恰好说明顾客很关注这款手机，异议之中隐藏着很大的购买倾向，可是销售人员却以不耐烦的生硬态度来消极地对待异议，结果失去了一次很可能成功的销售机会。

因此，在采取直截了当策略处理顾客异议时一定要采取积极的态度，要注意自己的语气和情绪。

需要注意的是，在这种情况下，销售人员首先可以肯定潜在顾客的异议是正常的，但随后销售人员可以提供一些证据，如测试报告、证明文件或成功案例等委婉地转告潜在顾客，此前，其他顾客也有过类似的异议，不过他们现在已经认可我们的产品和服务了。

3. 感同身受策略

一位大夫正给患者看牙。

患者：我真的非常害怕拔牙，太痛了，能不能不拔呀？

大夫：我了解你的感受，拔牙时的确会有一点儿痛，但如果不拔掉这颗烂牙的话，它会继续发炎，也许还会伤害到其他的好牙。别害怕，我们一定会尽最大可能尽量地减少您的痛苦。

患者：好吧，那就拔吧。

感同身受策略应用的重点是认同顾客的感受。当然，认同不等同于赞同。赞同是同意对方的看法，而认同则是认可对方的感受，了解对方的想法，进而找到解决问题的方法。

感同身受策略的作用是淡化冲突，提出双方需要共同面对的问题，找到方法进一步解决异议。感同身受策略应用的中心思想是重复顾客的反对意见，并将反对意见淡化。

4. 佯装不见策略

顾名思义，"佯装不见策略"就是当顾客提出一些反对意见，并不是真的想要获得解决或讨论时，这些意见和眼前的交易扯不上直接的关系，你只要面带笑容地同意他的观点就好了。

销售人员拜访经销店的老板，老板一见到他就抱怨说："这次空调机的广告为什么不找某明星拍？若是找他的话，我保证早就向你再次进货了。"

碰到诸如此类的反对意见时，销售人员不需要详细地告诉顾客，为什么不找某明星而找另一明星的理由，因为顾客真正的异议恐怕是别的原因，你要做的只是面带笑容、同意他的观点就好。

对于一些"为反对而反对"或"只是想表现自己的看法高人一等"的顾客的意见，若是认真地处理，不但费时，而且容易旁生枝节。因此，只要让顾客满足了表达的欲望，就可采用忽视处理策略，迅速地引开话题。

忽视处理策略应用的技巧如下。

微笑点头，表示"同意"。

"啊，是吗？"

"你真幽默"！

"嗯，真是高见！"

"你说的办法真好！"

5. 补偿处理策略

潜在顾客："这个皮包的设计、颜色都非常棒，令人耳目一新，可惜皮的品质不是最好的。"

销售人员："您真是好眼力，这个皮料的确不是最好的，若选用最好的皮料，价格恐怕要比现在的高50％以上。"

当顾客提出的异议有事实依据时，销售人员应该承认并欣然接受，强力否认事实是不智的举动。但记得，你要给顾客一些补偿，让他取得心理的平衡，也就是让他产生以下两种感觉。

（1）产品的价格与售价一致的感觉。

（2）产品的优点对顾客是最重要的，产品没有的优点对顾客来说是较不重要的。

世界上没有十全十美的产品，当然产品的优点越多越好，但真正影响客户购买与否的关键点其实不多，补偿处理策略能有效地弥补产品本身的弱点。补偿处理策略的运用范围非常广泛，效果很有实际意义。

例如，艾维士一句有名的广告"我们是第二位，因此我们更努力"！这就是一种补偿处理策略。客户嫌车身过短时，汽车销售人员可以告诉客户，"车身短能让您停车非常方便，若您的停车位是大型停车位，可同时停两部车"。

二、常见顾客异议的处理方法

顾客异议的产生原因多种多样，表现形式也千差万别，为了有效地化解顾客异议，推销员要积极寻找有效解决异议的方法，常用的处理顾客异议的方法有以下几种。

1. 直接否定法

直接否定法又称反驳处理法，指推销人员根据比较明显的事实和充分的理由直接否定顾客异议。举例如下。

顾客提出："你们的产品比别人贵。"

推销员回答："不会吧，我这里有其他公司同类商品的报价单。我们的价格是最低的。"

（1）优点。直接、明确、不容置疑的否定意见，反馈速度快，提高推销效率。

（2）缺点。易使顾客产生心理压力和抵触情绪，甚至伤害顾客自尊，造成紧张气氛。

（3）适用场合。适用于处理由于顾客的误解、成见、信息不充分等导致的有明显错误、漏洞、自相矛盾的异议，不适合于处理因个性、情感等因素引起的顾客异议。

（4）注意事项：要站在顾客立场上进行解说，不可强词夺理，态度温和、诚恳，以理服人。

2. 间接否定法

间接否定法又称但是处理法，指推销员根据有关事实和理由间接否定顾客异议的方法，并采用相应的句法结构。举例如下。

顾客提出："这个东西太贵了。"

推销员回答："这个东西价格是不低。不过，它比同类型产品的功能多了三项，从价格性能比的角度来看，它还是便宜的。"

（1）优点。先退后进，顾客心理上容易接受。

（2）缺点。可能会使顾客感到推销员圆滑、玩弄技巧，从而产生反感。

（3）适用场合。比直接否定法使用得更为广泛。

（4）注意事项。转折不要太过直接，要不露声色。使用合一架构法，即"……同时……"的句法结构；还可以采用"……如果考虑到……价格就不贵了"的句法结构。

3. 转化法

转化法也称利用处理法、反戈处理法、缓和处理法，是推销员直接利用顾客异议中有利于推销成功的因素，并对此加工处理，转化为自己观点的一部分去消除顾客异议，说服顾客接受产品。举例如下。

顾客对商场有意见且气冲冲地找到经理室，诉说推销员态度不好，现要退货。经理先礼貌地让座，并客气地倒上一杯水微笑地说："你坐坐，喝口水再给您解决问题。"等这位顾客歇一会儿后，怒气逐渐消失了，说话也比进来时平和多了，然后通过解释工作，顾客就能心平气和地离去。

（1）优点。把拒绝的理由转化成购买的理由，把成交的障碍转化为成交的动力，说服力很强。

（2）缺点。可能会使顾客觉得被人钻了空子，受了愚弄，从而产生不快。

（3）适用场合。这种方法通常在处理顾客异议中使用最多，也行之有效。

（4）注意事项。先肯定顾客的看法或赞美顾客。顾客提出异议是我们利用的基础，只有先承认其合理性，我们才能加以利用。

不要欺骗顾客，任意发挥。否则，顾客认为你在玩花招，钻空子，惹恼顾客，适得其反。

4. 补偿法

补偿法又称抵消处理法、平衡处理法，指推销员在坦率承认顾客异议指出的问题确实存在的同时，指出顾客可以从推销品及其购买条件中得到另外的实惠，使异议所提问题造成的损失得到充分补偿。举例如下。

顾客提出："这批羽绒服要到 10 月份以后才销得出去，提前两个月进货，占用资金时间太长。"

推销员回答："现在进货可以享受七折优惠。您算算，还是很划算的。"

产品不可能尽善尽美，推销员一面承认产品缺陷，一面强调优点，强调产品利益。推销员帮顾客算一笔账：产品带来的好处弥补缺陷之后的净价值，大于支付的价格，那么购买产品是划算的。

（1）优点。先实事求是地承认缺陷，再另外提出、强调优点，顾客容易接受。

（2）缺点。推销员肯定顾客异议，承认缺陷，削弱了顾客对产品的信心。

（3）适用场合。追求实惠，价格敏感型顾客。

（4）注意事项。补偿利益要大于异议涉及的损失，净利益要大于顾客支付的价格。

5. 询问法

询问法也称反问处理法、追问处理法，指推销员利用顾客异议来反问顾客以化解异议。举例如下。

顾客提出："你们的东西价格是不贵。不过，我们现在还是不想买。"

推销员追问："您认为价格便宜，为什么现在不买呢？"

顾客："我要回家与老婆商量一下，现在不能马上决定是否购买。"

推销员："您也是家庭的主要成员，难道您没有决定权吗？而且您买回一个便宜的产品，您太太会很高兴的。"

这种方法在许多情况下能够把异议直接消除掉，因为顾客有时自己也非真正了解商品行情，只是道听途说得来的信息，由于掌握的证据不足，往往被人反问后自然不再继续坚持自己的观点了。

（1）优点。通过询问，推销员可以掌握更多的信息，为进一步推销创造条件。

（2）缺点。可能引起顾客的反感。

（3）适用场合。顾客异议是借口，真实原因推销员甚至顾客也不清楚。

（4）注意事项。询问要及时，有时要适可而止。

6. 不理睬法

不理睬法又称装聋作哑处理法、沉默处理法、糊涂处理法。采取避而不答的异议处理方法。举例如下。

顾客说："你们厂可真不好找。"

推销员随声附和，并转移话题："对，我们厂的位置是有点偏。您看看，我们的新产品在功能上又有了一些改进。"

（1）优点。避免节外生枝，浪费时间。

（2）缺点。可能会使顾客觉得他没有受到应有的重视和尊重。

（3）适用场合。顾客异议与推销活动主题无关紧要，或是顾客有意刁难时。

（4）注意事项。在不理睬顾客提出的某一异议时，要尽快找到需要讨论的话题，以免冷落顾客。

美国推销专家约翰·温克勒尔在其著作《讨价还价的技巧》中指出："如果客户在价格上要挟你，就和他们谈质量；如果对方在质量上苛求你，就和他们谈服务；如果对方在服务上提出挑剔，就和他们谈条件；如果对方在条件上紧逼，就和他们谈价格。"

任务三　掌握的策略与方法

成交是整个推销过程中最关键的阶段。它决定了从寻找顾客到处理异议的一系列活动最终是否能取得预期的成果。在成交阶段，推销员的核心任务就是促使顾客采取购买行动。没有成交，推销人员所做的一切努力都成为徒劳。因此，一个优秀的推销人员应该具有明确的推销目标，千方百计地促成交易。

一、发现顾客的成交信号

多数情况下，顾客不会主动请求购买，而是推销员在恰当的时机主动请求顾客购买。推销工作进行到一定程度，顾客可能会产生浓厚的需求欲望，并逐步下定购买决心。顾客会或明或暗地通过语言信息或非语言信息表露出购买的意向。这时，推销人员要捕捉到这些成交信号，抓住时机，促成交易。成交信号是指顾客在接受推销的过程中有意无意流露出来的各种成交意向，可以把它理解为一种成交暗示。成交信号的表现形式十分复杂，常见的有以下几种。

1. 语言信号

语言信号是在推销人员与顾客的交谈过程中，从顾客的某些语言流露出来的成交信号。如顾客询问交货时间、付款条件、交易方式等具体事宜；对产品质量及商品加工问题提出具体要求；询问有关售后服务问题，如关于维修、退换等条件等。在顾客的这些言谈中，尽管没有明确提出成交，但已比较明确地流露出成交的意向了。推销人员可以从顾客的询问和措辞中了解到顾客的成交信号。举例如下。

"如果更换这种设备，需要停机多长时间？"

"是否可以分期付款？"

"如果我们购买，你们是否能帮助我们培训操作人员？"

"如果我们购买10吨，折扣是多少？"

"你们公司最早可以在什么时候交货？"

"对这种产品，你们公司的服务有何保障？"

"你们一年有几次上门服务？"

"要是过两天降价怎么办？"

"使用贵公司产品，还需要增加其他辅助设备吗？"

"不错，这种产品适合我们需要。"

"别人也曾建议我购买一件这样的产品。"

"要买 150 件，得多少钱?"

2. 行为信号

行为信号是在推销人员向顾客的推销过程中，从顾客的某些行为中表现出来的成交信号。

例如，顾客认真阅读推销资料，比较各项交易条件；顾客非常专心地研究推销人员带去的样品或资料；要求推销人员展示产品，并对所展示的产品表示认真关注，甚至亲手触摸、试用产品；有签字倾向动作，如顾客出现找笔、摸口袋、靠近订货单、拿订货单看等，这都是很明显的购买动作信号。

3. 表情信号

表情信号是在推销人员向顾客的推销过程中，从顾客的面部表情和体态中所表现出来的一种成交信号。

例如，情感由冷漠、怀疑、深沉变为自然、大方、随和；顾客对推销人员的介绍点头表示同意，并流露出赞许的眼色；微笑地表示赞成推销人员的意见；顾客表现得很轻松，并专心倾听你的说明；顾客拿起笔来，在记事簿上记录推销人员的介绍要点；身体姿势不像访问初期那样规矩板正，开始放松，自如活动；面部表情多流露高兴、生动的色彩等。

4. 事态信号

事态信号是在推销人员向顾客的推销过程中，形势的发展和变化所表现出来的成交信号。

例如，顾客开始与推销员套关系时：

顾客征求其他人意见。访问的顾客是一位总经理，谈到一定程度，拿起电话打给供应处长："徐处长，你过来一下，有事要商量。"

访问的顾客是一位采购科长，谈到一定程度，拿起电话打给总经理："李总，您有时间吗? 我和高新技术开发公司的王先生要到您那儿去一下。"

再如，顾客要求看销售合同书；顾客接受推销人员的重复约见或主动提出会面时间；顾客的接待态度逐渐转好；在面谈中，接见人主动向推销人员介绍企业的有关负责人或高级决策人。这些事态的发展都已比较明显地表现出顾客的成交意向。

5. 异议信号

顾客异议也能透露出成交信号。有时顾客虽然有购买意图，但仍会提出一些异议或疑问。这些异议或疑问不同于访问初期的排斥与异议，它们很可能是一种信号，说明对方有达成交易的意向。

举例如下。

"这种材料真的能承受那么大的压力吗?"

"你能保证使用你的设备，制成品的质量保持一致性吗?"

"看来，你的产品在包装和外观造型上还要作进一步改进。"

"快速编辑功能计算机就可以实现，复印机上我看不必具有这种功能。减少这一功能，复印机的价格还可以降下来。那样，我们还可以考虑把你们的产品作为选购目标之一。"

"你能保证我随时都可以找到你吗？假如贵公司再换一位推销员，你所做出的承诺。保证兑现。"

二、成交的基本策略

为了更有效地促使顾客采取购买行动，推销员必须掌握成交的基本策略和方法，成交策略是对成交方法的原则性规定，是推销员在促进成交的过程中必须遵守的活动准则；成交方法则是用来解决成交中实际问题的各种特定方法。成交的基本策略有如下几种。

1. 及时主动地促成交易

在现代交易中，顾客通常处于一种优势地位，不愿主动提出成交，更不愿主动明确地提示成交。但是，顾客的购买意向总会有意无意地通过各种方式表现出来。因此，推销人员必须善于观察顾客言行，善于捕捉这些稍纵即逝的成交信号，抓住时机，及时促成交易。成交信号一般取决于推销环境和推销气氛，取决于顾客的购买动机和个人特性。

2. 克服成交心理障碍，保持积极的成交态度

在推销过程中，推销员除了要妥善处理顾客异议，还要克服自身的成交心理障碍。成交心理障碍主要是指各种不利于成交的推销心理状态。

在成交过程中，气氛往往比较紧张，推销人员容易产生成交心理障碍，阻碍了成交。比如担心成交失败等，尤其是推销新手，遇到异议时便会心情紧张，举止失态，以致说话词不达意。出现这种情况，成交就难以实现。推销人员的态度是面谈成功的基础，只有坚定自信，保持积极的成交态度，加强成交心理训练，才能消除各种不利的成交心理障碍，顺利达成交易。

推销人员正确的成交态度主要包括以下几个方面。

（1）正确对待成败。推销人员在经历了几次失败的推销之后，其担心成交失败的心理障碍就越为严重，在推销中易产生急躁情绪，表露出急于求成的心情，这反而会引起顾客的疑心，直接影响着顾客购买的决策，导致了心态上的恶性循环。世上没有常胜将军，胜败乃兵家常事。商战与兵战一样，即使是最优秀的推销人员，也不可能使每次推销面谈都能达到最后成交的目的。要清楚地认识到这一点，推销人员就能鼓起勇气，不怕挫折、不惧失败，坦然地面对不同的推销结果。正是这种坦然、平静的心态，可使推销人员取得心理上的优势。

（2）自信。有的推销人员有着不同程度的职业自卑感，认为推销工作低人一等。这种自卑感对推销工作有着极大的负面影响。只有充分了解自己工作的社会意义和价值，才能为自己的工作感到自豪和骄傲，才会激发出努力工作的巨大热情和力量。因此，推销人员应加强职业修养，增强职业自豪感和自信心，战胜自己，克服职业自卑感。

（3）主动。有的推销人员认为顾客会自动提出成交要求，或以为顾客在面谈结束时会自动购买推销产品。所以，在推销过程中总是被动地慢慢等待。前面已经分析过，绝大多数顾客即使具有购买意向，也都采取被动态度，需要推销人员首先提出成交要求。推销人员必须充分地认识这一点，否则就会错过成交时机。因此，推销人员只要有机会，就应该大胆主动地提出成交要求，并适当施加成交压力，积极促进交易。

3. 留有一定的成交余地

留有一定的成交余地，就是要保留一定的退让余地。因为任何交易的达成都必须经历一番讨价还价，很少有一项交易是按卖方的最初报价成交的。顾客从对推销产品发生兴趣到做

出购买决定，需要经过一定的时间过程。所以若推销人员在成交之前就把所有的优惠条件全盘端给顾客，当顾客要你再做些让步才同意成交时，你就没有退让的余地了，使自己在成交时处于被动地位。因此，为了最后促成交易，推销人员应该讲究成交策略，遇事多留一手，不到万不得已，不轻易亮出王牌。例如，在成交的关键时候，推销人员可进一步提示推销重点，加强顾客的购买决心，"我们的产品还有5年的免费保修服务呢！"

再说，即使成交不能实现，推销人员也应为顾客留下一定的购买余地，希望以后还有成交的机会。因为顾客的需求总是在不断变化的，顾客今天不接受推销人员的推销，并不意味着顾客永远不接受。一次不成功的推销之后，推销人员若能留下一张名片和商品目录，并诚恳而礼貌地对顾客说："如果今后您需要什么的话，请随时与我联系，我很愿意为您服务。在价格和服务上，还可考虑给您优惠的条件。"这样，推销人员就会经常发现一些回心转意的顾客。

4. 把握成交时机，随时促成交易

推销人员必须机动灵活，随时能发现成交信号，把握成交时机，随时准备成交。一个完整的推销过程，要经历寻找顾客、推销接近、推销面谈、处理异议和签约成交等不同阶段，但并不是说每一次成交都必须严格地、不可缺少地经过每一阶段。这些不同的阶段相互联系、相互影响、相互转化。在推销的任一阶段，随时都可能成交。一旦成交时机成熟，推销人员就应立即促成交易。机不可失，时不再来。有的推销人员善于接近和说服顾客，就是抓不住有利的成交时机，常常是功亏一篑。

把握成交时机，要求推销人员具备一定的直觉判断力。具备了这种特殊的职业灵感，才能及时有效地做出准确无误的判断。一般来说，下列三种情况可能出现促成交易好时机：一是重大的推销异议被处理后；二是重要的产品利益被顾客接受时；三是顾客发出各种购买信号时。

5. 谨慎对待顾客的否定回答

事实证明，推销的成功率极低，有人估计大约为8%，而第一次推销被顾客拒绝的概率则更大。但是，一次被拒绝并不意味着推销的失败，推销人员可以通过反复的推销努力，达成最后的成交。推销人员中有句老话：推销的成功是从被拒绝开始。说的就是要谨慎对待顾客的否定回答，不能因为顾客拒绝就放弃努力。

前面已经分析过，顾客拒绝成交实为成交异议，它既是成交的障碍，又是成交的信号。推销人员应认真分析各种顾客拒绝成交的原因，运用有关的方法和技术处理促成交易。推销人员不应把顾客的一次拒绝看成成交的失败，那会失去许多成交的机会。在推销过程中，推销人员应及时提出成交的要求，对顾客施加成交的压力，促使他提出成交异议，谨慎对待，处理顾客的否定回答，利用成交异议来促成交易。

总而言之，在成交过程中，推销人员要认真讲究成交的策略，在坚持一定的成交原则的同时，要适时灵活地运用相应的成交技术和成交方法。只有这样才能成功地促成交易，完成推销任务。

三、成交的方法

成交方法是指推销员在恰当的时间，通过启发引导顾客并促成顾客做出购买决定，完成购买行为的方法和技巧。常用的成交方法主要有以下几种。

1. 请求成交法

请求成交法又称为直接成交法，即推销人员用明确的语言直接要求准顾客购买推销商品的一种方法。它是成交方法中最基本、最简单、最常用的一种成交方法。一般推销人员在解决顾客异议后，应顺带提示顾客采取购买行为。如"既然没有什么不满意的地方了，那我们就签订合同吧。""衣服你穿着太合适了，这个是小票，收银台在那里。""张小姐，既然你没什么意见的话，那您就在保单上签字吧。"

使用这种成交方法应注意以下事项。

（1）及时捕捉购买信号。顾客对推销商品感兴趣，产生了购买欲望，但尚未主动提出成交时，推销人员可以采用请求成交法，"帮"顾客做购买决定。就如同足球都快到球门了，你帮助他把球踢进球门。

（2）避免操之过急。由于一些推销员性子比较急躁，只要顾客翻看商品，就使用直接成交法，会适得其反，俗话说"心急吃不上热豆腐"，一定要看清形势再做定夺，毕竟翻看商品的并不一定都有购买意愿，逛商城的人有的是为打发时间，有的是漫无目的，有的是"偶遇购买"，顾客花点时间观看也是情理之中。

（3）尊重体谅顾客。推销人员要尊重和理解顾客购物行为，学会换位思考，善待每一位顾客，只有心里有顾客，顾客心里才会有你。成交很重要，但是关系和谐更重要，现实中有很多销售都是来自于顾客的第二次光临。顾客会说："不瞒你说，你家的鞋子上一次我就看上了，但是怕买贵了，转了好几家商场，还是你家的鞋子漂亮，你的服务态度也好，所以我决定在你家买了。"

（4）注意顾客的使用条件。对于明显不适用产品的顾客不要恶意使用，如明明顾客对酒精产品过敏，你还奉劝他购买含酒精成分的产品；还有怂恿未成年人购买不适宜的产品等。

【案例 10.2】　培训师的懊恼

张强是浙江某保险公司的培训讲师，别人一说起某品牌服饰的时候，他就非常生气。

原来去年夏天，他晚饭后走进该品牌专卖店，打算为自己买件衬衫，试穿一件衣服后，三个售货员都说衣服好看，劝他直接买走，他虽然没觉得哪点好，还是掏出 500 元买走了衬衫。

第二天他美滋滋地穿着新买的衣服去上班，结果发现同事都用很奇怪的眼神看着他，一开始他还以为大家都很喜欢他身上的衣服，也没太在意，临中午下班在电梯里碰到了他们的副总经理，并说他："你什么眼光，怎么买这么老土的花纹的衣服，你不知道自己胖啊，别人和我说的时候我还不信呢，没想到真的是这么回事，怪不得别人说你穿个难民服。"张强听到这，脸都气绿了，从此以后再也不买那个品牌的衣服了。

分析：虽然每个人的审美观点不一致，但是也不可能差得那么离谱，作为一名合格的售货员，为顾客推荐商品的时候必然要考虑到他的职业、年龄、体型，千万不要为了赢得一单生意毁了一辈子的信誉。

（5）语气要灵活。对于已经完全认同推销商品的顾客，口气可以直截了当，以坚定的语气促使犹豫不决的顾客做出购买决定，但是对于性格比较内向、做事比较谨慎的顾客，语气就要委婉，否则过于强硬的语气反使他生怕上当受骗，而产生逆反行为。

该方法的适用范围如下。

（1）对待熟悉的客户。对于已建立了较好的人际关系的一些老客户或比较熟悉的朋友，由于彼此信任，可以运用此法，准顾客一般不会拒绝。例如，"马经理，最近我们又新生产了一批红木家具，销售形势很好，要不您再进些货，肯定能赚钱的！""王姐，我们厂子新研发了一种洗发膏，去头屑很管用的，要不先来一瓶试试，我给你优惠价。""孙通，偷偷告诉你个好消息，我们单位今天处理了一批电脑，比原价降低 1000 多元呢，你赶紧订购吧，我只给你留了 10 台，抢购的人实在太多了。"

（2）适合顾客明确发出购买信号的有效需求。是指顾客已经明确认购某一产品的意思表示。

（3）化解最关键的顾客异议。当推销人员尽力化解了顾客最关键的问题，顾客就没什么可担心的了，推销人员就可趁机提出购买建议，促成交易。例如，"您对这款手机最关心的就是质量问题，您看我们这是 NOKIA 手机旗舰店，手机百分百的行货，那我去库房帮您拿一台，这是小票，您去左侧收银台交款吧。"

【案例 10.3】　赠品热水壶

一位顾客对推销员推荐的电饭煲很感兴趣，反复地询问电饭煲的功能、优点、质量和价格、售后等问题，手也不停地触摸电饭煲，用手丈量着锅胆的大小，但却一直也没说购买。

营业员"这种电饭煲是新产品，非常实用。它可以实现 24 小时预约，比如您晚上临睡觉之前设定好时间，那么您第二天早晨起床的时候，大米粥或白米饭就做好了，非常的方便。现在厂家正在搞促销活动，购买电饭煲还送个热水壶，很划算的。您还犹豫什么，这么好的机会可别错过呀。"

顾客："嗯，看起来也不错，价格也说得过去，赠品只能是热水壶吗？可我家里已经有热水壶了。"

营业员："很抱歉，这款只送热水壶，其实，以前都是不送的，今天是厂家临时搞活动才给的，您可以把热水壶送给亲戚、朋友，这个水壶至少也值 50 元呢。"

顾客："好吧，我买了。"

分析：当顾客对推销商品仔细查看或爱不释手的时候，就意味着顾客已经发出了购买信号，这个时候推销人员就要"临门一脚"帮顾客做出购买决定，否则顾客过了"热乎劲"就不可能再购买了。

2. 假定成交法

假定成交法又称为假设成交法，是指顾客尚未明确提出成交，甚至顾客仍持有疑问时，推销人员就假定顾客已接受推销建议而直接要求其购买的成交方法。如"我们是送货上门，请告诉我你家的地址，我好给你做配货单。""李小姐，你要几包货？"一般比较自信的推销员经常使用假定成交法，他们往往对顾客购买行为比较自信，用假定的方式来"催促"顾客做出购买行为，既显得轻松自如，又制造了比较融洽的推销气氛，有的顾客受其自信的感染，也就自信地顺水推舟买了。

假定成交法有一种推动力，是推销人员推动顾客接受产品的行为，推销人员可以占据主导位置，让顾客顺着推销员的节奏完成购买行为。比如，汽车销售专员带领顾客试驾汽车，体验汽车的性能，再重点性介绍汽车的特色构造，觉得时机成熟后，就可以假定顾客做出购买行为。"张先生，您现在只要花几分钟时间办好相关手续，一个小时后，你就拥有一辆新车了。您的同事一定羡慕你买到这么好的车，来吧，我们去楼上办手续吧。"一般顾客诚心要买，就会按照推销员的指引办理手续，如果顾客尚在考虑期，他也必然告诉你不买的理由。假定成交法，对老顾客的推销也很适用。例如，一个鱼贩对前来买鱼的女顾客说："王姐，今天鱿鱼很新鲜，来，我给您称2斤。"

采用这种方法应注意以下事项。

（1）以购买信号为令。推销人员使用假定成交法时也要时刻关注顾客在购买过程中的心理变化活动，及时留意顾客的购买信号，一旦顾客发出明确的购买信号，就果断地提出假定成交。

（2）让顾客认同自己。假定成交法实质也是让顾客按照推销人员假设的条件出发，达到既定的成交目的。如果顾客对推销人员及推销品缺乏认同，是很难实现的。

假定成交法主要适用以下两种情况。

（1）顾客发出比较明确的购买信号，如"太好了，这双就是我要找的鞋。"

（2）性格比较柔婉、依赖感较强、关系比较好的老顾客。

【案例 10.4】　这个是小票

一位顾客走进某品牌皮鞋专柜，看中一双鞋子。"营业员帮我拿双42的，我试试。"！

"哦，请稍等，我去库房帮您找。"营业员查看了样品柜后走进库房。"先生，给您。"双手递过鞋。

顾客试穿后，走到试鞋镜，看了看。

营业员道："还合脚吧，穿起来和您的裤子很搭配。"

顾客脸上表情很松弛，脱下了鞋子。

营业员："先生，这个是小票，我帮你把鞋包好，收银台在前方右侧。"

顾客稍微迟疑了下，还是顺从地接过小票，去付款了。

分析：假定成交法可以看做"牵着"顾客一步一步走向成交，引导顾客完成购买行为。案例中，顾客已经流露出购买信号，如果营业员还是很和气地不断问效果怎么样，规劝顾客考虑考虑，顾客对商品的兴趣就会减淡，说不定，顾客一句"我再随便转转"，交易就落空了。

3. 选择成交法

选择成交法是指推销人员向顾客提供一个有效的选择范围，一般提供两种或两种以上可供选择的购买方案，供顾客选择其中一种，并要求顾客立即购买的成交方法。选择成交法的理论虽与假定成交理论相类似，但前者是后者的具体运用和发展，前者比后者更加考虑顾客的感受，即推销过程中更显得自然、亲切，更显得具有人性化。该方法的实质是推销人员先假设顾客已经愿意购买，但是为了避免假定成交法给顾客过于"推"的嫌疑，它更关注于顾客对推销商品的细节考虑，在有效范围内进行二选择一或者三选择一，让顾客做出明智选择，达到顾客无论做出何种方案，结局都是成交。如"小姐，按您的想法，我看这两双鞋都非常适合您，您看选择平跟的还是高跟的呢？"

该方法应注意以下事项。

（1）明确顾客的大体需求后，再设定有效范围。推销人员对顾客嘘寒问暖的过程中，要通过有技巧的提问，了解顾客的大致需求，为顾客设计一个成交范围，目的是在范围中，为顾客选择最合适的商品，否则如果商品太多，顾客也会力不从心或挑花了眼，空手而回。

（2）掌握主动权，却把自主权留给顾客。推销人员在整个推销活动中是作为"导演"出场的，事先按照自行设计的"剧本"框定出大致的成交范围，而把自主权留给了顾客，每次的选择题都是顾客自主做答，尊重了顾客的意见，减轻了顾客的压力感。

（3）及时捕捉顾客的心理动态。虽然顾客的选择范围是推销人员设定的，但是在顾客流露出很强的购买信号后，有的范围已经不重要了，就可以及时让顾客做出购买行为了。如顾客对商品已经很满意了，就没有必要在颜色上再进行选择，顾客觉得什么颜色都成，如果再继续二选一，顾客会产生厌烦情绪，生意反而会落空。

该方法适用于有明确购买意图的顾客，真实有效的异议。

【案例 10.5】　巧妙的二选一

药店的营业员："你好，先生，想买点什么药，感觉哪不舒服呢？"

顾客："哦，嗓子疼，有没有消炎药啊？"

营业员："这些都是，您是感冒引起的还是上火引起的啊？"（二选一）

顾客："昨天睡觉着凉了，有点感冒！"（确定原因，设定范围）

营业员："那这一排都治疗感冒引起的喉咙痛，您是喜欢片剂的还是颗粒的？"（又是二选一，了解顾客的购买习惯，也进一步缩小成交范围）

顾客："颗粒的吧，片剂的我实在咽不下去。"

营业员："这两款都是颗粒的，一个是云南产的，另一个是浙江产的，从疗效看，浙江产的效果会好点。"（双项选择题的重点关注）

4．大点成交法

大点成交法又称为主要问题成交法、异议成交法、全部成交法，是指推销人员利用处理顾客异议的时机直接向顾客传达购买信息并要求顾客立即购买的一种成交方法。所谓大点即顾客的主要异议，如果把顾客的主要异议攻克掉，那么次要的异议就更容易铲除，从而加速实现顾客购买。如"张经理，如果我说得没错的话，价格是困扰您购买我们产品的主要因素，那我们就先从价格谈起吧！""王厂长，既然我们把最主要的异议解决掉了，其他的地方就更好商量了，没什么大的意见，那我们就签合同吧。"

使用该方法应注意以下事项。

（1）以柔克刚，缓解顾客购买压力。推销人员在准确判断顾客主要异议的基础上，态度真诚，语气委婉，善打亲情牌，尝试探明顾客的成交底线，然后在条件允许情况下，缓解顾客的购买压力。如"王厂长，您看现在物价上涨那么厉害，不涨工资员工就不给你出活，其实产品涨价我们压力也很大，您说句公道话，这批货比以往上涨 10%，真的不算多吧。""怎么不多，你们涨 10%，我还怎么卖，卖不动货，我的员工喝西北风啊，物价再怎么涨，也不能涨 10% 吧，顶多涨 5% 还差不多，你的员工要求涨工资，难道我的员工就不提吗？"

（2）善于捕捉购买信号，巧妙施压。当顾客对产品发出明确购买信号的时候，推销人员就应该针对顾客的异议巧妙地施压，让顾客意识到产品的其他优点，同时可以配合其他成交策略铲除顾客的异议，如可以利用抵消处理法、机会处理法、优惠成交法等。

该方法适用顾客的有效异议，如产品价格异议、功能异议、服务异议等。

【案例 10.6】 买球拍是为了实用

一位顾客走进体育用品专柜，左看右看后，指着柜台上的一只羽毛球拍对营业员说："请帮我拿下来看看。"

"先生很爱打羽毛球吧，这个是正品的尤尼克斯球拍，全碳素纤维的又轻又有弹性。"

"嗯，是不错，不过价格怎么样，太贵我就不要了。"

"好的拍子自然价格不便宜，这就像我们买家电一样，进口的家电和国产的家电价格肯定不一样，因为进口的家电效果好啊，您说是吗？"

"呀，标签价格要 380 元，确实太贵了，比我现在用的李宁球拍贵一倍呢，你们打折吗？"

"选球拍就选最适合自己的，目前大部分球星使用的都是尤尼克斯，你要是诚心想要，我们现在是打 8 折。"

"八折也要将近 300 多元呢，还是有点贵。"

"先生，贵有贵的道理，买球拍就是为了实用，虽然多花了一点钱，但是提高打球的质量和效果，还是值得的，要不我再送你一盒燕子的羽毛球怎么样，这我们卖 20 元一桶呢。"

"这球拍有没有天蓝色啊？"

"先生这批球拍都是银灰色的，其实银灰色也很好看啊。"

"行了，先凑合用吧，帮我拿只新的。"

分析：大点成交法直奔顾客的主要异议，将它攻克了，其他异议就是纸老虎了，不堪一击。为了化解顾客的主要异议，还可以配合使用抵消异议、优惠异议等，使用这些异议的目的就是突破顾客的主要异议。

5. 小点成交法

小点成交法又称为局部成交法或次要问题成交法，是指推销人员利用局部或次要问题的成交来促成整体成交的一种方法。小点与大点是相对的，即顾客先在小的地方不反对，然后过渡到大的地方不反对，最后全部问题不反对，成交就实现了。如"张经理，关于产品式样没问题，那我们就先确定下来吧。""王女士，您看型号对吧，没什么意见，我就帮您开票了。"

使用该方法应注意以下事项。

（1）选择合适的小点，及时地将小点向大点转化。推销人员要关注顾客购买心态的变化，选准可利用的小点，并有意地向大点方向转化。如"这样式、材质、颜色都非常好，这么好的产品还真难找，那您还犹豫什么呢，其实和材质比起来，价格也算实惠的了。"推销人员猜测顾客的大点是价格，就要事先打好预防针，提高顾客对价格的免疫力，促进顾客大点成交。

（2）不忽视顾客大点。任何人买商品都有购买的底线，如果触及底线，就很难成交，这就需要推销人员尊重顾客，耐心听取顾客的大点问题，采取合适策略进行化解异议。

该方法适用大点问题不是很尖锐、不可调和的有效顾客异议。

【案例 10.7】　真是位好父亲

一顾客到某商场给孩子挑选学习机，看好某款型号后，却一直没有成交。

"先生，这款学习机的屏幕大小可以吗？"

"嗯，够用的。"

"这个学习功能您满意吗？"

"行，我儿子才初一，这些功能基本够他用的了。"

"那我们提供的资料下载服务，您还有什么意见吗？"

"嗯，我就觉得你们提供的免费下载服务很不错，我也看中了这点。"

"还有您对我们提供的赠品喜欢吗？"

"嗯，送的《百科全书》我儿子最喜欢看了，我原来还打算给他买一套呢，这下就不用买了。"

"您真是位好父亲，那我就帮您下单了，与我们的产品质量、售后服务相比，机子价格也是很实惠的，随后我帮您再多下载些学习资料，您儿子肯定会非常喜欢的。"

"哦……好吧。"

分析：推销人员明眼就知道异议大致出在价格上，所以推销人员刻意回避价格这个问题，而是从屏幕大小、功能特点、售后服务、附赠礼品的"小点"出发，陆续取得"突破"，那最后剩下的就是价格了，大面积"解决"了，小面积也就好"瓦解"了。

6. 从众成交法

从众成交法，是指推销人员利用顾客的从众心理，促使顾客立刻购买推销产品的方法。顾客在购买产品时，不仅会考虑自身的需要，还会顾及到社会规范，服从社会的某种压力，并以大多数人的行为作为自己行为的参照。从众成交法正是利用了人们的这种心理，营造一种众人争相购买的气氛，促成顾客迅速做出购买决策。

运用该方法应注意以下事项。

（1）理清顾客的同质性，不同质的顾客无法"从众"。相同家庭收入、相同家庭成员情况、相同年龄段的顾客购买行为趋于相似，可以使用从众成交法，但是，有些顾客喜欢标新立异，收入状况比较特殊、个人做事又愿意与众不同，若推销人员错误地使用了从众成交法，反而会引起该类顾客的逆反心理，从而拒绝购买。如"什么你说刚才那个人买了你们产品，那我肯定不买，你看她的穿着和我的穿着能是一个档次吗？我怎么会买那么低廉的商品。"

（2）"从众"的榜样最好有一定的代表性或公众性。

（3）从众推销的氛围要真实，购买人要确实存在。

该方法适用除个性独特不愿意从众的顾客及有效性顾客异议外。

【案例 10.8】　一男一女都是托

菜市场上一中年妇女在卖一种草药，旁边已经有一男一女在挑选。

一顾客好奇地上前问道："这是卖什么的啊？"

中年妇女："这叫'路路通'专门治疗肾虚的，'十男九亏'，男人喝了补肾、健体。"

顾客问道："怎么卖的啊？"

中年妇女："不贵，3分钱1克。买点吧，泡水喝非常管用。"

顾客在考虑着。这个时候那个女顾客边把草药放到中年妇女的秤上说："来给我再称一斤。"然后对着该顾客说："这个可好使了，以前我爱人经常腰腿疼，我给他买了一斤后，现在基本上不疼了，价钱也不贵，比买药可强多了。"

男顾客也边挑边说："嗯，这个我也喝过，喝完确实感到身体比以前强壮了，信我话，你买点没错的。"

中年妇女："买点吧，我每天卖得可快了，菜市场买菜的人都愿意买我的草药。"

分析：这个就是经常在市面上流行的街头骗局，骗子商贩使用的手法就是从众成交法，貌似很多人踊跃购买，其实就是给顾客传递个信号"商品很好卖，你不抢就没了"。当然，事先挑选的一男一女都是"托"，是用来迷惑顾客的，明明是15元一斤，却只标注3分钱1克，让顾客误会"便宜"而已。

7. 最后成交法

最后成交法又称机会成交法、无选择成交法、限制成交法、唯一条件成交法、只剩站票成交法，是指推销员直接向顾客提示最后成交机会或唯一成交条件而促使顾客立即购买商品的一种成交方法。这一成交方法要求推销人员合理运用购买机会原理，向顾客提示购买行为"机不可失，时不再来""过了这村就没这个店"，使顾客意识到购买商品的紧迫性，从而做出迅速购买的决定。在最后时刻，顾客犹豫的时间已所剩不多，因此往往做出果断购买行为或放弃，这大大提高了推销效率。通俗地讲，大家有急事赶火车，如果火车余票已经不多，只有站票，很多人还是抢着买站票上车，因为再不买站票也卖光了。

机会千载难逢，因此机会本身也是一种宝贵的财富，能否抓住机会就如同能否抓住财富一样，失去购买机会就如同失去有价值的财富，所以最后成交法实质上限制了顾客某些选择的权利，向顾客施加了压力，使顾客在利益均衡下，做出购买行为。

使用该方法应注意以下几点。

（1）在顾客对商品产生兴趣后，犹豫不决的时候运用，这时顾客愿不愿意购买商品和最后期限相关。如果顾客对商品一点兴趣没有，最后期限毫无意义。

（2）最后机会真实存在，不得虚假。比如你看见卖小工艺品的小贩卖的手机挂件很好看，他就会说："我就剩5个了，这挂件卖得快极啦，您过一会就买不到了。"顾客高兴地买走5个。可等顾客离开后，又从包里拿出5个来欺骗下一个顾客，这样的做法被识破后，就很难再招引顾客了。

【案例 10.9】   再不买，您今天就买不到了

一顾客在卖皮包的柜台前站了半天，手中摆弄着皮包却迟迟没有做出购买决定。

营业员见此："小姐，这个包很适合您的，和您的穿着也十分搭配，买下来吧。"

女顾客："看着还不错，就是感觉这个不是带扣的，显得不是很流行。"

营业员："这个是特意这样设计的，挎起来更有休闲感，您看现在都已经 4 点 50 分了，快到我们打烊的时间了，您再不买，估计您今天就买不到了。"

女顾客看了下表，又看了下包："好吧，你开票吧，帮我把它包装好，我准备送人，明天她就要出差了。"

分析：顾客犹豫不决的时候，推销人员适时地运用最后成交法，可以促使顾客立刻做出购买决定，否则案例中的女顾客继续犹豫，收银员理好账不收款了，推销人员再想卖也卖不成了。

任务四　进行成交后的跟踪

成交与签约并不意味着推销活动的结束。其实，圆满的结束不仅是你与顾客签了购货合同，更重要的是，要以完美的姿态为下次推销铺平道路。那样以来，你将始终保持推销的主动权，不断享受接踵而来的一系列成功给你带来的喜悦。成交后推销人员必须及时履行成交协议中规定的各项义务，及时处理各种问题，回收货款及收集顾客的反馈意见等。这一阶段，推销人员仍需与顾客保持紧密的联系，这就是成交后跟踪。

一、成交后跟踪的意义

成交后跟踪是指推销人员在成交后继续与顾客交往，并完成与成交相关的一系列工作，以便更好地实现推销目标的行为过程。推销目标是在满足顾客需求的基础上实现自身的利益，而顾客利益与推销人员的利益是相辅相成的两个方面，而这两个方面的利益，在成交签约后并没有真正实现。顾客还需要有完善的售后服务，推销人员肩负有回收货款及发展与顾客的关系等方面的任务。因此，成交后跟踪仍是一项重要的推销工作。

成交后跟踪是现代推销理论的深入与发展。这一工作环节包括成交双方在成交后所发生的一切联系及活动。成交后跟踪的意义体现在以下 4 个方面。

1. 体现了以满足顾客需要为中心的现代推销观念

成交后跟踪使顾客在购买商品后还能继续得到推销人员在使用、保养、维修等方面的服务，以及购买后如果在质量、价格等方面出现问题能得到妥善的解决。这两个方面使顾客需求得到真正意义上的实现，使顾客在交易中获得真实的利益。所以说，成交后跟踪是在现代推销观念指导下的一种行为。

2. 有利于企业经营目标和推销人员利益得到最终实现

在成交阶段，推销人员与顾客签订了成交协议，只是表明顾客接受了推销人员的推销建议，但推销工作还没有结束。获取利润是企业的经营目标，它只有在收回货款后才能得到实现，推销人员应得的报酬也包括在其中。

3. 是一种有效的竞争手段

随着科学技术的进步，同类产品在其本身的品质和性能上的差异越来越小。人们对商品价格也不单只追求廉价。竞争的重点转移到随着推销商品的出售能够提供给消费者的附加利益上。这种附加利益主要指各种形式的售后服务。附加利益的多少，已成为消费者选择商品时考虑的一个重要方面。而各种形式的售后服务，是在成交后跟踪过程中完成的。

4. 有利于获取市场信息

推销人员的重要职责之一，就是要进行市场调研，以此来获取顾客对产品数量、质量、规格、价格、服务等方面的信息。成交后的跟踪过程正是推销人员获取顾客信息反馈的好时机。

实际上，成交后跟踪已成为现代推销活动不可分割的一个环节。它既是对上一次推销活动的完善，又是对下一次推销活动的引导、启发和争取。所以，成交后跟踪的意义已被越来越多的企业和人们所认识和重视。

二、成交后跟踪的内容

成交后跟踪主要包括结束访问后的告辞工作、回收货款、售后服务及与顾客建立良好的关系等。

1. 结束访问后的告辞工作

对很多推销人员而言，无论交易是否达成，紧接着的告辞往往显得非常尴尬。假如能够得体地告辞，也可为日后的交易打下基础，即使交易没达成，得体的告辞也能起到积极作用，从而增加日后推销成功的概率。因此，无论成交与否，都应该保持从容不迫，彬彬有礼。优秀的推销员往往在与顾客告辞时，都要进一步修整和巩固一下双方的关系。

（1）成交后的告辞。在达成交易时，推销人员感受到两种情感。首先，他们通常感到成功和胜利的兴奋，但随之而来的是第二种情感——对顾客可能改变他的购买主意而取消订单的恐惧。两种情感都需要被恰当地控制，推销人员方可实现有利于未来推销的告辞和离开。在这期间，推销人员的语言和态度可以有助于减少顾客购买后的焦虑感。购后焦虑感，又称认知不协调，是由购买方的一种怀疑购买产品的决策可能不正确的心理矛盾感。

在推销人员用亲切、自然的举止感谢顾客的购买，妥善处理任何关于送货和支付问题，并保证任何问题都能得到回答及确保订货能及时送到时，这种认知不协调可以最大限度地降低。推销人员在此期间可能犯的最大错误是，应该告辞时却一味滞留和不停地宣讲，殊不知此时他们应该做的是尽可能快和自然地离开。

（2）未成交后的告辞。对于推销人员来讲，成交与否，态度都应始终如一，这一点并不容易做到。在推销失败后，依然要对冷冰冰的顾客露出微笑并表示友好，确实需要高超的技艺。但这样做是为了长远利益，是为了下一次交易，因为新的生意可能就由此而产生。合格的推销人员必须具备承受失败的勇气和耐心，并吸取教训，进行下一次尝试。当生意未成而告终时，应避免以下3种态度：蔑视对方、恼羞成怒、自暴自弃。

在不可能成交的情况下，最好的办法就是体面地撤退，让下次洽谈的大门继续敞开着。聪明的推销人员应当学会一方面注意与顾客建立友好的关系，并密切注视这位顾客还具有哪些潜力；另一方面，要想方设法通过请教等方式，了解成交失败的原因，吸取失败的教训。

2. 回收货款

售出货物与回收货款，是商品交易的两个方面，缺一不可。实际上，销售的本质就是将商品转化为货币，在这种转化中补偿销售成本，实现经营利润。收不回货款的推销是失败的推销，会使经营者蒙受损失。所以，在售出货物后及时收回货款，就成为推销人员的一项重要工作任务。

在现代推销活动中，赊销预付作为一种商业信用，它的存在是正常现象。关键在于如何才能及时、全额地收回货款。应该从下列几个方面加以注意。

（1）信用调查。在销售产品之前，推销人员必须精通信用调查技术，掌握客户的信用情况，以保证能确实地收回贷款。这既是筛选顾客的技术，也是保证交易完善的安全措施。

（2）保持适当的收款态度。收款态度的强弱与货款回收的情况是成正比的。收款态度较弱，就无法确实地收回货款；但收款态度过强，容易形成高压气氛，会影响双方今后的合作。所以，保持适度的收款态度是非常重要的。

（3）正确掌握并灵活运用收款技术。常用的收款技术有：按约定的时间上门收款，推销人员自己拖延上门收款的时间，会给对方再次拖欠以借口；注意收款的时机，了解顾客的资金状况，在顾客账面有款时上门收款；争取顾客的理解和同情，让顾客知道马上收回这笔货款对你的重要性；收款时要携带事先开好的发票，以免错失收款机会，因为客户通常都凭发票付款。

如果确实无法按约收款时，则必须将下次收款的日期和金额，在客户面前，清楚地做书面记录，让顾客明确认识到这件事情的严肃性和重要性。

如果按约收到贷款，也不能掉以轻心。如果收到的是现金，需仔细清点；收到的若是支票，更要看清楚各项内容，不能有误，否则依然不能及时收到款项。

3. 售后服务

售后服务是指企业及其推销人员在推销商品到达顾客手里后继续向顾客提供的各项服务工作。售后服务是企业参与市场竞争的利器，是一种有效的促销手段。对推销人员而言，良好的售后服务，不仅可以巩固已争取到的顾客，促使他们继续购买，还可以通过这些顾客的宣传，争取到更多的新顾客，开拓新的产品销售市场。售后服务的主要形式有以下5种。

（1）送货服务。对购买较为笨重、体积庞大的产品，或一次购买较多，自行携带不便或其他有特殊困难（如残疾人）的顾客，均有提供送货服务的必要。

送货的形式包括自营送货和代营送货。自营送货由销售公司使用自己的人力和设备进行该项服务；代营送货则由销售公司委托有固定关系的运输单位进行代理服务。送货对一个企业来说并不是十分难的事情，但它却大大方便了顾客，解决了实际困难，为争取"回头客"打下良好基础。

（2）安装服务。顾客购买的产品，有些在使用前需在使用地点进行安装，如空调机、组合设备及某些系统线路用户的设备等。对这些产品，由企业或推销人员安排有关人员上门服务，提供免费或收费安装，既可当场试用，保证出售产品的质量，也解决了顾客的安装能力问题。

（3）包装服务。在产品出售后，根据顾客需求为其提供各种包装服务，如针对具体情况对推销商品实行普通包装、礼品包装、组合包装等。这样的服务既为顾客提供了方便，同时也是一种重要的广告宣传方法。

（4）"三包"服务。是指对售出产品实行包修、包换和包退的做法。推销人员既要对企业负责，又要对广大消费者负责，保证产品使用价值的实现。作为企业，也应根据不同产品的不同特征和性能，制定具体的产品售后"三包"的办法，满足顾客购买产品后的要求。

包修指对顾客购买本企业的产品在保修期内实行免费维修，超过保修期限则收取一定维修费用的服务项目。包换是指顾客购买后发现产品不适合自己，或者产品存在某种缺陷，可以在一个短暂期限（如 3 天至 1 个星期）内调换同种类产品。若存在调换品与原购品的价格差异，则补交或退回其差价。包退是指顾客对购买的产品感到不满意，或者质量有问题，而又不接受调换处理时，允许其退货。

（5）处理顾客意见，做好善后处理工作。推销人员与顾客达成的交易不可能令顾客百分之百满意，成交后顾客常常会对推销商品产生抱怨，对推销人员及企业进行批评，甚至会出现索赔的情况。推销人员保持与顾客的联系，便于妥善合理地处理这些问题，从而提高推销人员及其企业的信誉。

4. 与顾客建立良好的关系

推销成交后，推销人员是否重视与顾客的联系，直接关系到推销活动能否持续发展。推销人员应积极主动、经常地深入顾客之中，加强彼此之间的联系。联系的方法多种多样。一是可以通过信函、电话、走访和面谈等形式，加强与顾客的联系。既可以加深感情，又可以询问顾客对企业产品的使用情况，以及用后的感受，是否满意是否符合自己预期的要求，有什么意见和建议，并及时将收集到的信息反馈给企业的设计和生产部门，以便改进产品和服务。二是可以通过售后服务、上门维修的方式，加强与顾客的联系。三是推销人员可以利用本企业的一些重大喜庆事项，邀请顾客参加或寄送资料来加深与顾客的联系。如新产品开发成功，新厂房落成典礼，新的生产流水线投产，产品获奖等，都是很好的机会。

技 能 训 练

【实训目的】

（1）理论联系实际，加深对成交信号的理解。

（2）灵活运用促成交易的方法。

【实训主题】

交易的促成。

【实训时间】

本章课堂教学内容结束后的双休日和课余时间，为期一周。或者指导教师另外指定时间。

【背景材料】

张海是一家经营工业用阀门、密封圈及密封剂公司的销售经理，他正在反问某公司采购经理雷海龙，希望他能使用沱牌的密封制品来防渗漏。双方讨论了产品的特色、优点、利益，也说明了公司的营销计划和业务开展计划，张海感觉快大功告成了。以下是他们二人的推销对话。

张："让我来总结我们曾经谈到的。您说过您喜欢快速修理，因为能节省下来钱，您也喜欢我们的快速反应，因为能节省时间，最后一点是我们的服务实行 3 年质保，是这样的吧？"

雷："是的，大概是这样吧。"

张："雷经理，我提议带一伙人来这里修理这些阀门渗漏，您看是让我公司的技术员星期一来呢还是别的什么时候？"

雷："不用这么快吧！你们的密封产品到底可不可靠？"

张："雷经理，我们的产品非常可靠。去年，我们为很多大公司做了同样的服务，至今为止我们都未因担保而返回修理，您听起来觉得可靠吗？"

雷："我想还行吧。"

张："我知道您做决策时经验丰富、富有专业性，而且您也认同这是一个对你们公司正确的、有益的服务，让我安排一些人来，您看是下星期还是两周内？"

雷："张经理，我还是拿不定主意。"

张："一定有什么原因让您至今犹豫不决，您不介意我问吧？"

雷："我不能肯定这是否是一个正确的决策，风险太大，我吃不消。"

张："就是这件事让您拿不定主意吗？"

雷："是的。"

张："只有您自己对自身的决策充满自信，您才可能接受我们的服务，对吧？"

雷："可能是吧。"

张："雷经理，让我告诉您我们已经达成的共识。由于能够节省成本，您喜欢我们的在线修理服务；由于能得到及时的渗漏维修，您喜欢我们快捷的服务回应；而且您也喜欢我们训练有素的服务人员及对服务所做的担保。是这些吧？"

雷："没错。"

张："那什么时候着手这项工作呢？"

雷："张经理，计划看起来很不错，但我这个月没有钱，或许下个月我们才能做这项工作。"

张："这点不成问题，雷经理。我尊重您在时间上的选择，下个月 5 号我再来您这里，确定维修工人动身的时间。"

（资料来源：http://t.163.com/2747241748#f＝topnav.）

【实训过程设计】

（1）指导教师布置学生课前预习阅读案例。

（2）将全班同学平均分成小组，按每组 5～6 人进行讨论。

（3）根据背景资料，讨论促成交易策略有哪些？情景剧中都使用了哪些策略？

（4）完善此案例，讨论如何做好成交后续工作。

（5）各实训组对本次实训进行总结和点评，撰写作为最终成果的《商务谈判与推销技巧实训报告》。各小组提交填写"项目组长姓名、成员名单"的《商务谈判与推销技巧实训报告》。优秀的实训报告在班级展出，并收入本课程教学资源库。

能 力 迁 移

一、单项选择题

1. 顾客说："这种空调还可以，但坏了没有地方修。"这种异议是（   ）。

A. 价格异议   B. 服务异议   C. 质量异议   D. 货源异议

2. 顾客说："我从来就没听说过你们的产品。"这种异议属于（   ）。

A. 产品异议　　　B. 货源异议　　　C. 企业异议　　　D. 服务异议

3. 顾客说："现在我不想进，等有人来问了再说吧。"推销员："我现在向您推荐的这种产品，实际上顾客已在别的商店里开始购买，您这种做法的后果，不仅使您在有人购买这种产品时失去了一个销售机会，而且会迫使您的老顾客去您的竞争对手那里去购买这种产品。"这种异议处理方法称为（　　）。

A. 间接否定法　　B. 利用处理法　　C. 补偿处理法　　D. 竞争诱导法

二、名词解释

顾客异议　产品异议　虚假异议　但是法　询问法　补偿法　成交信号　直接请求成交法　假定成交法　选择成交法　小点成交法　从众成交法　成交后跟踪　回收货款　售后服务

三、问答题

1. 什么是顾客异议？你是如何看待顾客异议的？

2. 顾客异议都有哪些类型？它产生的原因有哪些？

3. 如何处理顾客异议？

4. 什么是成交？成交的基本策略有哪些？

5. 怎样识别成交信号？成交信号有哪些具体的表现形式？

6. 成交的方法有哪些？各种方法有何特点？实际应用中应注意哪些问题？

7. 什么是成交后跟踪？包括哪些方面的内容？这一环节的工作有什么意义？

8. 如何才能及时、全额地收回货款？

9. 售后服务有哪些内容？你是如何认识售后服务的？

10. 商品推销出去后，还有必要再与顾客建立和保持良好的关系吗？你是如何看这个问题的？

四、案例分析

【背景材料】

某厂的多功能搅拌机在某商场设有展销专柜。推销员刘某是厂方生产车间的工人，他的突出特点是细心、耐心。在展销会上，他不断地向顾客介绍产品的用途、使用方法和优点。一位中年男顾客，看了一眼演示情况，就说这个搅拌机不容易洗干净，也不安全。刘某听了，二话没说，重新演示了一遍，并说明部件放置不到位，机器不会启动，有一定的安全保障。顾客又看了一下产品，犹豫不决地说，搅拌机功能多，是优点，但是零部件塑料制品多，容易坏。刘某拿出保修单，说明该厂在商场所在城市设有多处特约维修点，对本产品实行：一年内不论任何原因损坏均可免费保修、包换；一年后，整机终身维修，修理费免收，零部件按成本价供应。

问题：

1. 你认为刘某处理顾客异议时，采用了哪种方法？

2. 你认为顾客异议是属于哪种类型？其根源会是什么？

【分析要求】

1. 过程要求

学生分析案例提出的问题，分别拟定《案例分析提纲》；小组讨论，形成小组《商务谈判与推销技巧案例分析报告》；班级交流并修订小组《商务谈判与推销技巧案例分析报告》，教师对经过交流和修改的各小组《商务谈判与推销技巧案例分析报告》进行点评；在班级展出附有"教师点评"的小组优秀《案例分析报告》，并将其纳入本校该课程的教学资源库。

2. 成果性要求

（1）案例课业要求：以经班级交流和教师点评的《商务谈判与推销技巧案例分析报告》为最终成果。

（2）课业的结构、格式与体例要求：参照"作业范例"《商务谈判与推销技巧案例分析报告》。

项目十一 商务谈判的实战演练

项目目标

(1) 掌握商务谈判案例的分析方法。
(2) 撰写商务谈判案例分析报告。
(3) 撰写商务谈判实训报告。
(4) 体会商务谈判的模拟过程。
(5) 参与商务谈判比赛。
(6) 完成推销实战演练。

任务一 谈判案例分析方法

商务谈判案例是对商务谈判情景再现性描述，一般涉及一个组织中的个人或群体决策者所面临的谈判可能遇到的困难、挑战、机会和问题等，商务谈判案例应包括组织的基本背景材料及处理商务谈判活动时所涉及的各种各样的基本资料。

商务谈判案例分析一般经过以下环节，如图 11.1 所示。

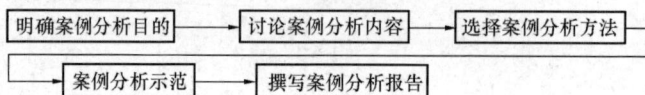

明确案例分析目的 → 讨论案例分析内容 → 选择案例分析方法 →
案例分析示范 → 撰写案例分析报告

图 11.1 商务谈判案例分析步骤

一、案例分析的目的

在现代西方的教学中，案例教学非常普遍，特别在 MBA 的教学中，更是作为一种主要的教学手段。据说在哈佛大学的 MBA 教学中，案例教学的比重占 60%。通过大量的案例分析，学生普遍反映学到了知识，培养了能力。

案例分析是把已经发生过的事情作为材料，对事情发生的原因、经过、结果进行分析，对与之相关的情况进行分析。结合商务谈判来说，案例分析就是把已经发生过的谈判实例作为分析内容，对谈判的各方面进行深入细致的分析。

通过案例分析，可以达到如下目的。

(1) 能增加谈判的感性认识。许多学习谈判学的学生从来没有经历过谈判，不容易理解谈判的原理。通过案例分析，使他们能够理论联系实际，切实掌握好谈判理论。

(2) 能吸收他人的经验教训。即使是专门从事谈判工作的人员，也不可能经历过各种谈判环境、各种谈判内容、各种谈判场面的谈判，也不可能善于应对各种谈判对手、各种策略、各种谈判困境。通过案例分析，能帮助他们看到别人成功和失败的奥秘，有利于提高他们的实战能力和效果。至于谈判场上的新手，更需要借鉴别人的经验和教训。因为谈判失败的代价往往很高，可能会毁了一个新人、一个企业，容不得我们经常去冒险。

（3）能提高学生的思维能力。人主要有两种能力——体力和脑力。人类社会之所以能够远离原始状态，是人类这两种能力共同发挥作用的结果。如果人没有认识事物的能力，没有人脑提供行动方法和目标，人体就像一部软件落后的计算机，硬件再先进，又能做什么大事呢！有些动物的体能难道不比人强大吗？它们的发展状态如何？人的脑力是人的主要能力，这是显而易见的。

大学生的根本任务，就是利用大学的各种条件、各种学习内容、各种学习方法，努力增强自己的脑力——主要是思维能力。

谈判案例分析，要求学生通过了解案例细节，从中寻找谈判失败和成功的原因；能够透过事情的表面看到背后的影响因素；能够找出各种因素的内在联系。通过这样的训练，使学生善于用头脑去发现和解决问题。

二、案例分析的内容

面对一个案例，应该抓住以下内容进行分析。

（1）可以分析谈判的环境，经济的、政治的、文化的环境因素对谈判有哪些影响，对哪一方更有利。

（2）可以分析谈判各方的条件，它们的经济实力、市场地位、经营状况等，对谈判有什么影响。

（3）可以分析谈判各方面的准备工作，信息收集和研究，谈判计划和方案，人员组织和培训等工作做得如何，与谈判的结果有什么关系。

（4）可以分析谈判人员的表现，他们在谈判中各种能力的发挥，是否有效，是否和目标一致。

（5）可以分析谈判各方的谈判策略、技巧、方法的运用是否得当，如何应对。

（6）可以把以上各种因素和谈判中的种种细节综合起来分析，以把握谈判发展变化的规律。

以上这些内容有的在表面，有的隐藏在背后，需要用一定的方法才能看到。

三、案例分析的方法

面对一个案例，首先要读懂它，熟悉它的每一个细节；其次要抓住其中的有些值得研究的内容，提出有价值的问题；最后根据案例提供的信息和线索，运用思维方法进行多角度、多层次的解析，从而找到有益的答案。

案例分析为什么要提出问题？

爱迪生是人类最伟大的发明家，他一生有 1600 项发明。有人甚至说，如果人类没有爱迪生的发明，人类文明史至少要推迟 200 年。那么，爱迪生的发明想法从何而来的呢？

有一天，爱迪生在路上碰见一个朋友，看见他的手指关节肿着，便问：

"手指为什么会肿？"

"我不知道确切的原因是什么。"

"为什么你不知道呢？医生知道吗？"

"唉！去了很多医院，每个医生说的都不同，不过多半的医生以为是痛风症。"

"什么是痛风症呢?"

"他们告诉我说是尿酸积淤在骨节里。"

"既然如此，医生为什么不从你骨节中取出尿酸来呢?"

"医生不知道如何取。"

"为什么他们不知道如何取呢?"

"医生说尿酸是不溶解的。"

"我不相信。"爱迪生最后说。

爱迪生回到实验室，马上进行尿酸是否溶解的试验。他排好了一列试管，每支试管内都有不同的化学溶液，每种溶液中都放入一些尿酸结晶。两天之后，他看见两种溶液中的尿酸已经溶化了。于是，这位发明家有了新发明，一种医治痛风症的新方法诞生了。

这个故事可以给我们三个方面的启发。

一是告诉我们，人类认识事物的过程，其实是提出问题、解决问题的过程。没有问题的提出，就不会有对事物的深入认识，就不会有人类社会的发展。

二是它为我们提供了一种方法——"追问法"，对可疑的事情要追根究底，找到真正的问题所在。

日本丰田公司曾经流行一种管理方法，称为"追问到底法"。例如，公司的某台机器突然停了，于是就展开了一系列的追问:

"机器为什么不转了?"

"因为熔断丝断了。"

"为什么熔断丝会断呢?"

"因为超负荷而造成电流太大。"

"为什么会超负荷呢?"

"因为轴承枯涩不够润滑。"

"为什么轴承不够润滑?"

"因为油泵吸不上润滑油。"

"为什么油泵吸不上润滑油?"

"因为油泵出现严重磨损。"

"为什么油泵会严重磨损?"

"因为油泵未装过滤器而使铁屑混入。"

至此，真相大白。于是，给油泵装上过滤器，再换上熔断丝，机器就能长期地正常运转了。其实"追问法"的"追问"过程，既是一个提问的过程，也是一个深入分析的过程，更是一个解决问题的过程。

三是这个故事向我们显示了一种敢于创新的精神。不受别人思想的束缚，敢于解决别人不能解决的问题，这种精神和我们分析案例的宗旨是一致的。我们要通过分析案例，借鉴别人的经验教训，但不是简单照搬，而是要扬长避短，推陈出新。别的谈判人员的优点，我们要学习;他们犯的错误，我们要避免;他们做不好、做不到的，我们要努力去做好、做到。

用提问的方法来分析案例，不是分析案例的唯一方法。还可以用比较法分析案例，例如，同样是时间紧张的谈判，为什么有的受时间影响大，有的受时间影响小？通过不同案例的对比，我们可以找到答案。

面对一个案例，也许能够提出许多问题，但没条件、没必要都去分析研究，要分析有价值的问题。怎样才算是有价值的问题？应该掌握以下的标准。

（1）有利于提高谈判能力的问题。

（2）和案例密切相关的问题。

（3）在现有条件下能够找到明确答案的问题。

案例分析的方法，随着分析者需要的不同、案例内容的不同，方法也可灵活选择。涉及军事的，要用军事的方法；涉及数据的，要用数学的方法、统计的方法。只要能找到案例中最真实、最有价值的信息，就是最好的方法。

四、实例分析示范

当我们听到或看到一个案例，可以根据我们的需要，对它进行全面分析或重点分析。全面分析就是对整个案例的各方面内容进行多方位、多层次、多方法的分析。重点分析就是对案例某一方面的内容进行多方位、多层次、多方法的分析。我们以全面分析的要求，对一个案例分析示范如下。

【案例 11. 1】　　红茶混在绿茶中报盘

在 20 世纪 80 年代的某一年，中国茶叶进出口公司发现，仓库里有大量红茶积压，如再不迅速售出，损失将很大。经过几天研究，定下了一个洽谈业务的方案。此后，当外商来探盘时，中方把品种少的红茶混杂在大量绿茶中报盘，绿茶以市场价报出，红茶的价格比市场价高。外商对绿茶价表示认可，但对红茶价表示怀疑。中方解释说：据可靠消息，今年红茶行情看涨。外商听后没有提出疑义，也不愿订购红茶就走了。一次如此，两次如此，尽管未见成效，中方坚持这样和外商洽谈。一个月后，以前走掉的外商又陆陆续续地回来了，并在我们报的红茶价的基础上，达成了一笔交易。这一年的红茶库存销售一空，价格比往年卖得高。

【案例分析】

这个案例，表面上看起来很简单，其实隐含着大量有价值的信息。下面采用提问法，边提问边分析。

提问：中方取得了谈判的成功吗？

分析：从谈判的目标和谈判的结果来看，中方不仅卖掉了积压商品，而且取得了不错的经济效益，不仅超额完成了任务，也没有影响交易各方的关系，没有留下履约中的麻烦，可算是成功的谈判。

提问：中方用了什么策略使谈判取得成功？

分析：中方在报盘时，把红茶混杂在大量的绿茶中报价，而又故意提高红茶价格，这是策略之一；一旦采用了这种方法之后，不管眼前效果如何，还坚持相当一段时间，这是策略之二。

提问：为什么要把品种少的红茶混杂在大量的绿茶中报价？

分析：因为品种繁多的绿茶的价格报的是市场价，是容易令外商信服的价格，所以提价后的红茶价混在其中，想以此来分散外商的注意力，希望使他们产生这样的心理：大部分绿茶价格都是真的，小部分红茶的价格大概也假不到哪里去，我们把这称为"鱼目混珠"。就像几句假话混在许多真话之中，使人真假难辨。

提问：明明红茶积压，为什么还要提高价格呢？

分析：兵法云，虚则实之，实则虚之。提价可以使对方不怀疑我方销售上的困难，并能利用对方可能产生的逆反心理，以为高价必然有好货，高价必然有道理，使我方积压商品顺利销出。

提问：中方明知策略实施后并未见效，为什么还要坚持一段时间呢？

分析：首先，外商表示怀疑，不等于方法无效。外商没有进行有力的反驳，说明他们心中没底，这正说明方法的可行。其次，面对出乎意料的价格，要对方一下子接受是很难的，要有耐性等待，让外商们也有时间互通信息。中国有个成语，叫"三人成虎"，说是在一个集市上，有人突然狂奔而来，大叫"老虎来了"，旁人不信，大白天哪来的老虎。突然又有一人边跑边叫："老虎来了！"众人将信将疑。这时，第三个人又跑来大叫："老虎来了！"赶集的人群"哄"地一下四处逃窜。老虎来了吗？没来，中方在一段时间里坚持用同一种方法，就可能起到"三人成虎"的效果。

提问：中方的涨价理由明明有假，外商为什么不调查？

分析：营销理论是西方人发明的，外商是历来重视市场调研的，为什么现在一反常规呢？一种可能，所有的外商都疏忽了，但这可能性较小；另一种可能，因为调查不便，相比较价格所涨部分来说，调查费用太高。而涨价多付的货款，在下一步的交易中，有可能消化。

提问：中方的谈判策略是在什么条件的支持下才取得成功的？

分析：中方是一家大型国有企业，对市场有举足轻重的影响力，轻易不会发布不实信息，容易使人相信，这是条件之一；当时的中国市场上，还没有这样多的茶叶出口商，外商的选择余地比较小，这是条件之二；人的心理有它薄弱的一面，容易受"鱼目混珠"、"三人成虎"这种情况的影响，这是条件之三；外商因为疏忽，或者因为调查困难而相信中方的话，这是条件之四；中方谈判人员的具体表现，我们从案例中不得而知，但言行总不能自相矛盾、令人生疑，这是条件之五；涨价的幅度是外商能够消化的，这是条件之六。这六方面条件合在一起，使中方策略大获成功。如果没有一定的条件支持，策略可能就不是策略。我们在选择策略时，一定要看清它的支持条件。

提问：使用这样的谈判策略是否也有风险？

分析：世界上没有能保证百分之百成功的策略，就是在案例条件下使用这样的策略，也是有风险的，也可能有其他的结果。

提问：使用这样的策略可能遇到什么样的风险？

分析：如果有一个外商有条件了解红茶产地的情况，消息就会不胫而走，外商们就会怀疑中方谈判人员故意发布假消息，就会怀疑红茶价格有问题，就可能产生两种结果——一是放弃购买红茶，以免上当受骗；二是以此为把柄，迫使中方让步。不管是哪一种结果，中方公司的声誉和经济利益都会受损，还会影响企业更大、更长远的利益。

提问：既然有风险，为什么还采用呢？

分析：红茶不能及时销售出去，公司眼前利益就会大损。如果说是积压商品低价销售，会给销售造成很大困难。被迫拿企业的声誉做赌注，也是企业维护利益的正常手段。

以上就是对案例的全面分析，问题越全面、细致、独特，分析就越全面、深入、有价值。

五、如何书写案例分析文章

大学生不仅要能够口头分析案例，而且要能够把分析的成果化为文字，使它起到更大的作用。在把分析的成果化为文字的过程中，不仅锻炼了表达能力，而且进化了思维能力。如果你不能把案例分析到一定程度，就会觉得无从落笔。你要想通过文字让人家了解你的观点，你就必须把案例思考到一定程度。案例分析的写作，是一举两得的锻炼。案例分析文章的写作要求有以下几点。

（1）要明确文章的中心。当你要把分析的成果表达在纸上，需要确立一个中心。案例分析是论说文，中心就是中心论点。通过分析你可能对案例有各种各样的看法，但只能选择最精彩、最有价值的观点作为中心论点。例如，你认为谈判人员的表现很出色，谈判策略很精妙，谈判环境作用很大，但你不能什么都写，你应该以其中一点为主，其余的看法为辅。

（2）案例分析的结构。案例分析文章由标题和正文组成。标题一般可以有两种形式，如"间接取悦法，谈判的制胜法宝"，"谈判：攻心为上"，"谈判专家的谈判方法分析"，这是一种；"退一步海阔天空"再加上副标题"——分析案例'得寸进尺'"，这是另一种。

文章主体由开头、主体、结尾3部分组成。开头可以包括对整个案例的评价，分析案例的意义和中心论点。主体部分是对中心观点的论证过程，主要是通过对案例的分析来证明自己观点的正确性。结尾部分，可以在归纳、总结的基础上，进一步深化中心论点，联系更多的实际，发扬中心论点的积极意义。

任务二 作 业 范 例

一、商务谈判与推销技巧案例分析报告

"放低球"案例分析报告

案例分析人：＿＿＿＿＿（＿＿＿＿年级＿＿＿＿专业＿＿＿＿班）

指导教师：＿＿＿＿＿（＿＿＿＿学院＿＿＿＿系）

背景与情境：我某公司要出口的商品是竞争很激烈的商品，国际市场价为每打150美元。我公司故意把价格压到每打145美元，而产品质量和每打150美元的相同。这一报价引起了外商极大的兴趣，于是对方抛弃其他卖主，把重点放在与我方的谈判上来。

在谈判中，我方表示如果外商要扩大销路，可把原来的简装改为精装，但每打要增加2美元。外商深知该产品精装比简装畅销，便欣然同意。

在谈到交货期时，外商要求我方在2个月内完成5万打的交货任务。我方表示数量太大，工厂来不及生产，可考虑分批装运。第一批在签约后2个月内运出，其余的在6个月内全部交完。外商坚持要求在2个月内全部交完。我方表示愿与厂方进一步协商。几天后，我方答复：厂方为了满足外商的要求，愿意加班加点，但考虑到该产品出口利润甚低，希望外

商能付一些加班费。外商表示愿意支付每打 3 美元的加班费。

最后，我方表示这批货物数量较大，厂方资金有困难，希望外商能预付 30％的货款。最终，外商同意预付 20％的货款。协议就此达成。其实，这批货是我方的库存品，交易的利润超出了预期的目标。

分析： "放低球"是商务谈判中的常用策略，通常做法是开出让人心动的交易条件，以吸引住谈判对象，然后在谈判中利用各种机会，把"低球"再弹上去。（解释策略）

这种策略从理论上讲并不复杂，但真正要运用得好并不简单。以上案例是"放低球"策略运用得较好的事例，从其简单的事实中，我们可以读出许多不简单来。（点题和引出下文）

案例中，中方在激烈竞争的市场上，不被市场价束缚，而敢于以比市场价低 5 美元的价格登场，这不仅要有敢于承担风险的勇气，而且需要熟知市场行情，有准确判断谈判发展趋势和左右谈判的能力。（指出不简单之处）

从谈判中可以看到，中方谈判人员采用"放低球"策略，并非出于一种投机心理，而是有计划、有准备、有能力的一种明智的选择。（以下为具体证明不简单的分析）

当外商看到中方的"低球"，就放弃了其他卖主，这是"低球"低得恰到好处的结果。中方首先从为对方销售着想出发，提出精装和简装的议题，此举正中外商下怀，"欣然同意加价 2 美元"。其实这并非出于中方的灵机一动，而是对"低球"的弹性早就了然于胸了。因为中方和外商一样，也深知该产品精装比简装更畅销的市场行情。

因为精装的目的是为了扩大销路，那么势必存在大量订货的可能，也就存在一个把"低球弹上去的机会"。果然，当外商要求"2 个月内完成 5 万打的交货任务"时，中方把握机会，表示"数量大，工厂来不及生产，可考虑分批装运"，让外商感到我方的困难。当外商坚持立场，中方却灵活地放弃了原来的立场，并表示愿与厂方进一步商量，外商感到中方的诚意。几天后，当中方提出可以满足供货要求，但要支付加班费时，外商已能充分理解这种合情合理的要求。于是，中方又达到了目的。

其实，我们旁观者心知肚明，这只是为了把"低球"弹上去所演的一场好戏。但因为中方事先判断准确，"戏"的细节设计得天衣无缝，"演员"的表演没有破绽，才得以心想事成。

但好戏并未到此收场。既然供货的时间紧、任务重，厂方的资金当然可能成问题，提出较高的预付款要求也就不足为奇了。但外商会不会一口拒绝中方的要求呢？因为谈判到此时，双方已进入难分难舍的阶段，外商自认为已取得不少优惠条件，只要不是非分之想，怎么可能让既得利益付之东流呢！况且预付款也是为了保证自己能按时获得商品，所以外商也没理由拒绝，这是在中方意料之中的事。

纵观案例中"放低球"策略的运用，因为中方不仅有对市场行情的了解，还有对对手心理活动的正确把握，有对谈判发展趋势的合理判断，有谈判人员得体言行的配合，使中方从谈判一开始就掌握了主动，并始终左右着谈判发展的方向，最终实现了用普通方法难以实现的谈判目标。事情经过看起来很简单，但它背后所蕴涵的信息并不简单，值得我们分析研究。（总括策略成功的不简单原因）

有人可能会想，案例中的中方人员的行为是否有违道德。（突破局限，消除疑问，提升价值）

从表面看，中方谈判人员有虚假言行，但这只是迫于现实。因为把自己的底细诚实地告诉对方，并不能保证得到正确对待。中方为了争取自己应得的利益而故布疑阵，但并没有强迫对方相信。谈判结果也说明，我方只是巧妙地让对方心甘情愿地接受我方积压商品的市场价，并未损害对方利益，这不失为一种公平的做法。

二、商务谈判与推销技巧实训报告

多媒体设备采购谈判综合运作实训报告

项目组长：_____ （_____级_____专业_____班）

项目组成员：_____ （_____级_____专业_____班）

_____ （_____级_____专业_____班）

_____ （_____级_____专业_____班）

指导教师：（_____学院_____系）

1. 实训项目分工

根据实训项目的要求，我们实训小组扮演学院方谈判代表，即谈判采购方。甲、乙、丙、丁、戊5位同学分别扮演学院设备处处长、教务处副处长、教育技术中心主任、总务科科长和电子信息工程系教师，其中学生甲是项目负责人，也是主谈人；学生乙和学生丙主要负责市场调查、资料收集；学生甲和学生戊负责谈判方案制作；学生丁负责谈判接待方案及场地安排。

2. 关于专业能力的训练

由于本次模拟谈判项目是关于多媒体设备采购的谈判，对于我们在校学生来说，面临的不仅是谈判程序、原则、策略与技巧的运用等问题，而且需要了解谈判项目的技术参数、市场价格等问题。所以，本实训的首要任务是调查了解市场。

（1）进行市场调查。

主要调查了以下内容：一是了解了一般多媒体教室的构成，包括计算机、投影机、数字视频展示台、中央控制、投影屏幕、音响设备等多种现代教学设备；二是了解了学院多媒体教室的设备配备，每间教室（含一体化教学课室）按60人的规模设定，以及3000流明投影机、120寸投影屏幕、台式计算机等的技术要求；三是了解了学院以往同类设备采购的成交价；四是了解了目前同类市场的供应价；五是了解了相关品牌企业的资信、服务水平等。

根据市场调查，预选了爱普生、索尼等品牌投影机，以及联想牌台式计算机、红叶牌电动屏幕作为主要谈判标的。

（2）制作谈判方案。

一套完整的商务谈判方案，一般应包括谈判目标、谈判时机及进度、谈判地点选择、谈判人员组成及分工、谈判要解决的主要问题及关键点、谈判的基本程序、谈判所使用的策略及技巧、谈判要使用的文献资料、解决争议的方法和仲裁机构等方面的内容。

在前期市场调查的基础上，根据学院教学实际的需要，我们小组在谈判方案设计中注意"经济"和"时效"，如谈判目标分为最优价和最低价，每件（套）设备价格在5.26万元～

5.75万元之间；项目完成时间为开学前一周；设备保修期为3年等。

为了使谈判效果更加真实，我方还通过情景设计，进行了小组内模拟谈判的预演，使得谈判方案更加机智而有针对性。谈判方案历经5次修改，详文另附。

（3）进行模拟谈判。

首先，我方作为主场谈判的一方，利用学院模拟谈判室，在场地布置、座位安排及谈判桌上饰品的点缀等方面都进行了精心设计，尽量做到了热情、周到，营造了良好的谈判氛围。

其次，在谈判开局阶段，我方侧重描绘学院服务社会、培养人才所取得的成绩，以及教育事业的发展规划，在感谢对方关心学院建设的同时，希望对方介绍其公司的服务范围、总体项目报价（我方策略安排）等；在谈判磋商过程中，一我方主谈人详细询问了对方项目的总价构成，并由学生丙和学生丁记录与测算，以投影机及投影屏幕作为突破口，进行讨价还价，取得了较好的谈判主动权。

第三，尽管我方处于优势，在谈判策略方面采取了"先强硬后让步"的策略，但在整个谈判过程中，无论是开局阶段，还是在磋商阶段，仍注意遵守"构思彼此有利的方案"、"坚持客观标准"等商务谈判的基本原则。

此外，商务谈判沟通中必须做到倾听、善问、巧答。为此，我方由学生甲作为主谈人，其他同学只在必要时进行简要的补充说明。

（4）成功与不足。

虽然在规定的谈判时间内未能达成协议，但从整个谈判过程来看，我们深深感受到，商务谈判蕴藏着许多变数，充满着艺术与智慧。我方主谈人（学生甲）能够有理有据地进行陈述，强调教育是公益事业，支持学院就是支持教育，特别是能够把72间多媒体教室项目进行延伸、扩展，说明学院正在发展之中，不久将会有第三座、第四座教学大楼建成，将会有更多的业务期待与对方合作，因此希望企业能够立足长远等，既满足了对方的心理需要，又增加了谈判筹码。同时，小组成员积极配合，特别是在主谈人与对方磋商爱普生投影机的价格时，资料员（学生丙）能够及时向对方展示同类品牌学院的历史成交价及目前市场的供应价，使我方的谈判取得了主动权等。这些都是本实训中的可取之处。

值得一提的是，虽然我方在判前作了充分的调研与讨论，并且进行了组内的模拟演练，但在实际谈判过程中，仍然出现了不熟练甚至不该有的错误。例如，在对方陈述时未能准确把握要点及时反问；未能认真倾听，打断了对方的陈述；对市场行情的了解还不够详细等，这些不足都需要我们在今后的学习与实践中加以克服。

3. 关于职业核心能力与职业道德的训练

实训前，我们对列入本书各章的"综合实训"、"章节内容"等知识进行了预习，并接受了指导老师的"操作指导"。通过重温了本章知识，通过网络和图书馆等渠道自学了关于商务谈判及其相关内容的原理、方法与技巧，克服了对相关操作的盲目性。

在实训过程中，我们在实施"商务谈判综合运作"专业能力基本训练的同时，通过对相关信息的采集处理、具体数据的应用、实训组成员间的密切合作、在组内及班级内讨论交流《谈判方案》和《实训报告》、相互提出问题和改进建议、体验"行为自律"等途径，有意识地强化训练职业核心能力和职业道德的相关训练融入其中。这些训练不仅对提高我们的专业综合能力起到了重要作用，而且还提高了我们"可持续发展能力"和职业道德素质。

（资料来源：杨群祥．商务谈判．大连：东北财经大学出版社，2012.）

任务三　商务谈判模拟演练

在商务谈判案例分析后，谈判者会制订出详细的谈判方案，以取得谈判的成功。但方案看似完美，可能还有漏洞。因此，为了更直接地预见谈判前景，充分发现商务谈判过程中的障碍，对一些重要的、难度较大的或者把握不大的谈判，还可以根据参考案例或背景资料在课堂上通过师生组织几次模拟商务谈判，来改进和完善商务谈判的准备工作、提高商务谈判活动效率。

商务谈判模拟演练是通过情景模拟教学设计、模拟谈判方式选择来完成的。

一、商务谈判课程中应用情景模拟教学模式的注意事项

1. 合理设计情景

谈判本身就是一种通过双方或多方之间的沟通与交流最终判定一件事情的过程，是解决冲突、维持关系或建立合作构架的一种方式，既是一种技巧，也是一种技能。如果仅靠教师一人站在讲台上讲授，不仅形式刻板，而且由于场景的单调和个人思维的局限性，很难引起学生的共鸣。通过构建巧妙的模拟情景，可以让学生置身于真实的环境中去感悟谈判课程中相关的知识点，激发表达思想的欲望，从而不断提高自身的技能。这种情景的生动性与形象性至关重要，创设的情景越活泼、生动、准确，学生就越能理解所传递的信息。这就要求教师花费一定的时间去巧妙设计情景。结合自己的教学体会，笔者认为情景设计中应该把握好以下几点。

（1）背景设计不能太复杂。由于学生在校学习期间，无论是环境感受还是心理状态，都与实际工作现场存在较大偏差，有相当部分的能力需要到工作场所继续培养和锻炼，模拟情景练习只是尽量在缩小理论学习和社会需求的差距，因此情景设计时应尽量符合学生的具体特点，最好以学校或地方经济为大背景，既便于学生收集资料，又为学生充分发挥个人的潜能提供足够的空间。

（2）情景设计要力求完整。谈判是一个完整的过程，从谈判的准备到结束整个过程中都蕴涵着不同的知识和技巧，尤其是谈判气氛的形成和各种谈判策略的运用往往贯穿在双方接触的每一时刻。谈判人员作为一种高素质的应用型人才，不仅要具备知识、技能和态度等多方面的知识和能力，同时还要有敏锐的感悟能力，其中任何因素的细微变化都可能会对谈判结果产生深刻的影响，而这些除了理论学习之外，更需要谈判主体的亲身领悟，而仅仅依靠一个片段是很难达到预期效果的，只有通过完整情景的不断练习才能锻炼学生的应变能力和对语言艺术、礼仪、礼节和心理研究等知识的运用，并充分把握自身在谈判中需要提高和完善的方面。

（3）情景设计要突出知识性和时代性。对于大学生而言，情景教学除了活跃课堂气氛之外，更主要的是提高学生对一些难以用语言表达知识的理解和运用，因此，在情景设计时要充分贯穿课堂教学内容。

2. 教师应具有一定的教学修养

模拟谈判教学是在学生的参与和感受过程中进行知识传授，教师在整个过程中担任了"场内、外指导"的角色，打破了传统的"问题—解答—结论"的封闭式过程，形成一种"问题—探究—解答—结论—问题—探究"的开放循环式教学模式，通过使学生积极参与到课堂教学内容中来，提高课堂实践的质量和效率，有目的、有意识地培养学生不断发现和创造新知识的能力，因此师生之间的交流也因此变得非常重要。与传统的教学模式相比，不仅注重理论知识的培养，而且更强调应用能力的锻炼，在对学生进行跨学科、跨领域的专业训练的同时，要求教师自身具有综合素质和进取精神，即不再只是单一领域内的行家里手，而应是兼备专业能力和决策能力的多面手，切实提高"自我的教育力"和"自我上进心"，不断提高自身的创新意识和创新思维，只有这样才能及时把握学生的思维脉搏，帮助他们在现实和理论之间架起桥梁，通过灵活处理在情景教学中出现的不同见解，启迪、诱导、激发学生探究问题的兴趣，通过教与学双方平等的对话开发学生的创新潜能，按照"问题情境—学生实践—教师点评"的体系实施教学，克服思想的僵化与保守性，真正体现教师在课堂教学中"激发"和"引导"的核心地位，突出模拟谈判教学的特色。

3. 要给予学生充分的课前准备时间

要真正实现模拟谈判的有效性，学生的配合是关键。众所周知，学生是学习主体，在教学过程中，无论是知识的获得，还是能力的形成，都离不开学习主体——学生的主动参与，模拟情景教学尤其如此。只有通过学生的积极参与才能形成教师与学生之间的互动，甚至是学生与学生之间的互动，才能真正实现尊重和完善学生的主体性。不仅如此，模拟情景教学中师生之间的互动还应该是多元的，既包括语言、行为的交流，还包括心理的交互，是一种多纬度、多层次的互动过程。教学活动的规律告诉我们：教不等于学。要让学生融入到情景教学中去，首先必须给予他们足够的时间去准备。现在许多大学生的学习目的似乎只是为了考试过关，很多知识学过之后就忘得差不多了，如果学生的准备不充分，模拟情景教学就很难在深层次展开，甚至又变成教师的单向灌输了。因此，教师在进行情景教学之前，要提前将相关的背景材料布置给学生，让他们提前去温习相关知识并主动去图书馆收集需要的数据和材料，如果有条件，还可以组织学生到社会上进行调研，采集有用的素材，通过他们的课前准备，既可以达到提高情景教学效果的目的，也在一定程度上培养了学生的自我学习能力，否则，学生的思维会受到各种限制而影响发挥。

二、模拟谈判的方式

1. 制订谈判计划表

各实验小组组成以后，在谈判之前应帮助他们制订各自的谈判计划表，作为小组成员的共同文件，以提供奋斗目标，并供大家讨论，指导工作等，任何一份计划表都应包括如下所示各项内容。

典型的谈判计划表

A. 谈判内容

A1　列出我方希望谈判的议事项目（按各条的主次自上而下排列）

（A）_____

（B）_____

A2　对方预期会提出的问题类型

（A）可以以共同解决问题的方式谈判的问题（分配总额可以增加）

①_____

②_____

（B）以讨价还价方式谈判的问题（分配总额不变）

①_____

②_____

B. 有关谈判双方的情况信息掌握

（A）过去的关系

（B）谈判双方的倾向：倾向于共同解决问题的方式，还是讨价还价方式

（C）有无第三方的影响

C. 所需的其他重要信息

（A）能否在谈判之前获得

（B）是否仅能在谈判中取得

D. 谈判策略

（A）优势下的谈判策略

①_____

②_____

（B）劣势下的谈判策略

①_____

②_____

（C）均势下的谈判策略

①_____

②_____

2. 召开辩论会

可以以实例小组为单位，进行辩论会，参与者尽量多提意见，主持人通过这些反对意见，提升谈判能力。

3. 假扮对手，进行实际彩排

谈判组把本方人员分为两组，一组作为乙方的谈判代表，另一组作为对方的谈判代表；也可以从本企业内部的有关部门抽调一些人员，组成另一个谈判小组。两个小组应不断进行角色互换，以提高彩排的效果，达到预期的目的。

4. 模拟谈判比赛

通过测试选拔参与谈判比赛成员，然后对成员进行角色分工，按照商务谈判比赛流程组织谈判比赛，让学生完整模拟谈判各环节。

三、模拟谈判的组织

模拟谈判的组织应按正式谈判的方式来进行，越接近正式谈判越好，模拟谈判应由系、教研室、任课教师组织和主持，除为模拟谈判做好各种资料及物质准备外，系领导可列席模

拟谈判，以便提高谈判的真实性。使模拟谈判真正起到预演、练兵的作用。

　　总之，情景模拟型教学体现了发挥学生主体性和以学生为本的课程改革的理念，有利于培养学生多方面的能力，是一种行之有效的课堂教学模式。学生参与踊跃，热情高涨，实现了师生互动、生生互动的交流，使学生产生了浓厚的学习兴趣，既能锻炼谈判口才，发表自己的见解，又能团队合作、集思广益；增强了学生的发散思维和独立创新的能力，达到了教学目标，提高了教学质量。

任务四　商务谈判大赛

　　商务谈判模拟大赛可以使学生身临其境地感受商业氛围，领悟商务谈判的魅力，提升学生的综合素质。商务谈判模拟比赛是学生喜闻乐见的实训形式，也是培养实战能力的理想方式。

一、商务谈判模拟比赛的宣传活动

1. 商务谈判大赛背景

中国入世的关键在于人才的入世。在经济交流越来越频繁、经济关系越来越复杂的今天，谈判不仅是利益争夺的战场，同时也是企业内部组织与个人间、外部组织与个人间沟通的行为。任何一次采购、销售及内外交往都是一次谈判。谈判时时刻刻发生在每个人身上。

据专家统计，全国现有40余万的政府机构和部门、大中型企业、公司等经济贸易部门，需要300多万的国际商务谈判人才，而目前全国从事国际商务谈判的人才不足万人，有近300万的市场需求空缺。同时，每年全国有万余次经贸洽谈会、招商引资会和商品交易会，急缺善于谈判的专业人才，这些已经影响到商务合作的扩大和深入。入世后，特别是众多的外贸企业，急需既精通外语，又懂市场营销，既精通国际贸易，又懂WTO规则和国际商法的高级商务谈判人才；因而此类外向型、创新型、复合型、协作型人才正成为职场"新宠"。

2. 目的

为学生提供一个接触并全面了解商务谈判机会以及展示自己魅力与才华的舞台，推动当代大学生特别是作为经济学院的学子学习现代市场经济知识，提高沟通技能和就业能力，关注大学生就业，增强职业竞争意识，创建高校校园活动的品牌。

3. 参赛对象

全体在校学生或指定范围的学生。

4. 报名方式

个人报名以自由组合为主，每四人为一组。

5. 参赛要求

（1）普通话标准，言谈举止文明礼貌，优雅大方。

（2）决赛人员要求衣着美观大方，统一色调，符合要求。

6. 时间

×月×日

7. 地点

××教室

8. 培训阶段

×月×日

9. 比赛阶段

商务谈判大赛共分为初赛、复赛和决赛三个阶段（具体赛程时间安排待定）；初赛和复赛采取分组赛和淘汰赛两种方式相结合。

10. 奖项设置

本次比赛设冠军商务谈判队 1 个；亚军商务谈判队 1 个；最佳商务谈判手 2 个（两队各 1 人）；最佳创意奖 2 人（两队各 1 人）；最佳职业风彩奖 2 人（两队各 1 人）；最佳潜力奖 2 人（两队各 1 人）；最佳合作奖 10 人。

二、商务谈判大赛比赛流程

（全程 100 分钟）

第一部分：开场介绍（共 5 分钟）

主持人介绍：包括：商务谈判模拟大赛主办单位，协办单位或者当地机构、活动赞助方、到场媒体；评委会成员、其他到场领导及嘉宾、代表队名称和所在学校（单位）；主持人宣布介绍谈判议题和议题背景。

第二部分：背对背演讲、主持人提问（共 10 分钟）

1. 背对背演讲（各方 3 分钟）：一方首先上场，利用演讲的方式，向观众和评委充分展示己方对谈判的前期调查结论，谈判案例题理解，切入点，策略，提出谈判所希望达到的目标，同时充分展示己方的风采。一方演讲之后退场回避，另一方上场演讲。

要求：

（1）必须按演讲的方式进行，控制时间，声情并茂，力求打动观众和评委。

（2）哪一方先上场由赛前抽签决定。

（3）每一方演讲时间不得超过 3 分钟，还剩 30 秒时有铃声提示。

（4）演讲由 4 位上场队员中的 1 位来完成，但演讲者不能是己方主谈。

（5）在演讲中，演讲者应完成以下几个方面的阐述：介绍本方代表队的名称、所在学校（单位）、队伍构成和队员的分工（每个队取一个有特色的名字，如管院四说客、外语学院金牌国际、某某大学秘密武器等，增加效果）；本方对谈判案例题的理解和解释；对谈判的问题进行背景分析，初步展示和分析己方的态势和优劣势；阐述本方谈判的可接受的条件底线和希望达到的目标；介绍本方本次谈判的战略安排；介绍本方拟在谈判中使用的战术；最后要喊一句最能体现本队特色的口号。

2. 主持人提问及陈述（共 4 分钟）

（1）主持人提问（每方提问及回答不超过 2 分钟），演讲队员必须用最简短的话回答。这些问题不计入评分标准。

（2）主持人引导性陈述（1 分钟）：双方陈词及主持人提问结束以后，主持人做赛前的引导性陈述，强调并扩大双方的差距和分歧。最后引出参赛队员，进入下一阶段。

第三部分：进入正式模拟谈判阶段（60 分钟）

1. 开局阶段（10 分钟）

此阶段为谈判的开局阶段，双方面对面，但一方发言时，另一方不得抢话头发言或以行为进行干扰。开局可以由一位选手来完成，也可以由多位选手共同完成，剩 1 分钟时有铃声提示。发言时，可以展示支持本方观点的数据、图表、小件道具和 PPT 等。

开局阶段，双方应完成以下几方面的阐述。

（1）入场、落座、寒暄都要符合商业礼节。相互介绍己方成员。

（2）有策略地向对方介绍己方的谈判条件。

（3）试探对方的谈判条件和目标。

（4）对谈判内容进行初步交锋。

（5）不要轻易暴露己方底线，但也不能隐瞒过多信息而延缓谈判进程。

（6）在开局结束的时候最好能够获得对方的关键性信息。

（7）可以先声夺人，但不能以势压人或者一边倒。

（8）适当运用谈判前期的策略和技巧。

2. 谈判中期阶段（30 分钟）

此阶段为谈判的主体阶段，双方随意发言，但要注意礼节。一方发言的时候另一方不得随意打断，等对方说完话之后己方再说话。既不能喋喋不休而让对方没有说话机会，也不能寡言少语任凭对方表现。

此阶段双方累计时间共 30 分钟，不分开计，剩 1 分钟时有铃声提示。

此阶段双方应完成以下内容。

（1）对谈判的关键问题进行深入谈判。

（2）使用各种策略和技巧进行谈判，但不得提供不实、编造的信息。

（3）寻找对方的不合理方面以及可要求对方让步的方面进行谈判。

（4）为达成交易，寻找共识。

（5）获得己方的利益最大化。

（6）解决谈判议题中的主要问题，就主要方面达成意向性共识。

（7）出现僵局时，双方可转换话题继续谈判，但不得退场或冷场超过 1 分钟。

（8）双方不得过多纠缠与议题无关的话题或就知识性问题进行过多追问。

（9）注意运用谈判中期的各种策略和技巧。

3. 休局、局中点评（10 分钟）

（1）此阶段为谈判过程中暂停，共 6 分钟，剩 1 分钟时有工作人员提示。

在休局中，双方应当：总结前面的谈判成果；与队友分析对方开出的条件和可能的讨价还价空间；与队友讨论收局阶段的策略，如有必要，对原本设定的目标进行修改。

（2）在选手退场期间由一位评委上台点评（4 分钟）。

局中点评要求如下。

1）对谈判双方的前期表现进行局中点评，但不做最后的总结性陈述。

2）向观众提示下一步双方应该采取的策略，预测可能的谈判结果。

3）提出让观众思考的 1～2 个问题，为后面的收尾阶段留出悬念。

4）局中点评评委与终场点评评委不能是同一个人。

4. 最后谈判（冲刺）阶段（10 分钟）

此阶段为谈判最后阶段，双方回到谈判桌，随意发言，但应注意礼节。

本阶段双方应完成以下内容。

（1）对谈判条件进行最后交锋，必须达成交易。

（2）在最后阶段尽量争取对己方有利的交易条件。

（3）谈判结果应该着眼于保持良好的长期关系。

（4）进行符合商业礼节的道别，对方表示感谢。

（5）如果这一阶段双方因各种原因没有达成协议，则加时赛 6 分钟，但双方均要为拖延比赛而被扣分。

5. 加时赛（6 分钟）

规则与最后冲刺阶段相同，加时赛阶段双方无论如何必须达成协议。否则判定故意拖延方负，没有资格参加下一轮比赛。

第四部分：理论部分暨知识竞赛（共 20 分钟）

评委提问（10 分钟，每队 5 分钟）

要求：

（1）针对谈判议题本身、谈判过程的表现、选手知识底蕴和商务谈判常识进行刁难性问题提问。

（2）进一步考察选手的知识储备、理解、应变、语言组织能力。

（3）评委依次向每个参赛队提 1～3 个问题。

（4）问题不一定有标准答案，但要具有挑战性和现场性，主要是考选手的应变能力。

（5）每个问题的提问时间不超过 1 分钟，每个问题的回答时间不超过 1 分钟。

（6）问题设计要尽可能贴近现实、具有启发性、解决实际问题。

三、评审标准（满分 120 分）

第一部分：背对背演讲（10 分，得分直接计入团体总分，不乘以百分比）

评分标准：（共 5 个单项，每 1 单项 2 分）

表述的感染力和气氛调动能力；把握谈判议题的准确程度；所阐述观点的合理性及实用性；谈判者着装礼仪，商务风范；讲述词。

第二部分：谈判阶段（110 分。其中团体分 90 分，个人分 20 分。）

1. 团体评分项目：（最后得分乘以 80% 计入集体总分）

商务礼仪（共 5 个单项，每 1 单项 2 分）：着装恰当；手势合理；表情恰当；语言流畅；总体风貌。

谈判准备（共 5 个单项，每 1 单项 2 分）：信息收集程度；对谈判议题的理解和把握；谈判目标设定的准确性；谈判方案设计的实用性；团队选手的准备程度。

谈判过程（共 10 个单项，每 1 单项 4 分）：谈判策略的设计；谈判技巧的运用；团队配合；知识丰富底蕴及合理运用；谈判氛围的掌握；逻辑清晰、思维严密；语言准确、口齿清楚；反应迅速、随机应变；表情从容、适度紧张；谈判进程的控制把握。

谈判效果（共 5 个单项，每 1 单项 6 分）：己方谈判目标的实验程度；双方共同利益的实现程度；谈判结果的长期影响；对方的接受程度；团队的整体谈判实力。

2. 个人评分项目：（20 分）

商务礼仪（共 6 个单项，每 1 单项 1 分）：着装恰当；手势合理；表情恰当；语言流畅；姿势到位；总体风貌。

谈判准备（共 2 个单项，每 1 单项 2 分）：对谈判议题的理解和把握；知识和心理的准备程度。

谈判过程（共 10 个单项，每 1 单项 1 分）：谈判策略与技巧；团队配合；知识丰富、合理运用；逻辑清晰、思维严密；语言准确、口齿清晰；反应迅速、随机应变；表现从容；幽默生动；调动气氛；把握对方心理。

四、商务谈判模拟大赛选用案例

1. 商务谈判大赛 1/4 决赛

汽轮机转子毛坯延迟交货索赔谈判

谈判 A 方：意大利 SDF 公司（卖方）

谈判 B 方：中国 SQ 公司（买方）

由于近年来中国电力市场迅猛发展，每年新增的机组数量是全世界新增机组数量的 80% 左右，所以国内三大汽轮机生产厂家都不同程度地出现了毛坯供应紧张。由于 SQ 公司占有国内电力市场三分之一的份额，所以毛坯供应问题就越发地凸现。转子毛坯是汽轮机最重要的毛坯件，工艺复杂，加工周期长，在中国只有两家单位可以生产，但他们的生产安排早已被几大汽轮机生产厂家挤满。

2011 年，SQ 公司被迫开始从国外高价进口转子毛坯，主要的供应商有意大利、韩国、德国、英国等国家的重工业企业。2012 年中，在转子毛坯最紧缺的时候，SQ 公司和意大利的 SDF 公司签订了供货合同。按照合同，意大利 SDF 公司向 SQ 公司提供了 10 根转子毛坯，第一根交货期定于 2013 年 9 月，之后每月交一根。之后双方进行了较好的技术沟通，双方技术人员也互访了对方企业。2013 年 6 月，每一根转子毛坯即将进行最后的加工，估计将历时 2 个月，算上船运时间，刚好满足买方要求，但也可能稍有延误。这时，意大利发生了大规模的劳资纠纷，各重工企业员工在工会领导下纷纷罢工，SDF 公司也卷入了这场全国性的灾难之中。虽然劳资双方相持 40 余天后终于化解了矛盾，但在此时，SDF 公司已经无法按照供货合同按时交货，加上重新整合资源的时间，预计至少将延期 2 个月，这将对 SQ 公司的整体生产计划产生重大的影响。由于双方的合同中有对延迟交货的严格巨额罚款，SQ 公司决定施行这一处罚条款，一来弥补损失，二来向借此措施向各国供应商提出警告。7 月中旬，SQ 公司正式向 SDF 公司开出了达 450 万美元的罚单。

8 天后，SDF 公司派出由生产副总裁为首的访问团赴中国与 SQ 公司进行谈判。谈判的中心围绕罢工事件的定位展开。虽然延迟交货已成事实，但是意大利方面认为罢工属于"不可抗力"，按照合同，由不可抗力产生的延迟交货不适用处罚条例。双方的关系很微妙：罚金数额虽然不小，但是由于 SQ 公司也有可能会因此而面对自己的客户罚单和名誉损失，所以，按时交货比高额罚单更加重要；对 SDF 来说，高额罚款将使利润严重下降，也会带来名誉损失。对于双方而言，由于对方都是自己最重要的长期客户之一，长期稳定的合作关系才是双方利益的基础。如何体面、务实地解决这次争端成了摆在双方谈判小组面前的问题。

谈判目标：解决赔偿问题，维护双方长期合作关系。

2. 商务谈判大赛半决赛

服装布料延期交货索赔谈判

买方：红牡丹公司

卖方：白玫瑰公司

近年我国 NM 类布料的服装市场迅猛发展，各名牌服装生产厂家都不同程度地面临此类新型布料短缺的局面。国内十大服装名牌之一的红牡丹公司，主要生产 NM 类布料服装，而且占有中国 NM 类布料服装市场的三分之一的份额，因此其布料来源问题就更加突出。此类新型布料颇受消费者欢迎，但生产技术含量高，印花染色工艺复杂，国内只有三家公司可以生产优质产品，但他们的生产安排早已被几家服装生产厂家挤满。由于多种原因，也难以从国外找到 NM 布料货源。

2013 年年初，在 NM 布料供应最紧缺的时候，红牡丹公司与国内生产 NM 布料的白玫瑰公司签订了购货合同。按照合同，白玫瑰公司向红牡丹公司提供 30 万米不同季节穿着的符合质量标准的布料，平均分三批分别于当年 4 月 30 日以前、8 月 31 日以前和 10 月 31 日以前交货；若延期交货，白玫瑰公司将赔偿对方损失，赔偿事宜到时再商议。

2013 年春季，国内很多地方出现了非典型肺炎疫情，白玫瑰公司印染车间有 2 名高级技术人员被诊断为非典疑似病例，该车间大多数人被隔离 20 余天，生产几乎处于停顿状态。虽然 4 月底很快恢复正常生产，但白玫瑰公司已经无法按合同规定日期向红牡丹公司交货，至 5 月 5 日也只能交货 2 万米，全部交完至少要到 5 月 20 日。红牡丹公司因此遭受巨大损失。5 月 10 日，红牡丹公司决定实施索赔条款，并正式向白玫瑰公司提出 600 万元的索赔要求。

一周后，白玫瑰公司派出由主管生产的副总经理到红牡丹公司就索赔问题进行交涉。交涉时，白玫瑰公司方认为，严重的非典疫情属于"不可抗力"，因此延迟交货不能使用处罚条款。但红牡丹公司方对此有不同意见，并坚持要求对方赔偿巨大损失。由于初步交涉不能达成一致意见，双方同意三天后进行正式谈判。

谈判双方的关系很微妙：红牡丹公司既希望拿到巨额赔偿金，又希望早日拿到布料，以便尽可能满足客户要求，也不愿失去白玫瑰公司这一合作伙伴；白玫瑰公司虽然不愿赔偿，但不愿让公司信誉受损，也不愿失去红牡丹公司这一实力较强的大客户。因此，如何务实且富有成效地解决索赔问题，摆在了双方谈判小组面前。

3. 商务谈判大赛决赛选用案例

中国上海迅通电梯有限公司和美国达贝尔公司的合资设厂谈判

谈判甲方：中国上海迅通电梯有限公司

谈判乙方：美国达贝尔公司

一、基本情况

(1) 中国上海迅通电梯有限公司电梯产品占国内产量的 50%，是国内同行业中的佼佼者。当该公司与美国合资兴建有限公司一事一经立项，即预先做好了充分的准备工作。首先，上海迅通电梯有限公司派人赴美国实地考察，在综合评判的基础上，共同编制了可行性研究报告。回国后，又专门挑选和组织了一个谈判班子，包括从上级部门请来参与谈判的参谋和从律师事务所聘来的项目法律顾问，为该项目的谈判奠定了一个良好的基础。

（2）美国达贝尔公司是美国电梯行业的第一大公司，是享有盛名的大公司，在世界上有100多个分公司，他们的电梯产品行销全世界。在谈判之前，美方对国际、国内的市场做了充分的调查了解，进行了全面深入的可行性研究。他们还特别对中方的合作伙伴做了详细的分析和了解，全面掌握了与谈判有关的各种信息和资料，并在此基础上，组织了一个精干的谈判班子，该班子由公司董事长兼首席法律顾问充当主谈人。

（3）此次项目投资大，且达贝尔公司是享有盛名的大公司，对中方的意义非同小可。另外美国达贝尔公司的目光是长远的，此次来中国谈判，事先做过充分的可行性调查研究，此项目旨在打开中国市场，并且在合资企业的股份多于中方。中国上海迅通电梯有限公司是其最合适的合作伙伴，因为无论从技术到产品都是国内第一流的，如果美方在中国的第一个合作项目失败，再想在中国投资合办企业就比较困难了。

二、谈判问题

（1）在中美合资谈判中，首先遇到的就是合资企业的名称问题，美方建议定名为"达贝尔电梯中国有限公司"，但遭到中方的反对。请陈述反对理由，并商讨一个兼顾双方利益而且对双方都最为有利的一个名称。

（2）关于产品销售问题，在该项目的可行性研究中曾有两处提到：一是"美方负责包销出口量的25%，其余75%在国内销售"；二是"合资公司出口渠道为达贝尔公司、合资公司和中国外贸公司"。双方在这一表述的理解上产生了分歧。这种理解上的分歧，构成了谈判的严重障碍。美方对此表述的理解是：许可产品（用外方技术生产的产品）只能由达贝尔独家出口25%，一点也不能多，而其他的两个渠道，是为出口合资企业的其他产品留的。而中方的理解是：许可产品25%由达贝尔公司出口，其余75%的产品，有可能的话，通过另外两条渠道出口。双方为此互不相让。如何体面、务实地解决这次争端成了摆在双方谈判小组面前的问题。

请通过此次商务谈判重点解决以上两问题。

任务五　推销实战演练

一、FAB 法则演练

教师准备部分产品，由学生针对产品，分别从产品自身和公司销售政策两个角度就产品特点、产品优势、购买者能获得利益等三个方面进行现场演练。演练后，将相关内容填入表11.1和表11.2中。

表 11.1　　　　　　　　　　针对消费者的话术

类别	F—特点	A—优点	B—利益
产品类			
政策类			

表 11.2   针对渠道客户的话术

类别	F—特点	A—优点	B—利益
产品类			
政策类			

二、异议处理演练

教师准备产品，由学生针对产品，分别从产品自身和公司销售政策两个角度就异议是什么、原因分析、应对话术等三个方面进行现场演练。演练后，将相关内容填入表 11.3 和表 11.4 中。

表 11.3   针对消费者的话术

类别	异议是什么	原因分析	应对话术
产品类			
政策类			

表 11.4   针对渠道客户的话术

类别	异议是什么	原因分析	应对话术
产品类			
政策类			

三、讲述利润故事

教师准备产品，由学生针对产品，分别从产品自身和公司销售政策两个角度就怎么增加客户数量、怎么增加客户频次、怎么增加销售金额、怎么增加利润组合等方面进行现场演练。演练后，将相关内容填入表 11.5 中。

表 11.5   针对渠道客户的话术

类别	怎么增加客户数量	怎么增加客户频次	怎么增加销售金额	怎样增加利润组合
产品类				
政策类				

四、成交法演练

教师准备产品，由学生针对产品，分别从产品自身和公司销售政策两个角度就假设成交法、对比成交法、品类成交法等方面进行现场演练。演练后，将相关内容填入表 11.6 中。

表 11.6   针对渠道客户的话术

类别	假设成交法	对比成交法	品类成交法
产品类			
政策类			

参 考 文 献

[1] 黄卫平，董丽丽. 国际商务谈判[M]. 2 版. 北京：机械工业出版社，2012.
[2] 周郎天. 现代推销技术[M]. 北京：科学出版社，2011.
[3] 肖晓春. 开单王[M]. 广州：广东经济出版社，2012.
[4] 郭秀君. 商务谈判[M]. 2 版. 北京：北京大学出版社. 2011.
[5] 田春来. 商务谈判[M]. 大连：东北财经大学出版社，2012.
[6] 杨群祥. 现代推销技术[M]. 北京：北京理工大学出版社，2012.
[7] 刘园，李志群. 国际商务谈判：理论、实务、案例[M]. 北京：中国对外经济贸易出版社，2001.
[8] 陈文汉. 商务谈判技巧[M]. 3 版. 北京：电子工业出版社，2013.
[9] 龚荒. 商务谈判与推销技巧[M]. 2 版. 北京：清华大学出版社，2010.
[10] 孙平. 国际商务谈判[M]. 武汉：武汉大学出版社，2011.
[11] 李爽，于湛波. 商务谈判[M]. 2 版. 北京：清华大学出版社，2011.
[12] 杨芳. 商务谈判[M]. 上海：华东师范大学出版社，2011.
[13] 陈丽清，何晓嫒. 商务谈判理论与实务[M]. 北京：电子工业出版社，2011.
[14] 周忠兴. 商务谈判原理与实务[M]. 南京：东南大学出版社，2012.
[15] 陈建明. 商务谈判实用教程[M]. 北京：北京大学出版社，2009.
[16] (美)迈克尔·R·卡雷尔，克里斯蒂娜·希弗林. 谈判基础[M]. 上海：格林出版社，2010.
[17] 尤凤翔，祝拥军. 商务谈判[M]. 北京：北京大学出版社，2011.
[18] 李霞，徐美萍. 商务谈判与操作[M]. 北京：清华大学出版社，2010.